问道乡村治理

刘　奇◎著

中国农业出版社

北京

图书在版编目（CIP）数据

问道乡村治理 / 刘奇著. —北京：中国农业出版
社，2024.2
ISBN 978-7-109-31787-1

Ⅰ.①问… Ⅱ.①刘… Ⅲ.①乡村－社会管理－研究
－中国 Ⅳ.①D638

中国国家版本馆 CIP 数据核字（2024）第 051030 号

中国农业出版社出版

地址：北京市朝阳区麦子店街 18 号楼
邮编：100125
责任编辑：闫保荣
版式设计：小荷博睿 责任校对：吴丽婷
印刷：北京中兴印刷有限公司
版次：2024 年 2 月第 1 版
印次：2024 年 2 月北京第 1 次印刷
发行：新华书店北京发行所
开本：700mm×1000mm 1/16
印张：25.5
字数：367 千字
定价：88.00 元

　　在中国农业大学国家农业农村发展研究院、中国农业出版社有限公司的大力支持下，本书得以顺利出版，在此表示衷心的感谢！

实现"两个一百年"奋斗目标，是中国共产党向全世界的庄严承诺，第二个百年奋斗目标的短腿在"三农"，乡村振兴的总方针就是优先发展农业农村，总目标就是加快推进农业农村现代化。

现在世界上已经实现现代化的国家不到 40 个，而这其中有不少是没有农业，或者农业农村占比很小的国家，真正称得上实现了农业农村现代化的国家不到 20 个。与这些国家相比，我国农业农村现代化面临一些全新的挑战。

一是要彻底打破实行了半个多世纪的城乡二元制度。这个根深蒂固的制度孕育出了一个二元社会，进而衍生出一种二元文化，要消除二元文化的影响不是一件轻而易举的事情。二是要赓续传统文化。中华文明的源头在乡村，中华五千年文明史，主体是乡村文化，载体是村庄，要在保护中建设、在传承中发展。三是要在农村集体和农户承包经营统分结合的双层经营体制下建设现代化，国与家，公与私利益交织，国家粮食安全这个"大公"的利益、村级集体经济这个"小公"的利益和农户稳步增收这个个体利益三者如何兼顾，是一个极其复杂、需要不断探索的大课题。四是要利用工业化、信息化、城镇化的成果并联、叠加、迭代的方式同步推进农业农村现代化；而国外已有的经验是工业化、城镇化、农业农村现代化、信息化串联式的顺序推进；时间的浓缩、进程的加速、路径的选择、方法的探索都是一场史无前例的考验。五是要在农业经营主体数量巨大的场景下展开。我国有 2.3 亿承包耕地的农户，美国的农业经营主体是 230 万，英国是 23 万，我国的农业经营主体是美国的 100 倍，是英国的 1 000 倍。要把这样一个庞大的群体带入现代化，谈何容易！在推进城镇化进程中减少农民，是现代化国家共同的选择，私有制国家农民进城，大多是失去土地、失去家园，从此与乡村彻底了断；当今的中国农民则与土地及乡土社会有着千丝万缕的联系，不仅根在乡村扎得既深且广，而且在城乡二元体制下要想转为真正的市民也并不容易；是兼当农民还是专当农民或者不当农民，在现实背景下，想做出选择比较困难。

身处百年未有之大变局的时代，又面临诸多世无先例、史无前例的复杂挑战，每位"三农"领域的研究者和实践者都需要以敏锐的眼光、立体的视角、创新的思维深刻、全面、系统地领悟中央的战略部署，对一些重大问题，从理论和实践层面不断探索，做出回答。例如：城乡发展差距大、农村发展不充分是当今社会的主要矛盾，如何重塑城乡关系，解决好城乡发展不平衡、农村发展不充分这一民之所盼的共同富裕问题；食物保障、生态保育、文化传承是乡村独有、城市没有、未来必有的三大功能。如何发挥好乡村独特功能，确保三大安全这一国之所安的底线思维问题；粮食安全是国之大者，如何内外兼修，用好两种资源、两个市场，强化粮食安全这个事关生命安全、生存安全和国家安全的头等大事，增强我国在国际风云变幻中的自主、自立、自强，确保我国现代化事业持续推进的"压舱石"问题；乡村是生态文明的主战场，如何树立正确的生态价值观、生态发展观、生态消费观和生态道德观、实施山水林田湖草沙一体化保护、综合治理的环境绿色化问题；农业农村现代化，实质上是以县域为城、乡、村全域现代化的切入口。如何实施县域空间重构，通过城乡融合发展和推进"千万工程"，缩小城乡之间的纵向差距和村庄之间的横向差距的全域现代化问题；农耕文明是中华文明之根、之魂，如何在乡村振兴中既塑形又铸魂，使物质文明与精神文明协调推进中"两手都要硬"；乡村振兴，关键在人，一是农民二是干部。乡村是农民的乡村，乡村振兴，农民既是受益者，也是参与者、建设者、创造者，如何调动农民参与的积极性、主动性，让农民成为主体主力的关键动能问题；习近平总书记指出，

"'三农'领域工作的领导干部要抓紧提高'三农'工作本领",如何抓紧提高?提高哪些本领和怎样提高领导能力、领导方法。

探索农业农村现代化的"中国方案",是时代的使命,是历史的重托,我们欣喜地看到众多有识之士"吾心归处是'三农'",长期投身于"三农"事业,执着于"三农"的理论研究与实践探索。

记得十年前(2013年),国务院发展研究中心《中国发展观察》杂志社在北京召开"刘奇三农观察"专题座谈会,国务院原副总理回良玉致信祝贺,座谈会云集了数十位"三农"领域的领导和专家,我因随领导出差未能到会,仅做了书面发言。这次座谈会还推出了《刘奇文丛》六卷系列丛书。十年后的今天,中国农业出版社又编辑出版了刘奇同志的《问道乡村振兴》《问道乡村文化》《问道乡村和美》《问道乡村治理》《问道乡村产业》五本系列丛书,收录了刘奇同志近年来撰写的200多篇研究文章,出版社邀我为这套丛书作序,我欣然应允,翻阅上一次座谈会上我书面发言中的一段话,放在这里作为序的一部分还很合适,兹录于此。

"刘奇是我的老朋友。在三十年的交往中,刘奇同志给我留下了深刻印象。他非常勤奋,非常务实;他很少嗜好,就是持续不断地思考问题。他几十年如一日,笔耕不辍,写出了大量有思想、有见地、有分量的好文章。最近又结集出版了一套厚重的丛书,这是他长期付出心血和汗水的结晶。这些文章我大多读过,从中得到很多启发,其中有些具体见解和建议得到领导同志的首肯或成为相关文件起草时的参考。刘奇同志是我国'三农'战线一位颇有建树的研究者,他的勤奋,他的治学精神值得我们学习;他的'三农'情结和研究'三农'问题的方法值得我们敬重。

刘奇同志的文风活泼,写的东西可看性、可读性很强,观点鲜明,深入浅出;他研究的都是大问题,讲的都是大道理、大思路。刘奇的研究视野开阔,角度新颖独特,贴近基层,深入实践,善于总结概括。他的不少研究成果都是既有思想性、理论性,又有针对性、可操作性。不少中央领导同志对他的研究报告都有过重要批示。

作为一位在地方从事'三农'领导工作的同志来说，确实很不容易。"

改革开放四十多年来，"三农"领域已经有了不少从 0 到 1 的实践创新，但还缺乏从 0 到 1 的理论升华，让我们在探索农业农村现代化"中国方案"的进程中，携手共勉，努力弥补这一缺憾。

第十三届全国人大常委会委员、农业与农村委员会主任委员　陈锡文

目录

CONTENTS

"三农"干部提高本领的 十个"三"法则

习近平总书记在 2021 年 12 月主持召开中共中央政治局常委会会议专题研究"三农"工作时指出，应对各种风险挑战，必须着眼国家战略需要，稳住农业基本盘、做好"三农"工作，措施要硬，执行力要强，确保稳产保供，确保农业农村稳定发展。特别强调，"三农"工作领域的领导干部要抓紧提高"三农"工作本领。面对新时代、新形势、新要求，"三农"工作领域的领导干部应该掌握哪些知识？应该提高哪些本领？如何抓紧提高？这是摆在各级"三农"干部面前的新课题、新任务、新挑战。就当下情形看，遵循十个"三"的法则是关键。

一是常读三本大书。从人类的阅读史来看，大体经历了三个阶段：一是农业文明时代读天地之书，也就是通过对大自然的观察，认识和掌握自然规律；二是工业文明时代读文字之书，通过书本学习和掌握人类积累传承的各类知识；今天，进入第三阶段，即信息时代读视频之书，通过直观、形象的视频，接受丰富的多媒体信息。从事其他工作，或许只需要读好文字之书、视频之书，但对于从事"三农"领域工作的干部来说，必须同时常读天地之书，把握自然规律，比如知晓二十四节气，什么时候该播种什么，什么时候该收获什么，什么时候该管理什么，尤其在近些年地球升温、气候异常多变，农业生产受到深刻影响的背景下，更需要随时观察了解自然生态、气候环境的变化。与作为人造之物的工业品不同，农产品是自然之物。工业品是工人无中生有生产出来的，工人是生产者；农产品的生产者则不是农民，农民只不过是帮助本来就存在于自然界中的动植物种子提高产量和质量而已，因此自然之物必须遵循自然规律。不常读并读好天地之书，认识把握自然规律，就无法指导农业生产。

二是遵循三大规律。即自然规律、市场规律和社会需求规律。遵循自然规律即春种夏管秋收冬藏的农业基本规律。一个鸡蛋的生成需要25.5小时，一个小鸡的孵化需要21天，这是动物的规律。这些规律只可认识，不可打破。遵循市场规律即认识到农业发展要受到国内国际市场、消费者需求等因素的影响，农产品必须讲求效率和效益，不赚钱就不可持续。中国农业由自给自足的小农生产向市场经济转型，过去一直和不足作斗争，不像发达国家长期与过剩作斗争。中国缺乏市场经济的长期经验，东西少了办法多，东西多了办法少，因此，必须提高运用市场手段指导生产的能力，千方百计提高农产品价值，拓展农产品增值空间。遵循社会需求规律就是认识到农产品的准公共产品性质。农产品与其他产品不一样，是社会的刚性需求，不论是否赚钱都要生产，一日三餐，人人需求，这是铁律，保障粮食安全是"三农"工作者最基本的责任和义务。国家花费大量投入保护这一弱质产业，目的就是在任何情况下都必须保供。

三是树立"三物"思维。所谓"三物"就是植物、动物、微生物，传统农业是在一个自然状态下形成的三物循环。植物是生产者，动物包括人是消费者，微生物把植物和动物的残渣废料包括人畜粪便进行分解，再还原成植物的肥料，形成传统农业封闭的自我内循环结构。而有了石油农业后，这个循环圈被打破。农药、化肥的使用使微生物被排除到这个循环圈之外，导致传统农业的自我循环中断，后果是土壤质量下降，生产不出优质农产品。推进农业供给侧结构性改革，关键是提高农产品质量，而提高质量的关键就在于恢复农业的"三物"思维，重构动物、植物、微生物循环链。否则，什么生态农业、循环农业、绿色农业、有机农业，都是一句空话。按照国际标准，一亩*好的土壤要有10

---

*　1亩＝1/15公顷。

多万条蚯蚓、300千克的真菌细菌、5％到12％的土壤有机质含量。现实中，我们一些土壤的有机质含量不足1％，土壤有机质含量低的根源在于生物肥施用少，目前我国生物肥料用量占比仅10％左右，而美国已高达50％以上。树立"三物"思维，当务之急需从改良土壤、净化水资源做起。

四是融合三次产业。融合三次产业是指不光农村要生产农产品，还要发展加工、贸易。有专家估算，在整个农业产业链条中，生产端获取的利润只占10％左右，剩下90％都在设计、包装、加工、储藏、运输、销售等环节，可见后端附加值和利润很高。要融合三次产业，意味着乡村要发展二三产业，与城市二三产业不同，这个二三产业只能是以农产品加工业和传统乡村手工业为主，以为农业农村服务为中心的服务业为主。发展这样的二三产业，既可让农民挤入后续产业参与利益分配，又可让农民就地就近兼业，通过两条途径实现增收。当前，农村二三产业的发展还须破除由城乡二元思维衍生出的二元文化，摒弃从事农业丢人、不赚钱的旧观念。美国农民占总人口的1％，约300多万，但美国为农业服务的就业人口占总人口比例为17％～20％，一个农民身后有十几个人为其服务。旧观念不破除，乡村二三产业就很难发展，农业现代化就很难实现。

五是推进"三体"共化。农业现代化的本体是农业、主体是农民、载体是农村，农业现代化不光是农业有了现代设施、引进现代技术就现代化了，而是要让作为现代化主体的农民同时现代化，作为现代化载体的农村同时现代化，只有本体、主体、载体共同现代化了，才能实现农业的现代化。如果引进了发达国家的先进设备但是农民不会操作技术，也实现不了现代化；农村作为载体，基础设施不配套，路、电、水不能保障，也实现不了现代化。推进"三体"共化应重点围绕农业高质高效、农村宜居宜业、农民富裕富足三大目标，像发展工业和城市那样千方百计引入各类现代元素，诸如现代理念、现代思维、现代技术、现代设施、现代管理、现代金融、现代人才、现代制度等，只有让"三农"插上现代化的翅膀，乡村振兴的"两高两宜两富"目标才能实现，建设现代化强国的"短腿"才能加长。

六是保障三大安全。乡村对城市和社会最重要的功能就是保障三大安全，即食物安全、生态安全和文化安全。食物安全是最基本的保障，从过去的吃饱到现在的吃好，不光要吃出营养，还要吃出健康，这对农产品的质量要求越来越高。为了实现食物安全，应树立大食物观念，即面对现在吃粮越来越少、肉蛋奶瓜果菜及食用菌等消费需求增加的食物消费结构变化，不光要向耕地要食物，还要向江河湖海要食物、向沙漠草原要食物。树立这一大食物观念意味着对食物结构要有新认识，对食物来源有更广阔的视野，不光要保障主食安全，还要保障副食安全，不光向植物动物要食物，还要向微生物要食物。国际风云变幻，粮食已经被武器化，美国称霸世界过去靠"三金"（货币是黄金、能源是黑金、粮食是白金），今天靠"三片"（芯片代表科技、大片代表文化、薯片代表粮食），其中都离不开粮食。守好农业这个"压舱石"，任何时候都是我们这个 14 亿人口大国的头等大事。

生态安全是人类生存的基础条件。从空间格局看，我国 960 多万平方公里土地上，680 多个市占地 6 万多平方公里，2 000 多个县城加上乡镇所在地的建成区占地约 12 万平方公里，再加上水利、道路等基础设施，总共占地约 20 万平方公里。960 多万平方公里去掉 20 万平方公里，剩下都是乡村。可见乡村对生态安全起着举足轻重的作用。虽然生态安全的难点痛点在工业在城市，但重点关键点都在乡村。

文化是一个国家一个民族的灵魂，文化安全是国家、民族得以延续的根脉。中国五千年文明之所以生生不息，乡村作为文化载体发挥着重要作用。中国五千年文明史的主体是乡村文化，载体是村庄。对于乡村不能仅从经济利益考虑，开展旧村撤并、集整土地生财，还应该从文化角度去思考。

我国改革开放之初，有 400 多万个自然村落，今天只有 200 多万自然村。一个村庄就代表一种文化，而文化的价值就在于唯一性，推倒一个村庄就是斩断一条中华文化的根脉。应该站在这样的高度去看待村庄的去留，做到能留尽留，如此才能保障中华民族的文化安全。不仅如此，保护村庄保留传统文化，也是在为一代人留住集体记忆、留住乡愁。

改革开放之初，我国城镇化率只有 17%，如今已经达到 65% 左右，在这个过程中进城的人都有乡村经历，他们都有共同的情感寄托。保留乡村就是为这个庞大人群的集体记忆留下一个回忆场景。否则，就是对这个群体巨大的情感伤害。在乡村建设进程中应清醒地认识到中国乡村是"迭代"而不是"换代"，可以遵循"外面五千年、内里五星级"的标准进行修旧如旧的现代化改造，在保留传统中让村庄与时代同步。

七是守好三块土地。我国土地从性质上分为城市国有土地和农村集体土地。城市国有土地主要用于发展开发，农村土地主要用途是保障食物供给和生态环境。其中农村集体土地又分为三种类型，即农地、市地、生态地。农地就是耕地，用于种植农作物；市地是指可以拿到市场上交易的土地；生态地就是用于生态保护的土地，如森林、草原、沼泽等。1957—1996 年，我国耕地年均净减少超过 600 万亩，1996—2008 年，年均净减少超过 1 000 万亩，2009—2019 年年均净减少超过 1 100 万亩，现有耕地 19.18 亿亩，照此速度减少，10 年后可能会突破 18 亿亩红线，目前人均只有 1.3 亩耕地，而土地质量也相对较低。中国工程院院士唐华俊称全国耕地由高到低依次分为 10 个质量等级，平均仅为 4.76 等；中央政研室农村局称一等到三等耕地仅占 27.3%，中低产田占比三分之二还多。对于农地必须坚决守住 18 亿亩耕地红线、守住耕地质量、守住不抛荒这三条原则。每年我国的农产品消费量约需 35 亿亩的产出物，但我国每年加上复种指数，也只有 25 亿亩的播种面积，也就是说，每年都需进口 10 亿亩土地的产出物。人多地少的资源约束是我国的基本国情，任何时候都必须正视这一先天不足的现实。

市地主要包括道路、学校、村部、广场等公益性建设用地、乡村企业使用的集体经营性建设用地和农民宅基地。对这三块可以上市交易的土地要按照政策用好用活，不断推进改革。对于生态地要死防严守，绝不能侵占。保护好生态就是保护好社会的大环境。

八是提升三种能力。现代社会中，人的能力由三方面构成：基础能力、思维能力和品质能力。基础能力是指人从事一般生产生活所必备的基本技能，这些技能在不同时代有不同的要求，比如操作电脑、驾驶汽车等，在40年前可能很神秘，但在今天是年轻人人人皆会的基本技能。思维能力决定着人与人之间的差距，别人想到的你没想到，你想到的别人想得比你还深，他可能就会棋高一招超越你。品质能力则是人格力量的升华，是最高境界。领导干部只有不断提升上述三种能力，尤其是思维能力，才能站在时代的潮头、引领事业正确发展。而要提升上述三种能力，必须跟上人类社会的知识结构变化。现代知识大体分为三个层次，即明知识、默知识、暗知识。明知识是可以意会也可以言传的知识，可以通过言传、读书等获取；默知识是只可意会不可言传的知识，比如琴棋书画等，要靠练习揣摩；暗知识则是突破传统认知的现代新知，如量子、黑洞、暗物质等。从事其他领域的工作需要了解这三个层面的知识，从事"三农"领域工作的干部也同样需要知晓，只有把握人类知识发展变化的脉动，才能跟上时代，提升新形势下从事"三农"工作的新本领。这样才能重塑农业文明的现代尊严，改变对"三农"的传统认知，纠正农业文明是腐朽的落后的应该抛弃的文明的错误观念，推动农业文明作为母体文明与工业文明、城市文明同时、同样、同步发展。

九是驭好"三驾马车"。做好"三农"工作要把握好政府、市场和社会之间的关系，让政府、市场、社会各司其职、各尽其责，既协同共进，又互相监督，互促共赢，做到既不能缺位又不能越位，也不能不到位。

乡村是农民的乡村，农民的主体地位不能缺位。如果不能把民间力量、乡村能人的作用发挥出来，乡村振兴就缺乏内生动力。那么，民间力量怎么调动？农民的积极性怎样激活？前提是摸清乡村能人"底数"，通过建立乡村各类能人档案、能人组织，搭建好能人发展乡村产业、服务乡村事业的舞台，让能人愿意主动为乡村振兴出力，让民间智慧充分涌流。乡村振兴离不开政府主导作用的发挥。政府主导意味着政府要做好顶层设计，明确高质量发展理念，优化软硬环境，完善政策支撑、制度保障等体系，当好"有为政府"。但在实际工作中必须严防一竿子插到底、包打天下的越位、越权现象。有的政府部门把该交给市场配置资源的领域变成权力的自留地，有的把该让社会做的牢牢抓在手里，这样不仅让政府包袱越背越重，很难做好，也会挫伤各方参与乡村振兴的积极性，导致资源的低效配置甚至错配。

做好宏观规划、总体设计，绘制好发展蓝图，是政府的基本职责，但一些地方没有清晰科学的规划，只凭主观想象，同是一片地方，张书记来了要搞绿化带，李书记来了要建大广场，王书记来了又要造人工湖。这种没有规划约束的现象只能导致出现发展乱象。在市场经济条件下，对资源配置起决定作用的是市场，一些地方招商引资难，要素集聚难，产业发展难，因素固然很多，但市场活力不足、功能没有充分发挥是关键。当今时代，让社会组织拾遗补阙，为政府分忧解难是一个地方激活民间智慧的重要途径。一些地方社会组织发育或数量有限，或有名无实，或服务不力，导致"英雄无用武之地"，民间力量难以发挥作用。

如何在乡村振兴的实践中，建立有为政府、有效市场、有用社会，防止工作失准失焦、走样变形、无效低效，是检验"三农"领域领导干部能力水平的重要方面，也是一场体现智慧的大博弈。

十是培育"三农"情怀。习近平总书记指出，要培养"一懂两爱"的"三农"工作队伍。懂农业、爱农村、爱农民是"三农"干部必备的基本条件，"一懂两爱"的基础是具有浓厚的"三农"情怀，而"三农"情怀的培育对每一个"三农"干部都是一场长期持久的挑战。

第一是空间上融入，要经常到农民群众中去、到基层去，能到现场的不要在会场，能到田头的不要在案头，变"坐而论道"为"做而论道"。

第二是时间上融入，中央要求从事"三农"领域工作的领导干部要把主要精力和时间放在"三农"工作上，这就意味着要舍得花时间在基层，舍得把精力放在群众身上，而不是"说起来重要，做起来次要，忙起来不要"。

第三是情感上融入，把自己当成农民一分子，与老百姓"坐在一条板凳上"，只有培养出共通的感情，才能赢得百姓信任和认可。中国乡村是熟人社会，最重视情感，乡村团结靠的是情感的黏合。与西方社会不同，中国乡村处理事务的思维是情、理、法，西方是法、理、情；中国乡村的团结靠情感，是你中有我、我中有你的有机性融合型团结，西方社会的团结靠契约，是随时可合、随时可分的机械式组合型团结。爱一个人、一件事、一个地方不容易，需要时间的积淀，想忘掉也很难。"三农"干部只有通过日积月累的生活细节，才能与农民建立无话不说、心心相印的共情场域。

第四是话语融入。习近平总书记在地方任职时，曾就一些领导干部不会跟群众说话批评道："与新社会群体说话，说不上去；与困难群体说话，说不下去；与青年学生说话，说不进去；与老同志说话，给顶了回去。"生动描述了某些领导干部跟群众说话时的真实状态，也反映出了领导干部亟须提高跟群众说话的水平。《周易·系辞》中说："鼓天下之动者，存乎辞。"意思是说，要想说服鼓动天下，就得借助言辞。"三农"领域工作的领导干部只有学会跟农民群众说语，才能产生同频共振的效果。有的领导干部到基层调研农民收入，张口就问农民收入中经营性收入、工资性收入、转移性收入、财产性收入各占多少，这样问虽然没错，也是经济学上对农民收入的划分，但对普通农民来说他不懂更没法回答，这种交流与农民不是一个话语体系。懂得群众的话语体系，用好群众语言，才能与群众更好沟通、产生共鸣、形成合力。

第五是知识上融入。对从事"三农"领域工作的领导干部来说，这个知识不是书本知识，也不是学历知识，而是农业这本大书的实践知识、专业知识。曾有一位名气很大的专家在中央电视台讲解古诗"锄禾日当午"诗句时，说是"农民在顶着烈日播种"，引发笑谈。她显然没有锄禾的经历，不知道锄禾就是用锄头除掉庄稼地里的杂草，为什么要"日当午"时除草呢？因为中午阳光强烈，锄掉的杂草很容易被晒死，这样锄草效果就好，如果是早晚锄草，太阳光线不强，草可能还会复生。对"三农"干部来说，就是要懂一些基本的农业技术和农业知识，与老百姓交流起来不说外行话，否则外行指挥内行，很容易造成工作跑偏，更难赢得群众认同。

（本文原载于《中国发展观察》2022年第4期）

新时代需要"全科农民"

　　医学界在培养"全科医生",教育界在培养"全科教师",当下,"三农"领域更需要培养"全科农民"。社会分工越来越细,专业化程度越来越高,大部分职业都在细化,大部分专业都在窄化。农民这个职业也在不断突破传统范畴,内涵与外延不断扩张,各类新农人不断涌进农业领域投资兴业,这些新农人很多都是从其他领域转行而来,往往具有非农的从业经历,拥有较强的技术能力和先进的管理经验。随着农业生产力和技术的更新迭代,让新农人从事农业生产经营相对变得更为容易。由此,很多人想当然认为,在"智动时代",新农人待在空调房里拿着手机、按个按钮、喝着茶就可以种好地、当好农民。这种想法是异想天开。

　　农业生产有其复杂的自然规律。农产品生产相对于工业产品生产有几大特点:不可间断,不可倒序,不可搬移,是活的生命体,遵循自然再生产与经济再生产两个规律,结果只能最终一次性显现。农作物是一个有机生命体,从育种到田间管理再到收获,各环节依次展开,需要不断提供养分,不能化整为零,所有的努力只能体现在最终一次性的产品收获上。从事农业生产就需要掌握各个生产环节的农事规律,做出综合统筹安排。复杂多变的农事规律要认识、要把握就十分不易,要协调统筹和灵活运用更是难上加难。

　　农业生产有其复杂的市场规律。相比较工业生产,农业生产有明显的季节性、周期性和滞后性。春天播种、夏天管理、秋天收获、冬天储藏,农产品市场供给依赖于农业生产的周期,生产周期短则数月、长则数年，难以改变，但市场状况却瞬息万变。农业作为一个弱质产业，来自风霜雨雪的自然灾害的影响比任何产业都要大，农业"靠天吃饭"的局面在相当长时间内难以摆脱；再加上工农产品价格剪刀差长期存在，改革开放后，农产品价格上涨幅度远远落后于工业品价格上涨幅度，要想在这样的自然环境和市场条件下赚到钱很不容易。

农业生产还有其复杂的社会需求规律。农产品需求价格弹性小，随着消费者收入水平提高，价格的变化对消费者消费数量影响不大，对农产品消费质量和结构的影响会越来越大，吃得好，尤其是吃得安全、吃得健康成为农产品消费的关键需求，消费者越来越重视所消费农产品的品种、品牌、质量、产地、时令、鲜度、在地性等，甚至越来越倾向于在农业生产中输入自己的价值观。因此，农民不仅要精通基本的农业生产技术，还要掌握有机种植、绿色养殖等对接中高端消费需求的生产技术，掌握农产品加工、储藏、流通、品牌运营等技术。每类技术的背后都有庞杂的知识体系，掌握一门技术都不是一朝一夕的事情，需要多年的浸润、领悟和投入，日积月累，久久为功，而掌握这么多门技术当然更非易事。更为重要的是，农产品是准公共产品，是社会的刚性需求，不论赚不赚钱，农民都必须生产，这是责任和义务。

在"智动时代"，农业的生产规律不会改变，但对农民适应规律的能力要求却在提高，从种到管，再到收获、加工、流通和销售，农业生产经营既强调生产经营环节的完整性又突出分割性，既强调生产经营技术的综合性又突出单一性，既强调生产流程的全程性又突出阶段性。新农人要想实现向现代农民、职业农民的转变，绝不能只做拿着手机的"山顶洞人"，需要对农业生产经营全过程熟悉、全方位把控、全链条统筹、全流程监管，成为农业生产经营的通才和眼下年轻人眼中的"斜杠青年"，集农业生产者、各类智能技术的掌握者、品牌运营者等于一身。

在"智动时代"，需要重新定义、解释、看待和培育农民，农业生产经营需要百科全书式的农民，需要对农业形成四种认同。

一是理念认同。农业是适应自然的产业，遵循天人合一的自然规律，而工业是改造自然的产业，强调人是自然的主宰。农业文明是人类一切文明的母体文明，人类已经历了上万年的农业文明，只经历了三百年的工业文明，但就是在这短短三百年的时间，在人类中心主义这一观念的引导下，资源消耗和环境污染毫不节制、毫无顾忌，地球已不堪重负，只去索取、不去保护，人类最终会被大自然抛弃。当一个农民尤其是当一个现代农民必须遍读、精读、深读"天地之书"，从儿童时代就亲近自然，树立生态思维，掌握生态规律。当前，"逆乡土化"程度加剧，乡村孩子大都进入城镇读书，读"天地之书"的机会、条件减少，由此带来对农业的认知和情感的残缺，让这些孩子再回乡村当农民，隐忧可见。

二是知识认同。农业生产的产品是自然之物，生产者是庄稼，而不是农民，农民只是帮助农作物提高产量和质量，这种生产方式一环扣着一环，从耕种管到产加销，环环相扣，前一个环节没有完成便不能进行下一个环节；而工业生产的产品是人造之物，生产者是工人，由工人完全凭空制造，这种生产方式可以分拆完成，工业生产的专业化、模块化和分工程度都远远高于农业生产。专家估算，农民只从事生产环节，不挤入后续环节，仅能获取全产业链 10% 的利润。而农业生产要求具有百科全书式的知识，耕、种、管、收、储、运、售各种知识都需要具备。现在社会上也有专业的社会化服务组织提供各类社会服务，但术业有专攻，专业的人和组织只解决专业的事，解决不了全过程、全环节和全链条的事。当一个现代农民，仅靠社会化服务组织不可能全方位、综合性地解决所有问题，必须亲力亲为，统筹协调方方面面，而要弹好这架大钢琴，必须掌握三次产业融合发展的相关知识，"士农工商一肩挑"，成为打造全产业链的参与者和驱动者。

三是情感认同。"栽秧种藕春芳尽，眼触炊烟化入诗"等诗句，讴歌了劳动人民对农业的深厚情感。农民以地为生，以农为业，整天与农业和土地打交道，建立了深厚的情感。但长期的二元制度造成了歧视"三农"的社会观念，厌农、离农情绪在年轻人中弥漫。加上"智动时代"，智能手机里装了一款款智慧农业 App，农田插秧、施肥，大棚里通风、浇水，点点手机就能办，离土地越来越远，造成对务农的情感缺失。对农业没有从心底里的情感认同，没有情感上的真正融入，只把从事农业作为一种职业甚至是一种谋生方式，这是经营不好农业的。在农业社会，中国农地的土地产出率与全世界相比都处于较高水平，与劳动人民对农业的深厚感情以及建立在此之上的劳动投入密不可分。当下，我们要培养"一懂两爱"的干部队伍，更需要从儿童时代就开始培养爱农业、懂技术、会管理、善经营的现代化全科农民。

四是价值认同。农业已经不是仅仅解决吃饭问题的单一功能，除了食物保障之外，它还具有就业收入、原料供给、生态保育、旅游休闲、文化传承等多种功能，尤其是保障食物安全、生态安全、文化安全成为社会关注的聚焦点，也是农业最重要的价值所在。食物安全是人类生存的依托，基辛格曾预言："谁控制了粮食，谁就控制了世界上所有人。"食物安全不仅是个总量安全的概念，还是一个结构安全、质量安全的概念。在供给侧结构性改革的大背景下，消费者对生态、绿色、有机食品需求旺盛，但生产端农药、化肥、除草剂的过量施用，超标残留现象始终难以杜绝，在加工环节、销售环节也都存在让消费者难以安心的问题。食物质和量的安全任重道远，马虎不得。生态安全是人们生活的基础，优质农产品的生产需要有良好的生态环境，作为高智商的人当然更需要生活在良好的生态环境之中。德国哲学家海格尔将人类理想的生活环境概括为"诗意的栖居"，富有诗意的环境，能够点燃激情、激发活力，让人产生诗情画意的美感。目前中国的消费结构与以往已有很大不同，健康养生消费比重正稳步增加，为社会提供一个修心养性的大环境，农业农村责无旁贷。文化安全是文明的根脉，在高科技迅猛发展的今天，传统农耕文化正遭遇断崖式沉没，对传统的生产生活用具、工艺品等的收集整理以及对传统文化中思想理念、思维方式、制度建设的传承已成当务之急。

不论是理念的修炼，还是知识的累积；不论是情感的培育，还是价值的生成，都不是一朝一夕的事情，都需要自幼身居乡村，天天耳濡目染、持之以恒积淀，练就"童子功"。"逆乡土化"的教育肯定培养不出"全科农民"。一位被称为"国学大师"的明星专家，解读"锄禾日当午，汗滴禾下土"，说是农民顶着烈日播种，汗水洒湿了土地，显然没有乡村经历。锄禾是用锄头除掉庄稼地里的杂草，为什么要顶着正午的烈日锄草呢，因为除掉的野草经正午的烈日暴晒马上会死掉，如果是早上或晚上锄草，不能马上被太阳晒死，连着泥土的根可能还会让草复活，那就等于白忙活了。这是乡间儿童都懂得的常识，名满天下的大教授却不懂。可见，培养全科农民，不是读"文字之书"就能实现的，他不能脱离环境；也不是半路出家就能练成的，他需要一生的功夫；更不是机械从业就能当好的，他需要情感的融入。

（本文原载于《中国发展观察》2022 年第 2 期）

乡村社会的裂变重塑与治理

习近平总书记多次指出，当今世界正处于百年未有之大变局，中国的乡土社会正在发生深刻剧烈的变化，深入分析乡土社会变迁的内涵和发展趋势，对于创新乡村社会治理，促进乡村社会良性运行和协调发展，具有重要而深远的理论和现实意义。

在裂变中重塑中国乡土社会秩序

中国农村改革 40 多年以来，随着以农养政的结束，城乡二元制度在人口流动和迁徙的冲击下正逐步消解，"凝固的土"和"封闭的乡"被打破，社会主体由稳定性向流动性转变，社会生活由同质性向公共性转变，社会关系由熟悉性向陌生性转变，社会空间由地域性向公共性转变，社会结构由紧密型向松散型转变，社会细胞由完整性向破裂性转变，社会文化由前喻性向后喻性转变，社会价值由一元性向多元性转变，社会行为由规范性向失范性转变，社会治理由威权性向碎片性转变，这些变化，增加了社会治理的难度，给乡村社会良性运行和协调发展提出了新挑战。

中国是农业大国，中国的根基在乡村，只要人类还需要吃饭，就会有农业；只要农业存在，就会有农民；只要有农民，就会构成彼此相连的乡土社会。不论时代的大潮多么汹涌澎湃，以乡为基点的活动空间都不会变，以土为基础的生存依托也不会变。因此，需要处理好"变"与"不变"的关系，该变的力促其变，不该变的执意坚守，方能以"不变"应"万变"。对于中国这样一个人口大国、农民大国、农业大国、农村大国而言，"三农"是重中之重的价值取向不能变，遵循自然生态规律的路径不能变，公序良俗的遵守不能变，传统文明的弘扬不能变。对于乡土文明，既要去其糟粕，又要取其精华，开发传统，服务现代。

创新乡村社会治理的宏观思维

思路决定出路，格局决定结局。创新乡村社会治理的宏观思维尤其重要，对乡村社会发展具有导向性效应。

一是实施城乡融合的一元化方略。人类已经进入了生态文明阶段，城与乡的关系正在发生着巨大变化，已经不能按照城与乡两套体制的传统观念去设计制度、制定政策。在生态文明背景下，城与乡在生态治理上是源与流的关系，建设重点在乡村，难点却在城市。城市文明作为工业文明的伴生物正在被新的更高层级的生态文明所取代。城市功能正在被高度发达的交通、通信及互联网分流，城市病正在被"小桥流水人家"的乡村疏解，城市边界正在被新的发展理念模糊，城市思维正在被城乡共荣的新型空间生态所颠覆。在生态文明阶段，城与乡没有高低贵贱之分。城市优先的思想观念、思维方式必须彻底改变，一切政策的出台、制度的供给、资源的配置都应以生态文明为标尺，城乡的建设和发展需要一体谋划、一体布局、一体实施、融合发展。

二是构建政府、市场、社会三位一体的治理格局。下大功夫解决当下乡村社会治理总体上呈现出政府力量过于强大、市场快速发展但很不健全、社会发育不足的格局，着力调整治理结构，该给市场的给市场，该给社会的给社会，让政府、市场、社会各司其职，互相配合，彼此监督。社会良性运行和协调发展需要政府、市场、社会三大主体的分工协作、功能互补，政府治理为市场治理和社会治理提供正式制度保障，创造良好的治理环境。市场治理为政府治理和社会治理提供经济基础。而社会治理作为一股强大的社会力量参与到治理过程中，监督市场和公共权力的运行。通过多元治理主体的协调与合作，各治理主体在互信和互惠的基础上，实现对社会公共事务的治理，从而形成乡村社会自治、法治、德治相结合的善治体系，让农民在乡村振兴中唱主角的意识必须确立。

三是健全党组织领导的自治、法治、德治相结合的基层治理体系。自治旨在通过农民自我修养的培养进行"自我管理、自我服务、自我教育、自我监督",实现农民个体由治理"对象"走向治理"主体"的全面自由发展的自我治理过程。法治通过制度安排和规则程序,凭借一套具有普遍性、可预见性等理性化标准的正式规则来规范人们的行为区间。德治重在依靠社会舆论、风俗习惯、内心信念等正面引导人们的价值取向和发展方向。"三治结合"体系作为一套由内向外、刚柔并举、知行合一的治理理念系统,重在规则治理,贵在价值引领,本质上是通过正式规则和非正式规则两大部分来规范什么是应当做的、什么是不可以做的,从而形成多规则协同治理的"善治"系统。培育出一个生活富裕美、社会和谐美、生态环境美、人的心灵美"四美兼备"的社会生态,真正实现乡村治理体系和治理能力的现代化。

四是坚持和完善民生保障制度。我国社会主要矛盾已经转化为人民日益增长的美好生活需要和不平衡不充分的发展之间的矛盾,尤其在脱贫攻坚已经完胜,全面建成小康社会的当下,更应筑牢民生底线,健全民生保障制度,统筹城与乡,完善"十六有",即寒有所衣、饥有所食、住有所居、行有所乘、学有所教、病有所医、老有所养、幼有所育、业有所就、劳有所得、产有所链、弱有所扶、困有所帮、乐有所享、险有所保、心有所安,为乡村有效治理奠定坚实的社会基础。

新时期乡村治理的实践对策

剧烈而深刻的时代变局,为重塑乡村秩序,创新乡村治理提出了全新的命题,需要在实践中不断探索,在前行中迎接挑战。

1. 重塑乡村基层组织,打造轻装实用的治理体系。一是为乡村基层组织"卸载",减轻基层干部的过度负担。乡村俚语云:过去是"上面千条线,下面一根针",现在是"上面千把锤,下面一根钉,锤锤冒火星,砸歪就拔钉"。应下大功夫为基层干部减轻不必要的负担和无限责任的巨大压力。二是基层治理单位应从行政村下沉到村民小组,做实村民小组的职能。乡村熟人社会一般以100～200人为限，同时，土地承包的集体经济组织绝大多数以村民小组（即原生产队）为单位，他们才是真正的利益共同体。治理职能篷架在行政村一级，动辄几千人，互相不熟悉，也不是真正的利益共同体。治理效果可能会出现利国难利家，承上难启下，为公难为私。三是从顶层设计上进一步明确农民参与乡村治理的责任和义务，重塑他们的治理责任伦理和主体意识，让他们不做旁观者。四是每乡镇办一所开放式农民学校，帮助农民提高参与能力和参与积极性。农村信息的传递过去靠开会，现在靠网络，但全国尚有约五亿人不上网，这个群体主要集中在乡村。应在农业农村部设立农民教育局，在中国教育学会下设农民教育促进会，省、市、县比照设立，齐抓共管，把乡镇农民学校办好。1907年，清政府派李殿璋参加奥地利万国农务学会，他考察发现，疆域不过中国三省之地的奥国，设有务农学堂190多所，一百多年后的今天，我们还远不能比。

2. 把社办到村上，让供销合作社成为深化农村改革的主力军。我国农村集体经济组织有两大体系，一是横向块状的社区型组织，二是纵向条状的层级型组织，即供销合作社。世界上组织农民有两条成功道路，一是西方大农的专业合作。二是东亚小农的综合合作，这在政策上尚有障碍。中国小农的合作只能发挥制度优势，走政府、市场、社会三位一体的第三条道路。供销合作社正具有三重功能。让其伸腿到村，与村级组织合作，与各类新型经营主体合作，全面发展小农户入社，以其庞大的国内外市场网络，成熟的经营人才队伍，雄厚的资本运作力量，把乡村级集体经济和小农户带入现代化是完全可能的。安徽、山东、甘肃、贵州等有的一些合作社已经做了卓有成效的探索，应从顶层设计层面予以总结、提炼、完善、推广。

3. 推进"三农"领域的各项"放管服"改革。一是明确和完善土地经营权的物权地位。根据我国财产法律制度的物债二分理论，非物权即债权，《物权法》将土地经营权明确界定为用益物权，但《土地承包法》则对承包经营权的流转采取的多是债权保护方式，"二律背反"给农地"三权分置"带来权利边界不清，应在法理上进一步完善。二是尽快出台《农业保险法》。我国《农业保险条例》未对涉农保险业务开展中的权利义务关系及法律责任作出规定，导致业务开展较难，一些政策性文件又缺乏法律约束力。因此应尽快出台该法为农业发展系上安全带。三是出台相关法律条款，为民间金融创设制度空间。不能一味以"非法"定性。

4. 建立健全社会信用体系。美国有 17 部关于信用的法律，我国仅有 2016 年国办发的一个指导意见。在社会尤其乡村失信率越来越高的背景下，应一面尽快出台信用方面的法律，一面利用亿万双眼睛监督失信者。

5. 让各方力量充分涌流，助力乡村治理。以全新的理念、独特的视角、切实的举措充分发掘热心乡建的力量、留住乡愁的力量、自我组织的力量、下乡追梦的力量、精神激励的力量和公益组织的力量，为他们留足制度空间，让每股参与乡村治理的力量都有用武之地，是各级决策者的使命和职责。（本文为中央农办、农业农村部乡村振兴软科学课题部分成果）

（本文原载于《中国发展观察》2021 年第 21 期）

乡村治理"三原色"：识人识物识势

乡村治理历来是一个又老、又大、又难的问题。乡村基层干部形容自己是长年累月在"五加二、白加黑、梦加醒"中忙碌，不仅身心俱疲，而且难见成效。如何跳出这种恶性循环，从杂乱无章忙得晕头转向中解脱出来，关键在于抓纲举目，着力提升自身"慧眼三识"的能力，善于识人、识物、识势。"三识"是乡村治理的"三原色"，不论形势多复杂，工作多繁重，做好"三识"，事半功倍。

识   人

在社会化程度越来越高，社会化分工越来越细，社会组织力越来越强的情势下，善于识人选人用人是乡村治理的首要问题。

一是选用产业能人带领农民致富。我国农业一家一户分散经营，规模小、抵御风险能力差、市场敏感度低，农业利润率和农民收入不高，农业循环再投入动力不足。农业从田间到餐桌，产业链条长，空间跨度大，涉及门类多。种植、养殖、加工、储运、保鲜、包装、销售等一系列环节，对于分散的农户而言，大多只从事其中的生产环节。专家研究，农业生产环节所获利润只占农产品全部利润的10％左右，其余90％都藏在后续环节中。仅靠一家一户单打独斗，农业产业很难兴旺。乡村振兴的第一目标任务就是产业兴旺，产业兴旺的前提是需要培养有能力带动一村一乡农户发展的产业链链主，把种养加贸工农产供销各行各业的致富能人找出来，精心培育成"能人丛"，这是一个地方乡村振兴的关键。通过专业合作社、社会化服务组织及家庭农场等各类组织方式，让"能人丛"充分发挥带动效应，使更多的农户抱团发展，让产业发展的"雪球"越滚越大，产业之间的关联度越来越高，产业的覆盖面越来越广，抗风险的能力越来越强，逐步形成覆盖一二三产的全产业融合发展环链，这是乡村产业兴旺的必由之路，也是农民致富的必由之路，更是小农户与现代化衔接、与大市场融合的必由之路。

二是选用热心公益人才带领农民打造生态宜居环境。广袤的乡村，日常生活的里里外外、庄户田头的边边角角，单靠政府行政力量难以有效治理。打造宜居的生态环境，靠的是千家万户老百姓良好生活习惯的养成，而这种优良素养的培育则需要有组织、有意识的引领和推动。对此，一方面寻找诸如"朝阳大妈"这样具有集体意识、热心公益的群众，吸收他们参与村庄生态环境建设的公共事务，让自家人管好自家的事，提升村民的自治能力。另一方面，也通过邀请、聘用、结对等途径，积极动员、引导和组织社会爱心力量参与，作为乡村生态环境保护、志愿服务等事业的有益补充。如安徽省明光市为乡村和企业牵线搭桥，结对共建"爱心农场"项目，解决了村里边角空地环境脏乱差的问题，其中涧溪镇鲁山村还荣获"全国文明村镇"荣誉称号。浙江等地创立"生态美超市"，让老百姓以垃圾换取生活用品的做法也很有借鉴意义。

三是选用社会贤达带动农民营造文明乡风。乡风文明是一个地方人文精神、社会道德、文化素养等方面的世代传承、长期积淀。起于先秦、兴于唐宋、盛于明清的"耕读传家"是乡风文明的根本和基础。湖南浏阳沙市镇秧田村建有一座博士墙，5 000 人的村庄走出 26 名博士、176 名硕士。河南漯河市陶桥村 991 人，走出 241 名大学生、34 名硕博生。安徽潜山逆水村 3 500 人，恢复高考以来走出 29 位博士、54 位硕士、近 300 名本科生。这些地方的村民不比排场比教养、不比发财比有才，诚信、友善、互助、和谐、尊老爱幼的社会文明风气蔚然生成。这其中都有一个最先令人仿效的标杆引领，他们以"润物无声"的示范效应形成正能量，改造了乡民、影响了乡风、净化了物欲横流的乡村，他们就是真正的社会贤达。用这些典型事例引领乡风最生动、最有力。当前一些地方把本地或从本地"走出去"那些品德好、威望高、能力强的农村精英组织起来，由他们牵头或参与修订乡规民约、培育家风家教、打造诚信社会，很有成效。还有的组织乡村"五老"人员成立村调解理事会、乡贤理事会、道德理事会、村民议事会，把红白喜事简办或不办、不铺张浪费等纳入村规民约，"五老"人员率先垂范并监督检查，群众自觉性逐步增强，乡村风气也为之一新。

四是选用"和事能人"化解社会矛盾。打造自治法治德治的乡村治理体系，其中群众自治是主体。中国乡村世世代代、聚族而居，大家低头不见抬头见。屋里屋外，街坊邻舍，家长里短，难免纷争不断。每日每时都可能发生的巨量纷争，通常是乡村德高望重的"和事能人"出面摆平化解。法是规范人们行为的底线，生活中大量的是不触及法律底线的日常纠纷，也就是老百姓口中所说的"鸡毛蒜皮"的小事，如果都靠打官司，即便每村都设一座法庭，天天开庭也审理不完，而且无论经济成本、时间成本都无法承担。化解乡村矛盾最重要的是要打造一支情况清、善言辞、懂政策、会沟通的矛盾调解能人队伍，在极大降低治理成本的同时，达到更好的治理效果。浙江省宁海县的"老何说和"专职人民调解室，聘请群众威信高、人文地缘熟、法律政策精、热心调解工作的党员干部、教师、退休的政法工作者以及新宁海人当"老娘舅"，用村民熟悉的面孔、亲切的方式来化解人们的烦心事、闹心事、化解成功率超过 99％。

五是选用文化人才丰富农民精神生活。柴米油盐酱醋茶是物质需求，琴棋歌舞诗书画是精神需求。乡村振兴文化建设是灵魂工程。把我国五千年博大精深的优秀文化发掘出来，民间潜藏着一大批活化传统的文化精英。有的能诗能文，有的会歌会舞，有的善书善画，有的精奇技绝活，有的通健身秘诀，有的懂中医偏方，有的会各种乐器。这些人中有的具有极强的组织号召力，一遇年节一呼百应，兴赛事，搞活动，办晚会，组团结对，风生水起。且能融合古今、贯通中西，有秧歌队、也有广场舞；有民族乐团、也有西洋琴号。要实现农业高质高效、农村宜居宜业、农民富裕富足的目标，鼓足农民的精气神最关键，而提升精气神的关键抓手就是为各类文化人才搭建多种形式的平台，让他们为活跃村民的精神生活一展才艺，实现自我价值。我国已设立了国家省市县四级非遗传承项目，有条件的乡村也可设立自己的非遗传承项目、指定非遗传承人。也可让一些非遗传承人进学校教学生研习传承。

识　物

一个地方的经济社会发展需要人尽其才，也需要物尽其用。

发掘具有独特价值的本地物产。我国农业领域流行的一个词叫"名优土特"产品，所谓"名优土特"指的就是产品独具的个性特征，一村一乡一县应认真研判发掘出本地具有独特价值的物产。最具典型意义的故事就是先秦时代著名的"青茅之谋"。周天子分封诸侯后，财力日显不足，问计于管仲，管仲略加沉思，献上一策，让周天子把只在其辖地生长的一种野草"青茅"指定为祭祀用品，此法一出，140多个诸侯国竞相购买，周天子每年都有了稳定的财政收入。管仲能把一钱不值的野草变成抢手货，正是有一双善于发现价值的慧眼。蕲春是明代医药学家李时珍故里，有着种植中药材的悠久传统，蕲春县境内生产的艾草相较于普通艾草，有着天然的优势。2015年，蕲春县立足资源禀赋，提出把发展艾草产业作为全县产业转型升级的支点，经过四五年发展，目前，全县艾草种植面积近20万亩，相关企业2 000多家，从头到脚，吃的用的，蕲艾产品已经实现全覆盖，产值达50亿元。如今，蕲春艾草已成为中国国家地理标志产品，并入选中国特色农产品区域公用品牌。常听一些基层干部说，我们那里穷山恶水，没有特色物产。青茅和艾草的故事说明，特色是可以创造的，关键在于有没有慧眼去发现特色、打造特色。

挖掘具有独特价值的传统技艺。五千年文明薪火相传，今天我们可以看到名字的农业著作就有600多部，可以读到原著的也有300多部，里面有大量的对传统技艺的记述，但这只是冰山一角，浩如烟海的传统技艺大都散落在民间，通过一代一代地传承被保存延续下来。深入挖掘他们的价值对于推动一个地方的经济社会发展有着奇妙的效果。仅以美食为例，福建沙县小吃已经在全国开店 8 万多家；青海化隆县的兰州拉面不仅在全国开了 3 万多家门店，还在海外开有 100 多家分店；山东一个村专卖馒头，一年就有一个多亿的产值。河南省西华县逍遥镇有 5 万多人，其中有 2 万多人在全国各地卖胡辣汤。镇里每年举办胡辣汤大赛，好的胡辣汤卖 100 多元一碗。漂泊在异乡的河南人，只要看到路边的胡辣汤店，就有一种抑制不住的兴奋，《舌尖上的中国》第三季也对胡辣汤进行了介绍。浓缩着家乡味道和记忆的胡辣汤，直接带动了数万人生计，也推动这门技艺走向了全国，胡辣汤十几种用料，每种都生成了一条产业链，带起一个产业。

发现可利用的现代科技。现代科技已成为各行业、各领域发展的加速器，乡村滞后于城市，关键是现代元素的滞后。治理乡村必须睁大双眼，密切关注现代科技的发展，千方百计适时引入。以电商为例，全国目前有 4 000 多个淘宝村，其中电商集群村 95 个，大型电商村 33 个，超大型的 7 个。山东曹县，曾是国家级贫困县，依靠本地资源，通过电商平台打造了 100 多个淘宝村，22 个乡镇镇镇都有淘宝村，如今发展成为在全国名列前茅的"超大型淘宝村集群"，彻底改变了贫困落后的面貌。这种利用现代科技快速崛起的现象，竟然催生出民间"宁要曹县一张床，不要浦东一套房""你家住在曹几环"的幽默。如今，以大数据、云计算、区块链、人工智能、5G 为代表的现代信息技术，其发展应用蕴藏着无穷的"商机"。江苏一位农民，外出打工多年无果后返回家乡，使用无人机开展植保服务，配合人工智能大数据分析，用药更精准，成本更低廉，广受欢迎，年赢利数百万元。疫情防控期间的"网络直播带货"也已在全国逐步催生出一个新兴的朝阳产业。

识　势

老子说："道生之，德畜之，物形之，势成之。"通过谋势、集势、蓄势、造势等各种方法营造一种有利于预期的事态演变大势，就能形成"势使之然也"的趋势。

一应把握形势。面对百年未有之大变局，我国提出积极融入以国内大循环为主体、国内国际双循环相互促进的新发展格局，这是乡村治理的新机遇，必须抢抓国内和平和国际相对稳定的重大发展机遇，积极融入新一轮改革开放的历史大潮流。乡村治理离不开大环境，更离不开政策的支撑。国家政策是乡村治理的灯塔和风向标，对大政方针跟得紧不紧、重点掌握得清不清、方向判断得对不对，都直接决定着乡村治理的成效和成败。改革开放以来，中央每年都发一个关于"三农"的文件，仅1号文件就发了23个，每年都有新的提法和要求，各级涉农部门细化举措、配套出台的相关文件，都有指导性的落实意见。深刻理解消化这些政策要求，乡村治理的大方向就不会偏离。顺势而为、乘势而动，对本地经济社会发展风向保持敏锐性是乡村治理的先决条件。风向指哪，市场需求就在哪，"三农"发展的出路也就在哪，否则误判局势，就会如同红极一时的诺基亚手机、柯达胶卷一样，问题由量变积累到质变，最终被淘汰出局。因此应敢于突破创新，不断打破常规，做第一个"吃螃蟹"的人。近几年因城乡建设需要，风景树价格日益走高，有的地方嗅到了商机，在没有交通、人口、土地等优势区位条件的情况下，利用贫瘠的土地栽种风景树，变劣势为优势，风景树产业让一些地方迅速发展。

二应用好地势。"橘生淮南则为橘，橘生淮北则为枳。"推进乡村治理，要充分考虑地理区位、格局方位。如果区位条件不同，缺乏地理优势，强行效仿，就会水土不服甚至适得其反。因地制宜是发展的前置条件。有关调查显示，全国仅有4%左右的村适于发展乡村旅游，有的地方不具备条件，生搬硬套，造出的景点生意惨淡，投资人笑着进去，却哭着出来。即使适于发展旅游的地方，也应分清适合哪种路线。如城市近郊适合发展农家乐、采摘、垂钓等休闲农业，而远离城市、山清水秀的地方则适宜发展旅游观光、养生养老、民宿等产业。40年前，作为4个特区之一的深圳，正是充分发挥链接我国香港和内地的地理区位优势，才由当年的一个小渔村发展成为当今世界知名的国际化大都市。浙江省德清县莫干山镇，利用丰富的旅游资源发展民宿产业，旺季时一房难求，每年直接营业收入超亿元，地势优势的发挥让绿水青山变成真正的金山银山。"郁郁涧底松，离离山上苗。以彼径寸茎，荫其百尺条。地势使之然，由来非一朝"。同为一物，占据地势，身价便不可同日而语。北京金融街的地和上海浦东的地与偏远山区的地身价天壤之别。弄清区位特征，用好地利优势，一朝翻身也未可知。

三应顺应趋势。势之为势，核心在高，高则有势，高则成势。孙子兵法云："转圆石于千仞之山者，势也。"把一块圆石头从高山上推下去，那气势冲力与平地翻滚大不一样，因此便有了"势不可挡"的成语。趋势就是规律，规律只可认识、只可顺应；不可违背、不可抗逆。以家庭经营为主体是农业生产的基本规律，不论任何时代、任何国家、任何社会制度，都必须遵循这一规律，40多年前小岗村率先实行家庭承包经营，一片反对声，时任领导察民情、识民意、尊民愿，顺势而为，才掀开了全国农村改革的历史篇章，进而推动整个国家发生了翻天覆地的巨大变化。当年谁先实施谁先吃饱饭，不顺应这个趋势，很可能今天我们还在饿肚子。对宏观大势及自身发展趋势适时预判，不墨守成规，固守旧习，积极应时而动，超前先人一步，就能一骑绝尘，勇立潮头。不论是陕西的东岭村，山东的南山村，还是浙江的花园村，江苏的华西村，他们都是顺应计划经济向市场经济过渡的总趋势，打造集体经济的典范。

（本文原载于《中国发展观察》2021年第17期）

农村党建助力乡村振兴
应重塑效能认知

　　乡村振兴，党建引领。这是中国共产党经历百年风雨之后在新的历史条件下面临的新课题新挑战，需要引入现代思想理念、现代思维方式和现代科技手段。但任何现代都是在传统的基础上建立起来的，在"大云移物智"背景下，追寻现代求新求变的同时，且不可认为传统党建工作都是落后低效、不合时宜的，应重塑对传统性常规性党建工作的效能认知，努力挖掘其潜在价值，充分释放现代语境下传统党建工作的张力。只有用现代激活传统，让传统融入现代，才能使党建工作在助力推进乡村振兴中不断提高效能。

选准"一懂两爱"的县委书记是提高乡村振兴效能的关键环节

　　办好农村的事，关键在党，关键在五级书记一起抓。五级书记中，县委书记处于中枢地位，既可当规划师、设计师、工程师，又承上启下，决定一域。所谓"郡县治，天下安"，只有选出"一懂两爱"、真懂真爱的县委书记，中央关于乡村振兴的各项决策部署才能得到完整、准确、全面贯彻，否则就有可能荒腔走板、跑调乱音。

　　如果县委书记不是真懂农业，他就有可能以工业的理念抓农业。工业理念信奉的是"人是自然的主宰"，追求"人定胜天"；农业理念信奉的是"道法自然"，追求"天人合一"。不顺应自然遵循规律的农业注定不可持续。

　　如果县委书记不是真爱农村，就有可能以经营城市的方式建设乡村，让村庄合并，赶农民上楼，使乡村"千人一面"，导致走过一村又一村，村村像城镇，小桥流水人家的格局没了，五千年文明的载体没了，几代人集体记忆的乡愁也没了。不爱农村就不可能真正了解农村，往往习惯于用城市陌生人社会的治理方法治理乡村，结果乡村社会千年积淀的非正式制度被丢弃，乡村的自律性约束失灵，他律性约束又难以奏效，社会治理很可能陷入困境。

如果县委书记不是真爱农民，就不能真正地深入农民、了解农民，就无法做到"民之所好好之，民之所恶恶之"。在乡村振兴中，就不会真正地相信农民、发动农民、依靠农民，往往自觉不自觉地让政府和企业去推动，农民反而成了旁观者、局外人。所作所为要么一厢情愿，要么水土不服，牛头不对马嘴，费了一身劲，到头来不仅不能帮了农民，反而伤了农民。更有甚者，为造政绩，不惜损害农民利益，大搞形象工程。

乡村振兴本质上是小农户的振兴，真懂才能真爱，真爱才能真好。因此选准"一懂两爱"的县委书记是提高乡村振兴效能的关键。县委书记不能不懂不爱，也不能半懂半爱，必须是真懂真爱。否则，乡村振兴就会成为"说起来重要、干起来次要、忙起来不要"的空口号，不仅效能不高，还有可能给未来乡村的可持续发展埋下难以逆转的隐患。建议从中央层面建立乡村振兴背景下选拔任用县委书记新标准，放宽用人视野，选择一批真懂农业、真爱农村、真为农民，能力强、口碑好、作风硬的干部担任县级党政正职。比如可以从300多万参与脱贫攻坚的选派干部队伍中选择一批优秀人才担任县委书记或县长。农业文明时代读自然之书，工业文明时代读文字之书，信息文明时代读视频之书。今天只有从事农业的人需要"三本大书"一齐读，发达国家的农民必须具有从业资格证，作为领导乡村振兴的县级主官，只有读好"三本大书"，才能获得从业资格，不能以其昏昏，使人昭昭。

培养"慧眼三识"的乡村书记是提高乡村振兴效能的基础条件

乡村书记身处最基层，直接与具体的人、事、物打交道，识人、识物、识势是当好乡村书记的看家本领。一个优秀的乡村书记一定有独具

"三识"的慧眼，是善于"三识"的高手。

一是"识人"。乡村振兴，人才振兴最关键。这个人才，不一定非要"高大上""高精尖"。土专家是人才，土匠人是人才，农村精英是人才，返乡农民工也是人才。乡村书记既要是"伯乐"，善于从现有人员中发现人才，又要像"猎头"，勇于招才引智，借助外力外脑。比如，有人会养猪，你就想办法培养他、支持他，让他带领本乡本村更多的人养猪；有人喜文艺，你就创造机会，让他把乡村文化带起来，把乡风文明培育起来。总之，只有千方百计发现人才、培育人才、使用人才，营造出八仙过海各显神通的氛围，乡村振兴才能有"人气"、鼓"士气"、聚"生气"。

二是"识物"。这个物，既是看得见的器物，也包括看不见的文化。这个世界不是缺少美，而是缺少发现美的眼睛。金子放错了地方也是垃圾，反过来，垃圾放对了地方也有可能就是金子。越是民族的，越是世界的，任何一个地方都有自己的特点特色，有特色才有价值，关键要善于发现这个特色，识别这个特色，挖掘这个特色，锻造这个特色。作为乡村书记就要练就这双慧眼，挖地三尺把这个地方看个清清楚楚、真真切切。春秋时代，诸侯割据，周天子穷困潦倒，财政入不敷出，找管仲问计。管仲马上告诉他，你周围那些不值钱的青茅草就是钱。因为当时作为各诸侯国最大的活动就是祭祀和战争，而祭祀必用青茅草，而只有周天子所在的地方才出产这种草。周天子抓住这个特色产品高价经营，100 多个诸侯国的财富源源不断地流入周天子的腰包，周王室很快富足起来。当前，这样的例子很多，比如安徽的猴坑是一个偏远的小山村，却因出产猴魁名茶而名扬天下，全村人均年收入几十万元。甘肃静宁偏僻落后，自静宁苹果成为名牌后，被消费者普遍关注。中国上千个地理标志产品所在地，大都是因为那个产品的牌子让外界才得以知晓那个地方。这些正应了那句老话："假舆马者，非利足也，而致千里；假舟楫者，非能水也，而绝江河，君子生非异也，善假于物也"。

三是"识势"。首先识形势。习近平总书记强调"政治三力"，第一就是"判断力"，乡村书记首先要深刻领会习近平新时代中国特色社会主义思想，准确把握中央大政方针。改革开放以来，中央每年都出台一个关于"三农"的文件，仅 1 号文件就出台了 23 个，各部门又都出台相应的配套文件，每年都有新的改革举措。乡村书记要有敏锐的洞察力，从中找出有利本地发展的机遇。其次是识地势。每个地方有每个地方的优势，也有每个地方的劣势，橘生淮南则为橘，生于淮北则为枳，如果不把握自己的"地势"，盲目跟风，一定会事与愿违。兵书上讲，"因天之时，就地之势，依人之利，则所向者无敌"，乡村书记在谋划本地发展蓝图时，一定会对本地地理位置的优劣做出清晰判断，对周围环境条件的变化注意关注，如附近新增一家工厂，新建一个旅游景点，新修一条公路，这些都可能给本地带来新的发展转机。再次是识趋势。审时度势从来都是科学决策、精准施策的重要依据。所谓"顺势而为"，儒家谓之纲常，墨家谓之天志，道家谓之天道，释家谓之轮回，这是哲学层面的治国理政。乡村书记不需要治国平天下的谋略，但对于自己治下的乡村未来发展趋势必须做出预判预测，决不能刻舟求剑，墨守成规，一成不变，身子迈入了新阶段，思想还停留在老地方。而要勇立潮头，准确识变、科学应变、主动求变，相时而动，顺势而为，在推动乡村振兴各项工作中，于变局中开新局，在危机中找新机。

推进治理体系和治理能力现代化是提高乡村振兴效能的根本举措

改革开放以来，各地在农村基层党建方面创造了不少行之有效的经验做法，如村民代表提案制、网格化管理、党支部下沉一级设在村民组等，不管哪种方式或经验，在基层治理体系上，追求的总目标就是构建一个上下通达的政治生态和左右和谐的社会生态。一些政策之所以在"临门一脚"脱靶，归根到底是基层运转机制不灵，末梢神经失效。安徽省亳州市以"邻长制"为抓手，利用"大云移物智"的现代化技术手段，构建起了合纵连横、灵敏高效、通达上下、和谐左右的新型基层社会治理体系。即以纵向加长、横向加密的办法在村民组下以 15～20 户为单位设一个"邻长"。打破了过去组长管理上百户，顾头难以顾尾的格局。邻长可以随时遍访众邻，与邻里居相近，人相亲，情相连，并通过手机平台与每家每户建立紧密关系，在国与家、公与私、上与下、官与民之间，扮演着联系顺畅的"摆渡车"、互动沟通的"交流器"、利益博弈的"减震阀"、矛盾化解的"融合剂"的角色。且全市增加十万个邻长没有给财政和农民增加任何负担，就在全域范围内全面提升了基层治理的效能。以"四两拨千斤"，小动作巨能量，这一适应现代乡村需求的低成本改革，应在全国范围内试行推广。

身处大变革的时代，不断提升治理能力现代化的水平是党建工作的新课题，应构建一套适应不同结构、不同类别、不同需求的培训体系。长期以来，"说起工业大半天，说起农业一根烟"是市县两级主官的普遍现象，他们不想说、不愿说是一个原因，根本在于不会说、说不清，不是像城市那样真懂。不懂的根本原因，在于一直以来的"二元文化"影响，在大多数人的思维中，在农村工作、从事农业工作是一个"粗活"，没有含金量，什么人都可以。父母教育孩子说得最多的就是"你不好好学习，长大了就让你种田去"。农业农村现代化，离不开高质量、专业化、现代化的干部队伍。早在1907年，清政府派遣李殿璋到奥地利参加万国农会，他在考察中发现，面积不过中国三省之地的奥地利就创办了190所农学堂，还有遍布各地的"冬日学堂"，更有政府出钱，聘请各类农业土专家为"游学教员"到各地讲学培训农民，指导农业实践。当前，我们针对基层干部和农民的专业培训与100多年前的奥地利还相差甚远，更不要说与现代发达国家专设农民教育机构相比了。在以乡村振兴为时代最强音的背景下，应参照中国井冈山干部学院、中国延安干部学院、中国浦东干部学院的管理规格和办学标准，创办中国乡村振兴干部学院，高规格、系统化地培养党的"三农"干部。对市县两级主官每年都应进行一次专业培训；乡镇一级主官由省级党校设立分院组织培训；广大村干部则由市县党校进行专门培训。务求通过培训，让干部对"三农"理论和政策体系有一个系统性、综合性、全面性的清晰认识，对"三农"工作有一个情感的深化升华，做到先"武装头脑"，再"指导实践"，真正成为"一懂两爱"的干部，成为提高乡村振兴效能的中坚。

（本文原载于《中国发展观察》2021年第12期）

中国乡村百年：从"运而不动"到"振而即兴"

　　20 世纪二三十年代，"农村破产即国家破产，农村振兴即民族振兴"的思想潮流一时热浪滚滚，社会精英、乡村士绅乃至政界商圈纷纷投身乡村建设运动，中国大地上掀起了一场轰轰烈烈的"救济农村""复兴农村"的乡建热潮。这场运动逐步由民间转向官方，1933 年，河北定县、山东邹平、山东菏泽、江苏江宁、浙江兰溪等宣告成立"县政改革试验县"。据当时南京国民政府实业部统计，到 1934 年，全国从事乡村建设运动的团体和机构 600 多个，在各地设立的实验区 1 000 多处。阎锡山治下的山西更是从横竖两个方面构建村治组织，编织庞大的行政网络治理乡村。但是，百年前的这场运动历经数十年却"运而不动"，最后偃旗息鼓，不仅没能扭转乡村社会萧条衰败的趋势，自身也烟消云散。

　　历史的车轮走过百年后的今天，党中央提出乡村振兴战略，实施的时间并不长，从 2017 年 10 月首次提出到现在不过三年多，即便从为乡村振兴打基础的脱贫攻坚算起，至今也只有八个年头，但是乡村繁荣兴旺的势头已经全面展现，960 多万平方公里的土地上，农民的生活正在发生着十个前所未有的巨变。前所未有的衣食无忧，2019 年我国人均粮食占有量已达 470 千克，显著高于世界平均水平，寻常人家已由"一衣多季"到"一季多衣"；前所未有的居有所安，各级投资由点到面推开，农村 C 类和 D 类危房已经消除，另有 1 000 万个易地搬迁人口也入住新居；前所未有的劳作轻松，机械化的普及和社会化服务的发达把农民从繁重的体力劳动中彻底解放出来。农耕早已不是"日未出即作，日虽落不息"；前所未有的时间闲暇，调查显示，今天农民农闲时的日平均闲暇时间为 476.7 分钟；前所未有的无徭无役，农业进入"无税时代"，务农不仅不需要交税，还能享受种粮等各项补贴；前所未有的社会分担，乡村幼儿园已经全面覆盖，学前教育已经成为国家的制度性安排。乡村老人不仅可以领到政府发放的养老津补贴，还有不同档次的养老保险。各类养老机构也在乡村逐步发展；前所未有的医疗统筹，国家建立了新型农村合作医疗制度和大病医疗保险，农民看病难、看病贵问题已经得到很好的缓解，"六普"数据显示人均寿命已达 76.1 岁；前所未有的隔空面叙，2020 年中国网民 9.89 亿人，互联网普及率已达70.4％。通过视频，一个村庄的人可以随时与远隔万水千山的亲朋好友"面对面"聊天闲谈；前所未有的出行便捷，全国农村标准公路 4 万多公里，通硬化路的乡镇和建制村已达 99.64％和 99.47％，建制村通客车率已达 98％。摩托车、电动车在乡村全面普及，小汽车也随处可见。村、乡、县、省一直连接国道的路网体系全面通达。出行只靠两条腿的时代彻底结束；前所未有的城乡两栖，农民进城的枷锁被打开，过去40 年至少有 3.5 亿人从农村转到城市，这是人类历史上和平时期最大的人口迁徙，未必"绝后"但绝对"空前"。他们戴着"农民"与"市民"两顶帽子生活，成为古今中外城市化进程中一道独特风景。这十个前所未有的巨变，在中华民族发展史上树立起一座划时代的丰碑。

乡村振兴能在短时间内"振而即兴"，关键在于做对了四件事情。

一是找对了路子。所谓找对路子，就是首先从"治贫"这一最核心的问题入手，实施脱贫攻坚打硬仗战略。历史上，特别是 20 世纪二三十年代的学人普遍认为，中国农民问题的核心是"贫弱私愚"四大病。但是，他们在推进乡村建设的实践中，都没有、也无力把"治贫"放在首位。有的从教育着手，如梁漱溟领导的邹平乡村建设实践、晏阳初主持的定县平民教育实践和陶行知创办的晓庄生活教育实践等。有的从组织着手，如阎锡山在山西村政运动中建立的九层官吏制。有的从现代性着手，如卢作孚在重庆北碚乡开展的乡村建设实践。在复杂的时代背景下，这些路子都没有走通。今天，我们从脱贫攻坚入手，通过采取一系列具有原创性和独特性的重大举措，组织实施了人类历史上规模空前、力度最大、惠及人口最多的脱贫攻坚战。经过8年持续奋斗，脱贫攻坚目标任务如期完成。现行标准下9 899万农村贫困人口全部脱贫，832个贫困县全部摘帽，12.8万个贫困村全部出列，区域性整体贫困得到解决。贫困人口收入水平显著提高，全部实现"两不愁三保障"。有近2 000万贫困群众享受低保和特困救助供养，2 400多万困难和重度残疾人拿到了生活和护理补贴。有2 000多万贫困患者得到分类救治，救助的不仅仅是无法得到救治的病患，而是一个个被救治费用拖垮的家庭。还有110多万贫困群众当上护林员，守护绿水青山，换来了金山银山。困扰中华民族几千年的绝对贫困问题得到历史性解决，这场改变中国命运的伟大决战，创造了一个彪炳史册的人间奇迹。历史清楚地告诉我们，万难贫为首，经济不兴，一切免谈。

二是找准了动力。利用举国体制，上下同心，尽锐出战，动员一切可以动员的资源和力量，凝聚成改变贫困面貌的合力。首先从实践中探索形成了纵横交织的扶贫政策体系，纵向贯穿从中央到省市县乡村，横向则囊括不同主管部门的资金体系、交通设施体系、教育体系、卫生体系、民政体系、责任体系、干部体系、动员体系、监督体系、考核体系等。其次在政策网络支撑下形成了层层压力传导的领导责任制，事业单位、社区组织、合作社、第三方机构和企业主体等不同利益主体积极参与和东西部协作推进的扶贫工作格局。从而得以动员一切可利用的人、财、物，有效解决了贫困地区的需求，实现减贫效应的最大化。再者就是五级书记一起抓，通过举国体制，形成"一把手工程""一盘棋格局"，上下左右，勠力同心，集中力量办大事。改革开放以来，没有哪项政策的实行像脱贫攻坚这样有力度有实效。2020年6月公布的《乡村振兴促进法（草案）》第九条要求，"国家建立健全中央统筹、省负总责、市县乡抓落实，五级书记抓乡村振兴的工作机制。"就是看到这一制度的空前奇效，对这一制度的延续推广。

三是找对了方法。这个方法就是"精准"。"五个一批""六个精准"

是脱贫攻坚的方法论原则，也是克服农村工作中长期形成的"大水漫灌一刀切"和"头痛医头脚痛医脚"弊端的良方妙药。数字化生存把人类带入"精准时代"，大到宏观世界的指天问地，小到微观世界的解构毫厘，无不以"精准"为圭臬。"精准"二字贯穿了脱贫攻坚的全过程，彰显追求发展质量、效益和投入产出比的经营管理理念。精准识别扶贫对象是头道工序，这是脱贫攻坚的基础，扶贫对象识别是否精准，直接决定扶贫成效。在实践中，各地依照《建立精准扶贫工作机制实施方案》探索出各种精准识别模式，比如河南省新乡县由村民代表走访农户，了解每户人家的基本情况、贫困程度及贫困原因，搜集意见整理后作为提案交给村"两委"议定。由村民代表走访调研，能够了解贫困户的真实情况，防止出现"漏评""误评"，有效保证了扶贫对象的精准识别。在"怎么扶"的问题上，300多万驻村扶贫干部针对特定扶贫对象制订"一户一法、一村一策"的精准帮扶措施，不仅包括方式、方法的"既准又精"，还包括思想、体制、机制、组织的"既准又精"，收到了事半功倍的效果。脱贫攻坚战之所以短时间内取得如此成绩，很大程度上要归功于这种因地因人因事采取不同办法的"精准"方法论。

四是找准了时机。新中国成立初期，在政治孤立、经济封锁、军事威胁的国际形势以及国内百废待举的情境下，为实现从落后农业国向现代化工业强国的转变，中国优先发展工业，以农养城，以农养工，在短短七十多年时间里走完了发达国家几百年的工业发展之路，建立起最完备的现代化工业体系。2019年联合国调查报告显示，中国是世界上唯一拥有41个工业大类、207个工业中类、666个工业小类联合国产业分类中所列全部工业门类的国家。改革开放初期，"小城镇-农民"的发展新格局，打破了原先"乡村-农民"和"城市-市民"的二维框架，"离土不离乡"与"离土又离乡"的发展路径在促进乡村振兴上发挥了重要作用。但当时农业支持工业、农村支持城市的性质依然没有出现质的改观，城市和工业反哺农业农村的能力还较有限。经过改革开放以来特别是近些年的发展，中国的方方面面都发生了巨大而深刻的变化。2 000多年以来以农养城、以农养国、以农养政的历史已经于2006年全部终结，全面进入以工养政、以商养政时代。以工促农、以城带乡的条件已经具备，时机已经成熟，乡村振兴恰逢其时。

从"运而不动"到"振而即兴"，百年沧桑，一朝巨变。有和无、多与少、生存与发展、经济基础与上层建筑，这些本该由哲学家诠释的复杂问题，在这里被中国乡村一个个巨变的实例做了生动的回答。选准路径、强化动力、用好方法、抓住时机，建设乡村，乘势而为，中国乡村"风正一帆悬"，乘风破浪正当时。

（本文原载于《中国发展观察》2021年第7期）

脱贫攻坚与乡村振兴有效衔接，
接什么？如何接？

脱贫攻坚战已取得全面胜利，"三农"工作的重心历史性转向全面推进乡村振兴。如何让贫困治理平稳转型，融入以乡村振兴为旗舰的舰队序列，不仅仅是工作内容的衔接，更是思想理念的衔接，思维方式和行为方式的衔接。

主次位移的衔接

2020年前，需要集中精力、集中力量、集中资源，全力以赴打赢脱贫攻坚战，完成全面建成小康社会的底线任务。2020年脱贫攻坚任务完成后，"三农"工作重心转入全面推进乡村振兴。贫困治理将统筹纳入乡村振兴战略。随着"三农"工作主次位移，应根据主要矛盾的变化，把政策取向和着力点逐步转移到乡村振兴上来，由攻坚战转为持久战，由脱贫攻坚的突击性、特惠性、局部性，转为乡村振兴的渐进性、普惠性、整体性，在工作体制机制、职能配备、工作思路、工作方法等方面都要调整，向农业全面升级，农村全面进步，农民全面发展聚焦发力。

时空拓展的衔接

在时间上，继续巩固脱贫攻坚成果，扶持政策不能断崖式下降。对退出的贫困县、贫困村、贫困人口，要保持现有帮扶政策总体稳定，扶上马，送一程。中央已经明确设置过渡期，过渡期内，要严格落实摘帽不摘责任、摘帽不摘政策、摘帽不摘帮扶、摘帽不摘监管的要求，主要政策措施不能急刹车。综合考虑脱贫攻坚成果巩固、低收入人口基本保障战略和工作体系平稳转型，把扶贫工作全面纳入实施乡村振兴战略，整体部署、一体推进。

在空间上，相关政策举措要由片状、点式转换成全域、整体的覆盖。如金融扶贫的重要手段是扶贫小额信贷，即向符合条件的建档立卡贫困户，提供5万元以内、3年期以下、免抵押、免担保的信用贷款，专门为建档立卡贫困户量身定制，有效缓解了贫困户贷款难、贷款贵问题。但其服务对象特定，且局限于信贷手段，无法满足未来乡村振兴战略多元化金融需求。脱贫攻坚结束后，一方面，应当在做好存量扶贫小额信贷政策接续工作的基础上，结合党建引领信用村建设，将扶贫小额信贷调整升级为乡村振兴小额信贷，服务对象扩展到新型农业经营主体、小微企业和小农户，合理设置贷款额度、期限、利率及贷款条件；另一方面，应当将以往重点突出扶贫小额信贷的金融扶贫体系逐步转变到涵盖信贷、直接融资、保险等领域的多元化乡村振兴金融服务体系。

保障与发展优先顺序转换的衔接

脱贫攻坚是"基础版"，重点解决"两不愁三保障"，是保基本、兜底性要求，主要解决的是发展的不平衡问题，其对象是建档立卡贫困户，这些贫困户只占农村人口的一小部分，他们在奔小康的路上没能跟上步伐。乡村振兴是"升级版"，主要解决发展不充分问题，瞄准的目标是把我国建成社会主义现代化强国，面向农村所有地区所有人口，通过解决发展不充分问题，化解发展不平衡的矛盾，最终实现城乡融合发展，人民共同富裕，是高质量、高品质的追求。

政府、市场、社会角色功能转换的衔接

脱贫攻坚目标是使贫困群体脱贫，乡村振兴目标是使农民群体致富，脱贫与致富是两个不同层面的问题。脱贫是公平问题，致富是效率问题。脱贫是政府责无旁贷、义不容辞的职责，致富是市场规律、能力角逐的结果。脱贫，必须采取特惠性政策应保尽保；致富，应该运用普

惠性制度实行公平竞争。脱贫，不论有无发展能力和发展意愿，有贫即脱；致富，只对具有发展意愿的群体帮扶支持。脱贫，必须微观，精准到户到人；致富，只可宏观，针对大环境，搭建好有利于致富的市场平台。脱贫，不论何种情况，政府需要真金白银，立马兑现；致富，政府只可量力而行，持之以恒，渐次推进。

在脱贫攻坚阶段，主要是政府主导，乡村振兴则需要"看得见的手"和"看不见的手"共同各自发挥作用，政府、市场、社会应各司其职、互相配合、互相监督，确保"三驾马车"三位一体。在产业兴旺、生态宜居、生活富裕等方面，要充分发挥市场的作用；在乡风文明、治理有效等方面，要充分发挥社会的功能。政府必须克服"包打天下"的思维，主要应在搭建平台、创造环境等方面下功夫。

特惠与普惠的衔接

脱贫攻坚是针对特定区域、特定群体；乡村振兴是针对农村所有地区、所有人群。通过脱贫攻坚，原来贫困县、贫困村、贫困户发展水平都提高了很多，而周围的非贫困县、非贫困村、非贫困户，本来情况差不多，因为没有享受脱贫攻坚政策，现在差距越来越大，社会反响强烈。实施乡村振兴战略，必须做好特惠与普惠政策的衔接，合理兼顾各方利益诉求，通过普惠性制度安排，处理好不同地区、不同群体政策均衡问题，最终实现共同富裕。

突击性与常态化的衔接

脱贫攻坚是突击性的工作，打歼灭战，采取尽锐出战等超常规方式推进，阶段性特征明显，现有的工作部署更多聚焦于短期性、阶段性目标任务。乡村振兴是常规性的工作，打"长久战"，着眼于从根本上解决"三农"问题，具有根本性、持久性，工作部署是从总体角度提出的全方位思路。乡村振兴是长期的历史性任务，不能用突击战的办法推进。因此，必须做好突击性与常态化的衔接，把脱贫攻坚工作中管用的制度安排、好的政策措施延续好，使这些制度进入常态化、常规性的运作，靠制度来保障、靠法治和政策的力量推进乡村振兴。

点位精准与宏观规划的衔接

点位精准是习近平总书记在脱贫攻坚中的理论创新，对指引脱贫攻坚起到了决定性的作用。脱贫攻坚工作中坚持的扶贫对象精准、项目安排精准、资金使用精准、措施到户精准、因村派人精准、脱贫成效精准等"六个精准"，既是工作标准，又是工作要求、工作目标，更是一种思想理念、思维方式，启示我们实施乡村振兴战略要全面深入系统地贯彻精准理念。比如，乡村振兴宏观战略的五大目标任务中，应先从环境治理入手，整顿村容，清除垃圾，改变农村面貌，改善农村人居环境，这就是点位精准。乡村振兴规划在排兵布阵中如何做到点位精准，要借鉴脱贫攻坚的精准理念，根据农村的现状，分类推进，防止"齐步走""一刀切"，避免千村一面。

专注乡村与城乡一体的衔接

脱贫攻坚主要是解决乡村的贫困对象问题。乡村振兴主要是解决城乡发展不平衡、农村发展不充分问题，对象是农村所有人口，覆盖乡村全域，以缩小城乡发展差距和居民生活水平差距为目标，加快推进农业农村现代化，使农业成为高效生态的产业；农民成为一专多能的职业；农村成为宜居宜业的地方，最终实现城乡融合发展。因此，实施乡村振兴战略，必须处理好城乡关系，树立城乡一盘棋理念，走城乡融合发展之路。城镇和乡村是互促互进、共生共存的，没有城乡融合，乡村就无法振兴，要跳出乡村看乡村，乡村振兴绝不是乡村自己的事情，而是全社会的事情。解决相对贫困问题，也要城乡一体、同步推进，要看到高楼大厦掩盖下的贫困问题，把乡村脱贫攻坚的好制度、好措施运用到解决城市贫困问题之中，逐步建立健全全民覆盖、普惠共享、城乡一体的基本公共服务体系。

（本文原载于《中国发展观察》2021年第5期）

"邻长制"开启基层社会治理新模式

在社会大变革的"移动性"背景下，如何实现基层社会有效治理，是当前普遍面临的一个难题和挑战。安徽省亳州市以"邻长制"为抓手，构建起了合纵连横、灵敏高效、通达上下、和谐左右的新型基层社会治理体系。从亳州市实践看，"邻长制"既是培育良性社会生态的关键，又是基层社会治理的中枢，在国与家、公与私、上与下、官与民之间，扮演着联系顺畅的"摆渡车"、互动沟通的"交流器"、利益博弈的"减震阀"、矛盾化解的"融合剂"的角色。

为深入践行新时代党的组织路线，补齐城乡基层治理短板，亳州市按照全域全员全覆盖的思路，把人、事、地、物、组织等全部纳入"邻长制"网络体系管理，实现"一张网"兜起民生千万事。目前，全市1 228个行政村共划分为8 629个片、19 507个组、72 753个邻，116个城市社区共划分为1 164个片、5 417个组、28 138个邻，城乡累计选配邻长100 891名。其主要做法是：

全覆盖，重构基层组织体系。首先按照原有行政村、城市社区分布情况和村（社区）干部分工情况，将每个村（社区）划分若干片。其次依据原有村民小组、城市居民小组分设实际，再延伸设"邻"这一微观组织，一般以居住相邻的15户左右村（居）民划为一邻。在此基础上，每个邻均建立了"邻长＋邻居"微信群，并以片、组、邻为单元，分层建立统一于行政村（社区）一级的微信群，以这种方式传达上级政策、收集群众意见、互通邻里信息，做到线上线下全域全员全覆盖。

明职责，精心选配"三长"。按照"有群众基础、有热情、有时间、有耐心、有能力"的标准,通过群众推荐、个人自荐、组织任命等方式,从本区域常住居民中进行选配邻长。片长、组长原则上分别由村(社区)分工干部、村民小组长担任。明确"三长"职责,主要是围绕传达宣传党的方针政策、收集交办整改反馈问题和服务居民群众,并分别为片长、组长、邻长制定了6条、5条和4条工作职责。

高效率,问题发现及时,解决迅速。"邻长制"把党和国家方针政策用群众听得懂的话送到千家万户的同时,还建立健全了问题"发现、反映、交办、解决、反馈"工作机制,即当群众遇到困难和问题时,邻长须在4个小时内作出答复,对一时不能办结或超出能力范围的,需及时提交镇街或相关职能部门办理,形成村(居)民线上"吹哨"、镇街和部门线下"报到"的生动局面,打通了为民服务的"最后一米"。与此同时,建立市县(区)两级基层组织体系大数据平台,制作全域电子地图,实时呈现每一邻的问题反映、办理、反馈等情况。如当某一邻群众反映的诉求和问题未解决并出现累积时,所在区域的电子地图会自动依据问题积累变量进行调整预警级别颜色,由此来提醒邻长更好作为、警示镇街及相关部门精准施策、对症下药。

这一经验做法和实际成效,是加强基层社会治理的创新实践,是走好新时代群众路线的成功典范,具有典型示范意义和借鉴推广价值。

一是创新了基层社会末端组织结构。当前,农村最基层的末端组织是村民小组,城市是社区居民小组,但在新的时代背景下,这种组织结构已不适应治理体系和治理能力现代化的要求。以村民小组为例,一个村民组长服务管理对象少则几十户多则百余户,随着社会治理内容越来越丰富,形式越来越多样,无暇顾及那么多人和事,导致许多工作只能"蜻蜓点水"。设置"邻长制",使基层治理的触角纵向加长、横向加密、直达家户,一个邻长服务十几户的工作范围即可做到精细化、精准化。而且,邻长是从彼此最熟悉的邻里中产生的,既是横向的居民代表又是纵向的官方代表,是上下通达、左右逢源、纵横联结、反应灵敏的中枢神经,其价值意义和作用是过去只能忙于应付的村民组长难以企及的。

二是重构了微观社会的利益共同体。从基层社会治理的视角看,中国历史上有什伍制、里亭制、保甲制等。新中国成立后，农村最基层的治理单元是生产队，后改称村民小组，这些都是过去农村基层社会最微观的利益共同体。这种利益共同体由于人员众多、意愿分散，很难形成紧密的利益联结。亳州市创设"邻长"这一概念，首先不是站在管理者的立场上，而是从服务对象的视角出发，一下子拉近了管理者与服务对象之间的心理距离，给人一种亲切感、归属感，相较以前呆板生硬的称呼更有向心力、凝聚力、亲和力、感召力。其次从空间结构看，以临近居住的一二十户为单元构建利益共同体，思想和行动更容易统一。

三是再造了熟人社会环境。俗话说，远亲不如近邻。中国是几千年来世世代代聚族而居的熟人社会，但在人口大流动、社会大变革的当下，原本胜过"远亲"的"近邻"，逐渐变得人心离散，熟人社会形成的许多优秀传统都未得到很好的继承。人与人之间的关系由过去世代熟稔的诚信链变成了互相疏远的契约链。邻长通过微信群和各种生活交往使熟人社会环境得到优化、继承和发扬。在"邻长制"的推动下，地相近、人相亲、情相牵、心相通的氛围又重新形成，让"陌邻"成为"睦邻"。尤其改变了城里人住在一个楼道彼此互不搭理的冷漠关系。

四是接续了"家园红利"的累积。"家园红利"是村落人群在长期相处中建立起彼此信任、互帮互助的紧密关系，是严格遵守乡规民约积淀的社会福利，在资源配置、矛盾调处、邻里互助、临危救急等方面发挥了巨大作用，是中国基层社会特别是乡村社会非常值得保护和开发的优质资源。在熟人环境里，这种社会福利看不见摸不着，但又无处不在、无时不在。如村头的张三借给村尾的李四两万块钱，既不需要查看他的征信，也不需要实物抵押，仅凭彼此信任就可随时取借。人口的大流动使得这种"家园红利"逐渐弱化。"邻长制"推行后，基层社群的诚信体系正在逐步恢复，"家园红利"正在重新累积。

五是搭建起基层人才培养的平台。很多农村青年想为社会做点贡献、施展才能，但缺少机会和平台。邻长制的设立，为他们实现自我价值提供了广阔舞台，受到广泛欢迎，不少青年自愿报名、踊跃参加。在服务左邻右舍、参加社会治理的过程中，一批有奉献精神、组织协调能力、善于化解矛盾纠纷的邻长脱颖而出。通过邻长制的推行，为组织在基层一线发现、识别、培养人才开辟了新的渠道，并将源源不断地为基层社会治理输送人才。

六是培育了良性成长的社会生态。受物欲泛滥的影响，加之"后喻文化"对传统文化的冲击，当下基层社会的世界观、人生观、价值观发生不同程度扭曲，社会生态遭到一定程度的破坏。"邻长制"正成为社会生态向着良性发展的新动能。一方面，邻里关系在邻长协调下越来越和谐，大量的矛盾纠纷被邻长就地即时化解；另一方面，一是干群关系越来越和谐，"村民遇事不用慌，知心邻长在身旁"的赞誉已经在街头巷尾流传。群众一旦发现路灯不亮、垃圾乱放等身边事，马上就会通过微信群上报，时时处处有人"提事"；二是有人"管事"，群众提出的问题，邻长须在4个小时内作出回应，不能解决的及时上传；三是有人"断事"，一批群众急难愁盼的事，得以分门别类交给相关职能部门办理；四是有人"追事"，网络系统自动显示群众反映的问题是否在规定时间内答复，如未做到，逐层追责，一追到底。一个横向上人人爱管"闲事"，纵向上层层负责到底的良性社会生态正在生成，彻底激活了基层社会治理的末梢神经。

七是开辟了低成本改革的新路径。毋庸置疑，改革需要支付成本，但亳州市实施"邻长制"，虽一下新增了十万多人的基层治理队伍，却没有增加任何财政负担，这是此次改革的突出亮点。一是实行政策激励。出台邻长免费游览亳州市区景点、免费乘坐市内公交车辆、"信易贷-邻长贷"等优惠政策。如亳州高新区还推行了邻长积分制，积分可用来兑换米、面、油等生活用品。二是遵循市场规律。上面谁派活谁来发误工补贴，如邻长调解邻里矛盾纠纷的误工补贴费用，均由相关专项经费支出。三是动员社会捐助。许多企业想利用这一平台扩大知名度和美誉度，纷纷前来捐款捐物。如当地电信运营商给予通信流量优惠，一些商场超市提供优惠券，理发店推出打折卡等，以此奖励给工作突出的邻长。

八是实现了实体空间加虚拟空间的高效率促进基层社会治理能力现

代化。从实体层面看，围绕"定格、定人、定责"要求，全域构建"片、组、邻"三级社会网络，每一个"微单元"均实现无缝对接；从虚拟层面看，通过建立"邻长＋邻居"微信群等"指尖阵地"，构筑起更便捷更温馨的虚拟网络。亳州高新区还创设了邻长制大数据平台，可对本区域发生的疫情、洪涝等重大突发事件，在5分钟之内通知到全域所有居民，迅速做到全民"一盘棋"。实践表明，用好"邻长制"这一平台，既能实时全面了解动态中的社情民意，增强政府决策的精准性和预见性，又能倒逼政府推动社会治理升级，实现更高水平现代化。

（本文原载于《中国发展观察》2020年第23期）

人文红利：乡村振兴的精神力量

20世纪80年代，中国充分发掘人口红利的潜能，迅速崛起。今天随着出生率下降，老龄化提前，人口红利逐渐淡出，"人才红利"正成为推动经济社会发展的重要力量。各地政府多渠道培育人才，花重金延揽人才，出奇招发掘人才，"抢人大战"不断上演。不论是人口红利还是人才红利，都是关注个体，人口红利强调人的数量，人才红利强调人的质量。乡村振兴离不开人口红利和人才红利，但更需要开发"人文红利"。人文红利是关注人的群体，是一个国家和民族长期积淀的精神风貌和心智品格凝聚的感召力，是大多数成员认同的价值取向、思维方式、道德规范等真理性精神外化的影响力。

乡村振兴离不开艰苦创业精神。艰苦创业是中华民族最鲜明的突出特征，是中华儿女引以为傲的民族精神。五千年文明史也是中华民族的艰苦创业史、接续奋斗史，五千年文明薪火相传没有中断的重要原因就是中华民族有艰苦创业精神。从茹毛饮血到钻木取火，从刀耕火种到桑基鱼塘，从木制耧犁到智能机械，中华民族一路走来，始终重视对艰苦创业精神的塑造和弘扬。新中国成立以来，这种精神——尤其在集体协作的助推下，涌现出一批带有鲜明时代特征的典型范例，如全凭人工开凿，在悬崖峭壁上修起一条长达几千公里"天河"的"红旗渠精神"；在荒无人烟的沼泽烂泥地上开垦土地，打造大粮仓，年产500多亿斤*粮食，可供一亿多人一年口粮的"北大荒精神"；曾经激励一个时代的

---

* 1斤＝500克。

"大庆精神""大寨精神";从"一棵松"到"百万亩"的"塞罕坝精神";把不毛之地建成塞上绿洲的"右玉精神",等等。乡村振兴应该充分挖掘、发扬这种精神。在生存环境相对恶劣、物质条件相对匮乏的时代,人们容易保持这种精神。今天,生活条件相对富足,绝少出尽牛力的重体力劳作,没有饥寒交迫缺衣少粮的生活窘境,这种精神便逐渐淡化。当前一些地区或群体还处于相对贫困的状态,迫切需要继续发扬这种精神,克服"等、靠、要"思想,把艰苦创业这个中华民族世代接续的"传家宝"传下去。尤其在脱贫攻坚与乡村振兴衔接的关键时期,补足艰苦创业的精神钙片,敢于直面问题,勇于破解难题,更是我们抓好各项工作的动力源。由勤入懒易,由懒入勤难;由俭入奢易,由奢入俭难。艰苦创业精神这个传家宝一旦失传,小则阻碍乡村振兴,大则危及国家发展。

乡村振兴离不开改革创新精神。40 年多前,发端于凤阳县小岗村的"大包干"揭开了改革开放的序幕,18 户村民以"托孤"的形式,立下生死状,按下红手印,签订大包干契约,冲破了体制机制的障碍,为中国农村改革探索了方向、开辟了道路。今天,中国农村发展又到了新的历史节点,诸多体制机制障碍还没有真正破解。这些难题既有乡村内部的问题,也有如何与城市处理好关系的问题,例如城乡二元结构问题、城乡资源均衡配置问题、城市要素返农问题等,这些都需要敢闯敢试、大胆探索,需要发扬改革创新、敢于担当的精神。当前,各种改革试验在很多地方悄然推进,一些有勇有谋之士身体力行,不断开拓,农业农村部也在全国设立了 50 多个国家农村改革试验区,这些民间与官方的试点和探索,取得了很多卓有成效的经验。但总体上看,像小岗村一样的创新创举还很不足,带有前瞻性、全局性和深远性影响的改革举措还是不多。当然,这与我国城乡制度改革逐步迈入"深水区"也有关系。改革如逆水行舟、爬坡过坎,不进则退。城乡发展中的许多制度都存在路径依赖特征,如果改革在一些关键环节、重大问题上不能取得突破性深化,就会累积制度风险,进一步增大改革压力,城乡二元的体制机制就难以得到根本转变;城乡融合如果阻力重重,举步维艰,乡村振兴就难以如期实现。

乡村振兴离不开耕读传家精神。耕读传家是起于先秦，成于唐宋，盛于晚清的精神传统。耕是为了生存，读是为了发展。耕是为了小家，读是为了国家。耕读传家透现出"穷则独善其身，达则兼济天下"修齐治平的大格局，体现了中华儿女世代相传的家国情怀。纵观历史，绝大多数取得伟大成就的成功者都是从有着世代沿袭耕读传家风气的世家大族、名门望族中走出来的。浙江临安钱姓，自五代十国先祖钱镠留下家训传世，家族历代名人辈出，今天在世界各国的院士级科学家群体中，出自这个家族的多达100多位。头悬梁、锥刺股、囊萤夜读、寒窗映雪的求知佳话，成为古代教子读书的范例。在知识传播手段和条件异常发达的今天，耕读传家精神却有所淡化。父母外出打工，一些乡村孩子在家沉溺于刷抖音、玩游戏；受父母影响，一些乡村孩子赚钱意识很强，读书的意识却很弱，"读书不高尚，赚钱才富贵"的心态不断滋生。物欲至上，享乐至上、成了一些孩子的座右铭。这种风气的形成，有家庭、社会的原因，也有乡村教育体制机制的问题。乡村自推行撤点并校以来，学校总量已由最高峰的60多万所减少到最低时的20多万所，乡村孩子面临新的"上学难"。乡村孩子要接受更好的义务教育，需要到城镇上学，义务教育学费是免除了，但需要家长陪读、租房等，接受义务教育的成本更高了。因此，下大功夫落实好"学生单程不超过半小时"的国家政策，是继承耕读传家精神的制度供给。乡村孩子是未来振兴乡村的主体，是加长"四化"中农业农村现代化这条短腿的主力，培养乡村孩子的读书意识，为乡村孩子创造读书条件是根本。今天接受知识和信息的渠道虽然多元，但绝不能忽视学校的正规教育，这是培养乡村人才的根基。耕读传家的精神不能接续，乡村振兴就没有人才支撑。

乡村振兴离不开道法自然精神。从空间结构看，乡村振兴可分为家户、家园、田园、山水四层机理，山水是乡村振兴的第一层机理，守护好山水是乡村振兴的基础。山水是自然环境的统称，它脱胎于宇宙洪荒，是人类生存的大环境，大环境好坏关涉人们生存状态和生存质量。

自从人类进入工业文明、城市文明以来，遵循自然规律的意识淡化，追求改造自然的意识增强，"人是自然的主宰"这一理念广泛流传，让人们陷入认识误区，认为可以不受自身所限，任意拓展资源利用广度，改变资源利用方式，由此，乱砍滥伐、乱采滥挖等现象层出不穷。这实际上是对道法自然精神的违背。2012 年，国际环保组织开始设立"地球生态超载日"，意在提醒人们对自然的索取已经超过了地球生态临界点，开始进入生态赤字状态。据专家测算，1970 年，地球生态超载日为 12 月 29 日，人类碳排放和资源消耗首次出现超载，地球首次进入"欠费"状态。以后这个时间不断提前，2016 年为 8 月 8 日，2017 年为 8 月 2 日，2018 年为 8 月 1 日；2019 年为 7 月 29 日，比 1970 年提前了整整 150 天，为史上最早一日，人类将背上沉重的生态欠债。道法自然是古人朴素生态道德观，这种道德观由农业文明孕育而生，是中华文明能够延续传承的根本原因，它要求人们认识和顺应自然规律，尊重发展规则，正确处理人与人、人与物、人与自然之间的关系。中国改革开放以来，取得的巨大成就数不胜数，但最重要的成就就是走出了人与人、人与物和人与自然关系的陷阱，人们逐渐认识到，人只是自然的一员，规律只能认知，不能违背。由此，习近平总书记提出的"绿水青山就是金山银山"的"两山"理论，成为中国生态文明建设的指导思想，国家出台了严厉的生态环境保护制度，责任终身追究，筑起一道道壁垒森严的屏障；但真正落实到位还需下大功夫。乡村之于社会最重要的职责就是保障生态、粮食和文化三大安全，生态环境不安全是最大的隐患，它有可能带来亡国灭种的危险，古代四大文明古国有三个都因环境恶化而消失。

乡村振兴离不开团结协作精神。中国农业是典型的江河农业，长江黄河两大水系孕育了五千年的农业文明。中国农业发展史也是一部与水患做斗争的历史，需要上下游、左右岸通力协作，合力治水。这种长期共克水患的地理互动，培育了中国人民的团结协作精神，塑造了"以和为贵"的文化思想、"己所不欲勿施于人"的处世之道、"计利当计天下利"的价值追求。团结协作是人类生存的法则，也是社会发展的规律。

当今时代社会化分工越来越细，但人的彼此依存度却越来越高，团结协作的要求也更加缜密、深刻、广泛。据记载，中国历史上消亡、变迁和融合的民族共有 600 多个，即使少数民族进入中原，也都被逐渐同化，这可以透现出中华民族的包容性和融合力。这样一个多民族的国家，各民族也只有加强融合、团结协作，中华文明才能薪火相传，中华民族才能屹立于世界民族之林。习近平总书记提出的"人类命运共同体"所体现的团结互助、共生共荣、共同发展的协作精神，就是中国几千年延续传承的团结协作精神在处理各种复杂关系方面的具体展现。乡村振兴不只是乡村自己的事情，它需要多方合力，需要全社会方方面面的团结协作，需要政府和市场协作、城市和乡村协作、院校和地方协作、农民和干部协作等，只有各方面力量各司其职、各展所长、各得其所、同舟共济，才能培育乡村振兴的组织动能，产生乡村振兴的"能量聚变"效应。

乡村振兴离不开诚实守信精神。中国乡村几千年聚族而居，构建成一个熟人社会。熟人社会的游戏规则，诚实守信是根本，一旦失去诚信，将会被熟人社区成员集体抛弃，甚至祸及子孙。诚实守信是中国乡村社会的融合剂，是乡村社区成员的最大福利。但是，随着城乡人口的迁移和流动，乡村的熟人社会逐步向半熟人和陌生人社会转化，传统思维方式、思想观念开始面临断崖式塌陷，诚实守信在一些地方、一些领域、一些人的头脑里逐渐淡化，甚至渐行渐远。乡村振兴应重塑诚实守信精神，构建农村社区信用体系，全面建立"守信者荣、失信者耻、无信者忧"的激励惩戒机制。应以县区为单位，在基层村社、家户建立信用评级制度，全面开展创建"信用家庭""信用村社"活动，并与评优评先、贷款使用、参保抵押等方面的利益分配挂钩，有条件的村社可依托智慧社区平台，让不良行为有案可查、村内曝光，让失信者不敢为、不能为、不愿为。信用体系建设是一项系统工程，必须把农村社区信用体系建设与大中小学学生毕业、升学、评优评先等紧密衔接，从娃娃抓起，从正面激励和反面惩戒两方面做好农村社区成员"他律"，培养"自律"。人无信不立，业无信不兴，国无信则衰。培养诚信精神，构建信用体系，将使乡村振兴具有超常的凝聚力、强大的组织力、严谨的秩序性。

有着五千年文明积淀的中华民族累积着厚重的人文红利，需要我们在乡村振兴的征途上不断发现、发掘、发扬，使之成为推动乡村振兴取之不尽、用之不竭的精神能量。

（本文原载于《中国发展观察》2020年第11期）

小康时代贫困治理新走势

　　脱贫攻坚收官，全面建成小康社会，将是中华民族五千年文明史上前无古人的壮举。但进入小康时代，并不等于贫困问题的根除、贫困治理的结束。贫困是人类的梦魇，有富裕就有贫困，贫困与富裕如影随形。只要人类社会有国家存在，治理贫困就是一个永恒的课题，只是不同时代背景下的表现形式和治理方式不同。进入小康时代，我国贫困治理将呈现诸多新特征、新走势。把握新特征，洞悉新走势，把贫困治理平稳导入乡村振兴的主航道，是两大战略有机衔接面临的新任务。

　　一是从存在状态看，扶贫对象由绝对贫困转为相对贫困。通过几年来举国体制的脱贫攻坚，"两不愁三保障"的目标基本实现，绝对贫困已经消除。马克思认为，社会阶层属于社会固有的一种层序结构，是由于分配或占有社会资源的不同而表现为事实上的一种不平等状态。相对贫困是以社会的平均生活状况为衡量标准，如果家庭的生活状况低于社会平均水平到了一定的程度，即被认为处于相对贫困状态。因此绝对贫困的消除，并不意味着贫困群体的消失。社会阶层的固有存在必然带来相对贫困群体的长期存在。脱贫攻坚结束，社会进入小康时代，贫困的存在状态将由绝对贫困转为相对贫困，扶贫工作的内涵和外延将不断扩展。反贫困问题是任何国家、任何时代、任何社会制度都必须共同面对的现实问题。

　　二是从人群特征看，由多状况交织转为老弱病残为主。贫困问题不是一个单纯的经济现象，而是集经济、社会、自然等因素于一体的复合现象。富裕的生活大体相似，而贫困的原因各有不同。从脱贫攻坚期的扶贫对象来看，这部分群体致贫原因复杂、贫困程度较深。在全国扶贫开发信息系统中，致贫原因包括因病、因残、因学、因灾、缺土地、缺水、缺技术、缺劳力、缺资金、交通条件落后、自身发展动力不足、因婚、因丧、因疫情等14种，很多贫困户还是多种致贫原因交织，家中既有病人和学生，又缺少技术和资金的现象比较常见。脱贫攻坚期超常规的资金项目投入以及多措并举的帮扶成效逐步显现，农村基础设施和公共服务大为改观，一大批有发展能力和发展意愿者乘势而为，摆脱了贫困，但一些失能半失能群体和老弱病残人群没有发展能力，他们将成为扶贫对象的主要构成。

三是从空间分布看，由集中连片特困地区转为零散点状贫困分布。在脱贫攻坚时期，全国共划定了14个集中连片特殊困难地区，这些地区多是革命老区、民族地区、边疆地区，基础设施和社会事业发展滞后，生态环境脆弱，自然灾害频发，贫困人口占比和贫困发生率高，人均可支配收入低，脱贫任务重。经过脱贫攻坚期系统性政策效应，集中连片贫困地区的面貌得到了极大改观，群众生活得到了明显改善，基础设施和公共服务的短板也正在逐步补齐。2019年集中连片特困地区农村居民人均可支配收入11 443元，增长11.5%，比全国农村高1.9个百分点。后脱贫攻坚时代，这部分区域性整体贫困已经得到了全面解决，贫困的空间分布将呈现零散插花状态，不论贫富地区，不论城市乡村，都存在需要帮扶的相对贫困现象。空间分布的细碎化也给扶贫工作带来了新的难度和挑战，需要重整旗鼓，全域联动。

四是从需求层次看，由生存型转为生活发展型。脱贫攻坚期以让贫困人口稳定实现"两不愁三保障"为标准，这一标准聚焦的是贫困群众的生存问题。根据马斯洛需求层次理论，消除绝对贫困解决的是生理需求和安全需求问题，也就是生存需求问题，在生存需求得到满足后，社交需求、尊重需求和自我实现的需求成为最迫切的需求。生存和温饱已经不是衡量是否贫困的绝对标准，持续发展成为衡量贫困与否的重要准则。小康时代，随着脱贫攻坚与乡村振兴的有效衔接，群众对于生活质量的提高需求也将大大提升。乡村振兴的五大目标任务"产业兴旺、生态宜居、乡风文明、治理有效、生活富裕"为群众全面实现人的五种需求搭建了平台。而贫困群体这种发展型需求的实现，也将反过来促进乡村经济社会的发展和活跃。因此，落实好乡村振兴的五大目标任务，是解决生活发展型贫困的根本。

五是从生成机理看，由原发型转为次生型。由于自然环境的恶劣，基础设施的落后，公共服务的缺位，以及家族遗传病史等诸多因素，导致一些人世世代代生活在贫困状态。这种原发型累积性贫困人群自身发展能力不足，长期生活在对于贫困的麻木状态，缺少自我脱贫的动力，只能依赖政府兜底保障其基本生活。在政府兜底保障体制进一步健全后，长期困扰中国农村的原发型绝对贫困将彻底消失，贫困群体将以次生贫困为主。这部分贫困群体或因突发家庭变故，或因难以抵御的自然灾害，或因飞来横祸，或因市场风险，或因区域经济活跃度骤降，或因就业机会锐减等诸多因素，导致间接形成的、派生的贫困。由于这些次生贫困形成原因复杂多样，单纯从收入上并不能完全衡量次生贫困的程度，需要结合多元维度来综合判断，才能找准成因，制定相应的措施，从根源上解决问题。

六是从保障视角看，由收入型转为消费型。脱贫攻坚期采用的扶贫标准是农民人均纯收入 2 300 元（2010 年不变价），以后根据物价指数逐步调整。但这一收入标准，仅仅是能够解决贫困人口的基本生存问题。在全面建成小康社会后，随着农村居民的收入大幅提升，低收入与低消费的恶性循环体系被打破，消费不足导致的相对贫困问题开始凸显。有关研究表明，全世界 30 多亿人吃不起健康饮食，中国有 3 亿多人处于"隐形饥饿"状态。诺贝尔经济学奖得主安格斯·迪顿的研究表明，减贫政策的制定必须考虑个体的消费选择。小康时代，贫困群众的消费需求向多元化、个性化的方向发展，单纯以收入作为扶贫标准的做法，难以包含每一个人特殊的消费状态。在解决绝对贫困问题后，识别相对贫困人口时需要从收入和消费两个方面入手，建立科学、多维的贫困测度和识别体系。在制定减贫政策时，需要从收入、福利等方面向消费领域倾斜，不仅要考虑消费数量，也要考虑消费质量；不仅要满足贫困群众的物质消费，也要满足其必要的精神消费，使贫困群众消费能够跟上时代发展，得到全面提升，真正享受到改革开放的成果，从物质和精神层面增强获得感。

七是从工作方法看，由普惠型转为个性化。脱贫攻坚时期，通过建档立卡，摸清了贫困人口的底数，为精准扶贫打下了基础。以往大水漫灌式的扶贫方式变成了点位精准滴灌，通过推行脱贫攻坚"十大工程"等精准扶贫项目，针对不同的致贫原因到户到人，大大提高了扶贫资金的绩效。总体来看，脱贫攻坚时期的扶贫政策是针对建档立卡户的普惠型政策，只要是建档立卡贫困户，就可以享受特色产业、就业、教育、医疗、住房等一系列扶贫政策。小康时代，一方面，要继续制定针对低收入人口的普惠政策，通过政策体系使低收入人口在基本生活方面得到保障。同时，由于宏观发展类政策往往对低收入人口存在"挤出效应"，应当根据不同家庭的实际情况，出台有针对性的特惠政策，让低收入人口在享受普惠政策的同时，还能吃上特惠政策的小灶。另一方面，在制定地区发展政策时，特困地区往往由于历史和自然原因基础弱、欠账多，基础设施和公共服务水平远远落后于发达地区。需要针对特困地区继续出台特惠政策，在解决共性问题的基础上，满足个性需求，避免出现资金项目"排排坐分果果"的现象。

八是从覆盖范围看，由关注乡村转为城乡一体。目前的扶贫治理体系采取的是城乡分割的治理模式，扶贫工作的重点在农村贫困人口。截至 2018 年底，我国共有城市低保人口、特困供养人口 1 033.7 万人，再加上常住人口中的困难群体，数量远超千万。这些城市贫困人口一旦没有工作，极易陷入"赤贫"状态。党的十九大报告提出城乡融合发展，小康时代应构建城乡融合的贫困治理体系，改变贫困问题的城乡分治，把当前解决农村贫困问题中行之有效的政策举措、工作机制等运用到解决城市贫困问题中。

九是从体制机制看，由九龙治水转为一家专管。扶贫工作涉及多个不同的行业领域，各项政策职能分散在不同的政府部门，各个部门依照各自的业务规划分配使用扶贫资源，出现"各出一盘菜、共做一桌席"

的"九龙治水"现象。近些年，城乡仅享受低保和五保政策的贫困人口每年都超过 5 000 万人，这相当于一个中等国家的人口规模。针对这一庞大群体，应将现有多个部门的扶贫职能优化整合，把保障与发展的职能分开，在国家层面设立城乡基本生活保障署，专司保障。省市县乡同时设立相应机构。保障部门的主要职能就是进行保障标准的确定和保障对象的识别，以及从保障对象里找出有发展能力和意愿的群体。对于没有发展能力的群体，由保障部门安排兜底类措施，保障其基本生活。现由民政部门、扶贫部门分别开展的困难群体、扶贫对象认定工作，以及由民政部门负责的低保、五保、残疾人生活补贴、残疾人护理补贴、临时救助等保障类措施的实施工作，统一归口到保障部门管理。对于有发展能力和意愿的群体，由个人申报，经保障部门审定，分送各职能部门因人施策，帮助其发展。

十是从组织方式看，由区块化突击式转为零散化常规性。如期打赢脱贫攻坚战是我们党为实现第一个百年目标的基础性工作，是一项重大政治任务，必须举全国之力克难攻坚。各级各地均采取超常规举措，五级书记齐抓共管、全面动员，凝聚政府、社会等多方力量，使这项特殊任务能够圆满收官。小康时代，乡村振兴将成为主旋律，贫困治理将退居次要，仅是乡村振兴的一项兜底性工作。各级党委、政府不可能像攻坚期那样将主要时间、主要精力放在贫困治理上，而是通过建立常态化常规性的组织体系和工作机制，保持贫困治理的连续性，推动扶贫工作从运动式、突击性治理向常规化、制度化治理转型。如何在实现党的第二个百年奋斗目标进程中，把贫困治理有序编入以乡村振兴为旗舰的舰队方阵，是一个需要开拓性探索的新课题。

（本文原载于《中国发展观察》2020 年第 19～20 期）

从源头上阻断贫困的代际传递

脱贫攻坚已近收官，绝对贫困消除之后，建立解决相对贫困问题的长效机制，将是一个长期的历史任务，其中最重要最关键的一项举措就是千方百计从源头上阻断贫困的代际传递，而加强和提升农村地区儿童学前教育正是从源头上阻断贫困代际传递的当务之要、逻辑原点。

教育学指出，儿童学前年龄段的早期智力启蒙、基础认知能力培养和文明生活习惯养成等直接关联到以后的综合素质与人格健全，因此学前教育越来越备受社会关注。中国发展研究基金会的"山村幼儿园计划"自 2009 年起用 10 年时间在全国 11 个省进行跟踪研究，采用国际通行的丹佛测试方法，发现贫困地区未接受学前教育的孩子与发达地区城市接受过学前教育的孩子相比，智力缺陷的差距高达 8～15 倍。这预示着这些儿童在成年后存在陷于贫困的极大隐患。为此，我们深入一些县乡村调研，发现农村地区学前教育发展不充分不平衡问题较为突出，亟须从供给侧入手、全方位施策。

近几年，全国各地把发展学前教育提上重要议事日程，解决了许多贫困地区学前教育设施从无到有的燃眉之急。但调研了解到，农村学前教育发展不充分不平衡问题仍然较为突出。

1. 发展不充分。一是幼师师资奇缺。以中部 A 省为例，2019 年，全省常住人口中 0～6 岁儿童 500 多万，其中 3～6 岁儿童约 230 万，按公办园覆盖率 50%、1∶15 的师生编制标准测算，全省需要配备公办幼师 7 万多名，而目前不足 2 万名，仅公办园师资缺口就高达 5 万多人，余下的民办园师资更是缺口巨大。全省 211 万在园幼儿，其中 157 万在农村，接受学前教育的缺口主要在农村。二是农村幼儿失教比重大。目前该省3～6岁幼儿的毛入园率为88.7％，剩下的11.3％不能入园的幼儿基本在农村。不少乡村由于师资力量、建园条件等诸多因素所限，只能设立民办幼儿看护点，截至2019年底全省尚有18.2万名幼儿在民办看护点。我国城市已普遍推行幼儿园社区化配置，3～6岁的正常幼儿入园基本能够做到"应入尽入"。但农村则按照一中心村配一幼儿园，其辐射半径常常达到五里八里，很多孩子因路途太远、无人接送等原因无法进入幼儿园，只能依靠邻里看护、大拖小看护。三是农村幼儿学前教育内容形式单一。相比城市儿童能够获取的各种兴趣班、早教班等多形式学前教育资源，农村儿童没有条件接受幼儿园以外的其他学前教育的内容和形式，影响他们的早期素质开发。四是0～3岁幼儿入托难。有80多万人口的某县级市2020年有0～3岁儿童23 037人，全市公办民办托班仅30个，托位仅478个，而达到国家标准且在卫健部门备案的托育机构仅有一家，托位150个。我国目前入托率仅为4％左右，发达国家为50％以上。

2. 发展不平衡。一是重城轻乡的择业观使农村学前教育专业师资远远落后于城市。大部分经过正规学前教育专业学习的幼师都选择在城市就业，农村幼师资源紧缺程度显著高于城市。一些条件较好的村级幼儿园也只有3名幼儿教师和2名保育员，承担三个年级100多名幼儿的教学和管护工作。由于幼师教育从上到下没有编制户头，相当比重的公办在编幼师都是从小学教师转岗而来。二是农村学前教育的基础设施条件落后于城市。很多农村幼儿园都是在村废弃小学的基础上改建或由小学划出一栋楼做附设园，教育设施不全，教育场地较小，无法保证教学活动的正常开展。三是保障不到位引发农村幼师队伍不稳。城市幼儿园早已实施标准化建设与管理，但农村幼儿园目前普遍存在资金、用地、师资编制等保障不到位的缺口。特别是教师保障不到位直接影响了师资稳定，调研发现农村除公办在编教师外，学前教育机构大都未为幼儿教师购买社保，使他们医疗、养老等存有后顾之忧，人心不稳，人员思走。

3. 制度缺失多。调研中教育主管部门和基层办学主体普遍反映"制度支持不足"。在顶层设计上，国家尚未出台学前教育的专门法律，客观上使整个基础教育体系的设计在法律规制上缺了一角。目前，北京、上海、安徽、河南、陕西、福建、黑龙江 7 省份出台了有关学前教育的制度安排，但上位法的缺失，使各地无法可依，制度设计不深不细不透，多为临时举措。学前教育发展面临总体规划不完善、制度体系性不健全和深化改革于法无据的多重困境，导致农村学前教育发展遭遇诸多瓶颈。

农村学前教育发展的困境若不及时消除，将对贫困个体、家庭乃至整个社会传导巨大的负面压力。因此，应高度重视解决农村学前教育的突出问题。

1. 定向加大要素投入。一应加大资金投入。2019 年全国教育经费总投入 50 175 亿元，其中国家财政性教育经费 40 049 亿元，学前教育经费投入约占财政性教育支出的 5%，专家认为应占 10% 更为合理。而 5% 的支出基本全花在城市公办园，西安第一保育院一年预算支出 3 000 多万元，这在全国并非个例，乡村园、民办园无法相比。为此，要加大资金支持力度，在不提高农村学前教育收费水平的前提下，加大政府对乡村民办园、普惠园的投入，省县财政应纳入预算。二应加大土地投入。受农村建设用地指标紧缺的限制，目前农村幼儿园新扩建还面临着无地可建的难题，随着建设用地审批权下放的法律和政策出台，省级政府在土地指标配备上应优先照顾农村幼儿园办学需要。三应加强人才培养。把幼师教育当成人才培育的前沿阵地，采取特殊应急措施，支持帮助有条件的大专院校开办学前教育专业，尽可能多地培养幼教急需师资。大幅增加学前教育专业对农村的定向招生指标，并通过多种方式鼓励农村初高中毕业生报考，对进入农村幼儿园任教的学前教育专业毕业生要在住房、子女入园入学等方面提供更多的政策支持。

2. 创新农村学前教育发展方式。一是大力发展政府花钱购买服务的公私合作式普惠性幼儿园。福建省政协委员谢建川指出，投入一所公办园的年财政拨款若用于支持普惠性民办园，可增加 6～15 倍的学位。二是利用农村集体产权改革的契机，盘活农村闲置校舍、农房等资源投入学前教育，以缓解新扩建园的用地压力。三是对下乡工商资本出台一些税收、信贷优惠措施，支持鼓励其向农村学前教育捐助，缓解农村幼儿园建设的资金压力。四是对民办看护点宜采用引导升级、监督规范与督促退出同步的方式，鼓励转型或退出。五是有条件的地方鼓励支持发展托育机构，提升农村 0～3 岁儿童入托率。六是打破农村学前教育发展仅靠教育行政管理部门的思维定式，加强政府各部门的协调联动，在省县两级建立农村学前教育综合协调办公室，形成用人、用地和用钱等多个环节的管理联动。

3. 加快和完善制度供给。在立法层面，明确学前教育是国民教育体系的重要组成部分，纳入基本公共服务范畴，积极推动学前教育的国家立法，尽快出台《学前教育法》，同时把学前教育列入各地"十四五"战略规划，以提升学前教育在整个国民经济社会发展和教育体系中的地位，规范学前教育办学行为和提高学前教育办学质量。尤其对农村学前教育的发展要有针对性地作出资金投入、幼儿园建制、人才培育与输送、用地保障和监督管理等方面的倾斜性规定。在体制机制优化层面，应以削减农村学前教育发展的阻力为导向。一要"专"。尽快解决学前教育在编制序列中缺位问题，推动学前教育编制专列，适度将人事编制配额向农村倾斜。采取多种措施鼓励支持幼师专业毕业生到农村幼儿园任教。二要"稳"。抑制农村幼儿园教师流失严重的局面，以地位、待遇和保障的同步提高稳定现有教师队伍。三要"调"。尽快调整幼师年龄结构和性别结构，鼓励年轻幼师到农村任教，鼓励城市幼师到农村支教，鼓励男性报考幼师，不断充实农村幼师队伍。四要"补"。通过补学位、补支持、补人才、补托幼等多措并举的方式，改变农村学前教育发展困境。

学前教育是人生智力开发的黄金期、第一关，人生路上，不过此关，将关关难过，即使做出百倍努力，也大都难逃贫困的厄运，且有产生贫困代际传递的多米诺骨牌效应。因此，应将解决农村学前教育问题作为巩固脱贫攻坚成果、推进乡村振兴的重要战略举措列入规划、明确责任、监督落实。

（本文原载于《中国发展观察》2020年第15～16期）

士农工商一肩挑　　当个农民不容易

　　法国社会学家迪尔凯姆在《社会分工论》中指出，传统社会依靠成员们高度的一致性、共同的归属感来维系，是"机械团结"的社会；现代社会成员间的差异日益增加，通过分工合作相互连接在一起，构成了"有机团结"的社会。现代社会的大部分职业和专业都在细化，专业性在进一步收窄。2018 年版《国家职业分类大典》把我国职业分为 8 个大类，66 个中类，413 个小类，1 838 个细类（即职业）。过去的"360行"被一次次刷新，传统观念里一些所谓"旁门左道"的职业正成为现代社会的新宠儿。美容师、美甲师、描眉师、陪跑员和育婴师等新兴职业层出不穷，越来越受到公众的推崇和社会的肯定。由于农业农村社会化服务的不到位，唯独农民这个职业在内涵和外延上不断扩张，农民这个概念已经摆脱了传统范畴，他们早已不是面朝黄土背朝天、只会耕种的传统农民。

　　从社会角色分工看，现代中国农民需要"士农工商"一肩挑。"士农工商"语出《国语·齐语》管子之论。依据管子的观点，社会应依据"士""农""工""商"等四个职业分层形成专业分工，四民各治其业，各得其所。现代中国农民已经突破这四个职业分层的界限，在掌握各种农业知识的同时，还要担当其他三个职业的角色。

　　一要担当"士"的角色。和政府官员一样，现代农民必须熟悉、理解和掌握各级各类涉农方针政策，才能获得最大的发展机会。改革开放以来，每年中央都出台一个关于"三农"的文件，仅 1 号文件就出台了20 多个。各涉农部门，各省市县每年也都出台相应的文件，这些不同时间、不同领域、不同层次、不断更新的涉农制度，构成了一系列复杂的支农、惠农政策体系：从家庭承包经营到发展乡镇企业，从免除农业税，到实行种粮直补；从实施义务教育，到师范生免费；从推行新型农村合作医疗，到构建农村低保；从承包地的"三权分置"到宅基地的"三权分置"，从脱贫攻坚到乡村振兴等，年年有变化，随时亮新招。在这种环境下，农民必须通过电视、广播、互联网和村干部等渠道熟悉和理解这些政策的具体内容及其变化，以便做出经营决策，更好地安排来年的生产和生活。

二要担当"工"的角色。所谓"工"指的是农产品加工和非农务工。今天市场对农产品的需求已经彻底告别过去那种"披头散发"（不加整理），"赤身裸体"（没有包装），"没名没姓"（没有牌子），"来历不明"（不知产地）的粗放时代，农产品要想适应市场，卖得出，并且还能卖个好价钱，生产者必须掌握一定的加工业知识。不然，生产的产品产量再高，质量再优，效益都难提高。在地多人少的现代化国家，农民必须专业化、职业化，专门种植或养殖某种植物或动物，形成地域性的专业化分工。而中国每户"一亩三分地"的格局在相当长的一个历史时期内难以改变，绝大多数农民必须兼业，从事农业生产经营的同时，利用农闲时间外出打工，尽可能多地掌握一些非农技艺。国家统计局的数据显示，自 2008 年到 2019 年的十年间，城乡居民收入由 3.31∶1 缩小到 2.64∶1，主要是进城务工收入快速增长，这才是真正符合中国国情、实现生活富裕的最佳途径。眼下年轻人中流行一个词叫"斜杠青年"，斜杠越多，说明掌握的技能越多。如果要套用这个概念来描绘今天的农民，他们中的一些人最多恐怕要有十几甚至二十几个斜杠：快递员、泥瓦工、保安员、摩的哥、出租车驾驶员、电器维修、装卸货物、家政服务、室内装修、蜘蛛人、保洁员等。那些最苦最累最脏最险报酬最低的数以百计的工种，全让农民工给包了。

三要担当"商"的角色。所谓"商"指的是经营和销售农产品。即使是在传统的小农经济时代，头脑敏锐的农民就已身兼农夫与商人的双重身份，利用剩余劳动时间从事副业，农忙时节是农夫，农闲时则化身行脚小贩，走街串巷售卖自己的商品。宋代的《东京梦华录》与《梦粱录》记载，当时的汴京和临安到处都是这种行脚小贩。中国农民做生意大抵从原始部落的以物易物就开始了，直到社会分工分业后，才把从事这一活动的人叫"商人"、交易的物叫"商品"、专职的业叫"商业"。中国农民从商的基因源远流长。直到今天，世界上还有很多国家的农民不会经商。苏联解体后，把地分给农民，很多人不要，因为他们不懂经营。中国的家庭承包经营一经推行，农民立马接受。不过，时下的中国农民需要的是与时俱进、革新传统的商贸之道。一直以来，农产品的销售及流通主要还是依靠经销商和农产品批发市场。近几年随着互联网的发展，逐渐兴起了以淘宝和京东等为代表的大型电商平台，创新了B2C、C2C模式。一个生活在当下的现代农民需要掌握一定的互联网知识，以及基础性数字技术知识，开展网络销售业务，利用线上线下双向通道，把市场拓展到其他地区甚至其他国家。农产品的现代营销对农业经济发展有着至关重要的作用，不掌握现代营销知识和技巧，农民所获得的收益就十分有限。同时，一个现代农民还要想方设法参与到产业链的后续分工中。传统农民由于信息闭塞和生产技术落后，存在产业链分割、生产成本高、农产品附加值低、销售渠道单一、流通环节冗长、利益分配不科学、不合理等问题。经济学家算过一笔账，农产品初始生产环节的利润只占整个农业产业链价值的 10% 左右，剩下 90% 的利润来自加工、储存、包装、设计、运输和销售等环节。因此，一个现代农民应尽可能多地挤进产业链的后续分工中，在各环节增大利益分配的话语权。

从生产经营层面看，现代农民需要遵循三大规律。首先是遵循自然规律。就宏观视角而言，春种秋收、夏管冬藏，这是最基本的农事规律。在交通通信高度发达的当下，物种大交流变得十分简便易行，农民需要根据当地的水土光热等资源禀赋找到适合种养的品种，但不是所有物种都可以随意挪移搬迁。瞄准新奇特，引种一物，先要弄清此物有没有"随遇而安"的品性，不然将血本无归。就微观视角而言，农业生产与工业生产最大的不同点在于，农作物不像工业品生产那样可以搬移、可以倒序、可以间断、可以化整为零分别出成果。农作物种在哪里不能移动，从育种到田管到收获，各环节依次展开，不能倒过来，是一个生命体，需要不间断地提供养分，所有的努力只能体现在最终一次性的产品收获上。复杂多变的自然规律要认识、要把握就十分不易，要遵循更是难上加难。其次是遵循市场规律。即要讲究成本核算，种植也好，养殖也罢，不能盈利就不能发展，而农业本身就是一个弱质产业，来自风霜雨雪的自然灾害影响比其他任何产业都多都大，"靠天吃饭"的局面在一个相对长的时期内难以摆脱。再加上工农产品价格剪刀差长期以来不仅没有缩小，反而还在拉大。改革开放四十多年以来，农产品价格尤其是粮食价格上涨不足十倍，而工业品价格上涨几十倍甚至几百倍，正常年景下，农民靠经营自家土地忙活一年的收入还抵不上外出打工一个月的收入，一遇旱涝病虫等自然灾害，收入可能为负。要想在这样的自然环境和市场条件下从事农业赚到钱，谈何容易。再者是遵循社会需求规律。农产品是准公共产品，一日三餐，人人需要。社会对农产品的需求是一个铁律。因此，农民不论赚不赚钱，哪怕赔本都得生产。从事农业，从某种意义上说，是一个"良心活"。历朝历代，农民给子孙的家训传递都少不了一条：哪怕没饭吃，也要交"皇粮国税"！农民知道以农养政、以农养国、以农养城的道理，交"皇粮"对他们来说是一种神圣的职责。今天我们虽然结束了流行 2 600 年的交"皇粮"国税历史，但农产品作为准公共产品的性质没有变，善良淳朴的绝大多数农民遵循这一社会需求规律的责任感没有变，也不会变。

从知识获取的路径和方式看，现代农民需要"三本大书"同时读。农业文明时代，人们主要通过对大自然的观察获取知识，即读"天地之书"；工业文明时代，人们学习知识主要通过书籍文字的传播，即读"文字之书"；今天进入信息化时代，知识的传播渠道主要是图文并茂、方便快捷的"视频之书"。在社会职业不断细化的当今时代，除了搞气象研究的，其他不论哪种工作只需要读好"文字之书"和"视频之书"即可，唯独农民这个职业既要阅读"文字之书"，把老祖宗流传下来的、现代人新近创造的知识掌握好，又要浏览"视频之书"，跟上飞速发展的时代，更要遍读、深读、精读"天地之书"，观察、体悟、认识、把握自然规律，这是当好农民的必修课、基本功，是从事农业这个职业的看家本领。要练就这身本领谈何容易，从空间上看，它需要不怕吃苦，不畏艰难，与大自然融为一体，只有置身其中密切接触，才能发现自然的变化，并从变化中找出规律。从时间上看，它需要长期的积累。对规律的认识和把握不是一朝一夕的事情，没有一天天、一年年的献身、浸润，很难道出个子丑寅卯来。因此，要读懂"天地之书"，必须从"童子功"开练，自幼耳濡目染，日积月累。近年来乡村撤点并校，乡村孩子大都进入城镇读书，"逆乡土化"的环境，使得他们难以亲近自然。读"天地之书"的机会、条件一旦失去，由此带来的认知残缺、情感残缺、价值残缺，终生难补。让这些孩子再回到乡村当农民，隐忧可见。

从身处的境况看，农民没有退休制度。2018年两会期间全国政协委员张业忠呼吁建立农民退休制度。2019年全国政协委员王学坤再次提案建议推行农民退休制度，让65岁以上农民能"洗脚上田，老有所养"，充分享受小康社会带来的成果。农村年轻人大量外出、养老机构稀少的现实，使得一些老人日常照料、情感慰藉等缺失凸显。虽然农村老人也发养老金，但数额过低，有些六七十岁的老人担心"老无所依"，仍然外出打工。农民也不存在"童工"问题，几岁的孩子也需要在农忙季节帮助妈妈到田里干些力所能及的农活。当下，"城乡两栖、居业分离"已成为大多数农村青年的生活方式。农村是一个熟人社会，城市是一个陌生人社会，公共秩序、交往方式、生活习惯，乃至思维方式、行为方式，城乡迥异，"一脚城里一脚乡"的农民必须掌握两套规则，既要当好农民又要当好市民。

任何职业都可能随着高科技的飞速发展而发生变化或消亡，只有农民这个职业是永恒的，只要人类需要吃饭，就得有人种地。今天，我们需要重新认识农民，重新解释农民，重新看待农民，重新培育农民。

（本文原载于《中国发展观察》2020年第13～14期）

补齐全面小康社会的乡村民生短板

　　党的十九届四中全会提出："坚持和完善统筹城乡的民生保障制度，满足人民日益增长的美好生活需要"，"必须健全幼有所育、学有所教、劳有所得、病有所医、老有所养、住有所居、弱有所扶等方面国家基本公共服务制度体系，注重加强普惠性、基础性、兜底性民生建设，保障群众基本生活。满足人民多层次多样化需求，使改革发展成果更多更公平惠及全体人民"。实现四中全会提出的目标任务，补齐乡村民生短板是关键，尤其在脱贫攻坚已进入尾声，全面小康决胜在即的紧要关头，筑牢民生底线，当务之急在于统筹城与乡，完善"十六有"。

　　寒有所衣、饥有所食。这是人类生存最基本的两个需求，也是保障民生的最基础的两个方面。经过举国上下历时几年脱贫攻坚的奋斗，我国基本实现了农村人口"两不愁三保障"的目标，农民居家生活可以衣食无忧。但有些进城务工人员因为找不到工作，口袋里的钱花完之后，只得露宿街头，忍饥挨饿的现象还偶有发生。对此应借鉴一些发达国家做法，在城镇设立危困专项临时救济救助基金，设立临时救助站，让那些饥寒者不致挨饿受冻。

　　住有所居。有资料显示，截至 2019 年 8 月全国危房存量为 135.2 万户，这些已全部纳入 2019 年中央农村危房改造任务和补助资金范围，并将于 2020 年 6 月底前全部竣工。但危房是个动态概念，旧房变危房随时都可能发生，有关部门应随时关注农村住房，建立一套危房动态监测鉴定机制，做到随时有危房及时再改造，确保农民住房基本安全。在"城乡两栖、居业分离"的大趋势下，关注乡居者，还要关注城居者。

要保障在城镇稳定就业的外来务工人员、以家庭为流动单元的农民工、新就业的农村大学生等实现住有所居。安居才能乐业。当前仍有不少进城务工人员住在工棚、地下室或城中村，居住条件"破、窄、挤"，居住环境"脏、乱、差"的现实亟待改善。进城务工人员的住房问题，需要采取"政府引导和推动、企业主导和建设、社会参与和支持"相结合的方式系统性地加以解决。

行有所乘。根据交通运输部的数据，截至 2018 年底，全国农村公路总里程达到 405 万公里，通硬化路的乡镇和建制村分别达到 99.64％和 99.47％。目前全国建制村通客车率已经达到 98.02％，成绩斐然。但仍有许多需要完善之处。按照国家相关标准，道路建设达到 4.5 米才能会车，但是有些村庄道路只有 3.5 米，无法满足会车需求，节假日经常堵车；不少建制村通车也只是通到村部，并没有通到自然村；农村公交车还存在班次少、间隔时间长等问题。绝大多数地方只通生活的道路，生产的道路远没有通畅。

学有所教。学有所教首先是要办好公平优质的农村义务教育。虽然农村撤点并校在 2012 年被叫停，但农村学校已由原来的 60 多万所减少到如今 30 万所左右，农村孩子面临新的上学难。必须严格落实《国务院办公厅关于全面加强乡村小规模学校和乡镇寄宿制学校建设的指导意见》的要求，原则上小学生就近走读上学，路途时间单程不超过半小时；必须全面改善农村义务教育基本办学条件，提高乡村教师待遇，增强乡村学校师资力量。农村学校越办越差，学生越来越少，形成恶性循环。农村职业教育目前只为困难家庭培养能挣钱的技能人才，还应放宽视野，为家庭和家乡"两个家"服务，即选择当地有发展前景的一两个主导产业，围绕产业培育未来需要的人才，这才是乡村振兴的长久之计。互联网的发达，使农村管理者无会可开，但一个不容忽视的现实是我国还有 5.88 亿人不上网，这个群体主要在乡村。针对农村继续教育与终身教育严重缺乏的现状，建议每个乡镇办一所开放性的农民学校，定期向社会公布讲课内容，通过政府购买服务的方式，免费为农民讲解农业科技知识、企业经营管理、国家政策法规、家庭教育理念以及法律维权和卫生保健等与农民生产生活息息相关的知识。美国农民每年都为自己留出 1～3 个月时间到大学听课，不然明年就无法经营。

病有所医。村医奇缺，乡医不足，是当前农村医疗面临的最大问题。截至 2018 年底，全国卫生人员总数达 1 230 万人，而 8 亿多农民，只有百万村医。他们是农村居民的健康守护人。乡村医疗基础薄弱，导致一些农民常见病、慢性病得不到及时治疗。待遇不高，设施匮乏，留不住青年医生，成为阻碍乡村卫生医疗体系发展的最大瓶颈，亟须通过政策性调整保障基层医疗人才队伍稳定和结构优化。可以通过"县管乡用，乡管村用"的人事制度，解决基层医疗机构的人才缺乏问题；通过政府购买公共医疗服务等方式提升基层卫生人员的待遇；通过完善城市医疗卫生人才对口支援农村制度，建立医联体、医共体，让优质资源"下基层"，加大"流动"医疗服务力度。

老有所养。我国 60 周岁以上的老年人口数已达 2.5 亿，占总人口的 17.9%。由于年轻劳动力不断涌入城市，小孩被带至城里读书，农村原来"留守儿童""留守妇女""留守老人"的"三留守"正变成"一留守"。加上城市老年人为追求宜居的环境也到乡村寻找养生养老之地，导致农村老龄化程度要远高于城镇。针对当前我国农村老年人出现的"家庭照料难"问题，政府应提前做好农村养老问题的宏观规划：一是增加投入，在农村有计划地实施"敬老、安老、助老"工程，逐步建立老年公寓、幸福院、托老院等养老机构，大力发展社会养老；二是提倡孝道文化，探索实现居家养老的新举措、新方法，鼓励家庭养老；三是探索建立失能老人护理保险福利制度，我国目前失能半失能群体约达 5 000 万之众，应切实解决失能和半失能老人的护理问题，并通过医养结合和社区老人日间照料中心，解决农村老人给家庭带来的后顾之忧。人在面临生与死两大关头时，是否在医院度过，是否有医疗人员陪护，是衡量一个社会文明程度的重要标志。

幼有所育。学前教育是国民教育体系的重要组成部分，目前学前教育仍是整个教育体系的短板，而农村学前教育更是短板中的短板。《国务院关于学前教育事业改革和发展情况的报告》显示，全国还有 4 000

个左右的乡镇没有公办中心幼儿园，个别地方的学前三年毛入园率在50％以下。农村幼儿园存在设施不全、幼儿活动范围狭小、公共卫生差、安全设施不完善等问题；农村幼儿教师师资奇缺、工作生活条件艰苦、工资待遇水平偏低、安居问题无法有效解决等外部原因导致农村学前教育师资队伍呈现出年龄大、公办教师少、非专业化等现象，严重制约着高水平农村学前教育的发展，加强幼师队伍培养刻不容缓。

业有所就。就业是最大的民生。党的十九大报告通篇提出三个优先，第一个就是就业优先。要坚持就业优先战略和积极就业政策，实现更高质量和更充分就业。通过大力发展农村二三产业，广开就业门路，实现农民工就地就近就业；同时，加强对就业困难人员的就业援助，提供更加完善的公共就业服务，开展进城农民工免费职业培训，大力开展就业技能培训和岗位技能提升培训，打通农民工从初级工、中级工、高级工到技师、高级技师的职业发展通道；还要坚持创业带动就业，鼓励有能力的农民工返乡创业，带动地方经济发展。

劳有所得。保障农民工劳动报酬权益，关系到广大农民工切身利益，关系到社会公平正义和社会和谐稳定。保障农民工劳有所得要做好两方面工作：一方面要规范农民工工资管理，保障农民工与城镇职工地位平等、同工同酬，不得以执行最低工资标准为借口故意压低农民工工资，逐步改变农民工工资偏低、同工不同酬的状况；另一方面要从严查处克扣、拖欠农民工资的企业，从制度和机制上杜绝拖欠、克扣农民工工资的现象，确保按时足额发放农民工工资。应看到农民外出打工背后，有着无数"等米下锅"的家庭期待。

产有所链。小农户与农业现代化的有机衔接关键在于融入现代农业的产业链条，让小农户享受到生产所需的各类现代化服务。同时，通过"互联网＋农业"，发展农村电子商务，利用互联网推动农产品进入多元市场。小农户的生产搭上现代农业产业链，产品联上互联网，是一种全新的生产组织形式，是我国当前农业提高效益和农民快速增收的最佳途径。

弱有所扶。脱贫攻坚解决了原发性积累型绝对贫困，但次生性新增型相对贫困将永远存在。把社会中各类处于生活窘境的弱势群体纳入改善民生和帮扶救助的对象是一个长期的任务。应完善弱势群体帮扶机制，实施就业帮扶、教育帮扶、技能帮扶、健康帮扶、生活帮扶等一系列帮扶政策；建立健全经济援助、法律援助、医疗援助等全面的扶助救助体系，稳步提升扶助保障水平。

困有所帮。对于因洪涝、地震、泥石流、交通事故、火灾等不可预测的突发性临时性灾害，造成家庭断崖式生活困难，应建立完备的施救制度。全面完善自然灾害救助物资储备体系建设，探索遭遇天灾人祸时的紧急救济、贫困救助和应急援助等社会救助机制，需要开展紧急转移安置和基本生活救助的，给予及时救助。结合精准扶贫，着力社会救助体系建设，全面、高效实施临时救助制度，采取有力措施保障困难群众困有所帮。

乐有所享。农民口袋富了，又不断追求精神生活的丰富多彩。继承和发扬传统文化，舞龙耍狮，剪纸、演戏等，这些表象技艺需要传承，但更要发掘深层的本质传承，如"道法自然、天人合一"的思维理念，天时地利人和的哲学思想，社会自我救助的各种民间制度等都是我们优秀的传统文化，都应从更深层次上发扬光大。习近平总书记说："乡村文化是中华民族文明的主体，村庄是这种文明的载体"。可见乡村文化对于中华民族五千年文明的价值、作用、影响。应充分激发农民对于乡村传统文化的认知，使其在不断增进了解的基础上增强文化自信，自觉传承。建设乡村文化，农民既是消费者又是参与者更是创造者，送电影、送图书等注入式的文化建设需要，但农民更需要从被动接受变为主动融入，充分发挥其主观能动性和创造性，激发乡村文化建设的内生动力，是乡村文化建设的努力方向。

险有所保。有数据显示，农民工的五险一金的参保率不足 20%。究其原因主要有三方面：一是农民工就业稳定性差，流动性强，而社保转移接续比较困难；二是企业为减少成本，想尽办法逃避缴纳农民工社保；三是农民工自身对社保不了解，参保意识不强。政府部门需要从政策层面用制度来保证农民工的社会保险权益，允许"保随人动"，严惩逃保企业，加大宣传力度，改变农民工社保没保障的弊病。除了农民工的社会保险，更应大力发展面向农民的商业保险，通过财产保险、产业保险、大病保险与人身保险等险种的覆盖，为广大农民的生产生活系上一根安全绳、保险带。

心有所安。黑恶势力影响农村长治久安、阻碍百姓安居乐业；电信诈骗损害群众切身利益，造成巨大经济损失；网络谣言影响民众价值判断，引发社会焦虑恐慌。乡村开展扫黑除恶，农民拍手称快，应一追到底，最大限度铲除黑恶势力滋生蔓延的土壤，巩固农村基层建设成果；严厉打击犯罪分子，提高农民电信诈骗防范意识与谣言甄别能力，维护广大群众的切身利益。同时，市场经济的快速发展动摇了传统乡土社会的熟人文化，引发"熟人社会"嬗变，破坏了基于血缘、地缘、亲缘关系的"人格化信任"，导致农民难以适应。应通过建立农村信用体系，健全守信激励、失信惩戒的"制度化信任"机制，增强农民信用意识，改善农村信用环境，不断提高人民群众获得感、安全感、幸福感。

（本文原载于《中国发展观察》2019 年第 23 期）

决胜全面小康需要"三看"

2020 年全面建成小康社会是中国共产党带领中国人民为之奋斗的第一个百年目标，这个目标能否实现，关键在于能否打赢脱贫攻坚战。通过近几年的举国努力，脱贫攻坚决胜在即，但要圆满收官，需要"三看"。

一是回头看：补短板、修长板。补短板，就是各个涉农部门要立足本职，回首来路，检视对照，找出差距和不足，对标对表、列明清单，逐项落实、不留死角，让"脱贫攻坚一个都不能少、小康路上一个也不能掉队"完全彻底兑现。如"双基"建设问题。基础设施建设包括道路桥梁、住房、饮水安全、网络通信等方面的投入，基本公共服务要解决好义务教育、基本医疗、育幼养老等方面的问题。经过脱贫攻坚以来的投入，农村"双基"建设水平大幅提升，但仍然存在着地区之间、城乡之间不均衡的短板，需要根据农村实际，合理配置资源要素投入，统筹推进城乡及地区之间公共服务均等化，形成层次丰富、发展均衡、配置公平的基本公共服务体系。再如脱贫保障机制的建立健全。原发型积累性绝对贫困解决了，次生型新增性相对贫困在任何国家任何社会制度下都永远存在，解决贫困问题不是一蹴而就的事，随着整体经济进入新常态发展阶段，贫困问题与区域发展、生态保护、社会保障、民族团结、社会稳定和可持续发展等方面的问题紧密相关，需要统筹谋划、综合协调，不断探索和建立反贫与防贫的长效机制。

修长板，就是既要把一些行之有效的扶贫政策落实到位，又要力避一些因帮扶政策用力过猛而带来的"悬崖效应""福利陷阱"等负面效应。中央之所以再三强调要严把目标标准，就是因为一些地方自觉不自觉地把扶贫标准拔高了，甚至不同地区之间互相攀比看谁的标准高，对贫困户做了一些不切实际的承诺。有的地方贫困群众看病不花钱，导致一些贫困户住在医院里不肯出院，小病大治，占用大量医疗资源。有的地方盲目下达扶贫小额信贷指标，贫困户把钱贷出来又没地方用，只能投放到企业里去吃利差，把扶贫小额信贷变成了简单的收取利息。在项目建设上也存在用力过猛问题，国家计划在"十三五"期间建设光伏项目装机容量1.1亿千瓦，但现在全国光伏装机容量已达约2亿千瓦，成倍超出计划，每年需要可再生能源基金补贴高达2 000亿元，而可再生能源基金每年收入仅700亿元，1年就要补贴掉3年的收入，电价补贴将来难以为继。对这些过了头、超了标的问题，需要及时修正，让好政策发挥出好效益。

二是左右看：找重点、攻难点。找重点，有两个方面，一要重点关注特困地区。全国有334个深度贫困县和3万个深度贫困村，这些地方都是"老少边穷"地区，贫困程度深、基础设施条件薄弱、公共服务严重不足，减贫边际效应不断下降，增收难度不断加大，是难啃的"硬骨头"。这些地区想实现脱贫摘帽，就要继续加大政策支持力度，用非常之策实现非常目标。要通过进一步调整优化投入分配结构，加大对深度贫困地区一般性转移支付、专项转移支付力度。在超常规投入的同时，还要走出传统的路径依赖，想方设法提高扶贫效益，摒弃简单的给钱给物做法。一方面，让贫困人口充分参与到脱贫的过程中，增强他们的获得感成就感；另一方面，要把资源配置到合理、高效的地方，因地制宜根据各自特点和优势，寻找正确的发展路径。二要重点关注特困群体，使脱贫攻坚一个也不能少，小康路上一个也不能掉队。特困群体有两种，一种是支出型贫困，由于患有大病、子女上学等原因所致。一种是收入型贫困，主要是失能半失能群体，由于自身没有劳动能力，缺少收入来源而陷入贫困。对支出型贫困，需要在医疗、教育等社会服务的均等化上给予这部分人群更多的帮助；对收入型贫困，不仅要通过兜底保障的方式保证他们的基本生活，还要为他们提供相应的社会服务，让这部分人群有尊严地感受到社会的关爱。山东乐陵县因地制宜设立扶贫助困公益岗位的做法值得推广。

攻难点，就是直面现实，抓住难题，找准症结。一是扶贫领域官僚主义、形式主义的苗头性、倾向性问题必须下大功夫克服。一些地方热衷于搞"填表式"帮扶、"留影式"入户、"卷宗式"总结，一些地方搞一些面子工程，"刷白墙""造盆景"，不仅劳民伤财，群众也不买账。有的下去调查，汽车开到家门口还问人家通路了吗；坐在电灯底下填表，还问通电了吗；有的访谈家庭收入，刨根问底经营性、转移性、财产性及工资性收入是多少，弄得农民一头雾水。二是扶贫"扶志"与"扶智"需要持之以恒，不懈努力。激发贫困群体的内生动力，开发贫困群体的智力是一项艰巨复杂需要长期坚持的系统工程，必须做出总体规划，因地因时因人施策。三是产业扶贫的成果如何稳固的问题。产业扶贫是精准扶贫精准脱贫的有力支撑，是实现可持续性稳定脱贫的重要保证，但当前产业扶贫规模小、同质化严重、抗风险能力弱、产业附加值低等顽疾正在逐渐显现。尤其是一些地方在发展产业过程中，不按照市场规律，由政府代替市场决策，结果导致政府倡导的产业农户一拥而上，最终造成市场灾难。完善产业链，拓展功能链，提升价值链是产业扶贫的主攻难点。

三是向前看：抓关键、促乡建。当前我国正处在脱贫攻坚和乡村振兴战略实施的交汇期，打赢脱贫攻坚战是乡村振兴的前提和基础，实施乡村振兴战略是脱贫攻坚的巩固和提升。在全面建成小康社会的决胜时期，就要抓住脱贫攻坚这个关键，做好与乡村振兴的衔接，把眼光放到2020年之后，提前做好政策体系的谋篇布局。

一要做好乡村振兴五项目标任务与脱贫攻坚的衔接工作。"产业兴旺"不仅要一产兴旺，更要推动三产融合发展，相互促进，共同兴旺。要把一些在脱贫攻坚期仓促上马的产业项目再进行分析研究，做好未来的产业规划，把一些没有经济效益的产业及时叫停，把真正有生命力、有潜力的产业扶持好。"生态宜居"一方面要在发展进程中保护好生态环境，另一方面也要确保全国 1 000 万实施易地扶贫搬迁的贫困人口能搬得出、住得下、留得住。宜居就是要让他们有生存的条件，有挣钱的门路，要帮助他们配置好产业，促进就业，不能搬出来住着楼房却没了收入。"乡风文明"就是在解决贫困问题之后要注重解决精神文明问题，在脱贫攻坚中改变贫困群众的精神面貌，构建适应时代需要的乡规民约。"治理有效"要将脱贫攻坚中的一些好的经验做法吸收到乡村振兴中去，比如应将五级书记抓扶贫的做法总结提炼、推广运用到乡村振兴当中。"生活富裕"不仅要解决绝对贫困问题，还要长期关注低收入人口的生活问题，要设计新的贫困识别体系，找出新的帮扶对象，及时帮扶。更要在抓好物质生活富裕的同时，抓好精神生活的富裕，口袋富了，脑袋不富，无事则生非。

二要解决好"三个失衡"的问题。"三个失衡"即贫困户与边缘贫困户的失衡、贫困村与边缘贫困村的失衡、贫困县与边缘贫困县的失衡。所谓"边缘贫困"，是指位于贫困线以上或基本持平，但整体仍处于欠发达、群众生产生活仍存在较多困难的状况。通过近几年的脱贫攻坚，重点帮扶的贫困县、贫困村、贫困户面貌大变，而边缘贫困县、边缘贫困村、边缘贫困户受到的关注、支持和优惠政策相对较少，与原来条件相近的周边被帮扶的对象比较，反差过大。三个失衡的存在容易导致社会矛盾扩大，降低一般群众对扶贫工作的认可度，要在乡村振兴中，谋划如何将这些特惠政策转向特惠和普惠相结合的政策，把主攻的重点应放在扶持区域整体性发展上。

三要处理好数万亿扶贫资产的保值增值问题。脱贫攻坚全国已积累了数万亿的扶贫资产，这些资产归政府、归集体，还是归帮扶对象？产权模糊、权属不清。如何实现这部分资产保值增值，应当尽快提上议事日程。实践表明，只有让这部分资产产权明晰、运营良好，才能成为乡村发展的新动能。山东沂水依托全县农村集体"三资"管理平台，对扶贫资金资产实行所有权归集体、经营权归企业、收益权归帮扶对象、监督权归农业农村局的"四权分置"做法，使扶贫资产既能产权明晰，又能保值增值，应当在全国推广。

四要继续形成社会合力，唱好大合唱。乡村振兴不仅仅是农业农村的事，更是全社会的事。乡村是农副产品的生产地，是生态环境的保养地，也是中国文化的源头，是亿万人的情感寄托，现代农业的多功能性显示出巨大的经济价值、社会价值和文化价值。务农重本，国之大纲。农业强不强、农村美不美、农民富不富，直接决定着全面小康的成色和社会主义现代化的质量。只有以更大决心、更明确目标、更有力举措，像脱贫攻坚那样，广泛发动，全面动员，汇聚各方合力，才能推动农村现代化的发展，补齐这块短板，如期实现党的第二个百年奋斗目标。

在中华民族五千年文明史上，一个划时代的"小康元年"正向我们走来。届时，我们将成为摆脱贫困的第一代，全面跨入小康社会的第一代，实施乡村振兴的第一代。同时，也是见证一个百年大党实现百年梦想的第一代。全面小康，决胜在即，做实"三看"，务求全胜。

（本文原载于《中国发展观察》2019 年第 22 期）

城乡二元户籍制度的前世今生

　　我国历史上曾经出现三次城市化高潮，第一次是旨在军事防御的春秋战国时代；第二次是旨在繁荣经济的两宋时代；第三次就是改革开放以来的当今时代。今天的城乡二元户籍制度早在一千多年前的宋代就已诞生。

　　强盛的唐帝国虽然发达，但人口十万以上的城市只有十多个，城市管理开始按城乡分设基层组织，在邑居者为坊，在田野者为村，各设坊正、村正，尚无明确的户籍分野。但唐代户籍分编户（良民）和非编户（贱民），贱民附籍主家，可以像货物一样市场交易。五代乱局使门阀制度土崩瓦解，宋代则开始在户籍制度上一律取消良民贱民之分。为适应急剧膨胀的城市化需要，宋代打破自古以来的城坊制，按需扩张城市空间；取消宵禁，大开夜市；发展广告业，扩大商品宣传。同时放开户籍，取消市民按户籍分高低贵贱的等级制，并细化管理，人分城乡，户籍制度开始正式分为坊郭户户籍和乡村户户籍，城乡二元户籍制度由此正式拉开序幕，也标志着市民阶层正式形成。且当时还把户籍按常产占有分为主户和客户两种，有常产者称主户，无常产者称客户。宋代人口即破亿，占世界人口30％，10万人以上的城市达46个，首都人口过百万，当时世界最大的城市威尼斯人口也只有十万，今天史书可见名字的宋代城镇多达4 600多个。城市管理上，在十万人以上的城市主干道都设有时针专人值守报时；为防止污染空气，超百万人口的首都汴京只准烧煤不准烧柴。1077年，北宋工商税收入占70％，农业税仅占30％。发达的城市需要与之相适应的户籍管理制度。宋代百姓移居到一个地方生活一年以上，即可获得当地户籍，京城也同样如此。曾参与王安石变法的曾布对此感叹："古者乡田同井，人皆安土重迁，……近世之民，轻去乡土，转徙四方，固不为患，而居作一年，即听附籍，比于古亦轻矣。"城乡分治从景德四年（1007 年）自首都开封首先实施。

1958 年全国人大颁布的《中华人民共和国户口登记条例》，标志着中国当代的城乡二元户籍管理制度正式问世。当时出台的法理解释是：宪法所指居住和迁徙自由，是指不违背国家人民利益下的自由，而不是不顾国家利益和集体利益的个人决定自由，所以不准随便迁移户口，不违背宪法规定。改革开放后，农民在土地上的空闲时间有了大把剩余，悄悄进城干零活增加收入，成了一些头脑灵活农民的追求。在此背景下，1984 年中央 1 号文件规定：允许农民自带口粮进城务工经商。这是 20 世纪 80 年代，中央连续五个 1 号文件中 30 多个"允许、允许、也允许"，"可以、可以、也可以"中的一个"允许"。以此为分界，农民进城经历了从禁止到限制，再到逐步走向全面放开的历程。有了这个尚方宝剑，1984 年，深圳开始实行暂住证制度，办理暂住证的条件是提交身份证、暂住地合法居住场所证明、照片两张，符合领证者还需交纳流动人员治安管理费，满足上述条件后 7 日内发证。暂住证最长时效一年，期满前十日内要到暂住地派出所重办。2003 年《行政许可法》颁布后，暂住证制度的强制性与法律规定相抵触，一直受到法律专家和社会学家的"声讨"，当年少数城市开始取消暂住证制度。2005 年部分取消暂住证的城市因外来人口犯罪率反弹而恢复该制度，有的则将暂住证换个名字，由此"居住证"应运而生。从 1007 年的城乡分治到 2007 年的居住证出现，整整长达一千年的岁月磨洗、一千年的历史推演。2008 年 8 月 1 日，深圳居住证制度正式实施。与从土地所有权中分离出承包权、经营权相似，暂住证、居住证都是从户籍中分离出的一种身份证明。2014 年 7 月 31 日，国务院《关于进一步推进户籍制度改革的意见》规定建立统一的城乡户口登记制度，取消农业户口与非农业户口的区分和由此衍生的蓝印户口和户口类型，统一登记为居民户口。2015 年 2 月 25 日，国家《关于全面深化公安改革若干重大问题的框架意见》

及相关改革方案提出取消暂住证制度，全面实施居住证制度。暂住证作为计划经济的产物，明显带有歧视性，使农民在就业、医疗、教育、社保等方面的权利受到限制。不久，国务院公布《居住证暂行条例》，要求自2016年1月1日起开始全面实施。至此，暂住证寿终正寝，全面退出历史舞台。

户籍制度是我国古代"登人"和"编户齐民"实施社会管理的基本手段。《尚书·多士》即有"惟殷先人，有册有典"的记录，可见殷商时代就有人口统计。到了周代还有管理户籍人口的官职，三年进行一次人口调查。春秋战国又有"书社制度""上计制度"。《秦律》规定不仅要详细登记户籍，还制定了什伍编制法。汉承秦制，且建立起比较完备的全国人口调查管理制度，不仅包括个人、家庭成员，还包括各类资产占有及价值。至隋朝户籍制度与科举制度结合，实行"本贯应举之制"。按地域分配考试名额，首次把国家福利与人口户籍捆绑，但无城乡之别。

户籍管理也是世界各国最基本的社会管理制度，国外多叫"民事登记""生命登记""人事登记"等，美国实行的是"出生死亡登记大纲"，没有户口登记，公民可以自由迁徙，但公民移居某地必须有符合要求的住房面积和稳定的收入。美国人的驾照、信用卡、社会安全号大体相当于中国人身份证的角色。日本实行的是"住民票"制度，它以家庭为单位标明每个人的身份、夫妻关系、父子关系，户口随身走，迁徙自由，住民票完全随住址移动。孩子在20岁法定成人之前，无权独立设立自己户籍，一旦成人完全自由。法国的户籍管理则比较详尽，连父母的职业、经济收入、国籍、宗教信仰等信息都收入法国人的户籍信息，与就医、存款等日常生活紧密相关，但迁徙自由，愿到哪儿到哪儿。

市场经济的基本规律是价值规律、竞争规律、利润规律、供求规律，要求市场参与者以最小的代价获取最大的利益和最佳的效益。城乡二元制度不平等的身份限制了契约的自由签订，制约了各种社会资源合理配置，迁徙不自由，身份难转移，地位不平等。特殊历史时期还形成了"重义务，轻权利"的观念。户籍的二元制度应回归为国家提供统计资料，为公民提供相关信息的初始功能，不分城乡、不分职业、不分地域，与各种户籍"附着物"脱钩，全国统一，可以自由迁徙。

实施半个多世纪的城乡二元户籍制度已经生成了二元社会结构，同时孕育出深刻影响人们思想观念和思维方式的城乡二元文化，要从根本上消除城乡的二元性，不是靠发几个文件，用一纸政令就能解决的，其背后隐藏的是公共产品的公平配置，城乡差距的合理缩小，社会利益的公平维护，牵一发而动全身。当下还有诸多待解的矛盾和难题。

一是如北上广深等一些超大城市户口在短期内还无法全面放开。中国和其他中小国家不同，一个有着14亿人口，且大多生活在乡村的人口大国，一旦把为数不多的几个超大城市户口放开，会带来人口爆炸，这些城市将无力承受。超大城市是农民工市民化的梦想地，经济发达，就业机会多，收入高，生活环境好，公共服务水平高，尤其年轻一代农民工，最理想的落户地就是这些超大城市。

二是建立城乡统一的社会保障体系，还需要一个较长时间的探索。要建立一个公平与效率相结合，权利与义务相对应，适合基本国情，既尽力而为，又量力而行，城乡统筹，整体设计，以缴费型社会保险制度为主体，以非缴费型福利项目为补充的社会保障新体系，绝非易事，需要试点试验，探索经验，分步实施，稳步推进，才能达到维护稳定，促进公平，满足需求，降低城乡居民生存风险的目的。这是城乡一元、融合发展、互促共进的基础。

三是农民不愿意丢掉"三权"。虽然中央明确进城落户的农民集体经济组织成员权、土地承包权、宅基地使用权不得收回，但农民仍担心二轮或三轮土地承包期满后政策会变，进城居住但不转户口是大多数农民的现实选择，只愿做"一脚城里一脚乡"的两栖人。

四是公有制背景下，农民与土地的关系很难割断。在私有制国家，农民想进城当市民，把土地一卖了之，与土地的关系就此割断，而我国是公有制，土地所有权是集体经济组织，农民无权买卖，只能对承包经营权进行出租、合作、入股、转让、抵押等。也可以放弃，交回集体，但集体经济组织要给予合理的补偿，而有能力补偿的地方，农民不愿放弃，还想从集体获取更多的收益；没能力补偿的地方，农民愿意放弃，但却得不到补偿。农民与土地的关系陷入悖论，难以了断。

五是一些集体经济发达的地方又出现新的"逆城市化"现象。尤其农村集体产权制度改革推行以来，确权到户到人，面对几千万甚至几个亿数十亿的集体资产分配，一些原先转出户口的农民又要求转回本村。遇到此类问题的地方，正在探索转回户口的补偿办法和补偿标准。在经济高度发达的乡村，还出现另外一种现象，如陕西宝鸡市有一个年收入超千亿的村，出台一条激励政策，凡为本村集体经济年创收超3 000万元的，奖励一个本村户口，曾有一个年创收超15亿元的经营者获奖50多个该村户口，这些现象可能是古今中外户籍制度史上特有的。

六是二元思维转化成一元思维需要一个过程。长期形成的城乡二元化思想观念、思维方式已经固化，对于许多制度设计者和资源掌握者而言，要转化成一元化思想观念和思维方式，这是一种"习惯"的改变，需要一个长期的艰难的过程。只有用城乡一元化的思维，才能解决城乡二元化的问题。

当我们站在人类社会发展的制高点俯瞰城乡二元制度时，既要看到这一历史现象的存在具有一定的合理性，又要看到历史发展的必然性。坚定不移推进改革，大胆开拓探索新路，是方向，是目标。这是一场接力赛，相信后人比我们更聪明。

（本文原载于《中国发展观察》2019年第18期）

关于农民工市民化的冷思考

　　近年来，社会普遍认为，农民工有着强烈的进城落户意愿，但目前的状况是尽管各大中城市不断降低落户门槛，农民工申请进城落户并不积极，户籍人口城镇化率远低于预期目标。根据国家有关部门对 1.3 万农民工抽样调查显示，仅有 21.6％的受访者表示愿意转为城镇户口，37.3％ 的受访者明确表示不愿意在城镇落户，其余则表示视情况再定。

　　近期，调研组赴福建、广东、河南、湖北等省就农民工进城落户等方面的问题与有关企业及一线农民工进行座谈交流。调研中发现，农民工之所以进城落户意愿低，从农村和城市两个角度分析，大体有如下诸种原因。

　　从农村的角度来说，一是农村"三权怕丢"。尽管现阶段政策规定，不得以退出农民土地承包权、宅基地使用权、集体经济收益分配权作为农民进城落户的条件，但很多农民工仍然担心户口迁出村集体后权利被收回，即使现在不收回，待二轮土地承包期满后或更长的时间，保不住政策会变，一旦没了"三权"，在城市找不到工作或收入难以维持开支，便没了退路。二是老婆孩子都在农村。目前，举家进城的农民工比例仍然较低，青壮年劳动力进城务工、老婆孩子留在农村老家仍然是农民工大军的主流，想举家迁徙，又没有那么大的带动能力。三是熟悉的人际关系在农村。农民工在城市的交际范围往往局限在本工厂或企业，且几个月最多几年一换地方，流动性很大，即使长期在外务工，世世代代聚族而居形成的血缘、地缘、亲缘关系都在农村。四是对乡村未来发展的心理预期较高。近年来，农村快速发展，特别党的十九大提出实施乡村振兴战略，农村中基础设施及公共服务的逐步完善，使农民工对未来农村发展有很高的预期，也不愿因为进城落户而放弃农村未来可能新增的权利和收益。五是落叶归根的传统观念。农民对世世代代生活的农村有着很强的归属感，穷家难舍，故土难离，即使大半辈子都在外务工，落叶归根仍是大多数老一辈农民工的选择。六是交通通信的发达，压缩了时空距离，一些家离城市较近的农民工，他们觉得在城市上班、在农村生活，既能享受惬意的乡村环境，又有城市的工资收入，没必要转入城市当市民。

从城市的角度看，一是打工收入不高。农民工大多从事基础体力劳动，在城市属于中低收入群体，城市比农村高出几倍的生活成本，他们无力承受。二是没有购房能力。城市越大，人口密度越大，农民工越集中，而往往这些地方经济发达，房价也较高，远远超出农民工的经济能力。即使按月收入净拿 5 000 元计，一年才 6 万元，不吃不喝一分不开支，积攒二十年在中等城市也买不到一套 100 平方米的房子。"居大不易"是他们不敢奢望成为市民的重要障碍。三是社保及医保接续、廉租房等城市服务不到位。尽管社保及医保关系的异地接续和结算在地级以上城市已基本无障碍，但在区县一级仍存在很多困难。廉租房等保障性住房供应紧缺，远不能满足实际需求，大多数农民工租住房屋要花掉工资收入的一半以上。正常情况下，超过工资收入的 25%，农民工便很难承受。四是举家迁徙难度大。城市生活成本高、随迁子女入学难、老家父母需要照顾等都是农民工举家迁入城市难以避开的障碍。五是适应城市生活的能力差。传统的乡土社会是一个靠人情、诚信等维系的熟人社会，而城市的陌生人社会中人与人交往、办事靠的是契约和规则，人情淡薄、关系冷漠，再加上快节奏的生活方式，高科技的城市管理等，截然不同的社会生态让农民工很难在短时间内适应城市生活。六是一些年轻人追求"飘一代的轻生活"。他们认为人生就是要"高配"，就是要不断变换场景，打工不能待在一个地方干一辈子，要不断换岗位换城市，转了户口，人就被固定在一个城市，不自由。

从各方调查的情况看，农民工没有进城落户意愿或意愿不强的主要原因，排在第一位的是生活成本高；排在第二位的是家庭因素和生活圈问题；排在第三位的是各项政策落实尚不到位或政策预期不明朗。

推进农民工市民化工作，核心是要正确理解"城镇化"的本意和真正内涵，前提是认清城镇化发展的现状和问题，关键是找准中国发展城镇化的路子。

所谓城镇化，重点是无论在哪里生活，都能享受到与城市同等的公共设施和公共服务，而不是简单地把人集中到县以上的城市。在不少人的思想观念里，只有县以上的城才算是城，只有进入那里工作生活才算是城市人。我国的城乡二元体制，表面上是两种户籍制度，而附着在其背后的是两种不同的福利体系。尽管随着户籍制度改革的推进，逐步取消了农业户口与非农业户口的区分，城乡二元体制已经开始有了松动，但城乡居民在就业和社会福利水平等方面的不平等还未得到根本改变。推进城镇化，关键在于不断缩小城乡两种福利制度的差别，逐步建立城乡统一的户籍登记管理制度和均等化的公共服务制度，实现公民身份和权利的平等。用城乡二元思维解决城乡二元问题，只能是缘木求鱼。只有用城乡一元思维才能找到解决城乡二元问题的出路。推进农民工市民化如果还按城与乡两套体制的传统观念去设计制度、制定政策，不能做到城乡统筹，一体谋划，一体设计，一体实施，融合发展，即便人为地推进了市民化，也是不可持续的市民化。

推进新型城镇化建设，必须直面我国城镇化发展的现实问题。总体而言，可以归纳为两个现象将长期存在。一是"想来的不放、想放的不来"这一现象将长期存在。北京、上海、深圳、广州等经济发达城市，农民工有较强的落户意愿，但在未来很长时间内都很难放开落户限制；而所有中小城市已全面放开落户限制，但对农民工的吸引力十分有限。二是"一脚城里一脚乡村"的现象将长期存在。在私有制国家，土地可以自由买卖，想进城把土地一卖就走人，无牵无挂，农民与土地的关系很容易割断；而在我国公有制背景下，农村土地属集体所有，农民无权买卖，只能以承包经营权转包、出租、入股或合作。此外，农民的"三权"有偿退出也有很大障碍，集体经济发达有能力补偿的地方，农民希望从集体分得更多的利益，没人愿意退出，而愿意退出的地方集体经济落后，往往没有补偿能力。因此，公有制背景下在未来相当长的一段时间内农民与土地的关系很难割断。在城镇化建设进程中，必须充分考虑这两个长期存在的现实。

费孝通先生于 20 世纪 80 年代就曾经提出"小城镇，大战略"的城市化发展思路，认为小城镇建设是发展农村经济、解决人口出路的大问题。综观当今世界，无论是在欧洲还是美国，发达国家的实践表明，小城镇才是承载人口的主体，更何况是中国这样一个人口大国、农民大国。走适合中国国情的城镇化道路，应该以城乡融合发展的新思维大力发展小城镇，将小城镇作为新型城镇化的主战场，通过政策调节、市场带动、就业吸引引导农民进入小城镇，让农民"离土不离乡"，实现就地、就近城镇化。"落叶归根""故土难离""衣锦还乡"是世代中国人特有的传统文化积淀，背井离乡、外出打工、抛家别子，是不得已而为之。不脱离这种深厚文化沉淀背景的市民化，才是可行的、有价值的、能持久的市民化。

（本文原载于《中国发展观察》2019 年第 17 期）

做实"三个优先"力促乡村振兴

　　党的十九大报告向全党全国提出，在经济社会发展的诸多重大战略中要坚持"三个优先"的要求，所谓"三个优先"即就业优先、教育优先、农业农村发展优先。如何让"三个优先"在乡村得到充分体现，是乡村振兴的重头戏，是实现"两个百年目标"的大文章，应以浓墨重彩列入国家"十四五"规划。

以强力拓展农民就业空间做好就业优先

　　就业是最大的民生。农民实现就业主要有三个空间：第一空间是不离土不离乡，即在土地上就业，从事农业生产经营活动，这是目前众多小农户的主要生存路径；第二空间是离土又离乡，随着工业化城镇化加速推进，以及农业劳动生产率的提高，一些农民得以从土地上解放出来，以进城打工方式实现劳动力转移就业，2.8 亿"农民工"作为特定群体走上历史舞台；第三空间是离土不离乡，农民可以离开土地在家门口就近就地就业。

　　眼下，人多地少的基本国情使得第一就业空间在不断收缩，土地家庭承包经营后的 20 世纪 80 年代，就已形成一年 12 个月里"一个月过年、三个月种田、八个月空闲"的时间配置格局，在机械化水平大大提高，人工智能又渐入农村的今天，在土地上就业的概率更大大降低，把大批农民从土地上解放出来是现代化的重要标志。拓展第二空间主要依靠市场机制，当前最关键的是要创造条件，完善相关配套制度，推动以单个农民工流动为主，向以家庭为单元流动转变，安居才能乐业，而家安才能心安，心安才能稳定就业，否则不仅就业不安心不稳定，还会带来子女教育、老人赡养等一系列社会问题。拓展第三空间主要是发展二三产业，特别是农产品加工业以及为农业服务的服务业，这是拓展农民就业空间的重点发力方向。

我国农产品加工业产值与农业总产值的平均比值是 2.5 左右，从发达国家普遍规律看，农产品加工业产值是农业总产值的四五倍甚至更高，这方面我们的潜力巨大。我国是农业大国，农产品资源丰富，主要农产品产量居世界前列。农业的第一功能就是食物保障功能，一日三餐是铁律。中华民族五千年的文化积淀，最厚重的不是哲学，不是文学，也不是医学，而是中国人的舌尖——美食文化，中华儿女创造了种类繁多的美食，据专家统计，仅面条就有 1 200 多种，中国人的舌尖浸润了无数美食的记忆，这是世界上任何国家、任何民族都无法比拟的。我们应该立足丰富的农产品资源和美食文化，把农产品加工的重点放在开发特色美食和功能性美食上，用低端的传统产业对接高端的现代需求，这应该是我国农业发展的终极目标。特别是把美食与独步世界的中医药理论结合，开发潜力尤其巨大，目前中医药已在全球 183 个国家得到广泛认可，原卫生部早在 2014 年就公布了既是食品又是药品的 101 种物质名单，药食同源、药补食疗的中医理念越来越受到全世界的广泛关注和深刻认同，将其运用于美食开发前景不言而喻。

为农服务业同样潜力巨大。美国的农民数量约占总人口百分之一点多，但为农业服务的服务业从业人数占总人口的比例高达 17％～20％。就农业经营主体而言，我国有 2.3 亿小农户，美国是 230 万左右，我们是美国的 100 倍。换言之，我国农民对专业化服务组织、服务体系、服务能力的市场需求比美国大得多。更何况今天的现代服务业已经分化成大众化服务、分众化服务、小众化服务和个性化服务的多种服务类型。我国为农服务的服务业之所以发展不起来，最重要的原因是思想观念的困扰，长期存在的城乡二元制度生成了二元社会结构，二元社会结构又孕育出二元文化，人们不想涉农不愿涉农，谈农色变，都想离"农"的根本原因就在于与农沾边就感觉低人一等。这需要在制度设计上做好引导，并要长期坚持，不懈努力，才能破除根深蒂固的二元文化，推进农业服务业的长足发展。

以逐步完善乡村教育体系做好教育优先

科技是第一生产力，科技的载体是人才，人才是第一资源。乡村要振兴，人才是根本。人才培养关键靠教育。当前农村义务教育村空、乡弱、城挤，职业教育与当地产业脱节，继续教育、终身教育一片空白，应坚持问题导向，采取针对性的措施尽快改变这一局面。

从世界范围看，义务教育的两个基本特点就是就近和免费。自2001年我国推行教育体制改革后，为减少教育开支，逐步实施撤点并校，到目前为止，全国58万多个行政村中，农村中小学校数量由曾经最多时的60多万所大幅减少到目前20多万所，吉林龙井市64个村有62个没有学校。农村学生无法就近入学，义务教育制度设计的第一个初衷就不能真正实现。一些村庄即便有学校，水平较高的老师也不愿留在村校，家长对本村教育质量不满意，即让孩子到乡镇学校就读甚至县城借读，离家路途远、家人不放心，额外要花费租房、借读费成本。据调查，在乡镇就学每年增加成本为8 000元至1.5万元，在县城就学则要花费1.5万～2万元，义务教育免费的初衷也全部落空。而且，孩子在城镇就学耳濡目染接触的是城市人的生活方式，潜意识里形成的是城里人的人生观、价值观、世界观，哪里还愿意将来再回到农村建设家乡。长此以往，农村人才将成无源之水。"十四五"期间应全面落实农村孩子上学单程距离不超过半小时的政策。

眼下每县都有几所农村职业教育学校，但开设的专业多为汽车维修、酒店管理、美容美发等，仅仅只是为了培养农村孩子一技之长，让其掌握一种挣钱能力，为贫困家庭摆脱经济困境服务，而对于未来本土产业发展战略如何培养人才留住人才做长期准备，则缺乏深谋远虑。农村职业教育更应该办成为家庭发展和家乡建设"两家"服务的教育。乡村的建设发展依靠的主要对象应是本土力量，不可能完全交给别人。只有把当地人才培育起来，留得下来，乡村发展才具有可持续性。乡村职业教育应在培育农民基本生存技能的同时，从长计议，把更多的注意力放在本土产业人才培育上，围绕当地可持续发展的成长性产业，针对产业需求，花费必要的代价培养自身需要的实用人才，只有留住本土人才，才能发展壮大本土产业。如果农村职业教育只盯住眼前，为家庭培养挣钱能手，把培养的学生都输送到城市，输送到发达地区，那么未来的乡村将成为人才荒漠，农业现代化将无从"化"起。

我们正处在一个信息大爆炸、科技发展秒新分异的时代，处在分分秒秒都随时可能发生知识更新、颠覆性变革的时代，训练有素的现代城市人尚且感到跟不上时代脚步，何况平均受教育程度远不如他们的农民。对农民开展继续教育显得格外重要。推行家庭承包经营土地以来，乡村的集体活动越来越少，现代通信技术的高度发达，农民没了集中开会的机会，他们获取外部文明、彼此交流互动的平台成了稀缺资源。建议在每个乡镇都应建一所免费开放的公益性农民学校，将其打造成学习宣传党的方针政策的重要阵地，传播先进文化、传授新知识新技能、培育造就新农民的重要载体。"活到老学到老"是中国人的古训，今天的知识已经分化为"明知识""默知识""暗知识"三个层面，可以言传的叫"明知识"，只可意会不可言传的叫"默知识"，不可意会也不可言传的叫"暗知识"（如人工智能）。不随时学习新知识，并坚持不懈，持之以恒，会迅速被现实淘汰，接受终身教育才能跟上时代。美国农民每年都会为自己安排一到三个月时间到大学听课，不然，来年就无法经营。针对农民终身教育的路径方法政策措施等，应提上政府的议事日程。

以全面破除城乡二元思维做好农业农村发展优先

农业农村能否优先发展，关键在于发展理念的调整。长期以来重城轻乡、有城无乡、以城市为中心的思想观念不破除，农业农村就不可能优先发展。优先发展也不是喊喊口号、开开大会、发发文件就能实现的，要解决实质性问题，必须在以下几个方面拿出实招、设定指标，纳入省市县各级领导干部的政绩考核。

一是在经济社会发展的大战略中体现优先。统筹谋划发展全局，真正落实重中之重战略要求，在整体布局中一体谋划、一体部署、一体推进，使城与乡统筹发展、协调发展、融合发展，避免"两种制度""两张皮"。

二是在城市与农村的大背景中体现优先。着眼补齐农业农村的发展短板，强化政策供给，让城市的公共设施和公共服务向农村延伸，加速打通城乡要素平等交换机制通道，推动更多的资源要素流入农业农村。应分批分期，逐步实施，围绕县城打造一小时生活圈，围绕乡镇打造半小时生活圈，围绕新村社区打造十分钟生活圈。

三是在农民与市民的大格局中体现优先。以制度完善克服权利陷阱。农民不是二等公民，通过深化改革和完善法制，推进城乡基本公共服务由形式上的普惠向实质上的公平转变，实现好维护好发展好农民的各项合法权益。

四是在三次产业大结构中体现优先。坚持把农业农村作为财政优先保障和金融优先服务的第一领域。公共财政更多向"三农"倾斜，新增金融信贷更多用于农业农村，下大力气克服 20 多年以来农业农村贷款只占全国贷款总额 5％的尴尬局面。一二三次产业中要更多支持农业，在农业产业内部要更多支持农产品加工业和为农业服务的服务业。

五是在城与乡、工与农干部配备的大导向中体现优先。坚持鲜明的用人导向，树立优秀干部向农业农村倾斜、优秀干部来自农业农村战线的导向。国家应创建中国"三农"干部学院，各省级党校加挂分院牌子，专门系统化专业化地培养省市县"三农"干部，同时，建立一套"三农"干部培养、评价和选拔任用机制，以此造就一支懂农业、爱农村、爱农民的"三农"干部队伍。

六是在主流媒体舆论的大氛围中体现优先。坚持正确的宣传舆论导向，农业农村不应该成为被忽视和遗忘的角落。主流媒体应担负起"三农"工作是全党全国全部工作的重中之重的时代使命，尤其应发挥好广播、电视、报纸、新媒体的宣传主阵地作用，在全社会营造关心、支持、重视"三农"的良好氛围。电视是农民接收现代文明的主渠道，在网络发达的现代，我国尚有 5.88 亿人不上网，这一群体主要集中在农村。在社会舆论强烈呼吁下，中央电视台已准备开播 17 频道作为农业农村的专业频道，各省电视台都应开播相应频道。

（本文原载于《中国发展观察》2019 年第 14 期）

后脱贫攻坚时代的组织力创新

后脱贫攻坚时代，扶贫开发将由突击性、紧迫性、特殊性工作转入常规性、持久性、制度性工作。现有组织体系需要应时而动，调整完善，通过提升"组织力"提供制度保障。

由于扶贫工作涉及诸多行业领域，在脱贫攻坚期层层使用超常规的行政手段，还可以促使这些部门之间各尽其力、统筹推进，但超常规、大动作不可能一直坚持使用，一旦进入常态化制度化工作，就需要有一套新的组织形式，形成新的组织能力。2020年后，随着现行标准下的农村贫困人口全部脱贫，扶贫工作将由解决原发性积累型绝对贫困，转入解决次生性新增型相对贫困的新阶段，工作重心也将由"减贫"转为"减贫"与"防贫"并重。当前，扶贫资源的碎片化管理体制与扶贫过程整体性推进的要求之间的矛盾，远不适应新时期工作。届时，亟须整合优化各部门的扶贫职能，制定科学、长远的扶贫综合治理规划，重构组织力。

明 确 对 象

在人类社会实现大同之前，只要国家存在，解决贫困问题就是一个永恒的课题。2020年，我国统计意义上的收入型贫困人口全部实现脱贫后，新的帮扶对象将在新的标准下被识别出来。明确新的帮扶对象范围，必然需要有新的识别标准、新的识别制度、新的识别方法，对此，应着力抓好四个方面：

一是科学划定低收入人口识别标准。基于2020年后绝对贫困人口已经全部脱贫，帮扶的主要对象是相对低收入人口，应根据低收入人口地域分布、城乡分布及人群分布制定相应标准。如针对地域分布，可按东部总人口数的 5％～10％，中部总人口数的 10％～15％，西部总人口数的 15％～20％，由国家确定各地区的帮扶人口指导数，再由各地根据相对低收入人口的总量来确定差异化的识别指标。为避免再次出现指标分解式的识别，各地确定的低收入人口指导数只应作为参考数字，不应作为强制要求，为基层留足制度的弹性空间。

二是完善多维度的综合识别指标体系。现阶段"两不愁三保障"涵盖了收入、教育、健康、住房这四个维度。但每个维度下并未对维度指数进行详细定义，应根据时代变化，把教育、健康、生活水平、制度环境等作为新的维度指数重新定义。在教育维度方面可以设置学历水平、受教育年限、幼儿入托、技能水平、获取信息水平等指标；健康维度方面可以设置医疗保险、及时就医、医疗花费等指标；生活水平维度可以设置住房状况、饮水方式、排污方式等指标；经济水平维度可以设置收入状况、就业状况、财产占有及资源占有状况等指标，通过多项综合指标来进行帮扶对象判定。

三是建立自下而上的识别体制。2014 年我国开始全面实行扶贫对象建档立卡，采取的是自上而下分解指标式的识别体制，导致识别不精准的现象存在。逐人逐户识别新的帮扶对象，把基层识别作为整个识别工作的起点，再辅以上级部门对识别结果及时进行"回头看"和专项检查，杜绝基层在识别过程中优亲厚友、虚报数字的现象发生，建立健全一套自下而上精准识别制度，确保公共资源和扶贫资金不被浪费。

四是实施低收入人口分类管理。现阶段的扶贫对象统称为建档立卡贫困户，享受着同样的扶贫政策和措施待遇，导致一些贫困户坐等政府大包大揽，掉入"福利陷阱"。还有一些边缘户由于未能达到贫困户的识别标准，结果生活水平反而被贫困户甩开，造成"悬崖效应"。为此，有必要在 2020 年后对低收入人口进行分类管理，根据贫困程度来决定政策支持力度。同时，针对不同原因精准施策，比如需要教育资助的就享受教育资助类帮扶，需要健康医疗类资助的就享受健康类帮扶，避免政策泛福利化。美国就把社会人口划分为非贫（年收入高于贫困线 2 倍以上）、近贫（年收入高于贫困线 1～2 倍）、贫困（年收入低于贫困线以下）和赤贫（年收入低于贫困线的 50％以下），并根据不同的分类享受不同的社会福利政策。同时，对于已超过保障标准的低收入人口要及时销号，防止出现新的不公。

设 立 一 署

2018 年底，全国共有城乡低保对象 4 619.9 万人，特困供养人员 483 万人，二者相加享受低保五保政策的人员超过 5 000 万人，达到一个中等国家的人口规模。从历年情况看，这一群体常数大体在 5 000 万～6 000 万。针对这一庞大群体，应将现有多个部门的扶贫职能优化整合，把保障与发展的职能分开，在国家层面设立城乡基本生活保障署，专司保障。省市县乡同时设立相应机构。保障部门的主要职能就是进行保障标准的确定和保障对象的识别，以及从保障对象里找出有发展能力和意愿的群体。对于没有发展能力的群体，由保障部门安排兜底类措施，保障其基本生活。现由民政部门、扶贫部门分别开展的困难群体、扶贫对象认定工作，以及由民政部门负责的低保、五保、残疾人生活补贴、残疾人护理补贴、临时救助等保障类措施的实施工作，应当统一归口到保障部门管理。对于有发展能力和意愿的群体，由个人申报，经保障部门审定，分送各职能部门因人施策，帮助发展。

实行保障与发展的职能分离，一是避免"戴上一顶贫困帽，什么好处都拿到"，出现万众一策、大水漫灌的情况。抓住致贫主因施策是精准的关键。二是避免脱贫与致富混为一谈，出现脱离实际、浪费资源的情况。脱贫需要应保尽保，致富只应瞄准有发展能力和发展意愿的群体。追求家家发财、户户致富，只能是资源白投、功夫白下。三是避免政出多门、人负多责，出现力量分散、职责不清的情况。让专业的人做专业的事，职责清晰，力量集中，事半功倍。四是避免送政策、送项目、送资金上门"要我富"的被动推进、外因主导。通过个人申报，帮扶对象从"要我富"变成"我要富"，积极性主动性得以发挥。五是避免资源配置失衡的畸轻畸重、人治低效。资源分散化导致治理碎片化，通过由运动式、突击性向常规化、制度化转型，有效杜绝资源配置中重叠与空白并存，过度与不足同在。

实 行 两 并

一是两线并一线。长期以来，低保线和扶贫线互相交叉。虽然国家一直在推动两线合一的衔接工作，但是实际操作中仍存在识别标准不一致、退出程序不一致、帮扶手段不一致等"两张皮"现象。在具体工作对象、工作内容、工作重点等方面，并没有实现真正的有效衔接。实行两线并一线后，不需要对贫困户和低保户再进行重复认定，对贫困人口进行统一识别，统称低收入人口。

二是两制并一制。目前的扶贫治理体系采取的是城乡分割的治理模式，扶贫工作的重点在农村贫困人口。截至2018年底，我国共有城市低保人口、特困供养人口1 033.7万人，但加上常住人口中的困难群体，数量远超千万。城市贫困人口一旦无法工作，极易陷入"赤贫"状态。十九大报告提出城乡融合发展，构建城乡融合的贫困治理体系，改变贫困问题的城乡分治，把当前解决农村贫困问题中行之有效的政策举措、工作机制等运用到解决城市贫困问题中，应是后脱贫攻坚时代的总体制度框架。

做 好 三 加

一是统一加分散。所谓"统一"，即将原扶贫开发领导小组更名为城乡低收入人口社会保障与创业发展领导小组，强化其统的职能，制定出覆盖全民、统筹城乡、权责清晰、保障适度、可持续的多层次社会保障体系，以及教育、卫生等城乡平衡的一体化制度设计和实施方案，加强工作协调调度，每月召开一次例会，统筹各职能部门工作，做好与实施乡村振兴战略的有机衔接。领导小组下设办公室，城乡基本生活保障署加挂领导小组办公室牌子。所谓"分散"，即各职能部门围绕低收入人口的帮扶任务各司其职，各尽其能，合力推进，实现目标。各职能部门都应以新的制度建构与供给机制，变"政府端菜"为"群众点菜"。

二是政府加社会。一个时期以来，一些社会组织、非公有制经济和民间力量投身脱贫攻坚成效显著。但总体上看，目前非官方组织的扶贫力量仍然微弱，与政府组织实施的帮扶项目之间未能形成有效补充。在国外，社会组织在扶贫领域发挥着极其重要的作用，其参与帮扶的方式比政府行为更加灵活。我国的民间组织与国外相比普遍存在资源不足、能力不足、自治力不强、发展不平衡等问题。后脱贫攻坚时代，应加大力度为民间组织创造有利于他们发展的社会环境和法律环境。一方面鼓励和培育一批专业化的 NGO，减少对这些 NGO 的政府干预，给予其政策上的支持，保持这些社会组织运行的独立性和稳定性。另一方面，政府通过购买服务的形式，选取一部分综合实力较强的 NGO，委托其具体实施扶贫项目，但要坚持其非营利性质，杜绝逐利资本进入。

三是普惠加特惠。一方面，制定一系列针对低收入人口的普惠政策，通过政策体系使低收入人口在基本生活方面得到保障。同时，由于宏观发展类政策往往对低收入人口存在"挤出效应"，应当在发展方面出台有针对性的特惠政策，让低收入人口在享受普惠政策的同时，还能吃上特惠政策的小灶。另一方面，在制定地区发展政策时，特困地区往往由于历史和自然原因基础弱、欠账多，基础设施建设水平远远落后于发达地区。需要针对特困地区的基础设施建设以及公共服务方面继续出台特惠政策，在解决共性问题的基础上，满足个性需求，避免出现资金项目"排排坐分果果"的现象。同时，对于全国 4 000 万左右的失能半失能特殊困难老年群体，应推广山东德州和安徽亳州的做法和经验，解决好他们的基本生活需求。

（本文原载于《中国发展观察》2019 年第 12 期）

特困老人群体的解困之道

据有关调查显示，我国现有失能半失能特困老人超过 4 000 万。这一群体不分城乡、不分区域、不分贫富，普遍存在。贫与困是一对孪生体，脱贫不易，解困更难。脱贫攻坚，所攻之坚有二：一是局部地区的深度贫困，需要综合施策，长期发力；二是整体面上的特困需求，只要方法对头，立马见效。脱贫攻坚战略实施以来，各方力量主要聚焦于局部地区的脱贫，对于整体面上的解困问题尚未引起足够关注。目前，我国绝大多数地区在扶贫工作中普遍面临的坚中之坚，难中之难，就是解决特殊困难群体的特殊需求问题。据山东省德州市调查，在建档立卡贫困户中，失能半失能人口占 85%，其中更以孤寡独居、残疾、精神疾病、瘫痪、失明人员居多。他们人穷、身残，生活无助，长期以来只得到一些经济上的救助，生活上精神上都远离社会。历史在他们身上停留太久，如何解决这类人群的特困需求，提高他们的生活质量，让他们跟上时代，是扶贫工作眼下最需要关注和最难攻取的"坚中之坚"。

为了破解这个难题，山东省德州市下属的乐陵市摸索出"村级扶贫专岗"的新模式，实践反馈良好，解困效果显著。这一模式设计巧妙，简便易行，投入小、效果好，可复制、能推广，是一条脱贫解困的好路径。

主 要 做 法

乐陵市"村级扶贫专岗"2017 年 4 月始于该市西段乡，后在全市试行，由最初设置的 202 个岗位试行扩展到现在的 433 个，服务贫困户 1 209 户，1 866 人，覆盖有帮扶需求人口的 80％以上。项目运行至今，进展顺利，管理运行和资金保障等方面都未遇到明显难题。现已在德州市及山东省全面推行。其主要做法是：

1. 采用政府购买服务的方式，雇佣有劳动能力和服务意愿的贫困户，就近帮扶需要服务而且希望接受服务的贫困户。"村级扶贫专岗"是为有劳动意愿但劳动能力较弱或因其他原因不能外出务工的人员，专门开发设置的就地就业岗位。在岗人员集护理员、代办员、信息员于一身，为深度贫困的老弱病残幼群体提供生活照料、就医护理、代办事务、情感疏导等有偿服务。一个在岗人员每天工作 1 个小时以上，服务 3～5 人，由政府发放补贴 15.5 元（根据当地最低小时工资标准折算制定）。既为有能力的贫困户提供了岗位，又为需要帮助的特困户提供了服务。

2. 政府搭台牵线，在自愿的前提下，通过互选的方式完成服务对接。实现服务对接分三步：第一步，排查摸底，筛选出贫困户中愿意服务和需要服务的具体人员；第二步，对上岗人员进行培训，并签订劳动协议；第三步，在村干部协调下，让服务和被服务人员互选对接。政府提供平台、资源、信息，事先牵线、事后考核，双方自愿互选，既保证了项目的有序推进，又尊重了参与主体的主观意见。

3. 政策资金和社会资金多元注入，放宽上岗年龄限制。项目前期设置的 200 多个岗位，主要由上级下拨的就业扶贫基金承担，但该资金的使用有政策限制，只能聘用法定劳动年龄人员。为了让超过 60 岁的贫困户也有上岗机会，乐陵市采用多元资金（就业扶贫资金、慈善捐助、社会捐助、村集体经营收入等）共同注入的方式，保障项目的顺利运转。

经 验 及 价 值

乐陵市的扶贫专岗项目创造了"穷帮残""穷帮病""穷帮弱"的扶贫新模式，激发了贫困群众的主观能动性，解决了脱贫攻坚中攻什么、怎么攻的问题，一石多鸟，成效突出。十个方面的有机结合彰显出极具推广价值。

1. 合适的人与适合的事有机结合。服务特困人口的特困需求，并不属于什么高大上的事业，是"草根"阶层就能完成的"小事"。同为贫困群众，又是乡邻，专岗人员与服务对象的生活相似，情感相近，语言相通，他们交流顺畅，服务起来更为贴心，这就是找到了合适的人。同时，多数贫困户身体条件欠佳或缺乏劳动技能，其他从业机会不多，不出村照顾比他们生活更贫困的人就是在做适合的事。西段乡西崔村贫困户李书章，因患软骨病自小无法从事重体力劳动，但干起帮扶工作得心应手，没事还能唱上两首小曲儿，顺利地照顾了4个同村特困户。

2. 脱贫与解困有机结合。扶贫专岗每天至少有15.5元的补贴，有劳动意愿的贫困户可以通过自己的劳动每年获得四五千元的收入，基本可以解决脱贫问题。同时，专岗人员的服务又解决了比他们更困难的群众的生活问题，使老有所养、弱有所扶、病有所助、困有所解。既实现了上岗人员的就地就近自立脱贫，又能够帮助特困人员排忧解难。

3. 家庭养老与社会养老有机结合。有关调查显示，95％以上的老年人选择居家养老。但一些居家老人缺少自理能力，需要社会的帮扶。扶贫专岗由政府花钱买单，为生活困难的老年人提供上门服务，使老人们既不用离家，又得到帮扶，还增加了沟通、丰富了社交，实现了家庭养老与社会养老的有机结合，探索出一条农村居家养老服务的新模式。

4. 服务他人与提升自身有机结合。为提升专岗人员的服务水平，乐陵市已经免费开展家政服务、养老护理、月嫂培训、卫生护理等各种技能培训160次。上岗的贫困户通过接受培训学会了生存的技能，既学到了知识，又帮助了别人，而且在帮助别人的同时，也改变了以往生活邋遢、行为懒散的不良作风。自己的生活质量和素质不断提高。一些人在培训过后，还能进城务工，通过做月嫂、家政等工作获取报酬，提升了个人价值，得到了自我认同。

5. 扶智、扶志与扶制有机结合。岗位培训的内容涉及生活的方方面面，上岗人员在学习技能的同时，也能丰富知识、开发智力。他们通过劳动换取报酬，靠着"手艺活儿"，赚的"辛苦钱"，不但锻炼了能力，还树立了信心、赢得了尊重，激发了依靠自身劳动脱贫的主动性和能动性。同时，在扶贫专岗创建过程中，相关制度体系不断完善。相继制定了实施办法、考核办法，明确了聘用标准，完善了资金使用程序，逐步建立起一套相对完整的制度体系，使这项扶"智"、扶"志"的扶贫工作有了可持续的制度保障。

6. 花小钱与办大事有机结合。"村级扶贫专岗"项目所需资金主要用于扶贫专岗工作补贴和岗前培训，数量不多。按照目前的标准，每个岗位每年只需 5 000 元左右。也就是说，每年用不到 200 万的资金就可以解决全市 15 个乡镇的扶贫难题，实现 400 多人脱贫，1 800 多人解困。这是名副其实的花小钱办大事。

7. 开发就地就业与开发家园红利有机结合。在贫困户中，有些人具备一定的劳动能力，但上有老、下有小或出不了门、进不了车间、干不了重活，很难就业。扶贫专岗为他们提供了自食其力的岗位，让有需求的人能够就地就近就业脱贫。上岗人员在获得劳动机会的同时，为其他村民送去关怀，提供慰藉，促进了邻里互动，重新激活了原本就产生于农村熟人社会的凝聚力、向心力、辐射力和归属感。互帮互助、扶贫济困的生活气氛，也提高了群众的幸福指数，让所有村民都享受到家园红利，如此往复，形成一个良性循环，使家园红利不断累积，醇厚古朴的民风由此得以重现。

8. 激发个体活力与激发群体活力有机结合。扶贫专岗人员在劳动过程中实现了个人价值，激发了个体活力，精神风貌大大改变。村民们亲眼见证他们从"不敢见人、不愿见人、自觉低人一等"的贫困户转变成自力更生、笑语常开的爱心帮扶工作者，自然也会产生改变的信心和动力。这种发生在身边的鲜活案例最容易散播传递，激发群体活力。而活跃的群体氛围同样可以带动个体的生活热情，个体和群体互相影响，最终提升起整个乡村的精神风貌。

9. 创设公益专岗与弘扬孝善文化有机结合。设置扶贫专岗是政府的公益行为，体现了党和政府对贫困群众的深切关怀。同时，通过配套工作的宣传和定期活动，向社会传递了尊老敬老的孝善信息，弘扬了传统美德，增强了群众的敬老意识。据称，扶贫专岗工作开展以来，孝亲敬老成为风气，老人得不到赡养的现象已杜绝。政府在润物无声推行公益的同时，潜移默化弘扬了孝善文化，实现了官方和民间正能量的有机结合。

10. 脱贫攻坚与社会治理有机结合。专岗互助扶贫工作的推行，树立了政府威信，增加了官民沟通，大大推进了乡村治理的有效性。村干部普遍反映，扶贫专岗工作开展以后，村里的其他事情也好办了，工作更容易推进了。村干部通过扶贫专岗找到了扶贫攻坚的着力点，有了成就感，工作热情得到提高。同时，通过对这项工作的不断完善，还强化了治理体系，丰富了管理制度，体现出自治、法治、德治的有机结合。据当地政府反映，2019 年以来，推行扶贫专岗的村庄，均未发生治安问题，上访申诉事件也明显减少，农村文明程度与自治能力显著提升。

几 点 建 议

山东省乐陵市的"村级扶贫专岗"模式是基层的又一次创新。其重大意义就在于它瞄准了脱贫攻坚中普遍存在的解困难题，以简便易行的方式攻取难中之难、坚中之坚。为让这一成功范例发挥出更多功效，我们建议：

一是国家有关部门应组织专家组在此基础上帮助继续完善和细化标准，建立健全制度体系和制度评估体系。

二是将这一制度延伸到城市，将解决城乡特困群体的特殊需求这一公益专岗作为政府的基本职能制度化，在全国普遍推行，并将该项目所需资金列入财政预算，建立长期稳定的资金保障机制。

三是应根据实际情况适度增加服务时长，为特别困难的贫困户提供更全面的服务。

四是借鉴安徽省亳州市的经验，把全面失能的老人集中到乡镇卫生院或乡镇养老院，由市财政出资，医养结合，解决他们人生路上最后岁月的生活质量和生存尊严问题。人在面临出生与死亡两大关头的时刻都能在医院度过，是社会文明程度的基本标志，应成为政府的政策目标。

（本文原载于《中国发展观察》2019 年第 11 期）

充分发掘乡村振兴的民间力量

实施乡村振兴战略顺天时合地利应人心，万众翘首，百姓期待。正在萌生的民间各种力量闻鸡起舞，应时而动，顺势而为，积极投身于这场前无古人、波澜壮阔的大时代建设。这是一个推进农村改革发展的新动力群体。回望 40 年前，按下红手印的小岗人，挑着货郎担的义乌人，偷摆地摊的章华妹，私炒瓜子的年广久，是他们大梦先觉，身体力行，成为那个时代推动经济社会发展的新动力人群。寻找发现这个群体，总结推广他们的实践创造，是一个时代凝结新动能的高屋建瓴、具有前瞻性的远见卓识。

一是热心乡建的力量。近年来，"晏阳初遗风"乍起，一大批有识有为者，热心乡村建设，他们从不同视角，采取不同方式，为改变乡村面貌发挥各自的特长，进行诸多有益的实践探索。孙君以把乡村建设得更像乡村的理念坚守，用艺术的眼光、美学的追求，从事乡村规划、建筑设计、景观造型，多年来一直坚持驻场设计，只做落地项目，充分与农民和基层组织合作，创作出许多颇具特色的典型范例，其中的标志性作品安徽巢湖的三瓜公社，吸引多省来此参观学习考察，该村已成为乡村旅游的热门景点，高潮期游客日达数万人。目前，孙君团队名噪社会，是各地争聘的旧村改造与新村建设的热点人才，足迹遍及许多省份。生于河北省沧州市献县西蔡村的海归女研究生陈立雯致力于教村民做垃圾分类，她留学海外，"看过世界"后回到故乡，见到的是满眼垃圾，她亲力亲为，并与 NGO 环保组织合作，想闯出一条解决乡村垃圾问题的新路。乡村振兴留住传统文化是重要内容，以冯骥才先生为代表的一大批古村落保护者，到处奔走呼号，为留住世界最大的古村群落，争取政策，争取项目，争取资金，争取时间。其他诸如致力于探索农业综合发展、农村三产融合、社会化服务体系构建以及乡村非遗挖掘等方面的一大批有识之士，都在不同的领域，以独特的方式自觉推进乡村振兴，虽悄然自愿，润物无声，其能量、价值、作用、意义不可低估。留足制度空间，不予求全责备，做好监督指导，应是各级政府的责任。

二是衣锦还乡的力量。"富贵不归故乡，如衣绣夜行"。在中国传统文化中，发达之后衣锦还乡，为家乡发展贡献自己的力量是一份荣耀。衣锦还乡除了乡土情怀外，更多的是成功人士回馈家乡，投资、建厂、修路、办教育等。安徽万朗磁塑股份有限公司董事长时乾中，经过多年打拼，使公司成长为一个年营销收入达数十亿的企业。事业有成，他一直热心公益，为改变家乡教育落后的状况，捐资 5 000 万元兴建一所民办非营利学校，并计划在家乡建设一座 6 万平方米的标准厂房，发展现代农业和现代加工业，为家乡提供充足的就业岗位，打造"就业＋教育"相互支撑的可持续发展经济体系，把家乡建设成生态宜居、就业与生活和谐统一的特色小镇。帮助家乡脱贫致富一直是京东集团刘强东的心愿。他专门在江苏省宿迁市宿豫区设立了扶贫基金，补贴贫困村民和家庭；为来龙镇小学购置了多辆校车接送孩子们上下学，还设立了奖学金和图书馆。发挥好成功人士回报乡梓、建设家乡的作用，促进自身优势和家乡资源融合发展是乡村振兴的强大物质动能。

三是留住乡愁的力量。中华民族是世界上乡愁情结最浓厚的民族，每个人都有乡愁，乡愁不单是一种情怀，它更能产生巨大的力量，成为乡村振兴的助推器。从乡村走出来的一大批精英人士，"少小离家老大回"一直是他们魂牵梦绕的心愿。他们对生于斯长于斯的乡村有着不可割舍的依恋。只要条件允许，他们大多会选择落叶归根，回归故土，发挥自身优势，把先进的发展理念和科学技术带回家乡，成为支撑乡村社会，推动乡村振兴的重要力量。

四是自我组织的力量。农民是乡村发展最主要的参与者，更是最直接的受益者。中国农业文明史就是一部一江一河的治水史，黄河流域的旱作农业与长江流域的稻作农业，都是上下游、左右岸的地理大协作，这种经过长期磨砺出的自我组织治水范例是中国农业文明的关键。在乡村振兴战略实施的过程中，应通过赋予农民权利和责任，强化村民的自主意识和发展意识，唤醒农民的参与热情，释放出农民自主发展的力量，使农民成为乡村振兴的真正主角。在山东省新泰市龙廷镇，曾经"靠天吃饭"的掌平洼村，如今成为"全国一村一品示范村"。1967年，为彻底解决农田灌溉和村民饮水，村民自发组织，经过近10年的努力，建成井口直径18米，井深26米，井壁建有台阶108级，共用石料30 000多立方米的古井，取名"螺旋井"。如今螺旋井不仅是一处特有的景观，更是掌平洼人发扬"自力更生、艰苦奋斗"精神的见证，同时激励着全体村民拼搏前进、干事创业。党的十九大提出乡村振兴战略以来，掌平洼人整修环山公路，打造出了观老井、住石屋、采林果、吃农饭为一体的乡村特色旅游路线。乡村振兴，根在农民。把根扎深，乡村振兴方能走得更快、更稳。

五是下乡追梦的力量。越来越多的年轻人、名校高才生甚至海归研究生正紧跟时代步伐，怀揣到乡村发展的梦想，放弃大城市的工作机会，选择扎根乡村创业，不仅实现了个人价值，也带动了农业增效、农民增收、农村增绿，成为乡村振兴一股强大的力量。全国人大代表吴彦𤫊便是一名投身乡村振兴的海归人才。2003年，在美国留学的她回到重庆忠县"种柑橘"，投身乡村发展至今，吴彦𤫊所创立的重庆派森百橙汁有限公司已经建成标准化柑橘果园22万亩，免费培训果农6万多人次。从规划建园到引进生产设备，从组织农户到科技创新，公司形成了"从一粒种子到一杯橙汁"的完整产业链，产业覆盖带动13万果农增收致富。从海南省海口市秀英区博学村走出去的大学生陈统奎辞去城市优越的工作，怀揣"再造故乡"的创业梦想，带领乡亲掘金乡村，成功改造火山林，并带领返乡大学生团队，创立不用化肥和除草剂的"火山村荔枝"品牌，销往全国，如今这个小山村已成为可游可食可住的旅游热点。"下乡追梦"是乡村振兴中闪耀着现代文明光芒的最强动力，尤其对于产业兴旺的助推，功莫大焉。

六是精神激励的力量。中国农村正在经历着巨大的变革，时代给艺术家的创造提供了丰富营养。面对中国农村的深刻改变，社会主义文艺需要以建设性的态度表现中国农村的发展，帮助人们更加深刻地理解中国农业、农村和农民。为乡村振兴战略提供情感支撑与文艺想象，是文化艺术创作者应该承担的使命。一大批文化艺术工作者正以其扎根人民、扎根生活的创作精神，找到自己独特的审美角度和生活发现，创作出从不同侧面反映农村生活现实，反映时代主旋律的好作品。通过文艺作品塑造出个性鲜明、富有时代精神的新农民艺术形象，培养城市受众对乡土社会、对乡村振兴的关注，激励农村群众建设乡村的信心与热情，形成全社会共同发力振兴乡村的氛围。电视剧《青恋》通过讲述以林深为代表的主角们在新农村建设中如何奋斗、如何将实现个人价值与国家和时代的梦想有机结合的故事，将农村一二三产业融合发展，支持和鼓励青年回乡创业，加强农村基层党组织工作等乡村振兴战略的重要任务，有机融入剧中。中央及各省电视台不断推出的一个个反映"三农"题材的热播剧，从不同侧面给人们以激励鼓舞，成为乡村振兴的强大精神动力。

七是公益组织的力量。社会公益组织是乡村振兴战略实施中的有益补充，社会公益组织最大的特征是非营利性。社会公益组织参与到乡村振兴中来，能够发挥其在农村经济发展、民主政治建设和传统文化传播等方面作用。以"服务农村社区、推进村社发展"为宗旨的中国村社发展促进会（简称村促会）成立20多年来，一直致力于为各地"村官"提供学习、交流的平台，为各地村庄提供资源互补、合作发展的机会。近年来，村促会发起实施了"红石榴"帮扶项目。通过强村带弱村等方式，帮助少数民族以及贫困地区基层干部，到经济强村文化名村实地挂职学习、培训交流经验；通过项目推进、资源共享等方式，帮助贫困村发展了特色产业，提高了贫困村庄发展的内生动力，促进了贫困村庄经济的快速发展。这些举措使强村更强，弱村快上。强村中已有两个村收入超过千亿元，五个村收入超过500亿元。数百弱村在强村带动下摆脱贫困，走上致富路。

以全新的理念、独特的视角、切实的举措，充分发掘各类民间力量参与乡村振兴，是各级决策者的使命和职责。"积土成山，风雨兴焉；积水成渊，蛟龙生焉。"不积细流，无以成江海，让每一股有志乡村振兴的力量都有用武之地，是乡村振兴的不竭动力源。

（本文原载于《中国发展观察》2019 年第 9 期）

当脱贫攻坚遇到乡村振兴

　　脱贫攻坚战正处于三年攻坚期，乡村振兴正处于"三年取得重大进展"关键开局年，两大战略的政策契合度、实践衔接度关乎后三年工作事半功倍还是事倍功半。近期，我们赴内蒙古、山东、山西、安徽、贵州、新疆和甘肃等省区调研，综合各地情况，我们认为，脱贫攻坚和乡村振兴两大战略的共同点在于，都旨在做到"三个消除"，即消除绝对贫困、消除城乡差距、消除社会偏见。所谓消除社会偏见，即消除长期形成的重城轻乡的惯性思维，优先发展农业农村。"三个消除"是解决农村问题的根本，也是实现"两个百年目标"的保障。两大战略的不同点在于：脱贫攻坚具有紧迫性、突击性、局部性和特殊性等特点，乡村振兴则具有渐进性、持久性、整体性、综合性等特点，脱贫攻坚主要解决发展中的不平衡问题，乡村振兴主要是通过解决不充分来解决不平衡问题。在组织和推进这两项战略实施的过程中，要充分把握这两者的特性和不同，在宏观上要做到不能因为脱贫攻坚为乡村振兴留下隐患，也不能因乡村振兴影响脱贫目标如期实现。脱贫攻坚是乡村振兴的基础，乡村振兴是脱贫攻坚的动力，二者相辅相成，互为因果，互补互助，不能各行其是，顾此失彼。

　　做好两大战略的有机衔接，需要从乡村振兴战略中的五项目标任务着手。

　　一是产业兴旺。要做好产业兴旺的文章，需要厘清产业兴旺的内涵。首先，不能局限于一产农业的兴旺，一二三产要同时兴旺，才是真正的产业兴旺。其次，一二三产要融合发展。一村有窑厂、有商店，三产齐全，但是互不关联，不能相互促进、形成合力，因此不能简单地把城市二三产业搬到乡村，就算三产融合了。再者，产业兴旺必须带动当地农民就业致富。那种富了老板穷老乡的产业兴旺，也不是我们需要的兴旺。目前脱贫攻坚中的产业扶贫，一般都是专项的、单一的产业，且多集中在农业，特别是有些地方的产业扶贫要求过急，在市场论证上做得不够充分，一窝蜂上一个产业，最后恐难逃"谷贱伤农"的后果，留下产业扶贫项目的"烂尾楼"。要实现两大战略的有机衔接，就要找好产业发展衔接点，按照乡村振兴中产业兴旺的内在要求，重点向农产品加工业、农业服务业拓展延伸，实现三产的融合发展，同时还要积极开发新产业新业态，实现多功能的发展，这样的产业兴旺，才是我们追求的目标。

二是生态宜居。人类社会经历了一百万年的原始文明，一万年的农业文明，三百年的工业文明，今天正进入第四个文明形态，即生态文明。而生态宜居正是生态文明的具体实践。生态宜居就广义而言，应包括环境优美度、生活便利度、社会文明度、资源承载度、公共安全度、市场发育度、居民幸福度等。当前有些地方为了"温饱"不顾"环保"，既影响脱贫攻坚质量，也影响乡村振兴进程。

因此，在两大战略的衔接中，首先应正确处理好"温饱"和"环保"的关系。该堵的堵，引进的项目破坏青山绿水，即使是金山银山也应拒之门外。该罚的罚，严格落实责任终身追究制，避免"公地悲剧"成"公共悲剧"。该补的补，财政应拿出真金白银，尽快补齐环保设施和监管能力欠缺的短板。该给的给，应从环境的外部性去考量，借鉴国际上"碳交易"的做法，要求发达地区给生态保护地区合理的经济补偿。其次应打造一个"四生"契合的乡村环境。所谓"四生"契合，即生产、生活、生态、生意四者要互相照应。不能为了改善生活条件，远离生产场所，或为了挣钱破坏生态环境。生产、生活、生态的契合，如果没有与发达的现代化市场联接，便只是徒有躯壳，因此，"三生"之外还应加上市场的开发，即做活"生意"。只有四生契合，互为促进，才有高品质的生活、高效益的生产、高文明的生态。再者应以原住民的利益为导向。生态宜居不是外地人、城里人的宜居，而是原住民的宜居。外地人和城里人都只是乡村蜻蜓点水的过客，而原住民需要世世代代、祖祖辈辈在那里生产生活，他们与周遭的环境分分秒秒都是休戚与共的共同体，因此，"宜居"应以原住民的视角和利益打造。

三是乡风文明。不少地方都把乡村文明当作很虚的事情，认为没有什么抓头。其实，这是一件很实很具体的事情。重点应从三个方面入手：①村户环境的治理。如果一个人披头散发，蓬头垢面，说他文明程度再高，大家都不相信。即使再穷，把环境搞得干净整洁是完全可以做到的，"厕所革命"就是一个很好的切入点。印度"清洁社会"的计划，主要就是从厕所抓起的，他们7亿多人没有厕所，到明年就要建1.1亿座厕所，在世界产生了很大影响。厕所被世卫组织定义为"最廉价的医药"，习近平总书记多次提出"厕所革命"，坊间戏言：物质文明看厨房，精神文明看茅房。因此，抓乡风文明，村户环境治理应是最好的入手处。②广泛发动社会，订家训、正家风。有言之教谓之训，针对各家情况把名言警句写成条幅挂在墙上就是家训，上海杨王村每家每户门口都贴有一块家训，内容入情入理，村民将此作为行为准则入心入脑，产生了良好的社会效果。无言之教谓之风，家风是家长以身作则，身体力行，通过自己的实际行动给子孙后代做示范。好的家教是家训和家风的结合，它奠定了一个社会文明的基础。从乡村走出去做出成就的，大多是从有优良家训和家风的家庭里走出来的。③重修乡规民约。社会主体的流动性使中国乡土社会正在发生巨大变化，传统的乡规民约已经过时，亟待修订。以社会主义核心价值观为引领，与时俱进，构建适应时代需要的乡规民约，作为乡村社会价值观的标准成当务之急。一乡一村应广泛发动，因地制宜制定易操作、可落实、能见效的行为准则，让这些行为准则潜移默化，对本地每个居民的世界观、人生观、价值观起到引领性和导向性的作用。

四是治理有效。治理有效就是政令畅通，民心相通，乡村社会充满活力、和谐有序。脱贫攻坚已经形成五级书记齐抓共管的工作局面。五级书记抓脱贫攻坚在农村力度最大、最有成效，使农村出现前所未有的新局面。实践证明，加强党的领导是最行之有效的方式。改革开放以来，没有哪项政策的实行像脱贫攻坚这样有力度有实效，主要经验就是五级书记一起抓，应将这一举措总结提炼、推广运用到乡村振兴当中。还应建立市场、社会和政府三位一体的治理格局，形成各司其职、各负其责，既互相配合又相互制衡的现代治理格局。乡村的有效治理仅靠政府是远远不够的，应充分发挥市场和社会的力量，给市场和社会更多的自由度和主动权。同时还应打造一个自治、法治、德治相结合的乡村治理体系。传统社会的治理主要是自治和德治，今天是一个法治社会，在继承发扬传统乡土社会治理精华的同时，应重点抓好法治建设，靠法治推进发展，靠法治调处矛盾，靠法治打击黑恶势力，靠法治扶正祛邪。

五是生活富裕。不少地方把生活富裕简单片面地理解为物质生活，这只是问题的一半。生活富裕应包括两个层面，即物质的富裕和精神的富裕。柴米油盐酱醋茶是物质的需求，琴棋书画诗舞歌则是精神的需求。两大战略实施中虽各有侧重，但需要同时推进。脱贫攻坚主要是解决物质生活的保障问题，但不可忽视精神文明的建设；乡村振兴中既要抓好物质生活富裕还要抓好精神生活富裕，即精神生活的富裕要贯穿到物质富裕的任务和目标之中。如果是口袋装满了，脑袋空着，就会出问题，精神空虚，无所追求，无事则生非，黄赌毒马上就会泛滥起来。在两大战略的衔接中，必须准确把握生活富裕的内涵，正确理解物质与精神的关系，从宏观上抓好四件事。首先是体力问题，针对因病致贫是主因的现实，以农村医疗卫生体制改革为核心，保障广大农民群众有一个强健的体魄。没有强健的体魄就无法创造富裕的生活。其次是智力问题，即要优先发展农村教育事业。目前乡村教育存在逆乡土化的问题，所谓"世界观"就是"观世界"形成的，小孩子都去城里读书，听到、看到、亲身感受到的都是高大上的城市文化，"由俭入奢易，由奢入俭难"，将来他们很难再回到乡村去参与振兴乡村。逆乡土化的教育是中国未来乡村振兴最令人担忧的大事。再者是增收问题，关键在于拓展农民的第三就业空间。第一就业空间是指传统农业，不离土不离乡；第二就业空间是指进城打工，离土又离乡；第三就业空间是指拓展农业的多功能性、发展二三产业，让农民离土不离乡，就地就近就业创业。第四是精神文化问题。在"扶志""扶智"的同时，还要"扶制"。把适应精神需求的制度建设放在突出位置，搭建平台、培养人才、继承传统、创新发展，提高认知度、兴趣度、参与度，提升积极性、主动性、创造性。农民是需求者，也是创造者；唯有创造，才能活跃；唯有活跃，才能满足需求。

（本文原载于《中国发展观察》2019 年第 1 期）

突破　创新　超越

——改革开放四十年回顾与瞻望

　　1978 年召开的党的十一届三中全会开启了我国改革开放的历史征程。自此，960 多万平方公里的土地上到处回荡着破冰冲浪的震响，我们党团结带领全国人民不懈奋斗，推动我国经济实力、科技实力、国防实力、综合国力进入世界前列，使我国国际地位实现前所未有的提升，党的面貌、国家的面貌、人民的面貌、军队的面貌、中华民族的面貌发生了前所未有的变化。站在四十年改革开放的历史时点上，回首来路，检视当下，瞻望未来，令人思绪万千，心潮澎湃。一个栉风沐雨、破冰融雪的四十年；一个开拓奋进、创新超越的四十年。

回首来路，走出四种发展关系的陷阱

　　所谓的四种发展关系即指人与人、人与物、人与自然、人与社会的关系。所谓这四种发展关系的陷阱，就是在发展过程中，走入误区，不正确地处理四种关系，陷入不能自拔的境地。改革开放四十年就是逐步冲破禁锢，不断开拓探索，跳出这四个陷阱的过程。

　　第一，看人与人的关系。过去我们奉行的是"斗争哲学"，人与人之间的关系是想方设法"斗别人"，也"斗自己"，不谈发展。改革开放以来，我们逐步找到了以人为本、科学发展的正确道路，形成人与人之间互帮互助、和谐相处的主旋律，全社会终于摒弃人人自危的斗争哲学，达成以人为本的共识。人的积极性、主动性、创造性得以充分迸发，想干事、能干事、干成事的社会氛围基本形成。

第二,看人与物的关系。受极"左"思潮影响,人人以穷为荣,把追求物质看成是资本主义的毒瘤。改革开放以后,人们开始以合法致富为荣,清醒地认识到贫穷不是社会主义,社会主义也要追求物质财富,没有物质基础,一切都是空谈。改革开放40年来,城乡居民人均收入增长22.8倍,其中农村居民从1978年的134元增长到2017年的13 432元,增长上百倍。

第三,看人与自然的关系。过去讲的是人定胜天,人要发挥主观能动性改造自然,比如当年的人造梯田、围湖造田、开发草原种粮食等。很多违反生态规律的人为行动给大自然造成了极大破坏。今天,我们已经在一个个惨痛教训中得出人与自然要和谐相处的结论,40年改革开放实践经验深刻说明:人类只是大自然中的一员,人只能认识自然、顺应规律,适度地开发和利用自然,这也正是我国传统文化里提倡的天人合一、道法自然等哲学观点的体现。在发展的过程中,长久地秉承、实践如此理念才能与自然和谐相处,规律只能认识,违背规律是肯定要埋下隐患、受到惩罚的。目前,习近平总书记"绿水青山就是金山银山"的理念已经家喻户晓,妇孺皆知,绿色化发展,生态文明建设正在深入人心。

第四,看人与社会的关系。过去,在农村只有一个组织,叫生产队,而在城里这一组织就是工作单位。今天,我们在纷繁复杂的市场变化和剧烈深刻的社会变革中,终于认识到要建立政府、市场、社会三位一体的治理格局。该市场的给市场,该社会的给社会,政府不可包打天下。社会组织是人与人之间合作的黏合剂,特别是在社会化分工越来越细、专业化分工越来越强的背景下,如果不搞好合作,个人单打独斗创造的价值在社会价值链中所占比重会越来越少。今天的社会组织发展越来越快,整个体系也越来越发达,而社会合作的深度与效率在合作组织的衬托下也逐步得到加强和提高。比如农民专业合作社的发展就极大地促进了现代农业的发展。这些都是促进人与社会关系发展的经验结晶。

从见人就批到以人为本,从以穷为荣到合法致富光荣,从改造自然到道法自然,从没有结社到培育组织,40年改革开放的历程,实质上就是逐步走出这四种发展关系陷阱的过程。

检视当下，中国"功夫"与多类疾患并存

40年改革开放，各领域、各阶层、各行业、各地区的变化可谓翻天覆地，仅科技成果方面，我国练就了七大中国"功夫"，有些可称为独门绝技。这七大"功夫"可概括为路桥港、车洞网、核电厂。

路指的是高速铁路，全长3万多公里，为世界第一，高速公路全长10多万公里，也是世界第一，修路技术、建设水平也是名列世界前茅。中国是桥梁大国，目前我国公路桥梁数量已超过80万座，铁路桥梁总数已超过20万座，成为世界第一桥梁大国。且每年还以一万多座的速度在增加，建桥技术世界一流，已经创造出无数世界纪录，仅宜宾以下的长江干流上，长江大桥总量就达135座。桥梁已成为中国建造的亮丽名片。港是指港口吞吐量及现代化水平，我国水路货物运输量和港口吞吐量连续多年稳居世界第一，为我国经济社会和对外贸易发展提供了重要支撑。2017年全国港口完成货物吞吐量140.07亿吨，比上年增长6.1%，完成外贸货物吞吐量40.93亿吨，比上年增长6.3%。车是指高铁列车，造车技术和列车数量都是世界第一。关于洞，我国的山洞地洞隧道挖掘与发展也是世界第一，挖洞水平、长度都是世界领先。我们在深钻领域，取得了一系列的突破。"蓝鲸一号"是世界上最大半潜式海上钻井平台，最大钻井深度可达到15 240米，世界第一。网是指互联网，我们的用户数量、普及率都是世界第一，互联网技术应用创新非常活跃，比如电商的繁荣发展、共享单车、网上支付的应用等。我国发电技术领先，我国电力总体规模居世界第一位，电力技术在核电、大容量火电、高电压等级输变电等方面也均处于世界领先地位。国家电网已经走向了海外市场，特别是闯入发达国家市场，我们拥有的核电技术、核电设施、核电管理已成出口主打产品。

与成就相对应，在发展中我们也患上了一些中国疾病。

第一，中国制造业患的是"先天性'芯'脏病"。有研究认为，我国在核心技术、关键技术上对外依存度高达50%，高端产品开发70%

的技术要靠引进，重要的零部件有80%需要进口，一些关键的芯片甚至100%依赖进口。在芯片核心技术上，我们是短板，例如：全球半导体市场规模3 200亿美元，其中54%的芯片被出口到中国，而国产芯片市场份额只占10%；中国每年耗费2 000多亿美元用于芯片进口，进口依赖度甚至超过石油；中国一年制造11.8亿部手机，3.5亿台计算机，1.3亿台彩电，均为世界第一，但内嵌其中的高端芯片专利费使我们沦为国际厂商的打工仔。除此之外，中国制造在大设备、大机器等很多核心技术上都还有欠缺。

第二，中国服务业患的是"残疾症"，功能不全，许多现代化功能跟不上。现代服务业发展滞后，在很大程度上与过去开放度低有关。比如，中国的金融和电信市场长期以来是具有完全垄断特征的市场，金融服务由国家银行垄断，电信服务由国家电信垄断。由此造成这些领域的服务质量差、经济效率低。总体来说，服务业表现为总体发展水平不高、结构不合理、区域发展不平衡、竞争力不强的态势。虽然2017年我国服务业增加值达到427 032亿元，占GDP的比重为51.6%，超过第二产业11.1个百分点，成为我国第一大产业，但我国服务业总体发展水平仍然比较落后。以服务业增加值占GDP的比重来衡量，我国服务业不仅低于美国、英国等发达国家，也低于俄罗斯。我国服务业的结构层次也明显偏低，使得服务供需之间的结构性矛盾比较突出，比如：传统服务业比重过高，生产性、流通性服务业发展水平偏低，部分知识和技术高度密集的服务供给严重依赖进口，部分生活性服务业的发展还不适应居民高质量、多样化、便利化的需求。

第三，中国城市患的是"体制病"，与农村相比长期以来处于优先发展地位。城市优先发展首先依靠的是长期通过"剪刀差"从农村拿走价格极低的农产品、劳动力和土地。基础设施建设及公共服务也享有极大优势。此外，人才与资金等资源从农村向城市的单向流动又再次拉大农村与城市的发展差距。改革开放以来，工业对农业、城市对农村要素的虹吸效应加深，城乡要素"剪刀差"问题依旧比较严重。这些二元制度带来的体制病使城市发展产生了依赖惯性。很多城市还患了"奢华病"，争先恐后地炫富，不是自己的财富消费起来就大手大脚，跟风式、攀比性地兴建大广场、大学城、大剧院、大马路，建筑极尽奢华。许多城市还患有"功能病"，中国城市化在历史上有三次浪潮。第一次在春秋战国时期，城市的主要功能是为军事政治服务，第二次发生在宋代，主要功能是作为商贸中心在发挥经济作用。改革开放以来是第三次城市化浪潮，这次的主要功能是创造便捷、丰富、舒适的生活环境。但是从实际情况看，交通拥堵、环境污染等种种弊端反而影响了城市生活的舒适度。

第四，中国农村由于长期营养不良，持续性大出血，患的是"综合性疑难杂症"。在计划经济体制的惯性作用下，城市户籍和农村户籍使城乡二元体制自1958年至今存在了整整60年，60年间，城市和农村成为各自封闭的两大板块，生产要素的流动受到十分严格的限制。优先发展城市的宏观战略定位，使乡村没有喘息之机发展自身。有资料显示，计划经济时代，我国工业原值的90%以上来自农业农村的积累，国家在极短的时间内建立起一整套完整的工业体系，靠的就是汲取农业的剩余，从而导致"三农"问题成为中国的头号问题。改革开放40年里，中央为"三农"问题整整发了20个1号文件，这么多的1号文件就是为了解决中国的"1号问题"。随着改革开放和经济发展，城乡两大领域和市场逐渐加强互动，但问题依旧很多，比如农民社保与市民社保无法短期实现并轨，农村大量的资金、劳动力流向城市等，诸多农业农民农村的利益被侵蚀。尽管国家反复倡导返乡创业、工商资本下乡，但事实上促进农村加速发展的资源与要素依旧非常匮乏，农民收入低、农村人才少、农业投资回报率低等多种现象与特征相互交织，给农业产业升级、农村进步和农民发展带来很多障碍。

瞻望未来，重构特色，创新赶超

第一，中国经济需要做亮三张名片。一是升级第一张名片，由"中国制造"走向"中国智造"。中国制造在很大程度上提供的只是简单的劳动力和资源而不是智慧和脑力，只是产品的批量生产，缺少自主品牌。当今中国被誉为"世界工厂",但是与昔日"世界工厂"相比,我们无论在质还是量上都仍有相当大的差距。Made in China 长期以来似乎是廉价产品的代名词。中国拥有自主知识产权、核心技术的企业比例很低,诸多行业的对外技术依存度超过 50%,而作为前"世界工厂"的美国和日本,这一比例却仅占 5%左右。很多无自主品牌、无自主设计、无核心技术的"三无"中资企业,仅靠代工生产来赚取微薄的利润。此外,我们今天既要"前"还要顾"后"。前有发达国家的贸易壁垒与技术鸿沟,"后"有印度、墨西哥、东南亚及东欧等地的成本追兵。所以,我们必须通过加强自主创新实现由"中国制造"到"中国智造"的升级。加快推进传统产业技术改造,加快发展战略性新兴产业,加快产业结构调整,全面提升现代产业技术水平和国际竞争力是升级的当务之急。同时,加大建设创新型国家力度。当前,国家出台了多种措施扶持中小企业自主创新,促进中小企业转型升级。应该充分发挥企业和高校在不同领域的优势,构建产学研结合的技术创新体系。应以更有力度的政策,鼓励科研院所、高等院校更多地参与国际前沿、国民经济社会发展重大问题的基础研究,政府应做好搭建平台工作,让企业家、科学家和银行以及非银行类的金融机构加强联系,使产学研、企业、民间资金、科学成果能及时、有效地结合起来,从而加快实现从"中国制造"到"中国智造"的升级。

二是打造第二张名片,由中国产品走向中国服务。制造业是硬实力,而服务业则是软实力,是对外开放的重头戏。打造服务贸易制度创新高地,展现中国服务的新理念、新措施、新体验、新效果是打造中国服务名片的新课题。例如:鼓励商业银行在商业可持续、风险可控的前提下创新适应贸易服务特点的境外金融服务;深入改革通关监管制度和模式,为服务贸易提供通关便利;提升移动支付、消费服务等方面便利化水平;鼓励扩大服务出口,大力发展入境游等。总之,做好与全球服务接轨这篇大文章,是擦亮中国服务这张名片的关键着力点。建设能级强大的服务业中心城市,打造具有金融、贸易、科技创新、商务服务枢纽和文化交流门户等综合服务或专业化服务功能的国家服务业中心城市，以此提高我国服务业集聚度和整体提升我国在世界服务网络中的引领能力，应是"中国服务"品牌走出国门、冲向世界的培养基。具体而言，应以提升生产率水平为重心，大力推动流通方式创新和产业融合发展，增强流通综合服务功能，促进流通性服务业发展稳中提质；应以产业转型升级需求为导向，促进生产性服务业努力向中高端延伸，进一步提升生产性服务业发展水平和竞争能力；顺应居民消费需求变化，更好地满足居民多层次、多形式服务消费的便利性和个性化要求，进一步丰富服务内容、创新服务方式、增进服务体验，促进生活性服务业向精细化和高品质转变。不断发掘新兴产业和新型业态服务的新功能，增强现代新型服务业的引领和导向作用。尤其在"三农"领域，2.3亿小农户与现代农业如何衔接，建立高水平的社会化服务体系是必须做好的大文章。

三是转型第三张名片，由"世界工厂"走向"世界市场"。我国已经是世界制造业大国，更应成为国际商贸中心。2013年，中国首次超过美国，成为全球第一货物贸易大国。当年，根据世界贸易组织秘书处统计数据，中国货物进出口总额为4.16万亿美元，其中出口额2.21万亿美元，进口额1.95万亿美元。在2016年，美国以204亿美元的优势，超过中国成为全球第一货物贸易大国；2017年，我国货物贸易进出口总值27.79万亿元人民币，比2016年增长14.2%，扭转了此前连续两年下降的局面。2017年中国进出口总额增幅创六年新高，再次成为世界第一贸易大国。虽然我们已经多年被称为"世界工厂"，但非常需要通过提高外贸发展的质量，把高技术、高品质和高附加值的外贸产品比重提高、市场份额增加。就2017年而言，我国高技术产品的出口占总出口的30%左右，这说明我国外贸正在向高质量发展。尤其值得一提的是，中国是世界第一人口大国，国内消费市场需求应是我们最大的战略储备。买世界的，卖世界的，让中国成为世界市场，优势突出，基础雄厚。

第二，中国城乡需要重构关系。党的十九大报告提出要"坚持农业农村优先发展，实施乡村振兴战略"。一是真正做到农业农村优先发展，必须在制度建设上首先发力，构建要素交换上优先满足农业农村的制度体系，推动工业资本积累和国民收入分配优先向农业农村倾斜。目前，每年约有 2.8 亿农民工进入城市，有 400 多万亩耕地转为城市建设用地，农村优质资源流失严重，需要在节约集约利用的基础上，优先保证农业现代化发展资源的数量和质量优先，保证农业产业用水用电用地需求。在深化农村土地制度改革上，应该建立兼顾国家、集体和个人的土地收益分配机制，合理提高农民分配比例，让农民更多分享土地增值收益。二是高度关注农村人才问题，要全面建立吸引人才返乡下乡就业创业的激励政策体系。三是不能唯农业论农业、就农村谈农村，必须在开放中注入发展活力，拓展发展空间。要顺应国家开放发展的大趋势，进一步扩大农业对外开放，统筹利用好国际国内两个市场两种资源，着力塑造农业对外开放新优势，以高水平开放促进农业转型升级；要积极引入和充分利用城市人才、技术、资金等要素，提高资源要素配置效率，增强发展后劲。四是随着以城市为中心的建设向农村优先发展转变，要把农业农村继续作为财政支出的优先保障领域，形成投入稳定增长机制，确保农业和农村投入力度不减弱、总量有增加。此外，还要注重发挥市场形成价格作用，保持农产品价格合理水平等。总而言之，中国要富，农民必须富。我们追求的农业农村优先发展，必然是惠及广大农民的发展，要顺应广大农民群众对美好生活的新期待，千方百计增加农民收入，推进城乡基础设施互联互通、共建共享，促进城乡基本公共服务制度并轨、标准逐步统一，加快补齐农村基础设施短板，提高公共服务水平，全面提升农民生活质量，全方位缩小城乡差距，让广大农民在共建共享发展中有更多获得感，过上幸福美满的好日子。全面建成小康社会，是我们党的第一个百年目标，"小康不小康，关键看老乡"。

第三，中国科技需要由"跟跑"走向"并跑""领跑"。比如我国在互联网方面的某些技术与创新已经可以与世界先进水平并驾齐驱。中国的科技创新由过去的"跟跑"为主，已经逐步转向更多领域中"并跑"甚至"领跑"，科技进步贡献率由 52.2% 提高到 57.5%，重大创新成果不断涌现，数字经济、共享经济等新业态、新模式正在引领世界潮流。

对于"领跑"的领域，要进一步扩大领先优势；在"并跑"领域，要找到突破点，加速形成领先优势；在"跟跑"领域，要实施非对称战略，创造新的比较优势，努力弯道超车。尤其需要夯实人工智能发展的科学基础，加快实施新一代人工智能科学基础的关键技术系统集成研发，使研发成果尽快能够进入开放平台。此外，还要加快人工智能创新成果的转化应用，推动人工智能应用到产业发展中，应用到社会生活各方面，着力尽早解决人们所关心的安全问题、健康问题、环保问题等。

第四，中国路径需要由浪费资源、恶化环境走向保护环境绿色、发展。19世纪，英国用工业革命方式教会世界如何生产，机械化带来生产飞速发展，英国在世界居于首位。20世纪，美国以消费拉动生产的新理念和建设购物中心的新路径等教会世界如何消费，并因此奠定世界领先地位。在21世纪，中国要想走在世界前列，需要教会世界如何可持续发展，如何走绿色发展之路。党的十八大报告首次将推进生态文明建设纳入我国社会主义进程；从这一整体布局出发，2015年召开的十八届五中全会提出了新发展理念，其中着重将绿色发展理念摆在突出位置。习近平总书记在全国生态环境保护大会上的重要讲话，全面论述了我国生态文明建设的发展历程。总书记强调，"生态文明建设是关系中华民族永续发展的根本大计"。应充分利用中国能够集中力量办大事的制度优势，为解决生态环境问题提供更好的条件。"共谋全球生态文明建设"理念的树立，赢得了全世界的赞许，展现了我国生态文明思想的全球共赢观。全球性生态危机成为全人类共同面对的问题，保护生态环境、实现可持续发展成为各国共识。我国要共谋全球生态文明建设，必须在做好自身绿色化发展的同时，深度参与全球环境治理，推动世界环境保护和可持续发展解决方案的形成。

第五，中国地位需要由参与发展走向引领发展。中国已经成为世界第二大经济体，也从世界经济舞台的边缘走向世界经济舞台的中央，过去我们一直是看着世界转，跟在别人后面发展，是被动的，而今天正逐渐走向主动引领性发展。2018年中非合作论坛北京峰会成功举行，本次峰会是迄今为止中国举办的规模最大、规格最高的主场外交活动，非方成员全部出席，其中有 40 位国家元首，超过 240 位的非洲国家正部级官员。此外，联合国秘书长古特雷斯作为嘉宾，27 个国际和非洲地区组织的代表也出席了会议，中外参会人员总共超过 3 200 人。此外，2015 年 12 月 25 日，亚洲基础设施投资银行正式成立，亚投行作为首个由中国倡议设立的多边金融机构，总部设在北京，截至 2018 年 5 月 2 日，亚投行拥有 86 个正式成员国。再加上"一带一路"建设的蓬勃发展，更加印证了我国正一步步走向经济舞台中央。从"一带一路"倡议提出至 2018 年 4 月底，中国国家主席习近平对"一带一路"国家出访 37 次，有 52 个"一带一路"国家的元首访问中国总计达 107 次。我国与 56.34% 的"一带一路"国家保持战略伙伴及以上的关系，2013 年至 2017 年，中国与"一带一路"国家进出口总额达 69 756.23 亿美元，与相关国家贸易增速高于中国对外整体增速，成为推动我国外贸加速回暖的重要力量。今天，我国很多方面在很多时候已开始引领世界发展，这也是在承担与大国地位相匹配的大国责任。

（本文原载于《中国发展观察》2018 年第 21～22 期）

发展农民的发展权

在生存权得到保障后，农民的发展权是农民各项权利的总和。四十年农村改革过程中，从增加农民的经济利益到保障农民的民主权利，各项制度在变迁中不断深化。农民问题是"三农"问题的首要问题，其实质是农民在基本解决生存问题之后如何获得进一步发展。以人为本，促进农民的发展，是乡村振兴的价值目标。开发农村人力资源、提升农民的发展能力是乡村振兴的首要任务。改革开放四十年来，我国始终把实现好、维护好、发展好广大农民根本利益作为农村一切工作的出发点和落脚点，坚持以人为本，尊重农民意愿，着力解决农民最关心、最直接、最现实的利益问题。总体上可分为宽政、少取、多予、赋权、优先五个层面。

宽　政

1982 年到 1986 年，中央以"三农"为主题连续出台了五个 1 号文件，这五个文件中"可以、可以、也可以""允许、允许、也允许"的政策放宽一共出现了 30 多次，这些都是为实现农民发展权在特定历史条件下的重大举措。

一是放活土地。1978 年底，党的十一届三中全会召开，在解放思想、实事求是的精神指导下，全会决定把全党的工作重心转移到经济建设上来，并提出要集中精力把农业搞上去，原则通过了《中共中央关于加快农业发展若干问题的决定（草案）》，指出："我们一定要加强对农业的合乎客观实际的领导，切实按照经济规律和自然规律办事，按照群众利益和民主方法办事","我们的一切政策是否符合发展生产力的需要，就是要看这种政策能否调动劳动者的积极性"。正是由于会议精神的影响，才使包括小岗村在内的一批贫困农村敢于在 1978 年底尝试包干到户。1982 年中央 1 号文件下发，指出包产到户、包干到户"不同于合作化以前的小私有的个体经济，而是社会主义农业经济的组成部分"正式承认了"双包"责任制的合法性。一个稍有松动的新解释，使家庭承包经营在全国逐步普遍推开，550 多万个生产队为经营主体的生产组织形式迅速裂变，逐渐变成 2.3 亿个农户为经营主体。家庭能量得以充分释放。1991 年党的十三届八中全会通过的《中共中央关于进一步加强农业和农村工作的决定》，把"以家庭联产承包为主的责任制、统分结合的双层经营体制"正式确立为我国乡村集体经济组织的一项基本制度，并要求不断对其充实完善。至此，"集体所有、农户承包、统分结合"成为我国农村改革尤其是土地经营制度改革的基础和出发点。土地是农民安身立命的基础，是农民最主要也是最重要的财产，获得承包经营权的农民如虎添翼，把中国人几千年世世代代没有解决的温饱问题一下解决。小岗村承包当年就实现粮食产量翻四番的增长。

二是放活经营。自 1953 年开始，国家逐步推行粮棉油等重要农产品统购统销制度，只允许国家粮食部门和供销合作社等特定机构按计划价格收购农产品。此后，这种计划派购逐步扩大到生猪、鸡蛋、糖料、烤烟、蚕丝、麻类、水产等 132 种农产品品类。很多产品的派购任务占总产量的 90％以上。这种高度计划的农业生产体制，使农业完全受制于计划指令，使农民完全依附于集体经济，层层分指标，让种什么只能种什么，让种多少只能种多少，"小而全"的自给性生产，造成了供给与需求的严重脱节，生产与市场的两头盲目，生产主体没有主动权，农民劳动没有积极性。家庭联产承包制的推行，大大解放了生产力，农民的生产积极性得以充分发挥，但统购统销的计划制度依然存在，农民生产的产品大量积压过剩，农产品卖难一度让各级领导深感头痛，农民利益严重受损，放活经营成了基层干部群众最强烈的呼声。1979 年开始对农产品统购派购的范围和数量进行重新限定，并且确定收购基数，一定几年不变。到 1980 年统购任务产品由 132 种减少到 127 种。1983 年，中共中央发布《当前农村经济政策的若干问题》强调指出统购派购的任务不宜过多，除棉花外，农民完成统购派购任务后的剩余产品允许多渠道经营。这一政策的松动，使农产品市场逐步活跃，农产品卖难问题有了很大缓解。1985 年，党中央、国务院又发布了《关于进一步活跃农村经济的十项政策》，全面改革农产品统购派购制度并放开大部分农产品价格，同时实行合同定购与市场收购并行的"双轨制"政策。这一制度的实施完全终结了过去长期实行的国家统购制度，让农民获取了经营自主权并逐步成为具有自我发展能力的商品生产者。这是新中国成立以来国家在放活农业经营方面最大步伐的跨越，具有划时代意义。

三是放活领域。计划经济使一二三产业的产业界线分明，水火不容，农民只能种地，不得从事二三产业。农民被严厉地束缚在土地上，只能在生产队这个集经济、政治、社会、文化于一身的集体组织管理下被动机械地从事农业劳动。搞点家庭副业、从事农产品初级加工或参与市场流通贩运产品只能偷偷摸摸进行。1987 年，邓小平会见南斯拉夫共产主义者联盟中央主席团委员科罗舍茨时说："农村改革中，我们完全没有料到的最大收获，就是乡镇企业发展起来了，忽然冒出搞多种行业、搞商品经济、搞各种小型企业，异军突起"。家庭承包经营充分释放家庭能量的同时，也充分调动了农民的积极性、主动性、创造性，他们手里有了余钱，毫不犹豫地从第一产业闯入第二、第三产业，务工经商、办厂，如火如荼的乡镇企业出现了"村村点火、户户冒烟"的繁盛局面。1984 年党中央、国务院转发了农牧渔业部《关于开创社队企业新局面的报告》，将原社队企业更名为乡镇企业，并要求放开对经营者的限制，将户办、联户办的企业与原社队企业统称为乡镇企业，从此农民可以堂而皇之地从事二三产业。1984 年的乡镇企业中，个体办和农民联户办企业分别为 329.6 万个和 90.6 万个，占全国乡镇企业总数的 54.3％和 15％，超过集体企业一倍以上。到 1988 年，户办、联户办企业数量已达 1 729.2 万个，占比超过 91％。1996 年国家又颁布了《乡镇企业法》，从而确立了农民从事二三产业的合法地位。农民在这一异军突起的经济现象中，虽然带着两脚泥闯进市场，但经历了市场经济的洗礼后，许多人成为中国乃至世界级企业的领军人物。

少　取

改革开放以前，我国走的是一条城乡分割、重城轻农的发展道路。在计划经济体制下，财政资金主要投向重工业，而农村公共物品的供给基本以自力更生为主，财政支农力度十分有限。改革开放后，国家发展战略发生根本性改变，财政支农力度逐渐加大，原来由农民出钱的一些费用开支，逐渐变为由财政负担，公共财政覆盖农村成为农村税费改革的重要方向。纵观农村财税制度的演变，本质上是国家与农民关系的演变，从"多取"到"少取"到"不取"，最终目标是实现城乡基本公共服务均等化，养鸡下蛋，增强农民的再生产能力。

推行家庭承包经营制度后，农民获得了生产经营自主权，成为独立的生产经营主体。原有的"三级所有、队为基础"的人民公社管理体制逐步解体，被由乡镇政府和村民自治组织构成的乡村治理机制取代。实行政社分开、建立乡镇政府，设立村民委员会和村民小组，实行村民自治。随着乡镇政府的建立，乡镇一级财政和相应的预决算制度逐步建立起来，收入来源和开支范围进一步得到明确；村集体财务收入来源，主要依靠收取农业税费提成和直接向农民收取公积金、公益金和管理费，还向农民直接收取其他税费。而乡镇政府机构建立起来后，乡镇政府的职能不断增加强化，人员快速增加，财政供养负担加重，到20世纪90年代中后期，有相当一部分的乡镇政府和村级组织已经很难正常运转。1993年12月15日，国务院发布《关于实行分税制财政管理体制的决定》，从1994年开始实行分税制改革。这项改革的内容可以概括为"按事权划分支出、按税种划分收入、建立税收返还制度、建立转移支付制度"。从当时的制度设计和实施效果来看，这次改革没有成为健全地方财政体制、解决农民负担问题的契机，反而使农民负担问题进一步趋于恶化。在中央政府财政投入不足的情况下，农村基础设施建设、基础教育和医疗卫生等公共事业，主要依靠地方政府向农民征缴的税收、三提五统、集资、摊派、积累工和义务工提供。"头税轻（农业税）、二税重（乡统筹、村提留等收费）、三税是个无底洞（指其他集资、摊派等）"的现象比较普遍，加上"搭车"收费、加码收费等，农民负担逐步加重。有关资料显示，1990 年，不少地方向农民征收的各种负担多达 149项。农民与基层政权组织的矛盾激化，农民负担问题引发的恶性案件和群体性事件时有发生。农业逐渐凋敝，有的农民甚至不惜放弃承包土地，不愿种地，农村发展、农民生活陷入困境。

为从根本上解决农民负担问题，2000 年 3 月，中共中央、国务院下发《关于进行农村税费改革试点工作的通知》，确定在安徽全省实行以"三取消、两调整、一改革"为主要内容的农村税费改革试点。具体内容包括：取消乡统筹费、农村教育集资等专门面向农民征收的行政事业性收费和政府性基金、集资，取消屠宰税，逐步取消统一规定的劳动积累工和义务工；调整农业税和农业特产税政策；改革村提留征收使用办法。2001 年 3 月，国务院发出《关于进一步做好农村税费改革试点工作的通知》，围绕取消"两工"的步骤和期限，进一步完善农村税费改革的有关政策。江苏自主决定在全省范围实施改革试点。2002 年 3月，国务院办公厅发出《关于做好 2002 年扩大农村税费改革试点工作的通知》，确定河北省等 16 个省（自治区、直辖市）为试点省。2003年 3 月，国务院发出《全面推进农村税费改革试点工作的意见》，决定在全国普遍开展农村税费改革试点工作。

2004 年国家开始实行减征或免征农业税的惠农政策，决定农业税税率总体上降低 1 个百分点，取消除烟叶外的农业特产税，并选择吉林、黑龙江两省进行全部免征农业税试点。2005 年中央决定在国家扶贫开发工作重点县实行免征农业税试点，在其他地区进一步降低农业税率，在牧区开展取消牧业税试点，28 个省（自治区、直辖市）全部免征农业税。2005 年 12 月全国人大常委会通过关于废止《农业税条例》的决议。2006 年农业税于 1 月 1 日起全面取消，《农业税条例》被废止。这意味着在我国沿袭了 2 600 年之久的农业税的终结。农业税和"三提五统"的取消，减少了农民负担，增加了农民权利，还体现了

"公平"原则。从公元前594年鲁国初税亩开始，交纳皇粮国税一直是农民天经地义的义务。今天我们已经由以农养政进入以工养政、以商养政时代，结束农业农民农村对经济社会发展做出的巨大牺牲，还农民以公平，让农民快发展，恰逢其时。

随着"农业四税"（农业税、农林特产税、牧业税、屠宰税）和"乡镇五项统筹"（农村办学、计划生育、军属优抚、民兵训练、道路交通）及村管理费的取消，农村公共产品的供给主体、资金来源和投入方式都发生了变化：除村内农民认为需要兴办的集体生产生活等其他公益事业项目所需资金采取"一事一议"的办法筹资筹劳外，原来由乡镇政府和村级组织提供的公共产品则由国家财政负担。中央不失时机地做出了推进农村综合改革的重大决策，强力实施乡镇机构、农村义务教育、县乡财政管理体制改革，建立了精干高效的农村行政管理体制和运行机制、覆盖城乡的公共财政制度、政府保障的农村义务教育体制，促进了农民减负增收和农村社会事业发展。从"多取"到"少取"到"不取"，农民的发展权得到空前的提升。打破"黄宗羲定律"，让农业税永远成为只能在词典中才能找到的历史名词，这是中华民族前无古人的壮举。

多　予

进入21世纪以来，国家财政支农资金投入快速增加。以2003年为分水岭，"公共财政覆盖农村"正式提到政策层面。按照2002年党的十六大提出"统筹城乡经济社会发展"的要求，国家财政把"让公共财政的阳光逐步照耀农村"作为新时期财政支持"三农"的基本指导思想。国家财政支持"三农"的政策出现了重大转变，农民看到了实现基本公共服务均等化的曙光。近年来，中央不断调整国民收入分配格局，增加国家财政和预算内固定资产投资对农业农村的投入，逐步建立了财政支农资金稳定增长机制。从2003年的1 754.5亿元增加至2012年的12 387.6亿元，农业支出占财政支出的比重由7.1%增加至10.5%。"十二五"期间，全国一般公共预算用于农林水事务支出规模屡创新高，年均增长16.4%。2006年中央提出"三个高于"的要求，即"国家财政支农资金增量要高于上年，国债和预算内资金用于农村建设的比重要高于上年，其中直接用于改善农村生产生活条件的资金要高于上年"。2008 年提出了"三个明显高于"的原则，即"财政支农投入的增量要明显高于上年，国家固定资产投资用于农村的增量要明显高于上年，政府土地出让收入用于农村建设的增量要明显高于上年"。2010 年中央要求按照总量持续增加、比例稳步提高的要求，不断增加"三农"投入。进入 21 世纪以来，以"三农"为主题的历年 1 号文件均强调构建"三农"投入稳定增长长效机制，在各级财政支出过程中把农业农村作为优先保障领域；同时，调整完善财政支农政策体系，实施农业可持续发展战略、支持发展多种形式农业适度规模经营、提高农业补贴的精准性和指向性，构建完善针对农村贫困地区、贫困人口的财政综合扶贫体系。

国家财政大幅度增加了农村基础设施建设的投入，加强农村人畜饮水安全、农村电网改造、乡村道路、农村沼气、农村危房改造等基础设施建设，明显改善了农村居民的生产生活条件。截至 2015 年底，全国农村集中式供水人口受益比例从 2004 年底的 38％ 提高到 82.4％ 以上，农村自来水普及率达 76％，供水保证程度和水质合格率均大幅提高。自 2005 年农村饮水安全工程实施以来，全国共解决 5.2 亿农村居民和 4 700 多万农村学校师生的饮水安全问题，加上原有的农村供水基础，我国农村饮水安全问题基本得到解决。全国 50 多万个行政村已基本实现通路、通电、通水、通广播、通网络宽带的五通工程。自 2008 年以来，农村危房改造逐步由试点转为全面推开，到 2016 年底，全国完成农村危房改造 2 300 多万户。农民对农村的发展用三个字概括：生活看住（楼房渐多）、生产看路（村村通基本实现）、生态看树（绿化普及）。

国家财政加大了对农村社会事业发展的投入，农村基础教育、医疗卫生、社会保障水平显著提高。自 2006 年起，深化农村义务教育经费保障机制改革，对农村学生实行"两免一补"（免学杂费、免费提供教科书、对家庭经济困难寄宿生补助生活费），到 2012 年，全国近 1.3 亿农村学生享受了免除学杂费和免费使用教科书的政策，3 000 多万寄宿生被免除了住宿费，中西部地区 1 200 多万家庭经济困难寄宿生获得生活费补助。2003年启动新型农村合作医疗试点，中央和地方财政每人每年各补助10元；2016年各级财政补助标准提高到每人每年420元，新型农村合作医疗实现了农村居民全覆盖。从2009年下半年开展新型农村社会养老保险试点，到2012年仅用3年的时间就基本实现了社会养老保险全覆盖，到2014年已开始建立全国统一的城乡居民基本养老保险制度，2015年我国首次统一提高全国城乡居民养老保险基础养老金最低标准。2007年开始在全国范围内建立农村居民最低生活保障制度，2011年农民最低生活保障标准提高到每人每月130元，并要求逐年增长。

国力在提升，财力在增强。历朝历代都逃不过以农养政、以农养国、以农养城、以农养兵的命运，今天我们终结了长达几千年的循环，进入以工养政、以商养政的新时代，农业占GDP比重已经降到10%左右，农民已经不再需要为发展城市、发展工业支付代价。相反，城市和工业对"三农"的反哺在逐步加大。

制约农民发展的因素很多，但最大障碍莫过于权利的缺失。赋予农民更多影响发展的权利是农民分得的最大改革红利。

1. 自由迁徙权。1958年第一届全国人大通过了《中华人民共和国户口登记条例》，实行城乡分割的二元制度，城乡人口被严格地分割开来。从1958年到1978年，我国严格城乡隔离经历了20年。其间，城乡之间、农村地区之间的人口流动都受到严格限制。除了特殊情况和计划用工之外，农民被严格束缚在土地上，大量人员积压在第一产业，人地矛盾加剧，导致农业生产效率长期低下。1978年的全国人均粮食占有量仅和1957年相当，全国农村有2.5亿人没有解决温饱问题。这期间的城市化进程也受到了严重影响，城市化率仅从16.2%上升到17.9%。以家庭联产承包责任制为核心的农村改革催生了户籍制度的改革。《中共中央关于1984年农村工作的通知》指出，"各省、自治区、直辖市可选若干集镇进行试点，允许务工、经商、办服务业的农民自理口粮到集镇落户"。这次改革并不包括县政府所在地的镇。当年全国流动人口猛增到2 000万，从此以后，国家加快了户籍改革，乡村人口的迁徙也越来越势不可挡。1992年邓小平南方谈话后，农业经济结构得到进一步调整，人口流动方面的政策重点转移到宏观调控下的有序流动。1993年党的十四届三中全会通过的《中共中央关于建立社会主义市场经济体制若干问题的决定》明确指出，逐步改革小城镇的户籍管理制度，允许农民进入小城镇务工经商，发展农村第三产业，促进农村剩余劳动力的转移。根据这个文件，从1994年开始，由公安部、建设部、农业部、国家经济体制改革委员会等部门组成的研究小组，开始制订小城镇户籍改革方案。这个方案明确指出，"要积极地、分阶段地推进户籍制度改革，最终取消城市户口和农村户口的划分，消除城乡人口流动的制度障碍"。改革的基本方针是，农民如果在小城镇有稳定的职业、收入，固定的住所，那么就允许他们向小城镇迁移。这里把迁移户口又放宽到了县政府所在的镇，这在1984年改革的基础上又前进了一步。

2003年10月14日党的第十六届中央委员会第三次全体会议通过的《中共中央关于完善社会主义市场经济体制若干问题的决定》明确指出，"农村富余劳动力在城乡之间双向流动就业，是增加农民收入和推进城镇化的重要途径。建立健全农村劳动力的培训机制，推进乡镇企业改革和调整，大力发展县域经济，积极拓展农村就业空间，取消对农民进城就业的限制性规定，为农民创造更多就业机会。逐步统一城乡劳动力市场，加强引导和管理，形成城乡劳动者平等就业的制度。深化户籍制度改革，完善流动人口管理，引导农村富余劳动力平稳有序转移。加快城镇化进程，在城市有稳定职业和住所的农业人口，可按当地规定在就业地或居住地登记户籍，并依法享有当地居民应有的权利，承担应尽的义务。"近几年，中央又不断发文要求各地取消中小城市户籍限制，让农民可以自由迁徙到城镇，这项改革无疑对农民是最大的福音，几代人的城市梦终于得圆。

2. 参政议政权。新中国成立后，我国在人大代表选举中一直实行的是按比例原则配置选举权制度。1953年2月11日通过的我国第一部选举法明确规定，城乡人大代表可以代表不同的选民人数。在选举全国人大代表时，农村每一代表所代表的人口数是城市每一代表所代表的人口数的 8 倍；在选举省、县人大代表时，则分别是 5 倍和 4 倍。这些城乡不同比例的规定，是不平等的。1979 年 7 月 1 日，五届全国人大二次会议通过的我国第二部选举法即现行选举法，这些比例没有变化。1995 年 2 月 28 日，我国第三次修改现行选举法时，农村每一代表所代表的人口数是城市每一代表所代表的人口数的 4 倍，使城乡居民的选举权向更为平等的方向迈出了一大步。2006 年，国发 5 号文件首次明确提出要保障农民工依法享有的民主政治权利。招用农民工的单位，职工代表大会要有农民工代表，保障农民工参与企业民主管理权利。农民工户籍所在地的村民委员会，在组织换届选举或决定涉及农民工权益的重大事务时，应及时通知农民工，并通过适当方式行使民主权利。党的十八大以来，《国务院关于进一步做好为农民工服务工作的意见》较为系统地提出了保障农民工依法享有民主政治权利的措施。如重视从农民工中发展党员，加强农民工中的党组织建设，健全城乡一体、输入地党组织为主、输出地党组织配合的农民工党员教育管理服务工作制度。积极推荐优秀农民工作为各级党代会、人大、政协的代表、委员，在评选劳动模范、先进工作者和报考公务员等方面与城镇职工同等对待。随着城市化进程不断加速，社会结构发生深刻变化，我国城镇化率在 2009 年已接近 50％。在此背景下，2010 年，十一届全国人大三次会议通过了修改后的选举法，明确实行城乡按相同人口比例选举人大代表这一重要原则。实行城乡按相同人口比例选举人大代表，对各省份的全国人大代表名额重新进行分配，即每一全国人大代表代表相同的城乡人口数。十二届全国人大代表选举按城乡约每 67 万人分配 1 名代表名额。实现城乡居民选举权平等，不仅有利于顺利将大量的农民工转变成工人，巩固工人阶级在国家政权中的领导地位，提高党和国家发展社会主义民主政治的能力，而且有利于构建社会主义和谐社会。实现城乡居民选举权的完全平等，农民作为整体就有了与其人口基本相当的话语权，农民的利益和意志就会在国家权力机关得到充分体现。这必然有利于从整体上促进我国社会主义和谐社会建设的质量。

3. 生活保障权。进入 20 世纪 90 年代，一些地方开始真正的农村最低生活保障制度试点。1992 年，山西省在左云县率先开展了试点工作。1994 年，民政部提出要在农村初步建立起与经济发展水平相适应的层次不同、标准有别的社会保障制度。同年，上海市在 3 个区开展农村低保工作试点。1995 年 12 月 11 日，广西武鸣县颁布了《武鸣县农村最低生活保障线救济暂行办法》。这是中国出台的第一个县级农村最低生活保障制度的文件。1996 年民政部又印发了《关于加快农村社会保障体系建设的意见》，并制定了《农村生活保障体系建设指导方案》，将试点扩大到 256 个市县。到 1997 年底，全国已有 997 个县市初步建立了农村最低生活保障制度。但是此后由于宏观政策环境的限制和重点推进城市最低生活保障制度，农村最低生活保障建设虽有进展，但发展缓慢。2002 年十六大召开，党中央提出"有条件的地方，探索建立农村最低生活保障制度，并在各方面对农村最低生活保障制度建设加以支持"。2007 年国务院发布了《国务院关于在全国建立农村最低生活保障制度的通知》，开始在全国范围内建立农村居民最低生活保障制度，将符合条件的农村贫困家庭全部纳入低保范围，2011 年农民最低生活保障标准提高到每人每月 130 元，2011—2015 年农民低保标准年均增长率 18%，部分城市实现了城乡低保标准的"并轨"。

我国农村扶贫开发的基本方针是"以开发式扶贫为主，救助式扶贫、保障式扶贫为辅"。其中，开发是促发展，救助、保障是保生存。1986 年，针对救济式扶贫战略"救急不救穷"的弊端，我国实施了开发式扶贫战略，力求变"输血"为"造血"，依托贫困地区资源开发，基础设施建设和重点项目带动，采取整村推进、劳动力培训、产业化扶贫等措施，有效增强贫困地区的自我发展能力。但与此同时，由于我国农村贫困人口中许多是缺乏劳动自救能力的残疾人员、孤老和孤儿，依靠开发式扶贫很难使这些贫困群体脱贫，还需要通过救助式扶贫和保障式扶贫保证其基本生活，特别是实施《中国农村扶贫开发纲要（2001—2010 年)》以来，各级政府加快建立农村社会保障体系和多样化生活救助机制，从而按照分类指导的原则，构建起了一个更具针对性、科学性的扶贫政策体系，多维度帮扶农村贫困人群：对具有劳动能力和开发潜力的贫困人口，帮助其脱贫致富；对缺乏开发条件区域的贫困人口，帮助其易地脱贫；对丧失劳动能力的特困人口，完善社会救济和最低生活保障制度，保证其基本生活。

《中国农村扶贫开发纲要（2011—2020年）》中首先提出十年扶贫的目标是"两不愁三保障"的新理念，即"稳定实现不愁吃、不愁穿，保障其义务教育、基本医疗和住房"，2015年11月召开的中央扶贫开发工作会议又在此基础上增加了贫困地区农民人均可支配收入增幅高于全国平均水平，基本公共服务主要指标接近全国平均水平。党的十八大以来又提出脱贫攻坚的一系列重大举措，这些都为保障农民的基本生活筑牢了强有力的防线，使全体农民再无生存之忧。

4. 土地财产权。土地财产权的变迁是赋予农民发展权的最直接、最实在、最具体的体现。1978年开始实施的家庭联产承包责任制建立了一套新的农地制度。1978年到1979年，从全国范围来看，继续推行定额包工责任制，不许包产到户和包干到户。1982年1号文件明确肯定了分户经营、自负盈亏的包干到户经营方式是建立在土地公有基础上的。1983年中央充分肯定了联产承包责任制。自此，决策层关于农村基本制度的争论告一段落。1984年1号文件要求土地承包"15年不变"，也被称为"第一轮承包"，同时规定，"社员在承包期内，因无力耕种或转营他业而要求不包或少包土地的，可以将土地交给集体统一安排，也可以经集体同意，由社员自找对象协商转包。"1991年1号文件首次提出"把以家庭联产承包为主的责任制、统分结合的双层经营体制，作为我国乡村集体经济组织的一项基本制度长期稳定下来。"1993年，中央11号文件要求土地承包"30年不变"，也被称为"第二轮承包"，同时提出"增人不增地、减人不减地"的办法。1998年十五届三中全会规定，"土地使用权的合理流转，要坚持自愿、有偿的原则依法进行，不得以任何理由强制农户转让。"2008年党的十七届三中全会指出："赋予农民更加充分而有保障的土地承包经营权，现有土地承包关系要保持稳定并长久不变……允许农民以转包、出租、互换、转让、股份合作等形式流转土地承包经营权，发展多种形式的适度规模经营。"

党的十八大之后，随着全面深化改革的推进，党中央开始赋予农民承包土地更多财产权利。2013 年中央 1 号文件指出，用 5 年时间基本完成农村土地承包经营权确权登记颁证工作。产权清晰是市场经济的基本要求。十八届三中全会通过的《中共中央关于全面深化改革若干重大问题的决定》要求"赋予农民更多财产权利"，在使用、收益和流转的基础上，提出了农民对承包地的占有权，首次明确承包经营权具有抵押、担保、入股权能。农民获得了把承包土地的经营权拿到金融机构进行抵押、担保或者以土地入股农业企业的权利，从而可以得到金融支持或经营性收入。这些安排，在拓展农村土地承包经营权权能方面，无疑有了重大突破。

2014 年中央 1 号文件正式提出农村土地所有权、承包权、经营权"三权分置"的政策，即在落实农村土地集体所有权的基础上，稳定农户承包权、放活土地经营权，赋予农民对承包地占有、使用、收益、流转及承包经营权抵押、担保权能。2015 年中央 1 号文件也进一步提出要赋予农民对承包地的各项权能，允许农民土地承包经营权向金融机构抵押、担保。

在这期间，为了农户居有定所，国家也不断加强对农户宅基地的改革，相继出台了一系列加强农村宅基地管理法律和指导文件，形成了比较明晰的管理办法，基本形成"一户一宅、福利分配、无偿回收、限制流转、禁止抵押、严禁开发"的宅基地管理制度。1982 年《宪法》和1986 年、1988 年、1998 年《土地管理法》皆规定"宅基地属于集体所有"，"出卖、出租住房后再申请宅基地的，不予批准"。2004 年国土资源部印发《关于加强农村宅基地管理的意见》规定，"严格宅基地申请条件。坚决贯彻'一户一宅'的法律规定。农村村民一户只能拥有一处宅基地，面积不得超过省（自治区、直辖市）规定的标准。"经过不断完善，到 2007 年《物权法》颁布时，对宅基地权利的制度安排形成体系。此后，国家在继续严格宅基地管理的同时，开始不断完善宅基地的权利结构。2008 年十七届三中全会《关于推进农村改革发展若干重大问题的决定》提出："完善农村宅基地制度，严格宅基地管理，依法保障农户宅基地用益物权。"2013 年中央 1 号文件提出依法保障农村宅基地使用权。2015 年中央 1 号文件提出对宅基地制度改革试点采取分类实施的措施，强调对农民住房保障的新机制进行深入探索。随着土地确权工作的不断推进，2016 年中央 1 号文件在农村土地承包经营权确权登记的基础上，提出要加快推进农村宅基地使用权确权登记颁证工作。2018 年中央 1 号文件又提出将适度放活宅基地和农民房屋使用权。至此，一系列国家土地制度的放宽对于稳定农民与土地的关系、完善土地承包经营权能，具有深远的理论和现实意义。土地财产权的实现程度不断深化，使农民的发展能力越来越强。

优　　先

"三农"问题是中国现代化进程中最难解决的基本问题。在不同时期、不同条件下，"三农"问题的主要矛盾不同，解决问题的思路和对策也不相同。改革开放之初，我国农产品长期短缺，发展农业生产、提高农业产量、保障粮食安全是首要任务。经过 20 多年的改革与发展，中国的粮食和其他主要农产品的供给已经由长期短缺转变为总量基本平衡且丰年有余。自 1997 年以后，每年农产品实现净出口数十亿美元。总体看来，当前农业问题已基本上解决。但是农民问题和农村问题远没有解决。新形势下中国"三农"问题的主要方面和相互关系发生了重大变化，农民问题已经成为"三农"问题之首。

农民问题的实质是什么？许多人认为是收入问题。然而应清醒地看到，困扰 8 亿农民的不仅仅是收入低，更根本的是相对城市居民而言在教育、医疗卫生、社会保障等方面所能享受的公共产品不足乃至严重匮乏，在就业和社会生活的诸多方面遭受歧视、排斥等。城乡之间的差距也不仅表现在收入和财产差距上，还表现在就学、就医和就业的机会不同，以及政府公共财政支出的差异方面。教育、医疗卫生等公共资源的匮乏，严重影响了农民的生活质量，增加了农民的发展成本，降低了农民及后代改变生活现状的可能。可见，农民问题不能简单地归结为收入问题，而是以收入、就业、教育、健康等为核心内容的综合性问题，实质是农民在温饱问题基本解决之后，如何获得进一步发展的问题。

坚持农民问题优先解决，应是乡村振兴的核心理念。如何体现优先，当前必须放在"经济社会的大战略中""城市与农村的大背景中""农民与市民的大格局中""一二三产业的大结构中"去考量。

一应优先强化基础设施建设。统筹城乡基础设施建设，推进城乡基本公共服务均等化。加大公共财政支持农村基础设施建设力度，推动基础设施建设重点向农村倾斜，引导金融和社会资金投向农村。重点要加大对欠账较多地区的交通、电力、饮水和信息等基础设施的投入力度。尤其对国家粮食主功能区和重要农特优产品产区的基础设施建设应集中力量彻底完善配套，确保区域功能的有效发挥。推动国家铁路网、国家高速公路网连接贫困地区的重大交通项目建设，提高国道省道路况标准，村村通工程应逐步向自然村和田间生产主干道延伸，构建乡村外通内联的交通运输通道。加强病险水库水闸除险加固、灌区续建配套与节水改造等水利项目建设。实施农村饮水安全巩固提升工程，全面解决贫困人口饮水安全问题。近些年，国家集中力量治理大江大河，成效突出，但中小农田水利设施年久失修，效用无法发挥。对于小型农田水利、"五小水利"工程等，国家应加大投资力度。加快推进贫困地区农网改造升级，全面提升农网供电能力和供电质量。完善电信普遍服务补偿机制，加快推进宽带网络覆盖所有乡村。实施电商扶贫工程。加快乡村物流配送体系建设，支持邮政、供销合作社等系统在乡村建立服务网点。加快农村危房改造和人居环境整治，以整村推进为平台，加快完善贫困村生产生活条件，扎实推进美丽宜居乡村建设。大力开发乡村旅游，帮助有条件的地方打造具有现代化水平的乡村景点。支持农业综合开发，充分发挥农业的食物保障功能、就业收入功能、原料供给功能、生态保育功能、休闲旅游功能、文化传承功能等多功能的综合效应，以延长产业链，拓展功能链，提升价值链，促进农民增收。改善生态环境，对乡村垃圾收集处理等公共卫生环境治理加大投资力度，为乡村振兴、农村小康社会建设创造条件。

二应优先发展乡村教育事业。实施乡村振兴战略最重要的是培养懂农业爱农民爱农村的干部队伍和现代化的高素质农民，而要培养出这样两支人才队伍，首要问题在于发展农村教育。百年大计，教育为本，十年树木，百年树人。乡村教育与城市相比，本来就十分落后，既缺设备，又缺师资，但毕竟还基本保证一村一校，孩子还能就近有书读。自2001年全国推行教育体制改革以来，乡村教育大幅萎缩，撤点并校更使农村孩子面临新的上学难。全国乡村最多时有学校60多万所，目前59万多个行政村仅有20多万所学校，农村孩子不得不到城镇借读。义务教育有两个特点，一是就近，二是免费。撤点并校使孩子不能就近，虽然免费，但在城镇借读多花的钱比收费不知要高出多少倍。更令人担忧的是孩子远离乡土社会环境，他们看的、听的、身边感受的全是"逆乡土化"教育，以后让他们再回乡振兴乡村恐怕是难上加难。应大力恢复乡村学校，保障单程半小时就读的办学标准。福建永泰县78所农村学校，其中19所只有一个学生，但县里多年坚持一个学生也不撤并的方针，保障孩子的受教育权，对此应予提倡推广。

三应优先发展农村居民基本医疗保险、基本养老保险。智力是农民发展的关键，而体力是农民发展的基础，没有健康强壮的体魄，发展便无从谈起，不少贫困地区因病致贫者高达50%～60%甚至更高，可见强健的体魄对于保障农民的发展是多么重要。当前农民的医疗服务消费行为基本表现为"小病不出村，大病到县及县以上医院"，有关资料显示，近60%的门诊服务是由村卫生室或私人诊所提供的，仅1/4左右是由乡卫生院提供的。由于政府投入不足，农村公共卫生服务体系通过"有偿服务"进行"创收"仍然存在，导致本应无偿提供的一些公共卫生项目变成了有偿服务，影响了预防保健措施的落实。要尽快改革基本医疗卫生制度，提高全民健康水平。借鉴安徽等一些地方农村医疗卫生体制改革做法，以县为单位，建立域外医联体、域内医共体的新体制机制，解决农民看病难看病贵的老问题。加快构建农村社会养老服务体系，加强农村最低生活保障规范管理，继续提高新型农村合作医疗筹资标准和保障水平，完善重大疾病保险和救治制度。针对农民工群体，要强力推进农业转移人口参加城镇居民医疗保险和城镇居民养老保险；要完善城乡社会保障衔接机制，将农业转移人口在农村参加的养老保险和医疗保险规范接入城镇社会保障体系，完善并整合城乡居民基本医疗保险制度，加快实施统一的城乡医疗救助制度；要提高统筹层次，实现基础养老金全国统筹，加快实施统一的城乡居民基本养老保险制度，全面落实城镇职工基本养老保险关系转移接续政策。

四应优先解决农村缺资金的问题。搞活农村金融是乡村振兴的重要前提，"金钱不是万能的，但没有金钱是万万不能的"是一句老话，它揭示的却是一个普遍真理。20多年以来，我国农业贷款只占全国贷款总额的5％左右，而印度一直高达20％以上，致使其三次农业革命取得辉煌成就，由不足温饱一跃成为重要的农产品出口国。2006年，我国银监会出台发展村镇银行的新政，2016年已发展到1 500多家，同时发展了上千家农村商业银行、上百家农村合作银行和众多的农村资金互助社，这些对于缓解农村资金短缺起到一定作用，但农民贷款难的问题仍然困扰着农民的发展。"农民贷款难"的一个重要原因是提供涉农贷款的金融主体偏少，除了政策性银行的支持，更需要民间金融的充分活跃。应继续放宽民间金融政策，大力发展民间金融，尤其是民间本土金融。要积极探索实施涉农信贷投放与监管评级、市场准入的"双挂钩"政策。督促金融机构不断完善"三农"金融服务机制，提高对分支机构"三农"业务考核的分值权重。结合涉农贷款季节性特点，对涉农贷款占比较高的县域法人金融机构实施弹性存贷比要求。要采取政策性措施，引导自认为"白领"的金融业基层从业人员，放下身段，深入村户，深耕农村金融这片"蓝海"，变银行与农户"互输"为"双赢"。在满足农村资金需求方面，还必须发挥政府投资主导作用，中央基建投资要继续向"三农"倾斜，优先保证农村基础设施建设投资稳定增长。加强资金和项目管理，整合统筹使用涉农资金，强化农业农村资金投入力度。

五应优先注入现代元素。农业是弱质产业，农村是弱化地区，农民是弱势群体。为何会出现"三农""三弱"现象，说起来问题很复杂，如果化繁为简，实质上就是缺乏现代元素的注入，如现代理念、现代技术、现代管理、现代设施、现代金融、现代人才等。如果像工业、像城市一样不失时机地注入这些现代元素，农业现代化这条腿就不会再短，"三农"领域就不会弱化。党中央提出实施乡村振兴战略，要求优先发展农业农村，实质上就是优先注入各种现代元素，让乡村跟上时代步伐，把农业这条短腿加长，使农民发展权优先保障。中国有 2.3 亿承包土地的农户，美国有 230 万个农业经营主体，英国有 23 万个经营主体，也就是说，我国经济主体数量是美国的 100 倍，英国的 1 000 倍，要把现代元素注入这样一个庞大群体，其难度可想而知，这是中国农业现代化最难解决的大问题。探索如何实现小农户与现代化的对接将是今后一个相当长的历史阶段面临的重大课题，这里有两大关键点必须抓好，一是提高农民组织化程度，二是构建社会化服务体系，这是解决中国特殊国情下小农户与现代化衔接的必由之路、不二选择。

六应优先开辟农民就业创业空间。实现生活富裕，小农户必须兼业，这是中国国情决定的。人多地少，一个月种田、三个月过年、八个月空闲的农业生产模式，显然不能满足农村劳动力实现充分就业的需要，更无法获得较高的收入回报。在不离土不离乡的第一就业空间和离土又离乡的第二就业空间之外，着力开辟扩大农民第三就业空间，即发展以农产品加工业为主的乡村第二产业和为农业服务的服务业、乡村旅游业等乡村第三产业，可克服一二产业就业空间的不足，让农民能够就地就近利用空闲时间实现充分就业、收入提高、生活富裕。应通过产业扩张，引导和支持劳动密集型产业、农产品加工业在环保达标的情况下向中心镇集聚，向乡村延伸，促进富余劳动力就地就近转移就业，使得劳动力在区域之间合理流动和分布。应建立完善农村劳动力就业创业服务体系，加大对农村灵活就业、新就业形态的支持。加快形成政府推动、企业主导、行业配合、学校参与、社会支持、个人努力的职业培训工作新格局。顺应乡村产业优化升级趋势，围绕市场和企业需求，整合培训资源，创新培训机制，着力提高农村劳动力职业技能和就业能力。

人的全面自由发展，是马克思主义的最高命题和根本价值，也是中国特色社会主义建设的价值目标和现实行动。旨在改善亿万农民生存和发展状况、共享现代化发展成果是乡村振兴的根本。如果农民得不到发展，现代农民"古代化"，即使修了路、建了房，新农村迟早还会变为旧农村；即使脱了贫，还会再返贫。近现代长达百年的乡村建设经验与教训说明，如果没有对农民发展权利的尊重和发展能力的培养，仅靠直接的物质投入，并不能使贫穷消亡、落后除根，更难以使农民走上自信、自立和自我组织的发展道路。只有农民自身发展了，他们才会有信心去应对工业化、城市化、市场化乃至全球化的发展环境，乡村振兴才有可持续性的基础。没有8亿农民由传统向现代的历史性转变，没有为实现这一历史性转变而对农民的人力资源投资，中国的现代化就很难"化"得起来，也很难可持续发展。因此，乡村振兴必须克服重物不重人、重业不重人、重事不重人的老传统，树立目中有人、心中有人、以人为本的新理念，一切工作都应该以促进农民的发展为中心，以提高农民发展能力、创造农民发展条件、完善农民发展保障为目标。

（本文原载于《中国发展观察》2018年第11～13期）

让农民唱主角是乡村振兴的大逻辑

　　乡村振兴为了谁，乡村振兴依靠谁，是乡村振兴需要弄清的大逻辑。乡村振兴，其标志性体现就是让"农业强起来，农民富起来，农村美起来"。要实现"三个起来"，迫切需要的是凝聚力量，群建共治，发挥农民群众的主体性和主观能动性，让农民唱主角。但目前不少地方是政府单方面地主抓、主推一些需要共同努力的乡村事项，农民群众反而缺席、失语，甚至漠然旁观。离开了农民的参与，即使村庄建设得再美，那也不是农民期盼的乡村振兴。乡村是农民的乡村，农民是乡村的创造主体、发展主体、受益主体、价值主体，同时也是监督主体。不是为了农民、不是依靠农民的振兴，振兴便没有意义。只有充分调动广大农民建设自己家园的热情，让农民唱主角，乡村振兴战略才能落到实处，才具有实实在在的价值。

　　乡村发展的根本体现是人的全面发展。乡村振兴战略要求实现"产业兴旺、生态宜居、乡风文明、治理有效、生活富裕"。"五子"登科的内在要求旨在统筹推进农村经济建设、政治建设、文化建设、社会建设、生态文明建设，在"五位一体"推进中，建立健全城乡融合发展的体制机制和政策体系，加快推进农业农村现代化。农民在投身这一建设过程中，不仅把家乡建成了美丽的家园，更重要的是自身整体素质得以提升。实现人的全面发展才是乡村振兴的根本目标。

　　产业兴旺，激发农民主动选择是关键。产业兴旺，是乡村振兴的基础，也是推进经济建设的首要任务。必须紧紧围绕促进产业发展，引导和推动更多的资本、技术、人才等要素向农业农村流动，千方百计激发广大农民的积极性、创造性，形成现代农业产业体系，实现一二三产业融合发展，保持农业农村经济发展的旺盛活力。在具体过程中，政府应该推行提供菜单式服务，建立"农民点菜、政府端菜"的工作机制，政府根据当地实际，为农民提供能够做到的服务项目，然后向社会公布，让农民按照自身的优势和条件申请项目，政府再对照申请事项提供服务。比如，农民家庭拥有一台拖拉机，政府就帮他加入机械收割合作社；农民具备养牛技术，政府就帮他发展肉牛养殖，切不能一刀切，由政府主张去养鸡或种菜。一哄而起，结果必然是一哄而散。只有这样，才能让农民变被动接受为主动点单，破解政务服务中的堵点、痛点、难点问题，才不会使得"王夫之定律"屡屡发生，农民也才能各显其能，分散决策，长久地积极参与农村产业建设，实现产业兴旺。

生态宜居，引导农民投身改造是关键。加强农村资源环境保护，大力改善水电路气房讯等基础设施，统筹山水林田湖草保护建设，保护好绿水青山和清新清净的田园风光，每项具体工作都必须让农民亲力亲为。

首先，在新农村建设中，重点要引导农民亲自参与环境改造，从方案拟定到选址建设等一系列过程都要通过农民的充分讨论和意见征求，构建尊重、适合、契合农民需求的宜居乡村。切不能由政府盲目拍板决定，主观臆断地搞村庄大合并，为农民构建高楼洋房。农民需要的是"小桥流水人家、房前屋后种菜种瓜"的居住格局，一些地方的拆村并居虽然使生活条件有所改善，但造成了农民远离生产，种地要跑十几里路的尴尬局面。

其次，生态环境治理更需要农民亲自参与和治理，包括家庭住所整洁、环境卫生清洁、生态系统维护，只有农民亲自参与并维护，良好的生态宜居环境才能持续且长久。我们虽然出台了古今中外最严厉的环保措施，责任终身追究，但再严厉的制度也抵不上农民的自觉参与来得有效。

再者，生态宜居应生产、生活、生态和生意"四生"契合。所谓生意，即要开发出活跃的市场。没有繁荣的市场流通，再先进的生产方式，再高档的生活品质，再优美的生态环境，也是死水一潭，与世隔绝的古代世外桃源不是现代人追求的生活方式。

乡风文明，鼓励农民广泛参与是关键。乡风文明是加强乡村精神文明建设的重要举措。乡风文明就是要促进农村文化教育、医疗卫生等事业发展，推进移风易俗、文明进步，弘扬农耕文明和优良传统，使农民综合素质进一步提升、农村文明程度进一步提高。抓乡风文明，重在约定俗成的乡规民约建设。必须鼓励农民广泛深度参与讨论进而重构切合当地实际的乡规民约，充分挖掘吸收当地世代家族或名门望族的家训、家教、家风，既要结合实际融入现代治理模式，使乡规民约契合法治精神，又要充分挖掘传统乡规民约的现代价值，使其顺应时代要求，而非乡村干部坐在办公室凭空想象制定出一套制度。在当今时代社会价值、人生观念多元的背景下，通过集思广益共同探讨制定的乡规民约才具有可行性和约束力，农民只有了解乡规才能遵守乡规。由于农村青壮年劳动力外出打工不断引入外部文明，应利用春节等传统节假日农民回乡的有利时机，及时对不合时宜的乡规民约更新换代，最大限度随时吸收先进理念、先进习俗，让乡规民约的教化、引导作用活在现实生活中。在操作过程中，适时通过各种现代技术手段（如微信等）让农民广泛参与讨论修订。在讨论修订中落实，在落实中调控乡土社会秩序，是推动乡风文明的关键举措。

治理有效，帮助农民推进"三治"是关键。实现乡村治理有效，必须构建一个以党的基层组织为核心，村民自治和村务监督组织为基础，农民群众广泛参与的自治、法治、德治相结合的治理体系。针对当下乡村社会法治还不健全的现实，应不断创新方法，引导农民依靠法治推进经济发展，依靠法治扫黑除恶，依靠法治扶正除邪，依靠法治维护农村的和谐稳定。中国传统乡村社会本就是一个自治与德治相结合的治理制度，有许多传统精华可以继承。

生活富裕，推动农民充分就业是关键。生活富裕是建立美丽社会、和谐社会的根本要求。生活富裕就是要让农民有持续稳定的收入来源，经济宽裕，衣食无忧，生活便利，共同富裕。实现农民生活富裕，必须把大力发展农村生产力放在首位，拓宽农民就业创业和增收渠道，让农民实现充分就业。农民就业有三大空间。第一个空间是不离土不离乡的土地，我们比美国多十亿人口，而美国差不多比我们多十亿亩耕地。在现有的资源禀赋条件下，仅仅依靠土地，农民不可能实现充分就业，乡村也不可能得到繁荣发展。一个月种田、三个月过年、八个月空闲的生产模式，显然不能满足农村劳动力实现充分就业的需要，更无法获得较高的收入回报。第二个空间是离土又离乡的进城打工，这是权宜之计，在城乡二元经济结构体制下，农民无法以家庭为流动单元，很难落户城市，且老人得不到赡养、子女得不到教育，极易引发社会问题。第三个空间是离土不离乡的农村二三产业，即农产品加工业和为农业服务的服务业，可克服一二产就业空间的不足，让农民能够就地就近利用空闲时间实现充分就业，从而持续增收，实现生活富裕的目标。当务之急，就是大力发展农村二三产业，如农产品精深加工、乡村旅游、耕种、收割、田管等社会化服务产业，实现小农户与现代化的有效对接，让农民不出家门就能把资源变资产、把技能变资本、把劳动变资金，从而增收致富，增强他们的获得感、幸福感。

（本文原载于《中国发展观察》2018 年第 10 期）

推进"三农"领域"放管服"改革的几点建议

近两年，中央政府大力推行"放管服"改革。新中国成立以来国务院发文 3 万多件，其中改革开放以来就达 1 万多件，但从未系统清理过。本届中央政府进行全面清理，该废的废，该减的减，该并的并。这对于提高效能，促进经济社会发展成效巨大。但有不少涉及法律方面的问题还需进一步深化改革，就"三农"而言，主要有以下几个方面：

土地流转和"三权分置"的法律困境

据统计，目前我国有超过 4 000 万农户部分或全部转出土地。同时，改革开放 30 多年来，在农村职业分化过程中形成了一支庞大的种田能手队伍，他们需要种植规模达到一定限度后才能获得和外出务工或经商相接近的收入水平，客观上产生了转入土地的强烈需求。2016 年 8 月 30 日，中央深改组第二十七次会议审议通过《关于完善农村土地所有权承包权经营权分置办法的意见》，对"三权分置"的原则予以明确框定，要求放活土地经营权。但现实操作中还存在一些法律障碍，需要及时完善相关的法律条款，使之能够与日益发展的新形势相匹配。

我国现行调整土地承包经营权流转的法律法规主要有《民法通则》《农业法》《农村土地承包法》《物权法》《土地管理法》《农村土地承包经营权流转管理办法》等。但其中对农村土地承包经营权流转的规定不够详细具体，现有的法律规范仍然对土地承包经营权的流转存在诸多制约，难以全面规范流转行为、保障农民集体成员权的实现和土地承包经营权的有序流转。

《民法通则》《土地管理法》《物权法》中对土地流转的规定过于简单、笼统，而2003年制定的《农村土地承包法》，也只是对流转行为的原则性规范，对具体流转方式转让、转包、互换、出租的规定比较简单，对流转中各流转主体之间的权责没有清楚界定，对违法违约行为也没有具体规范，尤其对抵押、入股流转方式的规定明显落后于实践。

土地承包经营权流转法律规范的缺陷，还表现在《农村土地承包法》与《物权法》在某些规定上存在矛盾。《农村土地承包法》第37条规定，"土地承包经营权采取转包、出租、互换、转让或者其他方式流转，当事人双方应当签订书面合同。采取转让方式流转的，应当经发包方同意；采取转包、出租、互换或者其他方式流转的，应当报发包方备案。"可以看出，该法对土地承包经营权流转采取的更多的是债权保护方式，而《物权法》则将土地承包经营权明确界定为用益物权，进行物权保护方式。或债权或物权的法律规范，使得实践中土地承包经营权的流转涉及相关合同效力认定、责任确认及承包的原则等较为混乱，不利于流转市场的形成和发展。

"三权分置"的落实必须建立在农地产权制度清晰的基础之上，尤其是其中的经营权，究竟是物权还是债权？在现有法律中找不到依据。我国《物权法》第5条规定"物权的种类和内容直接由法律规定"，但《物权法》所规定的物权种类中并没有土地经营权。根据我国财产法律制度的物债二分理论，非物权即债权。如果将土地经营权理解为债权，则各种流转土地经营权的行为，其实质均为土地租赁。土地经营权人作为承租人，不享有转让和抵押土地的权利，即使转租也须经土地承包人同意。

同时，耕地、林地和草地的承包是农村集体经济组织内部成员才有份的承包，在现有法律框架下流转的方式仅限于转包、互换、转让三种方式，而且要求受流转方必须是同一集体经济组织内部成员，这一规定使得有能力开展规模经营的农业经营主体无法获得充足的土地资源。

因此，建议通过修法的方式赋予土地经营权物权地位，明确界定所有权、承包权、经营权的权利边界，为农地"三权分置"构筑完整的产权基础。

农 业 保 险

一是农业再保险缺失。2006年6月发布的《国务院关于保险业改革发展的若干意见》明确提出探索建立中央、地方财政支持的农业再保险体系，将再保险的概念引入农业领域。2011年8月中国保监会发布的《中国保险业发展"十二五"规划纲要》提出加快推动建立国家政策支持的农业再保险体系。现行法律法规对于农业再保险的规定，仅有《农业保险条例》第十七条，其内容也仅仅是为了明确经营农业保险业务的保险机构的准入条件。

虽然国家政策及相关法律法规都提出了建立我国的农业再保险制度，但在我国目前的农业保险法律制度中，农业再保险仍然无法可依，对于农业再保险纳入农业保险法律制度体系的方式、农业再保险法律关系主体的权利义务等方面同样没有任何规定，只是政策层面原则性的提倡和笼统的规定，法律规范的缺失给农业再保险的推行带来了较多困难。

二是涉农保险法律欠缺。在现行的《农业保险统计制度》统计指标口径中把农业保险和涉农保险视为两种不同的保险类别。《农业保险条例》第三十二条规定"涉农保险是指农业保险以外、为农民在农业生产生活中提供保险保障的保险，包括农房、农机具、渔船等财产保险，涉及农民的生命和身体等方面的短期意外伤害保险"。

《农业保险条例》中只规定了涉农保险的定义，并未对涉农保险业务开展中的权利义务关系以及法律责任作出规定，导致现实生活中涉农保险业务的开展出现诸多问题无法解决。我国开展涉农保险业务的主要依据是一些政策性文件。但由于这些政策性文件缺乏法律约束力、制定主体混乱、内容规定零散并且在具体实施中缺乏稳定性和长久效力，未能有效调整涉农保险活动。我国农村涉农保险政策和法律位序倒置，政策代替法律，在很大程度上制约涉农保险的发展。

因此，建议提高农业保险立法层级，尽快制定农业保险基本法律——《农业保险法》，并且要因地制宜制定实施细则，建立农业再保险制度，完善对涉农保险的具体实施办法。

宅基地的银行抵押问题

《担保法》规定，抵押人依法承包并经发包方同意抵押的"四荒地"的土地使用权可以抵押，而耕地、宅基地、自留地、自留山等集体所有的土地使用权不得抵押。《物权法》和《农村土地承包法》也规定，农村土地承包经营权抵押仅限于通过招标、拍卖、公开协商等方式取得的土地承包经营权。这些规定使得银行办理抵押贷款面临着一系列法律政策层面的障碍。

对于宅基地上的民房的抵押，法律并无禁止性规定，宅基地上的房屋是宅基地上的附着物，无法与宅基地相分割而独立存在，而且如果没有了宅基地，对于银行来说地上建筑物只是一些建筑材料，没有抵押价值。

因此，建议一并赋予民房和宅基地抵押权。同时完善宅基地管理办法，如规定使用年限等。

关 于 民 间 金 融

目前基层反应比较强烈的是农村金融。缺少资金是农村发展的最大障碍。20多年来，农业贷款占全国贷款总额的比例仅为5％左右，而印度高达20％。由于农业生产规模较小、抵押物较少，农村征信体系不健全等原因，农村贷款难度很大，而农户对资金的需求却是真实存在的，在供需出现矛盾的情况下，农户之间的私人借贷方式就应运而生，而且规模庞大。根据中国国际金融有限公司在针对民间借贷的分析数据显示，截至2015年6月末，我国农村民间借贷资金数额约已高达4万亿元，但至今国家也没有对民间借贷进行立法。

现有制度，对于民间融资一味以"非法"二字以定性，在处理上更是不分青红皂白统一"取缔"了事，没有正确区分非法与合法的民间融资。如国务院在 1998 年发布的《非法金融机构和非法金融业务活动取缔办法》中规定，未经相关部门依法批准，以任何名义向社会不特定对象进行的集资，都属违法行为。但是，民间融资之所以受到社会的青睐很大程度上就在于其简便、快捷，如果每次实施融资都经过相关部门的层层审批，那么所谓的优势也就荡然无存，必将严重影响民间融资的持续发展。

对此，建议充分考虑到我国农村民间借贷的发展现状及其所处的地位，国有银行适度放权，给民间借贷释放空间，并出台相关的法律条款予以保障。

关于野生动物保护法

2017 年 11 月 6 日，深圳市中院开庭审理王鹏因出售两只自养珍稀鹦鹉品种绿颊雉尾鹦鹉一案，法庭一审判刑五年。公诉方认为，王鹏出售的为受保护物种，证据充分，王鹏对法律的不了解，不应成为轻判的理由。辩方则认为，一审将驯养繁殖的动物解释为野生动物，违反罪刑法定原则，属于适用法律错误。此事引起很大社会反响，大都认为判重了。如从现行法规条文上看，法院判决并无不妥，但从自然规律看，野生动物保护应是一个动态过程，部分被纳入保护名单的野生动物经过人工繁育合理保护，数量已远远超出了保护范围。据报道，王鹏从外捡回这两只鹦鹉饲养，一年后繁殖速度惊人，已达 40 只。因此，根据一些物种的繁育现状修改野生动物保护法迫在眉睫。

（本文原载于《中国发展观察》2018 年第 5 期）

乡村振兴需要第三次动能转换

改革开放以来，中国农村已经历了两次动能转换，眼下正在酝酿的是第三次。每次都可以用一个字概括：第一次动能转换的核心是"分"，改革开放之初，家庭联产承包责任制的推行，使经营主体从几百万个生产队一下子分解为2.3亿个承包农户，家庭能量得以充分释放，极大发展了生产力；第二次动能转换的核心是"流"，农村各种生产要素大流动，使城乡经济一片繁荣，尤其是农村劳动力的大流动，使乡村的"形""神"皆变；实施乡村振兴战略，推进农业供给侧结构性改革，需要第三次动能转换，这次动能转换的核心是"合"，就是使各种要素、各方力量集合发力。借用物理学术语，三次动能转换带来的是三大物理变化，第一次"分"带来的是"裂变"，第二次"流"带来的是"流变"，第三次"合"带来的是"聚变"。

家庭联产承包责任制是中国农民的伟大创造，550万个生产队分化为2.3亿个农户经营主体，亿万农民从"一大二公"的人民公社体制中解放出来，他们用双手创造财富，既解决了困扰中华民族数千年的温饱问题，又极大地推进了农业农村的发展。农民有了余钱之后，开始走入二三产业，又推动了乡镇企业的发展，乡镇企业的经济规模一度占据国民经济的半壁江山。而农村改革的经验，又启迪了城市国有企业的改革，高层的大智慧者从中发现了市场的威力，从而确立了中国特色社会主义市场经济主体地位并付诸实践。这一由一个"分"字引发的裂变效应，其实践价值和理论创造，彻底改变了中国，解决了温饱，繁荣了城乡，跳出了计划经济的陷阱。

如果说，"分"是在农村内部，第二次动能转换中的"流"，则是各种生产要素的放活，尤其是把农民从土地和乡村中解放出来。2008年金融危机之后，中国经济能够一路逆势上扬，农民工厥功至伟。资源要素大流动使城乡在"流"中化"蛹"为"蝶"，在时空隧道中涅槃。用农民的话说：生活看住、生态看树、发展看路，30多年来中国农村减贫人口占全球总数的四分之三，为世界称道。乡村中小洋楼比肩而立，村村通全面实现，生态绿化美化大有起色，更有500万农民工"城归"回乡创业。这一随着时间推移不断发生巨大变化的现象恰如物理学上的"流变"现象。

实施乡村振兴战略，推进农业供给侧结构性改革，需要着力培育新动能，激发新活力，实现农业农村发展的第三次动能转换。培育新动能的关键就是形成"合"力，把各种现代元素注入农村、注入农业，推动农业农村的历史性变革。具体而言，有六大合力：即三"物"组合、三"产"融合、四"生"契合、城乡统合、要素集合、功能整合。"六合"能量将产生像物理学上"核聚变"一样的巨大威力。

所谓三"物"，即植物、动物和微生物。植物是生产者，动物是消费者，微生物是分解还原者。只有微生物的介入，农业才能克服石油农业的弊端，构建起有机生态循环系统。

所谓三"物"组合，就是要把植物、动物、微生物三者有机统一起来，重点在于重视微生物的作用。以往我们过于强调植物和动物产品，也即农作物和畜产品的生产，而忽视微生物的生产，导致农业的生态循环系统被打破。一亩优质的耕地，应有16万条蚯蚓、300千克细菌真菌和5％～12％的有机质含量，三个指标都是微生物的作用。微生物的开发有广阔的空间，目前已形成了六大领域，即微生物肥料、微生物饲料、微生物能源燃料、微生物食品、微生物药品、微生物清洁剂，每一领域都有着巨大的开发前景。美国的生物肥已占总用肥量的50％多，我国仅占10％左右。仅就微生物食品而言，它还具有六个不争的特点：不与人争粮、不与粮争地、不与地争肥、不与农争时、不与农产品争市场、不与其他争资源。我国年生产食用菌3 000多万吨，产值2 500多亿元，人均消费60多克。按营养学家的建议，每人每天应吃250克以上，对改善健康大有好处，照此推算，目前还应增加4倍的产量，那就是一个万亿级的产业。

所谓三"产"融合，即农村中一二三产的融合发展。三产融合发展，不是我们今天才发明的，我们传统农业追求的"男耕女织"模式就是按三产融合发展的思路设计的。耕与织多余的产品拿出去卖就形成了第三产业。以往我们都割裂来看三者之间的关系。其实，三者是互相促进、有机融合的。比如说，蓬勃兴起的乡村旅游，就是第三产业。它反弹琵琶，用三产带动二产引领一产。美国夏威夷州30%的农产品都是通过乡村旅游的方式销售出去，既解决了销路的问题，价格又不错。三产融合发展的关键是"种、养、加、销、游"五环联动，这五大环节是骨干、是主体，其他都是在这条产业链上派生出来的。只有做好五环联动的文章，三产融合才能打造成产业的命运共同体。

所谓四"生"契合，即生产、生活、生态、生意四者要契合。农业生产不能不顾生态，不能再严重污染土地河流；农民生活不能不顾生产，一些地方搞农民洗脚上田，建高楼，使得农民远离农田，也不科学；农民生活也不能不顾生态，落后的、粗放型的生活方式，要抛弃。生产、生活、生态的契合，如果没有与发达的现代化市场连接，便只是徒有躯壳，农产品只有建立线上线下的互动机制，才能卖个好价钱，因此，"三生"之外还应加上"生意"。在农产品量的问题已基本解决，质的问题成了问题的大背景下，农业的发展方向必须重新思考，即由生产型向生活型转轨升级，围绕健康中国做文章，围绕有利于提高人的生活质量和健康水平、长寿水平做文章，让农业成为"农业增收、农民增富、农村增绿、人民增寿"的四增产业。只有四生契合，互相依存，互为因果，才有高品质的生活、高效益的生产、高文明的生态。

所谓城乡统合，重点在于城乡公共设施和公共服务的均等化。各种优质资源都集中在城市，农民难以享受。例如教育，因为学校撤并，现在很多村子没有学校，农村学生到镇上读书，每年每人花费要增加8 000元以上，到县城则需要1.5万元以上。又如医疗，农民奔波三千里，挂号三礼拜，排队三小时，看病三分钟，这很不正常。必须改变公共设施和公共服务重城轻乡的局面，下大功夫，在推进城乡统筹发展、同步发展、一体化发展的基础上，全面贯彻落实十九大提出的"优先发展农业农村"的新战略。

所谓要素集合，即把现代元素集中向农村投放，包括现代理念、现代技术、现代管理、现代金融、现代设施、现代人才等。我国农业现代化腿短，短就短在缺乏现代化元素的注入，如果像工业、像城市那样集中投放现代元素，农业农村农民的现代化指日可待。但至今城乡二元制度根深蒂固，虽有松动，障碍依然重重。农业的现代化需要"三体共化"，即作为本体的农业、作为主体的农民和作为载体的农村必须同时现代化，只想让农业现代化，只在农业上下功夫投入现代元素，而主体农民和载体农村落后就产生不了现代效益。更何况，新一届党中央提出要实现中华民族伟大复兴，民族复兴首先是人的复兴，有着八九亿人口的中国农村不复兴，中华民族伟大复兴的梦想就难以成真。

所谓功能整合，即要把现代农业的六大功能整合起来。一是食物保障功能，农产品安全问题不断引发社会恐慌，今天的食品安全问题比任何时候都受到社会广泛而深刻的关注，农产品供给正由"吃得饱"向"吃得好、吃出营养、吃出健康"的4.0版过渡。二是原料供给功能，许多工业原料都来自农业，例如玉米是制造乙醇的原料，但是目前我国玉米产量过剩，大豆产能却不足，这就需要农业供给侧结构性改革中的"调结构"。三是就业收入功能，农村有八九亿人口，除了外出打工的2.8亿，其余都生活在农村，他们要在那里生存与发展，即使城市化率达到70%仍有5亿人生活在农村，这个数字比新中国成立时的总人口还多。四是生态保育功能，工业社会的理念是人定胜天，是破坏生态，而农业文明的理念是保护自然。五是旅游休闲功能，乡村旅游已成为世界性潮流，成为一种大多数人追求的生活方式。六是文化传承功能，中华文明薪火相传，中华民族才得以始终屹立于世界民族之林，而中华文明的源头在农村农业，载体也是农村农业。功能整合，就是在实践中，不能单一考虑只发挥农业的某一项功能，要尽可能多地把六大功能都充分发挥出来，比如日本人把田里用彩色水稻种出图案供游人参观，比如正大集团把养鸡场建成旅游景点供游人参观等。只有整合功能，才能拉长产业链、拓展功能链、提升价值链。

中国农业正处在逆水行舟、爬坡过坎的考验期。在社会分工越来越细的背景下，尤其是互联网的出现，每个人所从事的工作在总体价值中所占的比例越来越小，如果不与上下左右前后搞好协作，个体的工作将毫无价值。人类社会已经由物资匮乏时代的生存之争进化到物质丰裕时代的利益合作，这是大趋势。合则利益巨大，潜力无穷，以"合"培育农业农村发展的新动能，才能产生像"核聚变"那样的巨大能量。就大历史观而言，赫拉利《人类简史》考证，人类的祖先原有6大人种，延续到今天的只是一个叫"智人"的人种，其他五个种类都先后灭绝。就单个而言，其他人种有的比智人聪明，但因为智人团结协作，从而引领族群协作共事，形成合力。于是智人就逐渐进化成为地球生物链最高端的我们。"合"是人类生存的法则，也是社会发展的规律。乡村振兴不只是乡村自己的事情，它需要全社会方方面面的合作。

（本文原载于《中国发展观察》2017年第24期）

乡村振兴需要强大的外力支撑

新时代是承前启后、继往开来建设现代化强国的时代。实现现代化，"三农"是短板。党的十九大报告以"实施乡村振兴战略"统领新时代关于"三农"工作部署，明确提出要加快推进农业农村现代化，并突出强调要坚持农业农村优先发展。乡村振兴战略把农业生产、农村生态、农民增收、农村发展和乡村治理统一起来，充分体现了"五位一体"和"五大发展理念"，是我党未来统领"三农"工作的总抓手。乡村振兴标志性体现就是"三个起来"，即让"农业强起来、农民富起来、农村美起来"。早在2013年中央农村工作会议上，习近平总书记就明确提出"中国要强，农业必须强；中国要富，农民必须富；中国要美，农村必须美"，"三个必须"深刻阐明了"'三农'强富美"与"中国强富美"的关系，即没有农业、农民与农村的"强富美"就不可能有中国的"强富美"，没有农业与农村的现代化，也就不可能有中国的现代化。可见，乡村不振兴，中华民族就不可能复兴；"三农"不崛起，中国就无法崛起。因此，振兴乡村，实现"三个起来"，不仅是为了解决"三农"问题，更是实现中华民族伟大复兴的关键。

"汝果欲学诗，功夫在诗外"，乡村振兴需要引入宋代大诗人陆游的这一观念，内功需要炼，外功也得修，重在做好三个调整。一是调整思维方式。战争年代，农村包围城市；建设年代，农业支援工业；改革年代，农民服务市民。以乡养城的定势思维已成惯性，工业反哺农业、城市支持农村的以城促乡、城乡一体化发展和城乡融合发展的理念还未真正深入人心。在现代化进程中，工业化、城市化往往是快变量，农业农村农民向现代化转型往往是慢变量，各类资源要素会通过市场的力量自发地流向高回报率的工业和城市，农业、农村和农民在这场资源要素争夺战中注定处于劣势地位，形成城乡差别、城乡分割和二元结构。党的十九大报告指出，"三农"问题是关系国计民生的根本问题，必须始终把解决"三农"问题作为全党工作的"重中之重"，任何时候都不能忽视农业、忘记农民、淡漠农村。全社会都应以此为标杆，树立不打折扣的看齐意识和大局意识，尤其在土地征收、工农产品价格剪刀差、户籍制度改革和农民工市民化等方面必须以壮士断腕之力革除旧弊，破旧立新，让城乡在统筹发展、协调发展和一体化发展的基础上融合发展，让乡村共享城市发展的成果，让农民共享改革的实惠。这就要创新以工促农、以城带乡的体制机制，实现高强度、高频率的城乡相互作用，促使农村、农业和城市、工业有机结合，淡化城乡差别，实现城乡融合发展。具体来说，要健全和长效推进生产要素城乡有序良性流动机制、农产品价格形成机制、农民工市民化机制、财政支农投入机制、城乡公共服务均等化机制、欠发达地区补偿机制等，实施乡村振兴战略，要敢于打破城乡体制间的壁垒，整合城市和乡村资源，把城市和工业的资金、人才和管理等现代要素注入农业农村，并促进城乡要素的双向流动。决定一个舰队的速度，不是看最快的那一艘，而是看最慢的那一艘！决定一只水桶的容量，不是看最长的那一块板，而是看最短的那一块板！当一些人躺在城市里享受着高度现代化的生活时，应关注一下低度现代化的农村，尤其是广大贫困地区的农村。在我们努力奔赴现代化的过程中，应该齐头并进，不能让农村和农民掉队，在实现现代化的新征程中，应"不忘初心"，广大农村存放着我们的"初心"。

二是调整价值认知。首先，应重新认识乡村的价值。上海世博会两句口号深入人心，"城市让生活更美好""乡村让人们更向往"，眼下虽然整个乡村还比较落后，但经过改革开放以来的建设，一些发展较快的乡村，已不再是人人都想逃离的"谈农色变之地"，反而变成了"流连忘返之地"。坊间戏言，现在是穷人进城，富人下乡；忙人进城，闲人下乡；为生存的人进城，为生活的人下乡。还有人戏言，穷人进城去打工，富人下乡去养生。在人民日益增长的美好生活需要与不平衡不充分的发展已成为新的社会主要矛盾的今天，绿水青山已是人们寻求"诗意栖居"的理想之地、健康养生的归宿之所。绿水青山就是金山银山，绿水青山就是广大农村发展的"金名片""摇钱树"和"聚宝盆"。有研究者称，人类的财富积累已经由土地、机器、金融、智力进入第五阶段即健康养生阶段，乡村中那些环境优美、空气清新的田园村落、综合体和特色小镇将成为新财富积累的落脚点。

其次，应重新认识农业现代化与农民农村的关系。农业现代化，农业是本体，农民是主体，农村是载体，没有主体和载体的现代化，本体农业就不可能现代化，只有"三体共化"，农业现代化这条短腿才能加长。如果只在本体农业上花功夫，忽视主体农民和载体农村，农业就不可能现代化，乡村也不可能振兴。乡村振兴需要本体农业的现代化，农业实现了现代化，才能为乡村振兴奠定坚实的物质基础，实现产业兴旺。乡村振兴也需要载体农村的现代化，农村实现了现代化，才能创造更舒适的生产生活环境，才能让人望得见山、看得见水、记得住乡愁，才能促进社会公平正义，营造乡村社会和谐融洽的浓厚氛围，全面提升农村居民的幸福感，做到生态宜居、乡村文明、治理有效。乡村振兴更需要主体农民的现代化，农民实现了现代化，才能充分调动亿万农民群众的积极性、主动性、创造性，真正激发乡村发展活力，实现乡村生活富裕。因而，丢掉任何一"化"，乡村振兴都会有短板，只有"三体共化"，才能实现十九大报告提出的"产业兴旺、生态宜居、乡村文明、治理有效、生活富裕"的乡村振兴目标，乡村复兴才能成为可能。

再者，应重新认识农业自身的价值。长期以来，判断农业的价值尺度，就是产品的数量和质量，今天农业的价值已远远超出这个范畴，农业不仅需要提供数量充足、品种丰富、品质安全的农产品，而且需要农村提供清洁的空气和水源、怡人的田园风光，还需要提供稳定的就业、富足的生活、宜居的环境。由此，农业的多功能性正逐步体现，观光农业、休闲农业、都市农业、智慧农业等各种新型农业业态方兴未艾，现代科技、管理与农业的融合趋势越来越明显，农业已远远不是"面朝黄土背朝天"的传统农业形态，农业生产的过程成了人们观光旅游休闲的好去处，农业生产的方式成了人们科普、体验的新追求，农业生产的环境成了人们体悟人生、享受生活的理想地。旅游休闲、健康养生和现代科技管理的融入重构了农业的价值观，让现代农业的经济价值、社会价值和文化价值都能得到体现，极大地提升了农业的附加值，正逐步成为农业增效、农民增收和农村发展的新动能。

三是调整发展顺序。在快速工业化城镇化进程中，要想避免农业衰退、乡村衰落，实现国家协调均衡发展，必须牢固树立农业农村优先发展的理念。十九大报告明确提出"要坚持农业农村优先发展"，如何优先，怎样体现，大有文章。绝不是高喊口号敲锣打鼓或造几个典型、立几个盆景就代表优先了。优先发展的"优先"主要体现在要把"三农"放在国民经济社会总体发展的大战略中看是否优先；放在城市与农村大背景中看是否优先；放在三次产业的大结构中看是否优先；放在市民、农民的大格局中看是否优先；放在宏观制度设计中看是否优先；放在微观资源配置中看是否优先。优先发展能否"优先"，关键是必须贯彻"重中之重"的要求，必须建立健全有利于各类要素向农业农村流动的体制机制，消除各类要素进入农业农村的制度障碍，提升农业支持保护政策效能，提高农村公共服务供给水平，必须为农业农村聚人气、添活力。经过20~30年的不懈努力，才可能会补齐农业现代化这个"四化同步"的短板、农村现代化这个国家现代化的弱项。实际上，乡村的命运并非掌握在乡村自己手里，一般取决于国家愿景和基层的冲动。如今愿景已出，重在激活冲动。对此，政府应该转变政绩观。衡量一个地方工作的好坏，要看工业，更要看农业；要看城市，更要看农村；要看经济总量，更要看农民增收；要看财政增长，更要看生态环境。因而，政府在领导精力摆布、财政资金分配、重大项目安排等方面，要做到向农业农村倾斜，真正服务于农业农村优先发展的大局。为此，应设立省、市、县三级的考核指标，并将农业农村优先发展、城乡融合发展的考核指标纳入干部政绩考核指标体系。媒体应开辟专栏，一面宣传好经验，一面监督差典型，造浓社会舆论。自律他律共用，发挥农业农村优先发展的各类制度设计的最大效能。

乡村与城市相比，不仅具有重要的经济价值、社会价值和文化价值，更具有无可比拟的生态价值，同时又是基础产业的依托、生态宜居的空间、传统文化的载体。要实现乡村振兴，就要做好三个调整。在新知识新技术改变传统要素格局，代替资本成为经济发展的主导力量的当今时代，只要像城市像工业那样把现代理念、现代管理、现代技术、现代设施、现代金融、现代人才等现代元素集中注入乡村，通过内外兼修，强化制度设计，乡村振兴便不难实现。与非洲原始型落后不同，我们有五千年文明历史，即使暂时落后也只是文明型落后。中华民族要"复兴"，说明我们曾经辉煌过，18 世纪之前的农业文明时代，我们一直是人类文明的引领者，21 世纪之后的后工业文明时代，我们如果再做人类文明的引领者，乡村振兴应是头筹。振兴乡村，复兴中华，党中央号令已发，长风破浪会有时，直挂云帆济沧海，我辈当不辱使命！

（本文原载于《中国发展观察》2017 年第 23 期）

让"红旗法案"少些再少些

所谓"红旗法案",是人们对 1865 年英国出台的《机动车法案》的嘲笑。当时机动车刚刚问世,人们认为这是一种危险的车辆,且与传统交通工具马车产生了矛盾。于是当局便出台规定,机动车上路必须由 3 人驾驶,其中一人在车前 50 米执红旗引导,旨在限制车速不得超过每小时 6.4 公里,让汽车等于马车。这部法案直到 1895 年才被废止。结果耽误了 30 年的时间,使英国失去了成为汽车大国的机会,让美国抢了先。

今天人们嘲笑"红旗法案",其实,这种现象自它诞生直到今天,无时无刻不大量存在。就我国"三农"领域而言,改革开放以来,我们已经废除了多面阻碍发展的旗子。首先是放活土地,把土地交给 2.3 亿农户承包,废除了大锅饭这面"旗子"。其次是放活经营,废除统购统销这面旗子,让农户自主决策。再者是放活领域,废除农民只能务农这面旗子,放手发展乡镇企业。第四是放活组织,废除农民不准有自己的组织这面"旗子",大力培育农民专业合作社。第五是放活空间,废除农民只能死守乡土,不能进城这面旗子,大开城门,充分吸纳农村富余劳动力。凡此种种,不一而足。

检视当下,"三农"领域仍然有诸多制约发展的"旗子"或明或暗、时隐时现地在我们面前飘动,具有如下特征:一是旗大。城乡二元制度使城市掌控话语权,掌控资源配置权。从允许农民自带口粮进城到可以自由出入,这是一个很大的进步,但农民进城之后仍然不能享受到真正的市民待遇。农业现代化并不神秘,它就隐藏在每粒种子、每件农具、每台农机、每项农技及每个农产品之中，隐藏在推进农业农村发展的各种思想观念、思维方式及制度建设之中。四个现代化的短腿在农业，不是农业自身不能发展。18 世纪之前的农业文明时代，中国一直是人类文明的引领者，如果像工业，像城市那样把现代理念、现代技术、现代设施、现代服务、现代人才等现代元素注入农业，农业这条腿就不会再短。与此相反，通过压低地价侵占农村资源，通过工农产品价格剪刀差抑制农业发展，通过打工剥夺农民的劳动剩余，一直是各地普遍采取的做法。这些行为不仅仅阻碍发展，而且对"三农"这辆机车的动能造成极大的破坏。近年来，党中央、国务院对此高度重视，出台一系列举措努力克服弊端，但是要彻底清除实行了半个多世纪的城乡二元制度，还有很长的路要走，还要付出许多艰辛努力。

二是旗多。一瓶矿泉水由五六个部门管，一个水果由农业林业两个部门管，一只蝗虫则农业林业城建三个部门管。各部门如果都从大局出发，从长远利益出发，举旗限事自是理所当然，问题是不少部门出于自身利益、眼前利益举旗，使事情遭遇梗阻。一个项目要背上两百多个大印旅行，农民工子女在大城市就读需要提供 20 多份证明材料。多头管理，职能重叠，权力交叉的乱象已经累积成顽症。本届中央政府大力推进放管服改革，实施商事制度一证一码走天下。这将有力解决诸多问题，但面对部门利益不少已经刚化的现象，只有下大功夫整合职能，归并权力，推行大部制才能治本。

三是旗乱。今天是一个规划满天飞的时代，部门规划、专业规划、行业规划、区域规划、中长期规划等难以胜数，许多规划都是未经充分协调各方，业务部门闭门造车的结果，一到落实便互相打架。各自都拿自己的规划抵挡对方，导致推诿扯皮，互不相让。应采取有力措施推行"多规合一"，一个市县一本规划、一张蓝图，不论是城乡总体规划、还是土地利用规划、生态红线保护规划、产业布局规划、林业规划、农田水利建设规划等，统统放到一个共同的空间规划平台上，以防混乱，以利落实。

四是旗隐。有些领域表面看没有设定限制的旗子，甚至高喊为"三农"服务的口号，但"三农"需要的东西只是做做样子表示一下，并没打算真给。如"金融支农"的口号一直很响，但 20 多年来，我国支农贷款占全国贷款总额的比例都在 5％左右，而印度一直高达 20％以上，使得印度三次农业革命取得巨大成功。"金钱不是万能的，但没有钱是万万不能的"这句俗话体现的是农业发展的重要制约因素。必须将"贷款难"这面隐形的旗子革除，农业才能有活力、有生机。

我们今天重温"红旗法案"，像是在读一则远古的寓言。但愿所寓之言能够启迪后人，不出或少出举旗限速、贻误发展的荒唐。

（本文原载于《中国发展观察》2017 年第 17 期）

迎接新"下乡运动"

1968 年一场轰轰烈烈的上山下乡运动席卷整个中国，2 000 多万知识青年被送到农村。今天一场波澜不惊的新"下乡运动"正悄然发生。所不同的是，1968 年的那场运动，下乡者是被动的，靠的是政治动员和行政干预；而今天这场新"下乡运动"，下乡者是主动的，是自愿选择的结果。眼下发生的这场运动，主要包涵十大群体。

一、返乡创业的农民工

国家统计局发布的数据显示，2015 年中国农民工总数达 2.77 亿人，其中本地农民工 1.09 亿，同比增加 2.7%；外出农民工，1.69 亿，仅增长 0.4%。这是 21 世纪以来中国外出农民工数量增长最慢的一年。一些农民工之所以不再愿意回城，一方面是由于经济不景气，大城市用工数量减少；另一方面则是国家和各地都出台了不少返乡创业的扶持政策，有些人就开始想着自己"当老板"。经过多年的闯荡以及城市和工业文明的洗礼，许多农民工不再是原来的小农，他们有着丰富的人生阅历和较高的综合素养，以及更多劳动技能，眼界更为开阔，是名副其实的创业潜力股。据农业部最新统计，目前中国返乡创业农民创办小微企业 23.7 万家，农产品加工企业 45.5 万家，休闲农业各类经营主体 180 万家，农民工返乡创业人数累计已超过 450 万，约占农民工总数的 2%。

一些打拼有成的农民工热衷于返乡创业原因很多，但最主要的有四个方面。一是熟人社会的便利。传统乡村社会是世代聚族而居的熟人社会，它通过加强人际关系和相互信任引导熟人之间相互自愿合作。费孝通曾评价，"乡土社会的信用并不是对契约的重视，而是发生于对一种行为的规矩熟悉到不加思索时的可靠性"。返乡创业的农民工可以通过"熟人"织就的网络，沟通关系、解困排忧。二是衣锦还乡的传统观念。"衣锦还乡"既是中国人对外出者的普遍期盼，也是外出者的自觉行为，已内化为一种共同的民族文化心理。项羽"富贵不归故乡，如衣锦夜行"是对这种文化心理的经典诠释。这种民族文化使得连当了皇帝的刘邦、朱元璋都不能免俗。公元前195年，刘邦在当了十二年皇帝之后，回乡住了二十多天大宴乡邻。朱元璋更是想把金銮殿建在自己的家乡。三是亲情的召唤。外出打工本来就是一种迫不得已的无奈选择，所谓"一万打工钱，三代离别泪"。农民工长期离家在外，空间上的距离带来了感情上的疏离，父母、子女、夫妻、兄弟姐妹之间缺乏沟通交流与相互关爱。返乡创业，夫妻既能团聚，又能和孩子、老人在一起享受天伦之乐，何乐而不为。四是政府招商引资的激励。随着新型城镇化的推进和中央政府鼓励农民工返乡创业政策的出台，各地方政府的招商引资纷纷围绕"农民工返乡创业"做文章，鼓励和支持他们为家乡建设贡献力量，为其提供创业的条件和制度保障。

田园将芜胡不归？一些农民工对返乡创业、就业，心存一定的顾虑。因此，要千方百计优化地方的经营环境。一是充分发挥乡土社会长期积淀的传统优势，让返乡创业的农民工尽享"家园红利"。这是中国乡村社会在人类文明进程中发端最早、持续时间最长、也最为成熟的一种文明形态。"家园红利"是农民最大的无形资产，在应急事务、资源配置、矛盾调处、互帮互助等方面，是农民世世代代取之不尽用之不竭的宝贵财富。农民工返乡创业就是为了充分利用传统熟人社会中存在的信任、关系、规则等社会资本，降低创业、创新的交易成本。政府为农民工返乡创业所设计的一系列政策，不能只是市场和政府的结合，而应包括传统熟人社区在内的三个组织架构结合的统一。二是解决农民工返乡创业中存在的办事难、融资难、用地难等问题，为农民工返乡创业提供便利条件。三是引导和鼓励返乡创业的农民工重点从事农产品的加工、运输和销售及产前、产中、产后的社会化服务等环节，以增强农业现代化的带动能力。

二、第一代农民工

从 20 世纪 80 年代末开始，随着改革开放的逐渐深入，一批批农民工或始于维持生计的初衷，或怀揣着发家致富的愿景，背井离乡，进入工厂，走进城市，形成了蔚为壮观的"民工潮"。随着农民工年龄的增长，第一代农民工返乡后的去路值得探讨。中国社科院发布的《中西部工业化、城镇化和农业现代化》调查显示，约一半农民工不想进城，另外有66.1%的农民工认为到了一定年龄就想返乡。根据国家统计局数据，50岁以上的农民工目前已超过 4 000 万人。

第一代农民工最终返回农村，一是无奈的选择。由于受教育水平偏低，有相当一部分农民工大多只能从事建筑、环卫等技术含量低、工作强度大的重体力劳动，在各行业中收入增长较少，在城镇社保的参保率也偏低。国家统计局调查结果显示，2014 年，农民工参加基本养老保险的比例为 16.7%，而在高龄农民工聚集的建筑行业，养老保险的参保率仅为 3.9%。收入低没有基本的养老医疗保障以及高昂的城市生活成本，留在城市对他们非常艰难。更何况，企业不招 40 岁以上的农民工已成为一种普遍现象，等到青春已过，又没留下多少积蓄，他们也只能打道回府，卸甲归田。二是务农的背景。与新一代农民工早已远离了田地，过上了城里的生活相比，第一代农民工大都有着种田的经历，至今还保留着种田的记忆和技能，只是当年种地收入低才被迫到城市讨生活。正所谓，"60 后"逃离种地，"70 后"不愿种地，"80 后"不会种地，"90 后"不提种地。随着年龄的渐长，第一代农民工在城市无处立身，家中至少还有土地承包权，回家务农也是一种不错的选择。

各级基层组织应积极引导返乡的第一代农民工参与到农业生产中来，帮助他们向农业的广度和深度进军。如今无税时代的农业与过去相比有着更广阔的发展前景，过去农民是"交够国家的，留足集体的，剩下都是自己的"，现在农民不仅收入全部都是自己的，而且还得到许多项补贴。只要扑下身子，好好经营，从事农业的收入不比外出打工差。现阶段中国农民还没有退休制度，他们可以一直干到干不动为止，留城与回乡比较，回乡成首选。对此，基层政府应做好工作，鼓励引导帮助他们逐步适应环境，或重操旧业，或就地就近打工，或利用他们多年打拼经多见广的经验积累为乡村发展献计献策。

三、返乡创业的大学生

越来越多的大学毕业生选择返乡就业和创业。据人社部测算，"十二五"期末大学毕业生返乡创业比例达到1％，"十三五"这一比例将达到3％。大学生返乡创业领域越来越宽，他们根据自己的特长、兴趣及拥有的资源，对乡村特色种养业、农产品加工业、休闲农业和旅游、电子商务、特色工艺等新兴产业无所不及，广泛涵盖农村一二三产业。

大学生毕业选择回到家乡就业和创业，一是有相当一部分大学生来自农村又有学农的背景。学农业干农业，他们自然要到农村来就业和创业。二是在城市找不到其他更好的工作。在城市就业压力越来越大的情况下，越来越多的大学生转变了观念，不再留在人才扎堆的大城市，而选择回到故乡自主创业。三是不少大学生看到了农业和农村的巨大商机。随着我国农业现代化的发展，一向是冷门的农业，逐渐成了资本投资的"香饽饽"。联想、阿里、京东等一些商界大佬都把目光投向农业。大学生选择在农业就业和创业的比重，中国是0.6％，美国则高达24.6％。大学生返乡创业正是看到这一前景广阔的趋势。四是择业观念的变化。过去担心"天之骄子"沦为"普通劳动力"，今天从底层做起成为不少人的追求；过去注重旱涝保收、稳定安逸，今天信奉自由奋斗、磨炼自我；过去看重工作体面、待遇优厚，今天更看重个人兴趣、成长空间和发展环境。

当务之急是鼓励和引导返乡创业的大学生成为家庭农场主、农业职业经理人、农民合作社领办人、农业企业家和农业社会化服务组织负责人。不少国家对此都有一套社会公共政策给予扶持，因为他们属于就业创业的弱势人群。如日本的农业接班人计划，从技能培训到社会实践，到租用土地，再到贷款及农用设备都为他们提供方便。

四、"新三届"的大中专毕业生

"新三届"即 1977、1978、1979 级的大中专学生。"新三届"是万里挑一的精英。这个群体人数约在 200 多万，三到五年内他们都到了退休年龄。这三届大中专毕业生 80% 来自农村，他们的乡愁最浓，乡情最厚，乡恋最重，大多数都有返乡养老的念头。

因此，应采取激励政策让已经退休或即将退休的"新三届"的大中专毕业生"告老还乡"发挥余热。一是可以充分利用他们在外面积累的人脉关系、协调能力或工作经验，为家乡的建设出主意、想办法。二是他们的学识修养、道德行为、思想观念等，在十里八乡本身就是一个社会仿效的标杆，这个标杆从他们走出农村的那一天起就已经树立起来。他们的榜样效应，一直在潜移默化地深刻影响着乡邻后世。今天利用他们的标杆价值，引导乡村文明建设及经济社会的发展，会有一呼百应的效果。

五、城市离退休老年人

中国城市 60 岁以上的老人已达 1 亿多，"结庐在人境，耳无车马喧"成了一些"银发下乡族"的追求。当城市没患现代病的时候，人们觉得城市好，当城市患病后，人们才发现，更宜居的地方在农村，这已成为世界潮流。有关数据显示，欧盟在乡村居住的人口已达 58%，且下乡觅居所的势头正劲。

随着城市化进程的加快，空气污染、噪声充耳、公共卫生恶化、交通拥堵和住房紧张等一系列环境和社会问题日益严重，而这些因素往往会带来紧张、压抑甚至恐惧情绪。尤其是年纪大的老人，对这种愈演愈烈的城市病越发敏感，他们渴望逃离恶劣环境的心情十分迫切。加上大部分城市离退休老年人的根，本来就在乡村。往上数三代，大都农村人。1949 年新中国成立时城镇化率为 10.64%，2015 年的城镇化率已超过 56%，这么短的时间内完成的城市化意味着很多城市离退休老年人本身就曾经是农民，他们的根就在农村。

"银发下乡族"是一个潜力巨大的富矿，他们在城市积累了数十年的方方面面的资源，如人才、信息、技术、资金、项目等，只要开发利用得好，对农业农村的发展将起到巨大的推动作用。

当前，异地乡村休闲养老最需要解决的是医疗保险的异地使用问题。身处异地休闲养老的老人，最怕生病。应该加大区域一体化的推进力度，实现医疗保险异地间的深层合作，鼓励大型医疗机构在区域内搞连锁经营，解决老人们异地休闲养老的后顾之忧。另外，正确引导有条件的村镇发展休闲养老产业，乡村休闲养老需要有一个舒适的环境。城市老人选择到乡下来休闲养老，更看重这里优美的自然环境和人文环境。在引导有条件的村镇发展乡村休闲养老产业时，还应重点关注自然生态及休闲、健身等文化设施方面的打造。

六、归国华人华侨

海外华人华侨分布在世界 198 个国家和地区，人数已达 6 000 多万，与法国的总人口（6 620 万）不相上下。世界上人口过亿的国家有 12 个，超过 6 000 万的也只有 23 个，6 000 多万华人华侨，相当于一个大国的人口。据统计，华商在中国投资的企业数量占中国外资企业的 70％以上，投资资金数量占中国引进外资的 60％以上，成为中国经济发展的重要推动力量。目前，海外华商回中国投资主要集中在房地产、制造业领域，对中国高科技、互联网、IT、现代服务业以及艺术领域，对农业和农村的投资还不是很多，但已经开始逐渐形成气候。最为知名的是泰籍华人创办的正大集团对中国农业的投资。正大集团自改革开放以来最早投资中国农业，目前，除西藏、青海外在全国各省份都办有农业多个领域的企业。央视正大综艺节目更是影响了一代人。

海外华人华侨当年大多是从农村走出去的，今天他们回归故土，一是落叶归根的传统观念。传统中华文化陶冶出中国人的"落叶归根""慎终追远""富贵还乡"等传统观念，侨民飘蓬万里，还是心系故里故国，这是中华儿女有别于其他民族的独特个性。二是祖国的崛起。不少华人华侨大都是在祖国处于弱势时代走出去谋生的，今天，祖国的强大使他们倍受鼓舞，国外环境稍有不顺，念家思乡是必然的。三是看准了中国农业农村这个巨大市场潜力。最新统计表明，投资中国农业的外资有 2/3 处于平和盈利状态，高于全国外资企业平均获利水平。四是报效祖国。自 20 世纪 90 年代中后期以来，不少有为国服务、回国创业强烈激情和意愿的华人华侨通过各种渠道回国创业。

鼓励华人华侨返乡定居或投资，应突出对他们人身权、财产权和其他合法权益的法律保护。尤其对回乡投资者务必明确政府及其有关部门的职责，细化投资方式、投资待遇、投资导向、扶持政策和规范服务，以及社会保障、生活便利、权益保障和法律责任等方面的内容，让他们放心、安心、舒心地生活和创业。

七、到乡村旅游的群体

2014 年中国到乡村旅游的是 12 亿人次，到 2015 年底已猛增到 22 亿人次。这是一个主动给农民农村送钱的庞大消费群体，它的形成一是由于人们收入的提高，二是休闲时间的增多，三是生活方式的改变，四是交通通信的发达，五是城市病的加剧，六是盛世乡愁的呼唤。游人在乡村找到了返璞归真的乐趣，生活的融入、生产的参与、生态的享受、生命的体验使他们倍感亲切、激情勃发。他们带起了农村消费市场的繁荣。中国在世界上最大的战略储备就是有一个 9 亿人生活的农村市场。他们激活了农村的闲散资源，农民的零碎闲暇时间、老弱病残闲散劳动力、闲置的农房、闲置的自然风光，就连那些闲置的古树老宅、断桥残碑、风土民俗、戏曲杂艺等都因他们的到来而产生效益，他们推进了三产融合，游人要游，还要吃喝拉撒睡，同时还要购买特色农产品。以三产带动二产转型升级进而拉动一产发展，这是农村农业供给侧结构性改革最需要做好做强做足的大文章，是中国农民的第三次创业。第一次是离土不离乡的大办乡镇企业，第二次是离土又离乡的进城务工经商。抓住这次既不离土又不离乡的旅游开发，是农民增富、农业增效、农村增美、政府增收的好机遇。

虽然这个群体在乡村只是蜻蜓点水式的一带而过,但他们承载的各种信息、技术、资本、项目等却是一个开发不尽的巨大宝藏,潜力不可估量。

做好乡村旅游这篇大文章,一面应改善基础设施,增强服务理念;实行标准限制,提升服务水平;提升产品内涵,打造特色品牌。另一面应有意识捕捉游客带来的各类信息,然后顺藤摸瓜,深挖信息价值,为己所用;还应注重发展"回头客",建立稳定的亲密关系,从长计议,开发游客的潜在价值。

八、大学生"村官"

中央对大学生"村官"工作的部署始于 2008 年,此后大学生"村官"的计划和实际规模都不断扩大。截至 2015 年底,全国约有 20 万名大学生"村官"在岗,其中农林牧渔类专业占 6.4%。按照目前趋势,到 2020 年应有 40 万左右大学生村官在岗。经过多年努力,全国大学生"村官"工作"落地生根、开花结果",取得了明显成效。许多大学生"村官"在农村身先士卒、带头创业,做给农民看、带着农民干、帮着农民富,取得了喜人成果。《2015 中国大学生村官发展报告》指出,截至 2014 年底全国共有 22 700 多名大学生"村官"创业,共创办创业项目近 17 000 个,领办或合办专业合作社 4 300 多个,为农民群众提供就业岗位 22 万多个。

大学生之所以选择到农村当"村官",一是自我价值实现的驱动,对农村的热爱和责任。有许多大学生到村任职是为了在基层历练自己,通过创业创新,改变农村和实现自我价值。这类人比较安心。二是过渡性的选择。他们受到服务期满后能够享受到的一系列优惠政策的吸引。比如,报考研究生加 10 分、报考公务员或者行政事业编制优先录用政策、解决京外生源北京户口等。这类大学生"村官"一旦有好的工作机会,就可能离开"村官"岗位。根据调查,报考大学生"村官"的有71.51%只是暂时选择,而这一群体往往面临着二次就业的压力。

这是一支最有活力、最有生机、最具创新能力的乡村发展生力军。因此，在控制大学生"村官"数量，提高大学生"村官"质量的同时，应该想方设法实现好大学生"村官"的落地政策，让他们能够在广大的农村扎根下来，发挥他们的知识优势，带动农民创新和创业，积极参与农村的发展。人类已经进入"后喻文化"时代，现代文明的传导重任，历史地落在年轻一代肩上，用好他们，农村农业的发展才有希望。

九、"三支"人才

"三支"人才是指到农村基层从事支农、支教和支医工作的城市机关工作人员和高校毕业生。从 2006 年起全国每年招募 2 万名左右高校毕业生，主要安排到农村基层从事支教、支农、支医工作，目前这一计划各省都在不断加强，如安徽自 2016 年起，每年定向招收 2 500 名大学生毕业后到农村支教。截至 2015 年全国累计选派 27.6 万人到农村基层开展支教、支农、支医，这一制度安排为农村基层一线补充了新鲜血液，培养了一批心向基层、服务基层、扎根基层的青年人才。

政府支持和鼓励他们到农村基层支农、支教和支医，一是乡村依然是当下最缺医少药的地方。农民要到大城市看病，且不说要花费巨额的开支，更令他们头痛的是，"奔波三千里，挂号三礼拜，排队三小时，看病三分钟"。二是农村教育依然落后。义务教育免费和就近的两个基本特性没有真正体现。撤点并校实施十多年来，全国农村学校由 59 万所减少到 27 万所，农村教育出现"村空、乡弱、城挤"局面，且形成恶性循环，学校越少越差，老师学生越向城市挤。农村孩子上学难、上学贵的问题十分突出。笔者在吉林省龙井市调研发现，全市 65 个村只有一个村有一所小学，其余 64 个村的孩子都要到镇上或城里去租房读书。在镇上读书一年要多开支 8 000 到 10 000 元，在县城读书一年要多开支 15 000 到 20 000 元，这还不算家长务工陪读的工钱。应推广福建省永泰县的做法，全县 78 所农村学校，其中 11 个只有一个学生和一个老师，他们的理念是，只要有一个学生，这个学校就不能撤。这是政府义不容辞、责无旁贷的义务。三是农村具有一定专业技能和经营管理能力的复合型、创业型人才严重缺乏。具有这方面专长的农业科技人才、管理人才到农村去帮助农民发展农业，才能真正出实力、用实招、见实效。

"三支"人才是农村和农业发展重要的知识宝库。因此，应大力推进"三支"事业。特别是应该通过技能培训、业务指导等公共服务，让"三支"人才成为培育农村人才的"酵母"。同时地方政府应与"三支"人员建立长期稳定的联系，"三支"人员服务时间一般为一到二年，服务期满，即需撤回，政府应通过多种方式让服务者人走心不走，鼓励和支持服务期满"三支"人员通过"互联网＋"、电子商务等渠道，持续为农村提供帮助。

十、驻村扶贫干部

近年来，各地政府大力推行了以"驻村"为主要形式的扶贫开发帮扶措施。以安徽为例，全省针对 3 000 个建档立卡贫困村，动员省、市、县三级党政机关和事业单位，实行单位包村、干部包户，并选派优秀年轻干部到村任职，担任驻村扶贫工作队队长。全省 5 002 个单位派出 10 392 人参加了单位包村。全国目前已派驻村帮扶干部 54 万人。

驻村干部在农村扶贫事业上发挥着重要的作用，一是驻村扶贫干部拥有广泛的资源优势。他们有学历，有知识，有人脉。在贫困村建设中发挥着引导、示范、组织、联络作用。经济学家舒尔茨在他的代表作《改造传统农业》中指出，贫困人口同样有能力根据自己掌握的知识、技能、经验、信息和可利用的基础设施等条件，实现资源的最优化配置，从而贫困的农民虽然经济贫困但是具有效率的。驻村扶贫干部如果能够不断注入现代元素，从增加知识、技能、经验和信息以及改善基础设施条件等方面入手，就能激活贫困村和贫困户内生的发展潜力。

完善驻村帮扶，一是应尽快出台顶层设计，在现有方案的基础上，进一步完善驻村扶贫制度建设。二是应尽快厘清基础工作，贯彻落实贫困对象动态管理原则，及时发现问题、纠正问题，克服贫困人口识别中存在的"人情观""家庭观""模糊观"现象，将真正的贫困人口识别出来，做到底子清、情况准，真正实现贫困对象识别精准，为驻村扶贫奠定良好的基础。三是应尽快完善扶贫开发监督管理办法，明确监管主体、监管内容、监管手段和监管责任，做到有人监管、有法监管和有序监管。

夏商周秦汉、唐宋元明清，"重农思想"贯穿中国历朝历代，重视农业、以农为本，是在以农养政、以农养国、以农养城背景下的安邦之策。但是，历朝历代重农思想的核心就在于重业而不重人，农民反而成为被剥夺最重的对象。这种重业不重人的积弊直到 2006 年取消农业税才算真正结束。今天我们要加长农业现代化这条"短腿"，关键就在于重业更要重人，重业必先重人。没有经营主体农民的现代化，农业就不可能现代化起来，再先进的技术、设备，再一流的理念、管理，没有现代化的承接主体进行操作，都毫无价值。

新"下乡运动"中的十大群体，大体可分为三类，一是将成为扎根农村的新一代高素质农民，如部分回乡创业的农民工、回乡创业的大学生、部分大学生"村官"、部分海归华人华侨等。二是只做一个时期的停留，主要是为"三农"搞服务，如"三支"人员、驻村扶贫干部、部分大学生"村官"等。三是到农村生活，如第一代农民工、城市离退休人员、新三届大中专毕业生、部分华人华侨。不论哪类群体，他们都承载着推进"三农"发展的各类资源。农业需要现代化高素质农民，首先需要在农村培育产生现代化高素质农民的氛围和土壤，各类为农服务人才的开发利用便首当其冲。

新"下乡运动"是一场前所未有的人才资源大输送，各类人才集聚农村，各方力量发力农业，各种方式致富农民，其规模之浩大，涵盖之广泛，行动之自觉，史无前例，世无先例。可以预言，它对于解决"三农"问题，实现乡村再造将是一次千载难逢的历史机遇，开发利用好这笔宝贵财富，应是"三农"工作的当务之急，重中之重。

（本文原载于《中国发展观察》2016 年第 22～23 期）

树立"绿色化"新理念
构建乡村治理现代化体系

党的十八届三中全会提出要"推进国家治理体系和治理能力现代化"，2015年3月24日，中共中央政治局会议在十八大提出的"新型工业化、城镇化、信息化、农业现代化"新四化之外，又增加了"绿色化"，使"四化"变"五化"。"五化"之中，"工业化、城镇化、农业现代化"是载体，"信息化"是技术手段，"绿色化"应是实现现代化的核心价值理念。

就乡村治理而言，要实现治理现代化首先需要以"绿色化"的理念，构建一个包含经济、政治、社会、文化、生态五位一体的新体系。即按照生态学原理，通过五大系统自身及各系统之间物质循环、能量流动和信息交换，构建一个相互作用、共同促进的有机治理整体，这就是乡村治理现代化体系的总体构架和基本内涵。

这五大系统分别是：优化的经济生态系统、民主的政治生态系统、和谐的社会生态系统、繁荣的文化生态系统、文明的自然生态系统。

通过五大系统构建，形成一个政治自觉、经济自由、社会自治、文化自主、生态自然的"五自"新格局。

一、优化的经济生态系统

经济活动是一个瞬息万变的复杂系统，它需要应时而动，随时更新，不断优化，当前，应重点抓好四件事：

1. 发展两型农业。两型农业指的是资源节约型、环境友好型农业。我们要依靠打造资源节约型、环境友好型的两型农业，实现我国农业由粗放到精准的跨越，实现产品绿色、生态、有机的目标。想要实现两型农业必须做到以下几点：

第一，打造四条循环链条。①粮食及副产品生产加工链条；②畜牧水产生产加工链条；③林业及林产品生产加工链条；④农作物秸秆综合利用链条。这四条链条的打造不但有利于打破传统农业只停留在种、养阶段的局限，促进农民增收，而且有利于充分利用农业自然资源，促进资源节约型、环境友好型农业的建设。例如，我国每年生产6亿吨粮食的同时会产生6亿多吨秸秆，目前基层在秸秆利用方面很头痛，为了防止农民焚烧秸秆，每年都要投入巨资，花很大力气，许多地方每逢收割季节，乡村干部一连十数日在田间日夜蹲守。如果大力发展食草的畜牧业，遵循大自然的分工，农作物的种子让人吃，根茎叶养牲畜，就不会出现牲畜和人抢粮、秸秆无处存放的困局。

据有关专家测算，中国现在奶牛饲养精粗饲料比为6∶4，如调整为3∶7，则奶牛生命周期和生育能力会大大提高。过度消耗粮食竟至影响奶业发展，适得其反。农民进城，口粮减少1/3，而奶制品消费增加一倍，居民收入增加1%，奶制品消费将增加0.8%，中国奶牛存栏1 400万头，产奶3 600万吨，世界排名第三（世界排名前五位的牛奶大国是美国9 000万吨、印度5 600万吨、中国3 600万吨、巴西3 210万吨、俄罗斯3 200万吨），2014年，我国牛奶需求量4 900万吨，到2020年将达6 000万吨，不当的饲料配比，严重制约奶牛的发展，奶牛生命周期缩短、生育能力降低，从而影响市场供给，不得不大量进口奶制品。

第二，控制面源污染。目前农药、化肥、地膜、除草剂、重金属、水体的污染愈演愈烈。首先，农药化肥的超量使用危害巨大。有些除草剂，例如见绿杀、百草枯等，只是听名字就知道其对农业生态系统的破坏十分严重。我国化肥使用量世界第一，占世界总量的1/3，是美国和印度的总和，导致土壤酸化严重，自然界土壤pH下降一个单位需要上万年，但我国耕地pH下降0.5个单位只用了30年，"地越来越馋"，用量一减，产量就减。我国化肥投入的边际效益也在下降，1998—2013

年，我国小麦氮肥施用量增长 200％，但单产只增长 50％，与此同时，英国施用量不及我国 85％，但产量却是我国的 1.3 倍。农药化肥的超量使用不仅会因为未完全降解的残留对人畜造成直接毒害，而且还会使土壤板结降低土地质量。有关方面调查，我国土壤有机质含量仅为 0.7％，世界最好的土壤含量为 12％，日本为 10％。其次，水体污染也不容忽视。我国的水体污染不仅来源于农药、化肥残留，还来源于工业废水、医药产品。再者，地膜污染亟须处理。作为"白色污染"，地膜在土壤中的残留会影响到土壤的透气性和土壤结构，对农作物产量造成重大影响。以棉花为例，一亩地如果残留 3.5 千克，就会减产 15％，而我国平均每亩地残留地膜达 4 千克以上。最后，重金属污染情况严重。据报道，我国现在有 2 000 多万公顷土地受到了重金属污染，这个面积相当于全国耕地的 1/5，而治理重金属污染土地十分困难，成本高昂。可见面源污染严重威胁到了国民的身心健康，已经成为农业发展中的突出问题，严重影响我国农业生态系统的优化。有必要下大力气解决好这个问题。

第三，发展节水农业。节水问题是一个世界性的问题，在我国节水更是环保问题的重中之重。过去 100 年，人类人口增加了 3 倍，而用水量增加了 7 倍，目前地球上 12 亿人缺水，另有 5 亿人即将缺水，有专家预测，这个趋势还会愈演愈烈，到 2050 年，全球企业为水资源奇缺而付出的成本将达 4.7 万亿美元，占全球 GDP 的 2.9％。未来 10 年水将像石油一样在市场流通。就是在这种全世界都缺水的情况下，我国还是全球 13 个贫水国之一，我国的人均淡水资源占有量仅为世界平均水平的 27％，可见问题的严重。我国不仅是缺水，而且水的时空分布不均。我国长江以北的耕地占全国总耕地面积的 64％，但是淡水资源占有量仅有 19％。11 年连续丰收的水资源代价就是由于超采，长期透支地下水，导致地下水水位下降，甚至形成了区域地下水位的降落漏斗。

第四，严防死守耕地红线。我们有占世界 1/5 的人口，但却只有占世界 1/10 的耕地，人均耕地只是美国的 1/13，加拿大的 1/18，连比我们穷的印度人均耕地都是我们的 1.2 倍，美国、加拿大、澳大利亚、法国平均每个农业经济活动人口耕地面积分别是我国的 326 倍、660 倍、487 倍和 145 倍。我们比美国多 10 亿人口，美国却比我们多近 10 亿亩耕地，且改革开放以来，已经有 3 亿多亩耕地被城镇化吃掉。目前 20.3 亿亩耕地中有 1.5 亿亩位于东北、西北及 25°以上陡坡等不宜耕种地带，且有些还要退耕还林、还草，除去这些不稳定利用耕地外，也仅有 18 亿亩左右。如何贯彻落实"中国人的饭碗必须牢牢地端在自己手里""中国人的饭碗里必须主要装自己的粮食"，守住土地红线是根本。地广人稀的加拿大土地管理之严令人惊叹。对于近年来社会议论较多的土地所有制问题，应该看到这样一种趋势：土地权利制度正发生世界性演变，即以"所有为中心"向"利用为中心"转变，且利用权大都大于所有权。

总之，两型农业就是要培养农业的"三三思维"，内容上：植物、动物、微生物并重；形式上：一产、二产、三产融合；空间上：陆地、海洋、天空齐抓。

2. 培育多元经营主体。培育多元经营主体的关键是要明确家庭经营是核心，适度规模是关键。

第一，家庭经营是核心。就中国目前的情况来说，有家庭农场、专业大户、农民合作社、社会化服务组织、龙头企业、传统小农户这六大农业经营主体，这六大主体构成了中央所提出的构建新型农业经营体系。在培育新型经营体系的时候，必须坚持以家庭经营为主。农业生产是自然再生产与经济再生产相交织的过程，其经营对象的周期性和经营过程的复杂特性都决定了只有利益高度相关的家庭成员才能同心同德，充分发挥成员能动性，做好农业生产。我国的经验已经证明"公社＋社员"这种政府种地的模式已经失败，而"公司＋农户"是公司在种地，同样种不好，只有"农户＋农户"才是中国农业发展的最佳选择。另外，历史上和世界上的经验也告诉我们，农业生产始终是以家庭经营为主体，无数历史和国际经验证明，家庭经营是农业生产经营的最佳方式。历史上，在人类各种社会制度下，农业家庭经营始终是农业生产的基础，原始社会的族群，奴隶社会的奴隶主，封建社会的地主，资本主义社会的家庭农场，无不以家庭为主体。纵观当今世界，各国包括发达国家农业基本都是以家庭经营为主体，英、法、美、德、日等国家，农业有 80％以上属于家庭农场，其中美国家庭农场占到 86％，欧洲家庭农场占到 88％。我国有 2.3 亿承包农户，这其中参与土地流转的有 29％，绝大多数农户都在种自己的地，我们在培育新型农业经营体系的时候千万不能挫伤他们的积极性，他们才是我们粮食十一连丰的核心。可以说，坚持家庭经营为主体的农业生产经营方式是历史的必然，是大势所趋，是各时期、各国经验的总结，也是中国农业生产顺利开展的唯一正确选择。

第二，适度规模是关键。现在我国很多地方都在搞动辄几千上万亩的超大型家庭农场，很大一部分原因是觉得美国的家庭农场做得好，规模化、机械化程度高。但是我国人多地少的基本国情决定我们不能照搬美国模式，搞大规模的家庭农场。我国的规模化不是越大越好，而是应该适度规模，超越了适度就会出问题。美国是人少地多，他们追求的逻辑目标是劳动力产出最大化，中国人多地少，我们追求的逻辑目标只能是土地产出最大化，目标不同，路径当然不能一样。同时，规模超过一定限度，效益就会下降。据黄季焜研究发现，东南亚、南亚国家近些年土地经营规模普遍呈下降趋势，只有中国在增大。再说，中国目前 100个人的地给一个人种，其余 99 人到哪里去，去干什么，是个天大的社会问题。对于这个适度，中共中央办公厅、国务院办公厅印发的《关于引导农村土地经营权有序流转发展农业适度规模经营的意见》中明确表示："现阶段，对土地经营规模相当于当地户均承包地面积 10～15 倍、务农收入相当于当地二三产业务工收入的，应当给予重点扶持。"这个10～15 倍就是规模适度的"度"。

3. 打造第六产业。打造第六产业潜力巨大。日本东京大学名誉教授今村奈良臣于 1996 年首次提出农业是第六产业这一概念，这是指农业在发展第一产业的同时还要发展以农产品为原料的加工业的第二产业以及为农业服务的第三产业，这充分体现了农业的包容性和高度融合性。一个国家进入工业社会有两个标志，一是吃工商饭的人超过吃农业饭的人，二是白领超过蓝领。前一个在 1997 年中国已经实现，后一个要赶上美国还需要 6 000 万白领。当前，我国农业的第二、第三产业发展潜力巨大。在中国，作为第二产业农产品加工与农业产值的比值仅为 1∶2，而发达国家则达到了 1∶(5～8)。应尽快将工业 4.0 的理念融入农业，大力发展智能化农业。机器人正在从被动中走出，向自我意识、情感意识、学习意识发展，能吃会动、自我变形的软体机器人、液态机器人即将问世。农业如何利用机器人是尚待开发的一个新领域。美国为农业服务的人口已经达到总人口的 17％～20％，而美国的农民只占总人口的 1％多一些。与世界发达国家的差距可以看出我国农业第二产业和第三产业的发展空间巨大。

发展农产品加工业，需要围绕四品做好文章，即品相、品质、品位、品牌。人类已进入品牌时代，消费看牌子已是社会成员的必须。中国有 1 500 多种产品产量在世界居第一位，但没有一个世界公认的叫得响的品牌。美国《商业周刊》自 2006 年以来，连续发布全球最佳品牌排行榜，中国国内生产 170 万个品牌无一上榜。跨国企业 500 强有近一半是美国的，世界上 20 个最强品牌有 19 个是美国的。美国从 1820 年 GDP 居世界第一，至今未变。

发展为农服务的服务业，需要围绕打造新业态大做文章。互联网、云计算、大数据的运用，是农业适应形势，打造新业态的最佳途径。山东嘉祥的云农场已覆盖十多个农业大省。

发展二三产业，需要建立一个一二三产合理的利益分配机制。中国目前的农业产业成了产业资本逐利的肥肉。据有关专家调查，中国有世界 20％的人口，却建造了占世界 80％的大棚，生产了 51％的猪肉、67％的大宗蔬菜、70％的淡水养殖，资本的过度介入，使农业拉长了产业链条，提高了经济效益，但第一生产者农民只得到 10％左右的利益，90％左右被不同利益集团分走。

人类的农业已经经历了三种形态：刀耕火种的原始农业、精耕细作的传统农业、输入外力的石油农业，石油农业又称现代农业，这三种形态都只是在第一产业中做文章，今天我们要建设农业现代化，农业现代化与现代农业不是一个概念，农业现代化是包含一二三产整个农业产业链条的农业。他追求的是经济、政治、社会、文化、生态五大目标，而现代农业只着眼于一产，追求目标主要局限于经济。中国的农业现代化与国外的六次产业应是一个在内涵和外延上相似的概念。未来我国农业应加快构建一二三产融合，上中下游一体，产供销加互促的完整产业体系，促进农业经济生态系统的优化。

4. 构建从"地上"到"线上"的新业态。随着网络的不断普及和电子商务的高速发展，许多国内知名的网站都开始重视深入农村市场，这为农村打造从"地上"到"线上"的新业态带来了巨大的机遇。现在去农村，可以在村镇的墙上看到许多"土"口号，例如："生活想要好，赶紧上淘宝"，"老乡见老乡，购物去当当"，"发家致富靠劳动，勤俭持家靠京东"等。

除了刷标语、喊口号外，阿里巴巴、京东等网站还实地深入，在农村发展网点。2014年，阿里巴巴旗下的阿里研究院发出公告，在全国范围内寻找淘宝村，指出只要满足三个条件就有机会成为淘宝村，这三个条件是：经营场所在农村；年交易千万以上；本村活跃网店数量达到100家以上，或活跃网店数量达到当地家庭户数的10%以上。截至2014年末，建成的211个淘宝村分布在10个省份，网点7万多家，就业28万人，其中江苏省徐州市睢宁县沙集镇东风村2014年交易额超过了10亿元。京东商城计划在全国近60万个村每村选2个村民赊销农药、化肥、种子，减掉一切中间环节。安徽绩溪县通过互联网让城里人当地主，雇农民种地。让城里人闲时下乡，让农产品直接进城，城乡实现人与物的互动。石台县的茶园众筹也是一个新创意。

从"地上"到"线上"将是一场农业领域的业态革命。中国在未来将经历从乡土中国到电子商务，从下地种田到上线种网，从熟人社会到虚拟空间的逐步转变。培养农民"打掉中介"的互联网思维是当前的重大课题，农民也会因此逐步学会既能用锄头又能敲键盘。马云称阿里巴巴已拉动1 000万人就业。中国互联网虽然比美国等发达国家起步较晚，但有些方面已经走在他们前面，如移动支付，支付宝钱包和微信支付早就积累了数亿用户，而美国的相关业务启动比中国晚，发展也比中国慢，再如电子商务发展速度和规模也都高于美国。因为中国传统产业落后，线下零售业渗透率不高，中小城市和乡村成了电商的主流消费方式。互联网已经让人类社会重返"部落时代"，这与传统的以血缘和氏族为纽带的"原始部落"不同，"网络部落"是以兴趣爱好、价值观为纽带，是不要问我从哪里来的虚拟部落，大家素不相识、互不见面，但其群体力量之强大无可估量。

二、民主的政治生态系统

我国的农村基层民主建设经历了一个动态的变化过程。20 世纪 50—70 年代是号召动员型，80 年代、90 年代是指标压力型，发展到如今是民主合作型。如今，我国基层民主建设已经取得了一定的成绩，农村基层民主建设正在发生从官本位到民本位、从政府主导到群众主导、从机制体制建设到权利保障的渐进式转变。但是过去的工作重点主要集中在机构和相关法律建设，对制度的落实成效和实际运行过程中的具体成效问题关注度不够，也引发了一些问题。打造一个良好的政治生态系统是当务之急。

1. 改变"精英民主缺精英""草根民主不草根"的现状。农村基层民主包括两个层面：一是精英民主，指广大农民通过选举各级代表参与高层决策和大政方针的制定，代表人民行使当家作主的权利，这是"赋权民主"；二是草根民主，指农民自身通过投票决定身边的具体事务，这是"自我作主"。当前的主要问题在于"精英民主缺精英""草根民主不草根"。

第一，"精英民主缺精英"。①基层的精英代表数量少。我们党代会、人代会、政协会选出的参与精英决策的基层代表比例很低。在第十二届全国人民代表大会以前，代表全国绝大多数人口的农民和 2 亿多农民工中的人大代表加在一起往往都不足百分之一，第十二届人大代表中，农民和农民工的比例有所提高，但是与城里的代表相比仍然是少数。②基层精英代表不能真正代表基层的利益和诉求。各级农民代表大多是按照劳动模范的标准进行选举的，这样选出来的代表代表性不强。

第二，"草根民主不草根"。这主要体现在许多涉及农民自身利益的决策权难以落实，许多本应由农民投票决定的公共事宜往往形式化，经常是由乡（镇）政府、村级组织直接做出决定，或者被大户和宗族势力操纵。

"精英民主缺精英，草根民主不草根"的现象，不利于基层民主政治生态系统的构建，因此必须下大力气改变这种情况。政策上要用规则和手段保证基层代表的数量，真正推行和落实"城乡同比""同票同权"。做法上要大胆放手，真正把一批德才兼备、能力出众、有见识、有魄力、敢说真话、群众满意的"精英"选出来。对于群众的身边事，一定通过科学的萝卜白菜议事规则，推行广东增城市下围村做法，让"赋权民主"和"自我作主"落到实处。

2. 建立绿色 GDP 考评机制。地方政府公司化是多年形成的积弊，GDP 就是营业额，财政收入就是纯利润，政绩指挥棒围绕这两个指标转。按照财政 GDP 的核算，中国已经成为世界第二大经济体，但是财政 GDP 高速增长的背后是我国生态环境的持续恶化和资源环境的过度消耗。资源枯竭、生态恶化已经成为制约我国经济持续发展的最重要因素之一。"杀鸡取卵，竭泽而渔"的做法必须杜绝，因此必须建立绿色 GDP 的考评机制，新的考评机制中，不应该只以财政为主，更应该将农业综合生产能力、农民收入、生态保护等纳入考评指标，重点关注影响人民群众生产、生活和生态的"三生环境"。让无感 GDP 变成有感 GDP，让老百姓实实在在地感觉到经济社会的发展和变化。全国有重点生态区 432 个，重点贫困县 592 个，国家应将这些地方取消 GDP 和财政考核。

3. 改流归土，村民自治。历史上曾经有过改土归流，始于明代中后期，是指将原来统治少数民族的土司头领废除，改为朝廷中央政府派任流官。这一做法在特定的历史时期或者特定地区对政治的稳定和经济的发展可以起到一定作用。不过从长远看，还是要改流归土，让村民自己管理自己，不要随便干预。

国外不少国家规定，参加市长选举，必须在当地居住一年或两年以上，否则没有资格参选。我们有的五六千甚至上万人的大村就相当于西方的一个市镇人口。只有村民才最了解自己，只有村民才能最好地管理自己，因此，村庄管理的最佳途径就是村民自治。村民通过村民自治组织实现村民的自我管理、自我教育和自我服务，一方面可以有效降低国家在管理上的成本，另一方面可以根据村庄的传统因地制宜采用恰当的管理模式，减少管理摩擦。如果我们都靠法律解决乡村的问题，一村建一个法庭，天天开庭都处理不完。派任村第一书记、派驻大学生"村官"、选派干部驻村蹲点都只能是辅助工作，不可反客为主，过分干预。

4. 端正党支部工作态度。必须纠正许多基层党组织不抓党建抓土建的工作做法。在经济利益和形象工程及不正确政绩观的驱使下，很多基层党支部不抓党建抓土建，导致基层党组织建设松散，凝聚力差，人心浮动，长此以往，常常造成村庄发展动力不足，反倒影响了村庄经济的发展。党的基层组织是党的全部工作和战斗力的基础，党支部重点就是要搞党的建设，党支部的成员应该深刻认识到自己的职责所在，各司其职。因此，在基层应继续宣传和推广，加深党员对党支部的职能认识，让村党支部认识到基层党建的重要性，切实抓好基层组织建设，要下大力气整顿软弱涣散的基层党组织，夯实执政基础。

三、和谐的社会生态系统

改革开放以来，中国社会出现几个阶段性特点，20 世纪 80 年代，群体争民主；90 年代，个体争自由；进入 21 世纪以来，社会争活力。让乡村社会活力充分迸发，当前主要应办好四件事。

1. 发育社会组织。社会组织既能在一定程度上弥补政府失灵，又能在一定范围内弥补市场失灵。在一个成熟的社会中，社会组织应该与政府、企业形成同等重要的力量，只有建立起发达健全的社会组织，才能构建一个和谐的、平衡的社会生态系统。在社会组织健全的发达国家，平均每万人就拥有 100 到 200 个社会组织，而我国平均 10 000 个人里仅拥有不到 3 个。

在农村，更应该提高农民组织化程度，这样不仅可以降低农业的交易成本，提升农民在市场中的谈判地位，同时还能够增强农民抵御来自自然的、社会的、政策的、市场的种种风险的能力。近年来，我国的农民专业合作组织发展较快，2014年全国农民合作社已超过120万家。但是，从总体上看，我国的农民合作社还存在数量太少、体量太小、无组织化、弱组织化和被组织化等诸多问题。因此提高农民组织化程度，仍然是我国建设现代农业的当务之急，应尽快实现从"组织农民"向"农民组织"的跨越。

2. 畅通阶层通道。现在我国已经实现了由乡到城的"水平流动"，但是尚未解决阶层之间的"垂直流动"，打通阶层互通的通道将是中国未来社会建设的重大命题。

在城市，尤其是在大城市，农民工想成为市民难度较大，北京有800万的"北漂"，但是每年的落户指标只有18万个，上海、广州、深圳实行积分制，看似有了明确的体系和目标，但实际对于广大农民工来说很难实现。如今，农民想要成为市民，建设好家乡小城镇可行性较大。在二元体制下，农民变市民需要"三向"思维：向左进城、向右入镇、向上提升。

想要做到"垂直流动"，就要缩小贫富差距，各地普遍的做法是推进农业现代化重点培植专业大户、龙头企业，但千万不能挫伤2.3亿承包小农户的积极性，他们才是农业的主体，发展不能忘记公平，资源必须合理分配。看一个时代多伟大，要看那些大人物；看一个时代是否幸福，要看那些小人物。中国尚有1亿多贫困人口，这是我们实现两个百年目标首先要解决的问题。

还要消除对农民、农村、农业的歧视。今天社会上离农、厌农、弃农的现象弥漫，改革开放以来，高考状元总计千名左右，其中无一报考学农的，70%都是学金融、经济的，全国40多所农业院校带农的专业大都面临招收一流生源危机，河北省100多万名在校职业中专学生中，学农的只有几千人。社会对"三农"的歧视会让其更加弱势，必须纠正这种错误的偏见。

　　古今中外，历朝历代都提出以农为本、重农抑商的思想，但古代重农只重业，不重人，农民的税赋徭役是一个王朝的支柱。今天，我们已经走出以农养政的时代，进入以工养政、以商养政的时代，重农不应再以业为本，而应以人为本，只有先重农民，让农民成为体面的职业，农业才能发展起来，无农不稳，农弱必危，这是历史的经验，也是永远不变的真理。

　　知识就是力量，教育是获得这种力量的基本途径，因此必须加大力度解决"农二代"的教育问题。"农二代"主要由两部分构成，一是跟随父母进城的"小漂族"，二是在农村留守就读的学生，他们的教育环境都不容乐观。跟随父母进城的孩子不但很难和城市学生获得均等的教育资源，还要面临随着父母工作的变动而时刻存在重新择校的变数。留在农村的 6 000 多万孩子也面临着新的上学难，农村撤点并校以后，农村的学校由原来的 50 多万所锐减到现在的 20 多万所，调查显示，小学生家离学校的平均距离为 10.8 里*，初中生 35 里。义务教育的基本原则是免费、就近，现在免费解决了，但是就近却没有解决，给许多家庭带来的负担远远超过了收费。为了不让农村的孩子输在起跑线上，不但需要给农村输入更多的师资力量，还要转变教育理念，改"精英教育"模式为"生存教育"模式，走出千军万马过一条高考独木桥的应试教育死胡同。因地制宜，从小就培养乡村孩子一项专门的生存技能。

　　3. 发掘传统乡土社会的诚信价值。诚信在传统的乡土社会不是流于一种形式，而是一种自觉、自发的社会意识，对于这种别具一格的乡土文化我们应该保护和挖掘。城市是移民性的生人社会，人与人之间的关系依靠契约，乡村社会是聚族而居的熟人社会，靠的是诚信。在农村，这些没有法律保护的承诺，看似无形，感觉虚无缥缈，实则非常可靠，因为在熟人社会失去诚信面临的损失不仅仅是道义上的，还会影响到在熟人圈中的生存问题，甚至还将累及家人及子孙后代。在乡村的小商店买东西，如果没有带钱，店主大多会主动提出下次再付，这个在生

---

　　* 1 里＝500 米。

人社会的城市是不可能的。约定俗成的乡规民约在唐宋时代就已形成气候，北宋吕大临兄弟撰写的《蓝田乡约》就是记录当时乡村社会的乡规民约的名著。如今我们需要做的就是将这种文化继承、保留和重新发掘。

4. 重构村社功能。农村社区是指聚居在一定地域范围内的农村居民在农业生产方式基础上所组成的社会生活共同体，它是一种自治性的社会生活共同体。它具有独特的法律制度、独特的历史、独特的资产构成、独特的成员构成、独特的体制，并且随着时代的发展不断演替和变化。我国尚有 270 多万个自然村落，它们的地理区位、资源禀赋和经济基础不同，也形成了不同类型的村社，概括起来可以分为四类：衰落型、原貌型、农庄型、社区型。应该根据类型的不同，对它们分门别类，赋予它们有区别的社区管理办法。目前农村基层管理单元正在分化，主要有行政村、村民组、新社区三种形式，应探索管理单元下沉到村民小组的村民自治办法，村民组才是一个真正的利益共同体。不管是什么样的治理办法，其最终目的都是一致的，那就是让村社更和谐，让村民更幸福。在我国目前的现实体制背景下，村庄集体产权明晰十分重要，要理清社区成员权和集体经济组织成员权。

四、繁荣的文化生态系统

所谓文化就是"人化"和"化人"，各种文化在互相冲撞中融合、统一，在统一中升华，然后再按照升华后的文化范式，约束规范来到这个文化区域生活的所有人。我国文化体系出现的一个明显问题就是没有建立起一个"草灌乔"型文化生态系统。一个繁荣的文化生态系统应该是一个完整的多元体系，但是现在的人只注重"高大上"的精英文化，而忽视"大众文化""草根文化"。因此，务必树立适合平民消费的健康有益的大众文化、草根文化的观念，这才是一个地方的主流文化、主体文化和主导文化。我们发展乡村文化，主要应从乡村文化的本体、主体和载体三个方面着手，把"要文化""送文化"与"育文化"结合起来。

1. 保护本体。保护本体是核心，发展乡村文化首先要做好保护本体工作。想要保护本体要做到以下几点。①弘扬"天时地利人和"的农业哲学思想。"天时地利人和"的思想是中国农民总结出的在世界上独一无二的哲学思想，这是人类哲学的黄金定律，放之四海而皆准。②保护物质和非物质文化遗产。我国是有着五千年文明史的古国，有着数以亿计的物质和非物质的文化遗产需要保护。第七批全国重点文物保护单位名单公布后，我国有 4 291 个文保单位；第四批国家级非遗代表性项目名录公布，总数达 1 372 项；第三批中国传统村落名录公布，共2 555 个村落受保护。中华民族之所以五千年文明薪火相传，一个是长达 1 300 多年的科举选人制度，国外称这是中国人除四大发明之外，对人类的第五大贡献；另一个就是中华文化深深地植根于数百万个自然村落之中，使之具有极强的同化力和包容性，任何外来文化不仅无法击垮它、消解它，而最终都会被它消解、同化。但是近年来，我国的自然村正以平均每天 300 个的速度消失。与发达国家相比，我国的博物馆数量较少，2014 年，美国已经拥有博物馆 35 144 家，而中国只有 4 165 家，规划到 2020 年建成 6 000 家以上。我国人口比美国多 10 亿，但是博物馆却是他们的 1/8。图书馆拥有量差别更是惊人，美国现有各类图书馆12 万个，平均 2 500 人就有一个图书馆，美国大中小学学生学习主要靠从图书馆找资料。③在传统文化积淀丰富、分布集中、存续状态良好、社会广泛认同的地方，设立文化生态保护区，应对这种文化进行重点保护，让它永葆青春，成为活态文化的标本。④学习一些西方国家的做法，把保护非物质文化遗产设立为一门必修课程，让孩子们从小就认识和了解中国的非物质文化传承。芬兰的小学生毕业时必须熟练掌握一门本民族的非遗技能。北京市西城区招募非遗传承志愿者的做法值得借鉴，计划招 25 人，结果报名 400 多人，经严格选拔扩招到 45 人，经过24 个标准课时培训，全部合格结业。

2. 培育主体。培育主体是关键。乡村文化工作者是乡村文化发展的主体，要想建设繁荣的乡土文化，就必须培育高素质的文化传承队伍。文化传承队伍的素质是发展乡土文化的决定因素。培育主体，主要是建设好五支队伍。一是能尽心尽职做好服务的基层专业文化工作者队伍，把那些热心于基层文化事业的同志选出来，用到位。二是民间文化骨干队伍。把那些有各种文艺才能的民间骨干分子组织起来，广泛开展各种文艺活动。三是具有专业文艺水平的师资培训队伍。把公办院、团、校的专业人才组织起来，采取多种方式，深入基层文艺骨干群体，定期开展各类培训辅导。四是志愿者队伍。把有文艺特长的志愿者组织起来，利用节假日或其他休息时间到乡村开展文化服务。五是富于想象的文艺创作队伍，贴近草根创作，深入乡村挖掘，文学艺术是科学的先祖，有了文学艺术天马行空的想象，才有科学家的无数次试错，最后获得成功。

值得关注的是，今天文化的传承已经与过去大相径庭，美国社会学家玛格丽特·米德把这种现象分为三个时代：前喻文化、并喻文化、后喻文化，农业社会靠前辈积累的经验传授给后辈，工业社会靠同代人的传授，信息社会靠后辈传授给前辈，弄不懂需要回家问问孙子。文化的传承发生倒置性变化，应适应这种新状态。

3. 搭建载体。搭建载体是基础，文化活动需要载体做平台，因此要搭建各种多功能、综合性的文化载体。①整合文化、体育、教育、广电等资源，搭建综合性、多功能的社区文化活动中心，让村民有自己的活动场所。②发展集旅游、观光、休闲、体验为一体的乡村旅游文化。不但利于本村成员继承本村文化，还能将乡土文化通过游客的旅游观光传播出去。③开展"工匠运动"。十多年前，美国在社区创立"工匠空间"，为有兴趣专研技术的人搭建平台，目的在于让人们在"头脑发达、四肢简单"的电脑时代练习动手能力，为未来制造业培养人才。2014年6月，美国总统奥巴马在白宫举办了一个工匠嘉年华活动，政府拨款1 500万奖励全国有成就者。④实施"文化低保"。为2.6亿农民工搭建"文化低保"平台，在为他们免费提供文艺演出、电影电视、图书阅览的同时，免费发放文化消费券，让他们自由选择适合自己的定点商业文化消费，保障他们的基本文化权益，防止他们工余时间成为时代文化的盲区。

乡村文化的发展，重在人的参与。应该着力改革"一台电视传播强势文化"的现象。外来文化、城市文化、现代文化越来越成为强势文化，左右着人们的生活，而农民被文化边缘化，他们的文化认同、道德伦理、人生价值、择业观念、生活目标等在多种强势文化的冲撞下，处于迷茫困顿状态，方向感缺失，出现了不知文化何"化"、美术何"术"的尴尬现实。廓清认识，让农民走出迷茫，解除困顿，对于提振他们的精神，促进他们的发展大有裨益。

社会不和谐有四大风险源：经济风险源、社会风险源、政治风险源、文化风险源。其中文化风险源的破坏性最大。所以想要构建乡村治理新体系，打造繁荣的文化生态系统势在必行。

美好的乡村既需要人与自然的环境美，又需要人与社会的和谐美，还需要人与自身的心灵美，各美其美、美美与共，才会世界大同。

五、文明的自然生态系统

改革开放以来，中国已经走出了人与物、人与人、人与自然三者发展关系的陷阱：以前人与人是阶级斗争，见人就批，现在知道应该是以人为本；以前人与物是越穷越好，今天知道要发展经济；以前人与自然是要改造自然、征服自然，现在知道应该与自然和谐相处。但今天，我们又掉入了发展路径的陷阱，重城轻乡、重工轻农、先污染后治理。要走出这个陷阱，我们需要做好四件事。

1. 克服"人是自然的主人"的工业哲学思想，树立"人是自然中的一员"的生态哲学理念。工业文明的进步让人有了改造自然的能力，于是人类不再惧怕自然界的"神秘和威力"，以为自己就是"世界的主人"，这种"人定胜天""主宰世界"的思想是工业哲学的理论。但是随着文明的发展，生态文明的哲学告诉我们"人是自然中的一员"，以损害自然界其他物种和环境来满足人类自身无节制的需求，最终会打破生态平衡，危及人类自身生存。生态环境是人类生存的基本依托，生态环境的良性循环是经济社会可持续发展的基础保障，因此应该树立人与自然和谐发展的文化价值观，克服"人是自然的主人"的错误理念，遵循古训："道法自然""天人合一"。把"绿色发展、生态引领"作为核心价值观。

2. 科学编制并落实生态规划。过去我们也进行过不少生态规划，但是很多规划没有经过科学的论证，往往规划内容只是来自当地领导人的主观臆测，还有一些规划不能有效执行。因此切实可行的生态规划必须经过科学的论证，然后认真落实，用生态规划统揽各类专项规划，生态规划是高于一切的第一规划，一经颁布，任何人无权变更，形成铁规则。

3. 改善"三生"（生产、生活、生态）环境。建立城乡、地域之间生态利益补偿机制，落实责任终身追究制。我国许多大城市经济的快速发展往往是透支了乡村或其他区域的生态利益，因此为了取得最大的环境资源利益，保障人类可持续发展的生存空间，必须建立城乡、地域之间生态利益补偿机制。一些大城市正开始尝试运作。2014年北京市政府常务会议原则通过《北京市水环境区域补偿办法（试行）》。按照这一办法，从2015年1月起，北京将首次试行水环境区域补偿制度，将按照"谁污染、谁治理，谁污染、谁付费"的原则，勒令制造污染但治理不力的上游区县对下游区县给予经济补偿。我们现在的生态制度可以说是古今中外最为严厉的制度，为了遏止"环境污染"，中央出台了环境污染终身责任追究制政策，只要破坏了环境就会终身追究。但是执行起来有很多困难。一是生态破坏的周期太长，一个地方的环境破坏可能是多任领导的累积效果；二是数量太多，不好统计；三是链条太复杂，不容易明确界定责任；四是违规人数太多，很多人抱着法不责众的思想，以图逃避惩罚。

4. 保护物种多样性和生态链的完整性。《中共中央关于全面深化改革若干重大问题的决定说明》指出，"山水林田湖是一个生命共同体，人的命脉在田，田的命脉在水，水的命脉在山，山的命脉在土，土的命脉在树"。植物之间、动物之间及植物之间长期形成了组合的协调性，不可中断，不可无序，不然就会出问题。

还要防止外来物种侵入。当一个物种能改变和危害本地生物多样性时，这就是外来物种入侵。能造成入侵的外来物种往往没有天敌，经常会由于过度繁殖而摧毁生态系统，危害动植物多样性，这样的例子屡见不鲜。1859 年，英国移民带 12 只欧洲野兔到澳大利亚，到 1907 年野兔泛滥。外来物种也给我国带来了严重影响。据统计，截至 2013 年，确定入侵我国的外来有害生物达到 544 种，其中危害严重的达 100 多种，每年造成直接经济损失高达 1 200 亿元。可见防止外来物种入侵兼具生态和经济双重效应。

杜甫当年慨叹"国破山河在"，我们今天绝不能让"国在山河破"。环保不缺技术，环保缺的是良心。

推动经济社会的发展分为四个层面：一是要素驱动；二是效率驱动；三是创新驱动；四是价值驱动。我们今天还处于要素驱动与效率驱动之间的层次，亟须跃升到创新驱动层面。重构乡村治理的五大生态系统就是一种创新驱动。短期的改革是利益的博弈，而长期的改革则是价值的博弈，是公平正义、民主法治这些价值观的博弈。我们的改革如果到了靠价值链驱动的阶段，那才能说是改革真正成功了，真正和国际接轨了。中国经济发展动力已经发生过两次大转型：第一次是 1978—1997 年，靠廉价要素供给为动力；第二次是 1998—2012 年，以扩张（投资、出口、消费）需求为动力。今天需要第三次动力大转型，即依靠制度红利为动力。重构乡村治理的五大生态系统就是寻求新的制度红利。

六、从"得利"到"便利"：乡村治理现代化的制度逻辑——亳州样本

"给钱给物不如给个好制度"，这是当下广大农民群众最强烈的呼声。改革开放以来，各地各级一直致力于让农民群众获得更多物质利益的制度创新。时至今日，让农民"得利"的文章已经基本做足，他们当下最希望得到的不是钱物，而是方便办事的制度供给，简捷便利的政策消费。从让群众"得利"到使群众"便利"，把"得利"寓于"便利"之中，这是适应群众新需求，深化农村改革的重大转折。亳州市根据这一制度需求逻辑，应时而动，精心实践，运用"互联网＋"的新思维，探索出一整套方便群众办事，提供 24 小时全天候受理、360 度全方位

服务的"一路通"制度模式。

　　亳州市位于安徽省西北部，总人口 634 万，其中农业人口 571 万，常住农业人口 321 万，常年外出人口达 250 万人，群众办事不方便问题十分突出。按照"法定职责必须为、法无授权不可为"的原则，亳州市自 2014 年下半年以来，历时数月，组织数百人突击工作，对市县乡各级政府权力进行彻底全面地清权确权，全市共对照核查有关法律、法规和相关文件数十万条，按照 18 类政府权力清单梳理、排查，确定全市共有政府权力 9 341 项，通过下放、取消、转移、整合、动态管理等方式核准后保留政府权力 2 878 项。分别为行政审批 149 项、行政处罚 2 019 项、行政征收 61 项、行政给付 8 项、行政奖励 2 项、行政强制 93 项、行政确认 171 项、行政裁决 13 项、行政规划 29 项、审核转报 71 项、行政备案 85 项、行政征用 1 项、行政复议 1 项、行政调解 9 项、行政监督检查 106 项、行政处理 44 项、工程（项目）验收 6 项、专项资金分配 10 项。在对政府权力分出十类的基础上，对其中行政审批、行政确认、行政备案、行政给付、审核转报五大类可以网上办理的事项应上尽上，市县乡共排出上网办理的行政及服务类事项达 3 307 项，对上网权力事项逐项对应制定责任清单，明确责任事项和追责处置，同时对其余 22 项行政服务类事项推行网上预审查。以网上大厅办理取代实体大厅办理。全市统一整合公安、工商、民政、人社、卫生等几十个部门可以共用的数据信息，建立资源数据库群，利用大数据、云计算技术实现互联互通。在此基础上，开发出 10 多个功能模块，不仅可以网上"办事"和"审批"，还可以自动生成评估、监督、查询、统计、短信平台等其他功能。他们将办事流程建立了规范化模式并制成运行图和办事指南，群众只需在网上按图索骥，不需跑路，不需找人，在家或世界任何有互联网的地方，都可以 24 小时随时申办。他们正在开发利用手机办理的软件，已有 1 100 多项事项可通过手机直接申办。目前，全市每村及超市设有代办点，不会使用网络的群众可到代办点随时请求帮助。事情办结，由政府出资通过快递公司及时送达本人，不收任何费用。他们的目标是，努力实现"七零化服务"，即服务范围零盲区、服务办理零距离、服务对象零见面、服务获取零花费、服务程序零缺陷、服务效率零误时、服务质量零投诉。运行 2 个月来，全市平均每天办理 1 000 多件事项，无一误时、无一出错，群众十分满意。

亳州市利用互联网技术，创建起一个新制度的平台；运用互联网思维，挖掘出新制度的红利；开发互联网智能，让网络生成的新制度管人。这一创新实践，摸清了政府权与责的底数，建立了没有扯皮推诿的制度体系，规范了干部行为，走出了群众办事"四难"（门难进、人难见、话难听、事难办）的困境，设置了杜绝滋生腐败的屏障，找到了融洽党群干群关系的良方，重塑了党和政府的威信，重建了乡村社会的秩序，激发了人民群众创业创新的活力。为深化农村改革树立了新样板，为提高行政效率、降低行政成本开辟了新途径，为优化基层政治生态构建了新机制，为科层化服务变扁平化服务开发了新领域，为实现基层治理现代化打开了新视野，为规正社会"三观"（世界观、人生观、价值观）提供了新思路。是体制改革的创客，是制度创新的典范。中国经济发展一不缺动力，二不缺机会，缺的是低制度成本。只有制度成本降下来，发展才能健康、平稳、良性。

当然，亳州市的实践仍有一些需要完善之处，如个别部门仍存在"信息孤岛"现象，整合的信息如何防止泄密等，他们正在寻找逐步完善的措施，这些不足丝毫不影响其应有的推广价值。

《老子》第十七章中说，老百姓对于政府，"太上，不知有之；其次，亲而誉之；其次，畏之；其次，侮之"。亳州市在老子的故乡，实践着老子的思想，做追求最高境界的政府，让群众只知网上办事，不知政府的无为而治。为此，建议应在全国全面推广亳州市这一制度创新的先进经验，为实现乡村治理现代化奠定坚实的基础。

五大体系是宏观思路，是总体构架，是大方向；一个样本是微观操作，是具体实践，是切入点。

（本文原载于《中国发展观察》2015 年第 5～7 期）

农民市民化需要"三向思维"

　　城镇化的本意应是居民不论在哪里生活都能享受到与城市相仿的公共设施和公共服务。数以亿计的中国农民之所以千方百计都想挤入县以上城市，是因为二元制度推高了那里的"两公"水平。由此导致社会上对城镇化的理解陷入误区，认为农民只有进到县城以上的城镇，才能成为市民，才算实现了城镇化。这是典型的城乡二元思维，与中国国情、国际惯例、城镇化规律和城乡一体化战略等诸多方面相悖逆。

　　一是不符合中国现实。长期以来，我国的城镇化发展两极分化，一方面大中城市优质资源过度集中，好学校都在大中城市，北京市的医用CT机超过整个英国；全国省会城市大多形成一城独大的格局，有一半的省会经济总量约占全省四分之一的份额。另一方面小城镇发展一直处于活力不足、成长不快、发育受限状态。要使我们这样一个拥有270万个村落的"村庄大国"和八九亿农民的"农民大国"走向"城市大国""市民大国"，就必须大力发展小城镇。大中城市有限的承载能力和高昂的生存代价使绝大多数农民工在相当长的时期内无法扎根，而星罗棋布的小城镇根植于农村，是城乡融合的桥梁，又是农民就近兼业的主战场，对于解决"大城市病"和农民工大量外出引发的各种经济社会问题无疑是一剂良方。一个成熟的经济体，其发展方式转变、产业升级换代及实现城镇化的过程，从来都是设备、技术、资金等生产要素的流动，而非大规模长时期的劳动力流动。让几亿农民工实现就近就地城镇化，不仅有"扬汤止沸"之效，更是"釜底抽薪"之举。

　　二是不符合国际惯例。从国际视角看，现在我国的城镇化规划，只是城镇建设布局，没有考虑农村，不是本质意义上的城镇化。事实上，发达国家没有城市与乡村之别，只有人口密集区和非密集区之分。有关资料显示，日本人口密集区的定位标准是每平方公里4 000人以上，集聚人口5 000人以上，在这样的区域居住的人口占日本总人口的66％。有些国家2 000人以上聚居的地方，就是人口密集区，就是城镇化，这样的地方，国家投资的公共设施和公共服务与大城市相仿。如果以2 000人计算，我国不少村庄都超过了2 000人，乡镇更不用说。全国3.3万个乡镇中的1.9万个镇，镇镇都是城镇，只不过我们的基础设施和公共服务还相差甚远。城镇化水平高达95％的德国，在城镇化过程中一直遵循"小的即是美的"原则，全国70％的人口居住在2 000～10 000人的小镇上。其产业政策的重点均以中小城镇为主，这些城镇虽然规模不大，但基础设施完善，城镇功能明确，经济异常发达。

三是不符合城镇化规律。城与乡的关系是相互配合的夫妻关系，各有分工，不是非此即彼的对立关系。发达国家的经验和教训表明，城市化是建立在农业发达、农村发展的基础上，不是要放弃农业和牺牲农村，大量农村人口迅速向大中城市迁移，最终必然导致城乡关系的断裂和畸形。国外很多国家正在流行的城镇化理念是建筑组团与田园组团相结合的布局，城市与边缘、城市与郊区甚至城市与乡村的差异已不明显，人口的密度因分布在若干个小城镇而相对分散。这种城镇发展战略实现了工业化、城镇化与农业现代化的和谐共存、协调发展，使城乡有机结合，融为一体，如日本东京市内已建几百个"市民农园"和"都市田园学校"，让城市人、特别是孩子们知道农作物是怎么生长的，让他们了解和把握动植物的生命规律，从更深层次的哲学角度理解和尊重生命的过程，不做或少做违背规律的蠢事，从而实现传统文明与现代文明相互关联、交融渗透、共存共荣，实现"各美其美、美人之美、美美与共、天下大同"，这是人类经过无数探索才找到的未来城市发展规律。

四是不符合城乡一体化战略。中央提出城乡一体化发展战略，就是要求城乡必须同时发展、同样发展、同步发展。如果还用传统二元思维模式配置资源，在此基础上推进城镇化，很难在城与乡的空间坐标上找到彼此之间的契合点，实现城乡之间的良性互动，只能是梗阻更重、鸿沟更深。说到底，农村优秀人才要进城享受市民待遇，城市优质资源更要下乡，建设强镇大村，使人口密集区实现城镇化，这样才符合城乡统筹战略的空间定位，才能实现城乡资源要素的自由合理流动，才是城乡之间带有根本性的深层次统筹、一体化发展。

五是不符合农民是一种职业的社会分工。农民不是一种身份，农民是就职业而言，市民是就居住地而言，农民与市民本是两个没有逻辑并列关系的角色。农民可以居住在城里，是市民；市民也可以从事农业，做农民。但城乡二元制度用"身份"的标签把二者分出高下等级。农民想改变身份成为市民就变得力不能及了。如果抛开不合理的城乡二元制度讨论问题，"让农民市民化"的命题，就是让"职业居住地化"，这显然是逻辑上的荒谬。

"三农"问题的病根是城乡二元结构，推进农民市民化的制度设置，必须以瓦解和破除二元制度为根本，绝不能以保护和助长二元制度为目标。因此，新制度的建立必须摒弃二元思维的旧定式，树立三向思维的新理念。所谓"三向思维"，就是"向左进城、向右入镇、向上提升"。

"向左进城"，即让一些有条件、有能力的农民成为市民。户籍制度确立的二元社会结构造就了城乡居民权利的不平等。有研究表明，户籍作为资源配置和利益分配的最大凭据，计划经济时代附着在市民户口本上的特权有 67 种，已渗透到经济、政治、社会、文化等各个领域，并且盘根错节，互为依存，剪不断理还乱。尽管随着改革的深入，诸如粮票、油票等计划经济时代的福利早已取消，但与城市户籍密切相关的购房、购车、教育、社保、医保、养老等方面的诸多先赋性障碍，农民工仍被边缘化。中国城市化率已达 54%，但真正具有城市户籍的人口只占 35%。

现在地级市及县城户籍已经放开，但农民要进入"北上广"这样的特大城市仍很艰难。例如，北京现有 800 万"北漂"，每年转户指标只有 18 万，按此比例需要将近半个世纪才能转完。广州、上海、深圳等地有积分落户制度，一年靠积分入户的仅 3 000 人左右。"自由迁徙"

的道路上仍旧横亘着巨大壁垒。即便成了市民，农民工的生存状态与市民也是天壤之别。据人社部测算，2013 年外出农民工月收入仅 2 609元，远低于城镇职工。在住房方面，受雇农民工在单位宿舍住的占28.6%，在工棚住的占 11.9%，在生产经营场所住的占 5.8%，与他人合租住的占 18.5%，独立租住的占 18.2%，有 13% 的农民工在乡镇以外从业而每天回家居住，仅 0.9% 的农民工在务工地有自购房。在大城市里，农民只能迫于生活压力无奈选择住在城乡结合部或者城里的群租房中，买房对于绝大多数农民工来说是想也不敢想的事情。在劳动保障方面，与雇主或单位签订劳动合同的占 41.3%，雇主或单位为农民工缴纳养老、工伤、医疗、失业和计生保险的比例只有 15.7%、28.5%、17.6%、9.1%、6.6%。在今天的城市里，农民工多数从事的是脏、累、差的工作。即便农民工和市民同在一个单位，也不能一样累计工龄、评定职称、进修与培训。一遇经济不景气或政府治理整顿，可能就要被清退。

"向右入镇"，即让绝大多数农民就近就地城镇化。小城镇及大农场正在受到上流社会的青睐，美国几位总统都喜欢在农场会见外国政要，世界上许多重大国际会议都选择到乡间小镇召开，世界第一届互联网大会选在浙江古镇乌镇召开，更不要说达沃斯论坛、博鳌论坛等名噪全球的会议了，欧洲许多国家正出现市民回流农村居住的风潮。中国农民不愿当小城镇的市民，是因为那里没有和大中城市相仿的公共设施和公共服务。

现在的问题是，如何使基本公共设施和公共服务下乡，实现乡村的城镇化，让农民愿意在本土当市民？一条切实可行的做法是把靠行政手段形成的畸形资源集聚，再用行政干预的措施分散开来，即由顶层设计，通过政策动员推进四大资源下迁到强镇大村，由四大资源带动基本公共设施和公共服务建设，推进小城镇发展。一是大学。大学对小城镇发展具有显著拉动作用，国外大多数名校都建在乡间小镇上。我国的大学和美国相比差距很大，美国 3 亿多人，3 500 多所大学，三分之二以上都在镇上。我国 13 亿多人，只有 2 300 多所大学。按照美国的比例，我们还要办一万多所大学。办这些大学靠财政的力量是不可能的，应把城市大学拆分，鼓励到强镇大村去办二级学院或分校，以低成本带动小城镇扩张，实现大学带城，城校相长，互为促进，协同发展。这样不需要政府大规模投资，就能够"四两拨千斤"。美国加州大学办了 9 个分校，每个都带起一个小城镇。二是医院。截至 2013 年底，全国城市共有医院近 2.5 万家，病床 458 万张，执业医生 150 万人，注册护士 200万人，而居住着八九亿农民的农村，只有 3.7 万个卫生院，113 万张病床，43 万个职业医师，社区卫生服务中心 8 488 个，病床 16.8 万张，执业医师 13 万人。看病难依然是农民的痛。城市医疗资源下乡是医疗机构和农民双赢的大好事。国外许多著名医院都在乡间小镇上。三是研究机构。据估算，我国约有 2 500 家大大小小的政策研究机构或智库，拥有 35 000 名左右的政策研究人员。其他类型的科研机构和人员更多。我国许多研究机构都在大城市，国外的许多研究机构都在乡间小镇上，这些机构如下迁到小城镇，将是从根本上提高小城镇的竞争能力和资源集聚能力的砝码。四是国企。从世界发达国家城镇化道路来看，许多小城镇都是围绕企业发展起来的，如西雅图的林顿镇是因为波音公司而出名，硅谷是因为高科技企业云集而发展。据调查，德国前 100 位的企业，只有 3 家企业总部设在首都，其他都在镇上。我国央企就有 155家，全挤在首都，每个省几十上百家省级国企也都挤在省会，这些企业总部完全可以下迁到乡镇。"总部经济"的效应一经释放，带动小城镇的能量将是超常的惊人。

"向上提升"，即打通社会阶层流动的通道。现代社会一定是一个开放、公正、社会流动通畅的社会。现阶段农民从乡村到城市的迁徙，只是完成了横向的水平位移，远没有实现纵向的垂直流动。所谓垂直流动就是不断提高农民工的经济、政治、社会、文化地位，打通他们上升的阶层通道。当前，社会阶层流动受阻的原因是多维度的，要想逾越阶层流动的障碍，为农民工向上流动开拓空间，需要搭建四级阶梯。

第一级阶梯是消除种种歧视，让农民站在一个公平的社会平台上。第二级阶梯是"吉祥三宝"。即低保、医保和养老保险，这三者不与城市统一，农民就没有基本生存的保障，向上流动更无从谈起。第三级阶梯是教育。教育是实现阶层流动的重要路径，只有教育公平，才能体现起点公平。但名牌大学里，农村孩子的比例逐年降低，清华北大已由过去的 30％多下降到百分之十几。经过近十多年的撤并，全国 59 万多所农村学校，现在只剩 20 多万所，新的上学难已经摆在农村孩子的面前。据调查，现在农村小学生家离学校的平均距离 10.8 里，初中生 35 里，有的父母为孩子读书，不再工作，在镇上或县城租房专门陪读，成本倍增。义务教育有两个最基本的特点，一是免费，二是就近。如果这两条都做不到，就不叫义务教育。目前，全国 5 亿多农村劳动力，平均受教育的年限不到 8 年。农村应该从农民的教育问题大力抓起，不仅要切实抓好义务教育，还要下功夫抓好农村的职业教育、继续教育和终身教育，让农民不输在起跑线上。第四级阶梯是让农民增收。农民幽默地说"俺们刚吃饱饭，城里人又减肥了；俺们刚吃上肉，城里人又吃素了；俺们刚用上机械干活不出汗了，城里人又到桑拿房、健身房找汗出了。"农民总是跟不上脚步的根本在于经济地位低下。要解决这一问题，需从两方面着手。一是强力注入现代元素，让农业成为第六次产业，解决就地就近城镇化的农民增收问题。即让农业成为一二三产相加的产业，构建一二三产联动、上中下游一体、产供销加互促的农业现代化产业体系，形成农民增收的合力，其生活水平才能提高，社会阶层流动的通道才能通畅。二是在城市建立良性的经济生态系统，即大中小微并重，解决到大中城市落户的农民增收问题。农民工在城市靠的就是见缝插针、摆摊设点的草根生存方式，城市管理应给他们留下生存空间。我国香港2013 年财政专门拨款为全港 4 000 多个摊点进行改造发展。那种只为原住民着想，只为城市表面整洁的思路应该调整，不然农民工在城市即便成为市民也只能成为现代穷人。

（本文原载于《中国发展观察》2015 年第 4 期）

三股力量发展壮大农村基层民主

改革开放 30 多年来，农村基层民主建设正在发生从官本位到民本位、从政府主导到群众主导、从机制体制建设到权利保障的渐进式转变。在这一过程中，国家更多的是注重民主法律制度建设和机构建设，而对推进和落实农村基层民主制度的各种力量关注度不高，关心支持不够，导致其发展明显不足：主导农村基层民主的体制内力量严重受限，助推农村基层民主的体制外力量发育迟缓，活跃农村基层民主的第三方力量刚刚起步，从而阻碍了民主进程。只有从制度和实践两个层面上不断充实、壮大并凝聚农村基层民主的三股力量，才能使农村基层民主建设发生质的飞跃，进而为推进我国的民主化进程打下坚实的基础，创造出成功的经验。

体制内力量：精英民主须"精英"，草根民主要"草根"

农村基层民主是伴随着中国革命的胜利和社会主义制度的确立不断发展完善的，并为保障农民的物质利益、维护农民的民主权利而不断推进：新中国成立初期，以"赋权"为核心，广大农民的民主意识和政治参与热情被充分激活；改革初期，以"放权"为核心，全国各地积极探索"乡政村治"新格局，生产自主、人身自由成为新起点，亿万农民的参政热情日益高涨；税费改革阶段，以"减负"为核心，突出了农民期待发展的民主诉求，"村民自治"全面实施，"民主选举、民主决策、民主管理、民主监督"四大制度确立，广大农民积极参与社会事务管理，农村基层民主逐步进入法制化和规范化轨道；综合改革阶段，以"服务"为核心，着力破解制约民主发展的矛盾和障碍，加大基层行政管理体制和农村公共产品供给体制改革力度，推动政府职能由管理型向服务型转变，为农村基层民主的推进拓展了空间，农村基层民主建设进入一个新的发展阶段。

农村基层民主包括两个层面：一是精英民主，指广大农民通过选举各级代表参与高层决策和大政方针的制定，代表人民行使当家作主的权利，这是"赋权民主"；二是草根民主，指农民自身通过投票决定身边的具体事务，这是"自我作主"。经过半个多世纪的发展，我国农村基层民主制度构架日益完善，组织建设日益加强，形式和内容日益丰富，农民的民主意识日益增强，农村基层民主脱离了民主运动窠臼进入切实的民主行动的范畴。但是，在经济改革和民主发展同步推进的新形势下，农村基层民主还存在一些迫切需要解决和探索的问题，农民的政治经济社会地位仍然不尽如人意，政治参与度依然不高，政治权利难以通过有效形式充分行使，政治诉求难以通过顺畅渠道充分表达，政治权益难以通过正常途径顺利实现，突出表现为"精英民主缺精英""草根民主不草根"：一是来自基层的代表比例偏低。在近几届全国人大代表构成中，农民代表呈下降趋势，尤其是一线的农民代表过少。以第十一届全国代表大会为例，实有代表 2 978 人，其中占有全国绝大多数人口的农民仅有 13 人，而 2.5 亿农民工中也只有三名代表。二是农民代表不能真正代表农民的利益和诉求。各级农民代表大多是按照劳动模范的标准进行选举的，这样选出来的代表代表性不强。三是农民对关涉自身日常利益事务的决策权得不到尊重和落实。一些本应由农民投票决定的村级公共事务，或是由乡（镇）政府、村级组织直接做出决定，或是从形式上、程序上走走过场，或是由大户和宗族势力操纵，没有真正实现由农民自己民主投票决定自己的事情，农民常常"被民主"。

推进农村基层民主建设，必须着力挖掘和使用农村精英，促进草根民主的真正生成和发展，让"赋权民主"和"自我作主"落到实处。一应提高农民代表比例。真正落实好各级人大代表选举的"城乡同比"

"同票同权"，大幅度地提高基层代表比例，降低党政领导干部代表比例；各级政协也应大幅增加农民委员比例。农民中具有参政议政水平的大有人在，不能只靠政府官员和专家学者代表农民说话。二应改进选举标准，大胆选拔使用农村精英力量。创新选人用人机制，深化基层选举制度改革，放手发动群众，真正把一批德才兼备、能力出众、有见识、有魄力、敢说真话、群众满意的"精英"选出来，参与各层决策；进一步开发农村当地干部资源，注重发掘和培养村内人才，吸引在外见过世面、创业有成、有民主意识和群众基础的"能人"回乡发展。三应突出农民的主体地位。推进"四民主"制度，落实农民的知情权、选举权、参与权、监督权，进一步完善以直接、平等、差额、无记名投票为基本原则的农村基层民主选举制度，进一步健全以村民会议、村民代表会议为主要形式的农村基层民主决策制度，进一步规范以村规民约和村民自治章程为主要形式的农村基层民主管理制度，进一步实现以村务公开、政务公开、民主理财、民主评议为重要特征的农村基层民主监督制度，让农民享有更多的话语权和参与权，为农民自己投票决策村级事务开辟广阔空间，使人民当家作主的基本要求变成具有说服力的生动实践。四应提升农民的民主法制意识。加大民主法制宣传力度，通过广播、电视使农民在家能"听"到法律知识，开展送法上门使农民出门能"学"到法律知识，利用宣传栏、标语使农民抬头能"看"到法律知识，通过日常的反复性接触，提升农民对民主法制的认知和理解，增强民主意识和法制观念，以此优化基层民主环境。民主只能在公共领域实行，公共领域要民主，私人领域要自由。民主不能超越公共领域的界限，领域界限是民主的底线，道德和法律是自由的底线。必须做到民主不能滥，自由不能泛。

不断发展和壮大体制内力量，实现农村精英民主的"脱胎换骨"和草根民主的"升级换代"，是通过体制机制的不断完善和创新，真正维护好、实现好、发展好农民的民主权益，从根本上推进农村基层民主建设。

体制外力量：着力农民合作，强化社会建设

培育农民组织是社会建设的重要内容，让农民组织起来是全世界的成功经验，中国近现代以来，许多有识之士也在大声疾呼并努力实践着发展农民组织。20世纪50年代，从互助组到合作社再到人民公社，在当时发挥了群体力量办大事的作用，但忽略了农民的自主权和决策权。随着农村改革深入和农村市场经济发展，农民需要以独立的市场主体身份，自由、平等地参与市场竞争，但农民的弱势地位决定了个体参与市场是不现实的，必须抱团合作，以抵御来自自然、市场、政策、国际等各方面的风险，维护自身权益。在这种背景下，农民专业合作社等各类农民组织大量涌现，涉及经济、文化、宣传、科技等多个领域，成为农村发展中的一个新现象。在农村经济社会结构的不断变化中，农民组织的规模不断扩大、功能不断拓展，逐步形成集经济功能、社会功能、文化功能、教育功能于一体的合作团体，成为农民实行自我教育、自我管理、自我服务的最好平台，是实行民主管理和民主监督、培养农民民主意识和合作意识的有效场所。农民在为了维护自身利益参与组织的决策和监督的过程中，逐步熟悉和习惯了民主的操作规程，增强了民主参与意识，锻炼了民主管理能力，积累了民主监督经验，培养了宽容与协商精神，提高了整体素质，培育了独立的政治品格，也极大地提升了乡村社会的政治沟通能力，促进了农民利益表达机制的形成，拓宽了农民表达利益诉求的渠道。

当前，全国已建立了相当数量的农民组织，但总体上仍然是数量少、体量小、质量低，处于发展不足、作用有限的状态，极大地束缚了农村社会自我管理能力，一定程度上阻滞了农村基层民主建设进程。农民组织呈现出三个特点：一是无组织化，相比于占有全国大多数人口的农民比例，农民组织数量过少，绝大多数农民尚未参加任何组织；二是弱组织化，大多数农民组织自我服务能力不强，民主管理和民主监督的方式方法有待提高；三是被组织化，许多农民组织由基层政府、村级组织或企业发起，没有真正成为"农民自己的组织"。究其原因：一是思

想认识上的偏差。一些基层政府和很多基层干部认为农民组织会影响农村安宁团结的稳定局面。二是农民组织生存和发展的环境还不够宽松，有些农民组织的法律地位不确定，政府的扶持和服务缺失，生存空间和发展潜力狭窄。三是农民组织内部管理不规范，合作成效不明显，凝聚力不强。

"农民组织"包括两层含义：一是农民自己"组织"自己，由"被组织者"变成"自组织者"，平等自愿地合作在一起；二是农民建立的是自己的组织，组织成员不一定全部都是农民，但必须确定农民的主体性以及农民利益的目的性，否则就成了其他阶层的组织。因此，培育和发展农民组织必须坚持以下原则：一是以农民为主体，即农民既是主体也是主人更是主力，其他任何组织和个人都不能越俎代庖，直接插手农民组织的内部事务；二是农民自愿，即组织是农民按照自身意志自愿结成的，农民是否加入或退出、何时加入或退出，完全依据农民自己的意愿和有关章程，任何组织和个人不能强加意志给农民；三是为农民服务，即农民组织的宗旨是为农民自身权益服务，而不是为别的群体的权益服务，一个农民组织的产生或消失、扩大或压缩，均以有利于组织成员合法的共同利益的最大化为唯一准则。农民组织不应该也不能被强迫承担任何法定以外的责任和义务。适应时代需要，当务之急就是必须实现从"组织农民"向"农民组织"这一质的跨越。

政府扶持是世界各国培育和发展农民组织的通行做法。我国农民组织还处在初步发展阶段，更离不开政府的引导、鼓励和支持：一要放手发展。必须克服害怕农民合作、难于管理的心理，坚持"引导不领导、推动不强迫、扶持不干预"的原则，加大扶持力度。二是消除制度性障碍。出台相关的法律和政策，明确各类农民组织的地位，保障农民组织的权利。三是财政和信贷支持。应通过财政贴息、政策性信贷、保险等金融手段，有效解决农民组织启动资金、收购环节资金投入不足、发展风险等问题。四是提供优惠政策。对农民组织为成员提供服务或劳务所得的收入免征所得税，销售农产品免征增值税，农业生产经营服务免征营业税，兴办加工和流通实体给予税收优惠。同时，还应提供用地用电和农产品运输等优惠政策。五是强化服务和管理。通过政府网和互联网平台以及新闻媒体等途径提供信息支持和服务；在组织建设上做好帮扶工作，帮助建立健全规章制度，规范组织运作，促其健康发展。

农民组织的发育，是农村社会建设的主要着力点，以此形成强大的体制外推力，促进体制内民主建设的发展。农民组织大都是按民主的方式产生发展起来的，可以肯定地说，这是从体制外推进农村基层民主最重要的途径和手段。

第三方力量：土流并举，打破"熟人社会"规则

中国农村是世代聚族而居的"熟人社会"，血缘、宗族、人情、权势、金钱等相互交织，关系错综复杂，维系社会秩序的运转、矛盾的调处、资源的配置等大都依靠的是非正式制度，这是民主政治在农村发展的主要障碍。农村基层干部是带领农民实现经济发展、推进农村基层民主的中坚力量。但自20世纪80年代实行村民自治以来，各地在村民委员会选举中，都程度不同地发生过家族观念干扰选举过程、家族势力破坏基层民主的现象。事实证明，不在这种"熟人社会"中楔入新生力量，破除家族观念，打破宗族势力，冲击传统思想，冲开人情网络，农村民主政治在基层就很难持续健康运行。因此，推进农村基层民主，必须从中国的国情出发，改变过去基层干部从本地选人的单一资源供给模式，"空降"一批干部，实行"改土归流""土流并举"，有效打破农村"熟人社会"对基层民主的惯性约束。近几年，各地在探索基层干部资源供给方面主要有两大举措：一是推进大学生到村任职；二是选派机关年轻干部到村挂职。

大学生"村官"和选派干部等"空降""村官"的介入，为农村带来了知识分子的参与和先进文化的支撑，使农村基层民主逐步显现出生机和活力。他们不仅在农村经济发展中做出了贡献，更重要的是在打破农村非正式制度、改进基层管理服务方式、推进基层民主建设等方面发挥着积极作用。首先，优化了农村干部队伍结构，为推进基层民主提供了坚强的组织和干部保障。"空降""村官"是接受过系统教育的高知

识、高文化群体，年富力强，知识丰富，视野开阔，他们的到来为基层组织注入了新鲜血液，有效改善了农村干部队伍的年龄结构和文化层次，拓宽了农村基层干部来源，成为后备干部队伍的重要资源储备。其次，打破了农村"熟人社会"的各种障碍，改进了基层组织工作理念和方式。"空降""村官"在当地是外来人，不受血缘、宗族、人情世故等各种因素的影响和束缚，而且眼界广、见识多，容易接受、理解并掌握解决农村事务的新观念、新思路和新方法，积极推进并认真落实村务公开以及民主决策、民主选举、民主管理、民主监督等各项举措，冲击了本地村干部的固有思维和理念，突破了基层工作的传统套路。第三，宣传了民主法治思想，提升了农民的民主法治意识。"空降""村官"法制观念强、民主意识浓，在与村民的日常交往和沟通中，能够有意识或无意识地灌输民主思想和法制观念，起到了"普法员"的作用；同时，他们在开展工作过程中，既是高屋建瓴的推动者，又是身处其中的参与者，调处矛盾没有亲疏之分，不讲人情面子，依法办事，公正处理，既维护了农民的合法权益，也宣讲了民主法治思想，极大地调动了农民参与基层民主政治建设的积极性和主动性。

选聘大学生到村任职和选派年轻干部到村挂职，是远见卓识之举。但目前仍然存在着诸多难题：一是部分大学生"村官"思想不稳定，只是把到村任职作为跳板，没有扎根农村的长远打算，而且开展基层工作容易理想化，社会经验和实践能力不足。二是部分基层政府对大学生"村官"的作用没有引起足够重视，有些村"两委"基于各种原因甚至采取不配合、不欢迎的态度。三是一些选派干部抱有临时观念，不安心基层工作，常以单位工作忙为由，脚踩两只船。要实施"改土归流""土流并举"，创新干部资源供给机制，借助外力推进农村基层民主，当前应重点解决三个方面的问题：一是完善"空降""村官"选拔机制，真正把有知识、有志向、有热情、有潜力的大学生和优秀年轻干部输送到农村。二是调整工作内容，既要他们带领农民创业致富，也要把推进民主法治建设作为工作重点。这才是带起一方发展的长久之计、根本大计。三是关心和爱护"空降""村官"。各级政府应不折不扣地落实各项优惠措施，不仅应在工作中认同和支持，也要在生活上予以关心和爱护，促使他们热爱农村、心系农村。

推进民主化进程有多条路径，如先抓点后扩面等。而基层历来是民主政治的发源地、试验田，民主精神的培育、民主素质的锻炼、民主实践的操作，都是在基层产生、在基层发展、在基层得到检验的。从农村基层突破，尽最大可能拓展三股力量的发展空间，充分发挥他们在推动农村基层民主中的主导性、推动力和创造力，是推进我国民主化进程行之有效的重要途径，也是一项基础性、战略性、全局性的工作。

（本文原载于《中国发展观察》2013年第2期）

农民工及其六大衍生群体状态解构

中国农民工已经成为世人关注的焦点人群，而以农民工为核心衍生出的六大群体正越来越清晰地走进人们的视野。这六个群体四个在农村，即留守妇女、留守儿童、留守老人、后打工群体；两个在城市，即小漂族、老漂族。农民工加上这六大群体几乎占到中国总人口的半数，他们的生存状态关乎和谐社会的进程和中国现代化的质量。

一、农民工

对于农民工的概念，目前没有一个统一的表述。笔者曾在一篇文章中用"六个最"作了描述性的概括：一个人类历史上规模最大的人群，在最短的时间内，涌入最没有准备的城市，承托起规模最大的制造业，创造出数量最多的廉价商品，以最低廉的成本改写了世界经济版图，这就是中国农民工。

其实，农民工是与城市相伴而生的，有了城市就开始有了农民工，只不过当时没有这个称呼而已。在氏族社会时期，部落出于"自守"的需要，筑垣为"城"，随着氏族社会向家族社会转变，不同家族之间有了"抱布贸丝"式的物物交换，"市"作为"买卖之所"应运而生，"城"与"市"的结合便生成了"城市"。在城市"拉力"和乡村"推力"的共同作用下，一些农民开始从乡村进入城市经商务工，这便是最早的农民工。

当下中国的农民工，与历史上的农民工以及其他国家的农民工相比较有很多不同之处。后者属自然生长，前者是人为生成。在唐代以前，城市的管理一般实行的是城坊制，那时的农民想成为市民也受到一定的限制。但是到了宋代城坊制改为了街巷制，城门大开，城市得到空前发展，汴京有上百万人口，成为世界最繁华、人口最多的城市，农民进城想成为市民已经变得十分容易了。这种城市的自由发展一直延续到20世纪40年代末。到了20世纪50年代之后，一道户籍制度的高墙挡住了他们的梦想。80年代后期，随着物质的丰实和户籍管制的松动，农民才被允许自带口粮到城里走一走，随后兴起的民工潮，彻底冲开城门。

国家统计局抽样调查结果显示，2011年全国农民工总量达到25 278万人，其中，外出农民工15 863万人。一亿多人外出打工，比俄罗斯的总人口还要多。其主要特点，一是流动方式以个体流动为常态。农民工无论是外出务工还是经商，绝大多数都是一个人"单枪匹马闯天下"，举家迁徙的很少。据有关调查显示，农民工举家外出的仅占四分之一。二是流动时间长。农民工在外以务工或经商为主业，基本上是常年不归，时间较短的也长达几个月，有的甚至十几年都不回家。三是流动空间广。农民工无处不在，只要有用工需求的地方，就有农民工的身影，其足迹遍布全中国，甚至走出国门，走向世界。只要能挣钱，他们可以奔波到任何一个地方，干任何一种能干的工作。四是期待父辈成为"末代农民"。纵观农民工的追求，大体分为三个阶段。第一阶段物质追求是第一位的，只要能挣到钱什么苦都能吃；第二阶段，物质追求和精神追求并重，不光能挣到钱，还要有说得过去的工作环境和生活条件；第三阶段已经上升到理想层面的追求，那就是千方百计成为一个真正的城市人，最好是让父辈当"末代农民"，顶不济也要让自己当"末代农民"。据国务院发展研究中心2011年《农民工市民化》课题组调查，数量过亿的新生代农民工只有7%的人愿意以后回乡。具体的表现就是追求"三感"。一是归属感，解决"我是谁"的问题；二是尊严感，解决"我像谁"的问题；三是幸福感，解决"我比谁"的问题。

归属感是农民工的认同追求。是农民还是市民，这个问题是农民工最想搞清楚的问题。

尊严感是农民工的融入追求。农民工早已远离了田地，过上了城里的生活，特别对于那些努力打拼的农民工来说，已经和城里人坐在一起面对面地喝咖啡了，从穿着、说话到思维方式、行为方式，跟城里人已经没有任何区别。但始终只是"像"而已，一说到户籍便矮人三分。现在的农民工在乎的是工作是否体面、发展是否长远、活得是否有尊严。

幸福感是农民工的生活追求。幸福是一种精神体验，是一种生活感受。传统农民工只顾拼命挣钱，他们进城是为了挣钱养农村那个家，他们"进城"大多是为了"出城"；新生代农民工"进城"则是为了"入城"，为了成为真正的市民。传统农民工只知道"低头拉车"，找到了一份工作就任劳任怨；新生代农民工则喜欢"抬头看路"，"旅游式务工"现象十分突出，"短工化"已成常态。国务院发展研究中心一项调查显示，传统农民工平均每年变换工作 0.09 次，新生代农民工平均每年变换工作 0.26 次，差不多是前者的三倍。所谓"无恒产者无恒心"，新生代农民工工资水平反而不如老一代农民工，2011 年调查的数据显示新生代农民工平均月收入为 1 747.87 元，比传统农民工低 167.27 元。老一代农民工喜欢纵向比，跟自己的过去比，所以在不公平的现实面前，能忍。新生代农民工喜欢横向比，跟周围的人比，当发现自己跟城里人长得没什么两样，而得到的待遇和享受的权利却有云泥之别时，他们已不再忍耐。

很明显，随着社会的进步，民主、法制的观念越来越深入人心，新一代农民工不仅关心福利，更关心权利；不仅关心民生，更关心民权。他们的追求已经由物质层面、精神层面上升到理想层面。

二、留守妇女

"老婆、孩子、热炕头""夫妻双双把家还"，这是构成中国农村家庭幸福生活的核心元素，但随着农村大量青壮年外出打工，很多农村家庭仅仅具有法律意义上的形式，夫妻天各一方，名存实亡。

近现代以来，中国家庭曾遭受过三次大的冲击。第一次是五四时期，西风东渐，欧风美雨袭华夏，一部分青年知识分子力图冲破传统宗

问道乡村治理······

211

法制度、封建礼教的束缚，以各种方式表达对旧式家庭的不满。第二次冲击发生在"文化大革命"时期，亲情之间的信任关系受其冲击也遭到了破坏。第三次大的冲击就是自20世纪80年代以来打工潮的出现。传统的家庭观念遭受到严重的冲击，家庭伦理受到巨大的挑战。

当前，在第三次冲击下形成的"留守妇女"将近5 000万。她们既要照顾家中老人和小孩，又要承担繁重的农业生产劳作，家务、农活一肩挑，生活压力大，劳动强度高，身体素质严重下降，未老先衰；由于男人不在家，留守妇女普遍缺少安全感。她们既担心老人、小孩和自己的人身、财产安全受到侵害，也担心疾病、灾祸等突发事件的发生，还担心身在花花世界的丈夫抛妻弃子当"陈世美"。中国农业大学一项研究显示，69.8%的留守妇女经常感到烦躁，50.6%的留守妇女经常感到焦虑，39.0%的妇女经常感到压抑。由于缺少沟通、交流，夫妻双方容易在思想观念、生活习惯、价值取向等方面逐渐产生差距，出现感情"隔离带"，引发矛盾，导致婚姻出现危机。

三、留守儿童

儿孙绕膝，这是中国传统的生活方式之一；养儿育女，这是家庭的主要功能之一；抚养未成年子女，这是《宪法》对父母规定的义务。然而，随着农民工的外出，这些合情、合理、合法的基本伦理近乎土崩瓦解，现实中，不少农村儿童生活上缺少照顾，行为上缺少管教，学习上缺少辅导，思想上缺少教育，安全上缺少保障。据统计，2011年农村留守儿童有5 800万人，占农村儿童总数的28%，占全国人口数的4%。

现实生活中，大多外出的农民工父母，一年到头只是定期寄些钱给孩子，本人很少回来探望，媒体报道，重庆人熊良山1989年到上海务工，到2010年的12年时间内，仅在2002年回家一趟，2008年儿子来上海看望父母时，他们竟然认错了儿子。这种情境正是古诗"少小离家老大回，乡音未改鬓毛衰，儿童相见不相识，笑问客从何处来"在新时代的翻版。长期与孩子隔膜，根本谈不上心理的沟通，更谈不上情感的融合。孩子不认识父母的事在这一群体中占有不小的比例。亲情缺失对留守孩子的心理发育、人格养成造成严重影响。相当一部分孩子不同程度存在孤独、紧张、失落、焦虑等心理问题，生活和卫生习惯差，自卑、沉默、悲观、孤僻，或表现为任性、暴躁、极端的性格。2010年，全国妇联发布的《农村留守儿童家庭教育活动调查分析报告》显示，留守儿童由于长期远离父母，三成以上的孩子出现心理卫生问题。再加上教育缺位造成留守孩子行为缺乏有效约束，大部分留守孩子在家由祖辈看管，年迈的老人无论在精力还是能力上都无法适应管教孩子的要求，而学校对每个孩子的关注也十分有限，与家庭间也缺乏必要的沟通，从而形成管理上的真空。这对留守孩子正确价值观的形成造成不利影响，相当一部分孩子缺乏是非、善恶观念。

另外，由于缺少监管，农村留守儿童最容易受到伤害。公安部门统计数据显示，被拐卖儿童群体中，第一位是流动儿童，第二位是留守儿童。

5 800万农村留守儿童，在缺失亲情和教育的环境下成长起来的孩子，拿什么赢得未来？这些本应成为未来农村乃至整个社会发展主力军的一代，却因从小得不到父母的关爱和良好的教育，渐渐偏离了正常的人生轨道，成为农村新隐患。不久的将来，他们中的一部分要留在农村以务农为生，这样的素质是无法适应农业现代化的要求的；一部分要离开农村来到城市，继续其父辈们的打工生涯，素质低下、纪律涣散等"留守综合征"会被一并带到城市，进而成为城市新隐患。今天，农村留守孩子问题，已经从一个教育问题演变成了社会问题，还会继续从农村问题演变成城市问题，成为影响社会稳定，甚至影响国家长远发展的重大问题。

四、留守老人

城市对于风烛残年的农村老人来说，或许是一个遥不可及的地方。当村里的年轻人纷纷外出，老人只能独守故土。据全国老龄办测算，"十二五"时期，我国有4 000万农村留守老人，占农村老龄人口的 37%。

"夕阳是晚开的花，夕阳是陈年的酒"，这种"最美夕阳红"对于农村的留守老人来说，却是一幅想都不敢想的世外图景。现实生活中，更多的则是"门口拴着一条狗，屋里留下老两口"的凄凉场景。农村老人一生辛苦劳作，晚年本应休养生息、颐养天年，但儿女的外出打工，使他们不仅不可能安享清福，反而要重新担负起青壮年时代的农活重担，生活压力使他们感觉比青壮年时代更苦更累。《中国流动人口发展报告2012》显示，在农村留守老人中，有 88.3% 的人还要从事农业生产劳动。

他们是当下中国最苦的一个群体。就其生活状态而言，一是生活质量很差。繁重的体力劳动加上教养孙辈的责任，身体上、精神上都难以承受。二是身体健康状况较差。不少老人疾病缠身，没钱看病也没有条件看、没时间看，小病扛，大病拖。三是家庭氛围缺失。电话成了与外出子女交流沟通和精神慰藉的主要途径，平时除了看电视、赶集、聊天外就没别的娱乐活动和情感寄托，常常是"出门一孤影，进门一盏灯"，老无所养，老无所乐。

五、后打工族

当一些 80 后、90 后农民工拉着箱杆，哼着网络歌曲三三两两进城寻梦，一些上了年纪的农民工正陆陆续续扛着标志性的蛇皮袋卸甲归田。但这绝不是荣归故里，更不是衣锦还乡，而是一种苦涩的选择，一种无奈的回归。

之所以打道回府，要么是年龄大了，干不动了；要么是自身的技术不能与时升级，干不了了；要么是伤病缠身，不能干了。表面上看，"后打工时代"表现为用人企业与农民工之间的矛盾，背后隐藏的却是现行的农民工体制无法保证他们在年轻时完成从农民到市民的转型。由于各方面都不愿意支付农民工向产业工人转化所需的成本，大多数民工来到城市之后，无法实现"能力再造"，无法享受与城市居民相同的就业、社会保障、卫生服务、教育等方面权益，只能日复一日、年复一年从事简单的、机械的、低水平的劳作，通过出卖体力和青春换取在城市工作的机会。一旦找不到工作，那么"回家"也就成了农民工唯一而又无奈的选择。"后打工时代"集中体现了我国现行农民工体制的弊端，集中反映了工业化对农村劳动力资源的掠夺性使用。对他们来说，从农村到城市再回到农村，是历史的宿命，想挣脱都挣脱不了。

现在一个十分突出的问题是劳动力价格偏离价值现象非常严重。据中国社科院经济所李志宁研究，自20世纪70年代末以来，"工资总额"在GDP中所占比重逐年走低。社会发展了，有了丰厚的积累，农民工却留不下积累以供日后消费。尤其是一些干了几年甚至十几年特殊工种的人，职业病隐患大都在40岁以后。40岁之后，被企业扫地出门，一旦发病，只能自己负担医疗费用。全国700多万挖煤的农民工，3 200多万农民建筑工，在这些高风险行业干活，工伤发生的概率很高，如有工伤，一辈子将无依无靠，企业的赔付只是杯水车薪。

六、小漂族

调查显示，当下有些年轻夫妇进城打工并非只为挣钱，第一追求是陪孩子在城里读书，只要能在条件比乡村好的城里找到一张书桌，他们就心满意足地生活下去。但为了稳住这张书桌，他们不得不四处想方设法谋到生存之所，孩子只能随着他们过着居无定所的生活。有时为了谋生，又不得不迁往他处，孩子也必须随迁异地，再寻学校。

当城里人在为孩子怎样才能享受到更优质的教育资源而烦恼时，农民工子女却在期盼着能有一张安稳的书桌。国务院发展研究中心调查的结果显示，农民工子女在务工地和老家接受教育基本各占一半。农村的学校，老师越来越老，孩子越来越少，但城市里的教育资源，特别是优质的教育资源相当紧缺，进城读书难度很大。即使上了学，面临高考，小漂族还得回到老家考试。

七、老漂族

为了照顾自己的生活或照顾孩子读书，一些青年农民工把父母接到城里同住。表面上看进了城，甩脱了繁重的农活，又能跟自己的孩子、孙子在一起享受天伦之乐，但其实他们的内心却无限惆怅、孤独。对于中国而言，人生对故乡的情感纠结可以用两个"真好"概括：年轻时，终于走出故乡，真好！老年时，终于回到故乡，真好！而这些长期生活在故乡的老人，晚年却不得不远离故乡，四处飘零，他们的心灵失去了安放的场所。

首先普遍面临的是居住的问题。农民工买不起房，只能见缝插针，在城里寻找环境最差的地方，聚乡而居，形成"河南村""安徽村"等"城市里的村庄"。在城中村里，缺乏最基本的公共设施，到处是低矮的简易建筑，天上电线、电话线密布如蛛网，地上是污水横流，无处下脚，屋里是潮湿发霉的污浊空气。这里大多祖孙三代同住一屋，在一个狭小空间里，冬冷夏热，蚊蝇遍地。他们在高度现代化的城市里，过着低度现代化的生活，有的连电风扇、电视机这些基本的生活用品都缺乏。另外，从农村一下子进入城市，城里的一切对他们都是陌生的，不少老人电器不会用，电话不会打，马路不敢过，外出之后找不到家。生活方式也跟不上趟，以前，他们在自己的村庄，无拘无束，现在连大声说话都要受到限制。特别是情感交流缺失，从熟人社会一下子进入生人社会，举目无亲，老人想找个人拉拉家常唠唠嗑都是一件奢侈的事情，除了每天看护一下读书的孙子，再也没有其他活动，更谈不上娱乐生活。

城市化把最容易资本化的人群都拉进城市，让最难以资本化的人群都留在农村，但是由此引发的矛盾和问题却遍布城乡，而且越积越深。了解这七大群体的所思所想所愿所盼，帮助他们提高生存质量，提升发展能力，是实现以人为本科学发展的关键。长期积累的矛盾和问题，需要一个相当长的历史阶段才能解决，铲除二元制度、消解二元思维、清理二元文化都需要假以时日。当务之急，应在四个方面狠下功夫。

一应大力推进农民工流动家庭化。家庭是社会的基础细胞，细胞功能退化或发生病变坏死，社会的肌体必然大受影响。就中国的情势看，农民工的存在不是三代、五代人的问题，很可能是更长时间的延续。因此，只有以家庭为流动单元，才能修复家庭这个社会基础细胞，从而促进社会肌体的健康发育，使构建和谐社会成为可能。从长远看，不以家庭为单元的流动不是合理的流动；不以家庭为单元的迁徙不是稳定的迁徙；不以家庭为单元的城市化不是真正的城市化。一要解决居住问题。政府在考虑廉租房问题上不仅要针对城里低收入人群，同时也要将进城农民工纳入视野。企业在用工方面要尽量提供更多夫妻共事的机会，有些地方的企业开设夫妻房的做法也值得借鉴。还有就是促进社会上的空房流转，城市空置房大量存在是一个不争的事实，现在全国660多个大中城市加上2 000多个县城究竟有多少空置房难以估算，可利用的空间巨大。二是为农民工子女上学提供充分条件。两千多年前的孔子就提出有教无类的思想，历史发展到今天，我们的城市更应该无条件接纳他们读书。三是大力推进社会保障制度的落实。有关调查显示，目前"五险一金"在农民工中的落实比例不足三成，这是农民工难以举家流动的重要障碍，应大力推进"五险一金"的缴纳，为农民工落户系上安全带，让农民工多些安全感。

二应大力推进社会建设。西方一些城市不管经历什么风雨都没有走向衰败，根本的原因，城市的肌体有两大内核在支撑。应借鉴发达国家的成功经验，大力培育社会组织。一是完善农村社会化服务，让家庭的一些职能转移给社会。比如，扩大农村寄宿制学校的规模，提高留守儿童的教育效果；充分发挥基层妇联作用，开展留守家庭生产互助等类的活动，帮助留守妇女和老人解决生产生活中的实际困难；建立乡镇一级的含有心理门诊、法律援助、文娱中心在内的留守服务中心，等等。二是在农民工集中地建立各类农民工组织，或吸收农民工加入城市中的各类民间组织，让他们找到归属感。三是完善城市社会服务，城市各类群团组织都应把触角深入到最基层的农民工群体中，同时在每个社居委都应设立农民工工作站，把农民工工作纳入日常管理。

三应为农民工消费工余时间创造条件。如何引导农民工科学合理地消费自己的业余时间，对维护社会稳定将会起到一个非常大的作用。当前，一个不容回避的事实是，以新生代农民工为主体的农民工群体精神文化需求未能有效满足，整体呈现"孤岛化"特征，处于城市和农村的"夹心层"，已经影响了农民工生活质量和幸福指数的提升，影响了农民工的基本生存权和发展权，使他们缺乏融入感、认同感，进而影响到工业化、城市化、城乡一体化发展。建立和完善农民工与城市公共文化服务体系，事关农民工文化权益保障，事关农民工的城市融入，事关一代人的精神塑造，事关城市文化合理发育，事关中国城市的发展质量，事关社会的公平正义，事关社会的安定和谐，事关社会管理创新。满足农民工城市公共文化服务需求要做好盘活存量文化资源和优化增量文化资源两篇大文章。充分利用现有直接文化资源，如向农民工免费开放文化馆、图书馆、博物馆等文化设施；协调利用间接的文化资源，如协调教育、科技、旅游、企业、社区以及工、青、妇等部门发挥各自的职能特点为农民工提供文化服务；开发利用新的文化资源，如为农民工提供新的传媒载体，搭建城市露天舞台，构建文艺活动、文学创作、技能培训等方面的平台。

四应针对不同群体制定不同的政策。虽然各级政府对农民工问题高度重视，相继出台了一系列政策措施解决农民工问题，但是，在政策设计上针对性不够强，象征意义大于实际意义，落实起来效果不那么明显。"以人为本"中的"人"是由无数个"具体人"组成的，不同的"具体人"有不同的需求，以农民工为核心的"七大群体"，留守在家的不一样，漂泊在城的不一样，留守在家的老人、妇女、儿童各有需求重点。因此，政策的出台可以"一揽子"但不能"一样子"，大而化之、笼而统之的措施解决不了实际问题。应根据不同群体的不同需求细化不同的政策，采取不同的举措。例如留守老人问题。"父母在，不远游"的时代已经远去，但对老人的关爱和照顾永远是衡量一个社会文明程度的标尺。在孝道衰落、社会转型的双重夹击下，在由"养儿防老"向"制度防老"过渡尚未完成的背景下，绝大多数留守老人生活艰难，精神空虚，身体多病。一应重振孝道。孝道衰落，一是家庭中代际关系及夫妻关系发生颠覆性的变化，由过去父强子弱、夫强妻弱变为子强父弱、妻强夫弱。当儿子在夫妻关系中处于弱势时，父母很难从儿子那里得到有力支持。二是市场经济的冲击使孝道不再占据逻辑上的天然制高点，人们只用经济收益的眼光看待老人在家庭中的作用。孝道逻辑养儿防老天经地义，而市场逻辑则理性地推导出结果：儿子会理直气壮地反问老子，你是养了我，可你养好我了吗？这种市场理性的反驳会给父辈更沉重的打击。二应下大功夫解决制度养老问题，让孝道的"自律"与制度的"他律"共同发挥养老作用，让"老有所养"在双重约束下得以真正实现。总之，政策的制定、措施的实施都必须具有针对性、准确性，不可抽象化，务求具体化。

（本文原载于《中国发展观察》2013 年第 1 期）

从"被上楼"到"被规模"

"城市让生活更美好",这是上海世博会的口号。过上城里人的日子,是广大农民多年来的期盼与梦想。城市代表着不被歧视的身份和更高的生活水平。近年来,这种心理预期与城市扩张用地需求机缘巧合,使得许多农民遭遇"被上楼"。在广大农民抵制、社会舆论关注、有关部门介入的情况下,这股风逐渐减弱。但是,近来一股用行政力量大范围推进土地规模经营之风又越吹越猛,你搞 5 000 亩,我就搞 1 万亩,他搞 1 万亩,我就搞 2 万亩,看谁更气派。农民想不通、不愿意,乡村干部、企业大户就轮番上阵劝说,一些地方强迫命令现象也时有发生。农民遭遇"被上楼"之后再次遭遇"被规模"。

"五问"土地规模经营

推进土地流转,实行规模经营,是长期以来理论界和基层干部普遍关注的问题,争议很大,众说纷纭。笔者认为:根据我国农村的现实状况,大范围、大面积地推进土地规模经营,必须搞清几个基本问题:

第一,农民是否自愿。当前,不少地方的土地规模经营,体现的不是农民的意愿而是领导的意见。调查表明,对于规模经营,农民有许多担心,归纳起来主要有三点:一是担心土地流转合同年限长,面对粮价上扬预期和国家粮补政策,以现金计量固定不变的年租金会吃亏。二是担心土地流转出去后,打破了地界,将来自己的地有变化。三是担心过几年进城打工的子女回来后没田可种。农民的这些担心不是没有道理。从经济学角度看,经营权让渡的前提,一是产权本身是清晰无争议的,二是产权的空间、时间边界也是清晰的，三是有比自身经营更好的预期，这就好比城里人买了门面房后再出租一样。因此，不解决农民的这些后顾之忧，很难得到农民的支持。需要警醒的是，多年来，有些干部总以为自己比农民聪明，总想代替农民当家作主。类似行政强推土地规模经营这种形式，打着增加农民收入、为农民办好事的旗号，却产生损农、伤农、害农效果的现象屡见不鲜。受此影响，基层干部即便是想真正做些为农服务的好事，农民也往往不理睬、不信任，心存疑虑。我们在土地规模经营问题上，千万不能掉入"王夫之定律"的陷阱。农民是否愿意是土地规模经营首先要搞清楚的问题。

第二，是"看不见的手"主导还是"看得见的手"主导。市场经济的特征是公平和公正，交易双方以平等的地位交流和谈判，由此带动各类资源朝着有效益的方向汇集流动。市场在资源配置中起着基础和主导性的作用，如果一件事有利可图，市场那只"看不见的手"自然会依照经济运行法则暗中推进。以行政命令或准行政命令的方式去推动，必然会破坏市场经济规则和程序。从土地的规模经营看，地是农民的，他们想怎么种、愿意怎么种，就怎么种。如果土地集中起来搞规模经营比自己种合算，农民会自发地朝这方面走，一如当年的大包干一样，你想禁止都禁止不了。有基础和条件的地方，顺应市场规律，出现了规模经营大户，比如人少地多的地方或大棚蔬菜等特色种植，应该积极鼓励、示范和引导，连片发展。但整乡、整村大范围、大面积地靠行政力量推动规模经营，尤其是大田作物，应慎之又慎，把握尺度。能不能搞，搞多大为宜，关键是要看农民意愿和市场需求，水到渠成，因势利导。引导土地规模经营，政府首先要做的是稳定完善土地承包关系和增强农户对承包土地的归属感，在此基础上进行制度建设，创造一个有利于土地向能人大户和农业产业化龙头集中，流转各方"双赢"甚至"多赢"的政策环境。要当裁判员而不是运动员，更多地发挥市场自身的作用。否则，没有市场的需求，没有承包经营权的稳定，没有农民的支持，规模经营就是无源之水、无本之木。从形式上看，应培育多元经营主体，规模经营既可以是一个经营主体加众多农户，也可以像大棚蔬菜种植那样众多农户都是经营主体。不管哪种形式，都需要通过合作的方式让农民组织起来，实现组织的规模化和合理的利益连接机制。

第三，是遵循客观条件还是主观盲动。人多地少是我国农业的基本国情，我们的各项政策措施都必须遵照和符合这一国情。现代农业在土地经营上有两种模式，一是西方式的大农场经营，二是东方式的家庭经营。土地规模经营从理论上看十分必要，好处很多，但国情决定了我们不可能走西方人少地多的大规模集中连片的经营路子。那只是一种理论上的推演和不切合中国实际的照搬，一如当年共产国际时期关于中国革命道路的争论一样，会带来"水土不服"。在一个相当长的历史阶段，中国面临的一个最现实的问题就是"100 个人的地给 1 个人种，那 99 个人到哪里去？去干什么？"这不仅是一个经济问题，更是一个社会问题。当前，中国劳动力市场受到双重挤压，一些企业已经把低端劳动转向比中国劳动力更便宜的东南亚等国家；而美国的 3D 打印机的问世，省略了车钳刨铣等全部工序，智能制造业的突起使机器人正在代替人，由此引发一些生产高端产品的企业撤离中国，中小企业的大失业和大型企业的大裁员已经形成风潮弥漫在中国大地，在这种情况下，农业再大量析出劳动力，无异于雪上加霜。即便将来城镇化率提高到 70%，也还有几亿人口在农村，庞大的人口数量决定了我国农村不可能在短期内实现大规模的、西方式的规模经营，土地发挥基本的生活保障作用还将持续数十年、甚至上百年。从微观方面看，实行土地规模经营也需要几个不可或缺的前提条件：一是必须有专业大户或农业产业化龙头企业。规模经营，除了种子、化肥、农药等农业生产资料的开支，还要支付土地租金和雇佣农民的工资等，一般农户没这个能力。二是必须有高于普通农民的科技水平。没有金刚钻，难揽瓷器活。三是必须有清醒的头脑、敏锐的市场意识和开拓能力，农产品市场的大起大落常常发生，总跟在别人屁股后面转，搞不长。四是必须有较好的管理水平和组织协调能力。产前、产中、产后，生产、流通、销售，管人、管钱、管物，方方面面都要想到、管好，不是一件容易的事。总之，在我国东北、西北一些人均耕地较多的地方可以推行土地规模经营，其他大多数地区条件不具备的情况下，不能盲目推进，更不能刮风，否则，到头来受害的还是广大农民。

第四，是遵从农业自身特点还是照搬工业模式。从现实情况看，那些一拥而上、农民"被规模"的地方，往往都是一些大的公司企业担当主角，农户成为这些公司的雇工，身份变成拿工资的农业工人。能够预想的是，这些农民在成为农业工人之初，由于即期收入增加，对于田间作业是尽心的，但天长日久，当他们感觉到自己是雇工、被剥削的时候，劳动积极性尤其是用心程度必然会大打折扣，消极怠工、偷懒耍滑会成为常态，一如过去计划经济时代一样，大呼隆和大锅饭必然带来低效益。农业生产不像工业生产那样能够完全标准化，生产过程可以分段切割，干得好、干得坏、合不合格，立竿见影马上见分晓，容易监督检测。农业生产的劳动对象是一个活的生命体，各个环节高度统一，无法分割检测，干好干坏必须等到收获以后才知道，就像老师教书、医生看病一样，是个"良心活"，用不用心效果大不一样。而要实施全过程监督不光成本高得吓人，也无法实行。因而农民的劳动生产率及工作质量无法衡量。马克思认为，农业是自然再生产与经济再生产交织在一起的产业。因此，这种生产的特点决定了无法照搬工业生产那样的管理模式。古今中外的经验表明，家庭成员之间是利益共同体的最佳组合，家庭经营最适合农业生产的特点和规模，最能提高农业劳动生产率，欧美的农业生产虽然经营规模远高于我国，但他们的经营方式也是以家庭农场为主。

第五，是严守土地制度还是先"规模"再说。土地是农民最基本的财产权益，土地制度是一个社会最基本的财产制度，涉及面广，敏感性强。改革开放以后，国家把家庭承包经营作为农村的基本经营制度，这一土地制度已经成为现行农村政策的基石，不能摇摆，更不能轻易变更。土地政策收放之间的巨大效应和高度敏感性提醒我们，任何变动都要慎之又慎。处置不当，将产生难以估量的影响。因此，对农村土地政策，中央历来强调的是稳定，反复重申土地承包关系长期不变，十七届三中全会进一步提出"长久不变"。由"长期不变"到"长久不变"，改动的不仅仅是这一个字，体现的是一国政府的执政理念，是稳定农地关系的决心。当前，各地农村正在进行稳定完善土地承包关系最重要的一项工作，那就是确权、登记、颁证，这是一项稳定民心、功在当代、利在千秋的大事，这件事做好了，亿万农民的心就彻底定了。但此项工作由于涉及面广、事务繁杂，各地进展不快，积极性不高，没有从更深远的角度看待它的价值和意义。历朝历代，官府最大的档案库就是土地"鱼鳞册"，这是实施管理土地最基础的工作、最基本的条件，舍此就没有任何法律依据。在确权、登记、颁证工作没有完成以前，把农民的地打乱集中起来进行规模经营，不仅给此项工作造成新的困难，而且为未来的土地管理埋下无尽的隐患。目前，土地二轮承包时的参与者都还健在，随着时间的推移，一旦参与者离去，地块边界谁都搞不清，今天打乱了地块搞规模经营，若干年后，一旦发生纠纷，找不到任何法律凭据，矛盾的解决将无从下手。

"被规模"的成因

从"被上楼"到"被规模"，产生这种现象的原因是多方面的。从理论层面看，寻求供给短缺的制度突破是客观上最主要的原因。我国人多地少，人均耕地只有 1.38 亩，是世界平均水平的 40%，土地的承载压力已不堪重负。虽然近年来农产品实现了"八连增"，但我国农产品进口也是"八连增"，每年从国际市场进口大豆 5 000 多万吨、小麦 100多万吨、玉米四五百万吨。大量进口农产品，有农产品调剂的需要，有外汇品种结构调整的需要，有资源和环境保护的需要，但主要的原因是自身耕地缺少、产出不够、有效供给不足。不像美国、加拿大等人少地多的国家，他们提倡休耕，提倡轮作，而我们各级政府多年来都是提倡扩大播种面积，提高复种指数。在现有条件下，提高土地产出率，增加有效供给，一种途径是依靠科技，良种良法，防灾减灾，提高单位面积产出，这种途径非一日之功；另一种途径就是扩大土地经营规模，这种方法既能体现农业的现代性，又能突显政绩，操作起来更便捷简单，短期内见效快。因此，每当各地出现了一些土地规模经营的典型，都会激起理论界的兴奋点和基层干部的跟风热。近年来，各地的确涌现出一些根据实际情况开展土地规模经营的成功范例，但更有不少脱离实际、人为规模化的教训，这些所谓的"成功典型"往往持续时间不长即告失败。

从工作实践的层面看，主观因素影响也比较大：一是惯性思维的影响。我们一些基层干部受多年传统的影响，在工作的思路、方法、途径、措施等多方面，自觉或不自觉地沿袭计划经济时代的套路，习惯于"一刀切"的管理方式。比如在对待与农民的关系上，习惯以父母官自居，管理是服务，指导是引路，这一理念很难在头脑里形成，通行的做法叫做管理就是"管你"，指导就是"指挥"。二是政绩工程的冲动。一些官员热衷于创造政绩，搞"弯道超越"。基层干部包括一些领导干部，眼睛只对上不对下，对广大农民的根本利益和真实意愿视而不见，为了自身的所谓政绩，大搞现烧热卖，只抓那些"短平快"的"显绩"，不顾那些和风细雨打基础的"潜绩"。受这种价值取向的影响，赢得面子丢了里子，甚至劳民伤财的事例屡见不鲜。三是不切实际的冒进。只要上面提出什么要求，下面就一哄而起、一拥而上。不顾自身基础，不顾客观条件，你想不通也必须这么想，你不想干也必须这么干，统一思想，强制推进。四是权力制约的失控。一些基层干部政策意识不强，法制观念淡薄，把权力当成橡皮筋，根据自己的需要和好恶想伸就伸、想缩就缩。一方面，对自身有限制或约束的，就搞上有政策下有对策，往往找出种种原因和借口，推诿阻塞。另一方面，能行使或扩张自身权力，能带来利益好处的，就搞无限制延伸，只要"办事结果"而不计"行为后果"，为此甚至不惜损害整体利益、长远利益。

总之，"被上楼"和"被规模"在当前的体制困境条件下，有它一定的必然性，将来也可能还会出现这样那样的"被××"，我们务必高度重视，不能无动于衷。为政之要正是在于对这些不断出现的新情况和新问题，找出解决的路径和办法。

中国农业规模化的三大着力点

规模化经营是建设现代农业的重要举措，有了规模化，才便于机械化；有了规模化，才有标准化、商品化；有了规模化，才能降低成本，实现效益最大化。但规模化的内涵广泛，不仅仅是土地的规模化，根据中国目前的国情，在规模化问题上首先应做好三篇大文章：

一是产业布局的规模化。也就是使一个地方的优势主导产业在区域宏观布局上克服散乱零碎状态，实现规模化。受多种因素影响，不同地区在农业生产上都有各自的相对优势，充分发挥各自的特色优势，有利于形成区域性的主导产业，也有利于实现差异化布局。目前，各地在特色农业、设施农业方面作了许多的探索，尤其是现代农业园区建设方面，推进力度较大。在这个问题上一定要克服"大园区、大业主"的贪大求洋的惯性思维，走"大基地、小业主"的路子，才是符合中国现实的好途径。城市大公司大企业圈地建"大园区"，自己当大业主，一是容易产生"挤出效应"，使绝大多数靠家庭经营的农民无力竞争，增收更难。二是在"带动"农民的同时，也"代替"了农民，使农民沦为农业工人，沦为雇工。在这个问题上一定要谨慎从事。建设一些大园区、培养一些大业主是可以的，但这个业主一定要是从农民中成长起来，把种地当成终生职业追求的农民。对于广大农户而言，只有通过大基地的组织化和小业主的组织化两个层面的组织互动，农民的增收，农业的发展，农民的小康才会成为现实。凡是规划发展的大型主导产业，凡是新建的大型产业基地或园区，都应成立以农民为主体的专业合作组织，都应探索大基地、小业主的经营模式。财政性投入主要应补给专业合作组织和农民以及带动作用明显的大业主。资金项目投入一定要防止投向那些只"代替"不"带动"、独享新增效益，而土地流出的农户不能分享的大业主。

二是组织的规模化。目前我国农民的组织化程度不高，带来多方面的不利影响，一是抬高了农业的交易成本，二是使得农民在市场中的谈判地位不对等，始终处于被盘剥的利益受损方，三是使农民无法应对来自自然的、社会的、政策的、市场的等种种风险。无论是革命年代还是建设年代，组织农民一直是我们的中心工作，但随着民主化进程的深入发展，现阶段要把农民组织起来，必须发挥市场机制的主导力量，培育各种类型的专业性合作组织。具体操作上，要实现从"要我组织"向"我要组织"的跨越，农民的组织化程度才能真正地发展壮大、发挥作用。大力发展农民专业合作组织，目前的现实是，数量要多，体量要大。安徽现在5 000多万农村人口，只有两万多个农民专业合作组织。农业现代化的必备条件就是组织化。通过组织化的渠道，资金、信息、技术、物资等各类资源才能比较便捷地在市场、企业和农户之间交流、融通。当前，一些地方通过专业合作组织，实行"六统一分"把分散的种养农户组织起来，进行标准化生产，实现规模化经营的路子值得借鉴和大力推行。"六统一分"即：统一优良品种、统一投入品配送、统一疫病防控、统一机械化作业、统一技术标准、统一市场营销、分户适度规模种植养殖。这其中重要的一条就是政府要创造环境，切实搞好服务。

三是服务的规模化。我国为农业服务的服务业市场潜力巨大。过去由于人地关系紧密，服务的内容难以拓展。随着新生代农民越来越多地进城，越来越多的农活需要社会提供服务。农业部每年夏收通过政策给力，发动全国农民自购约50万台收割机南下北上，就解决了全国夏粮80％以上的机械化收割问题。合肥天禾种业两三年时间里摸索出"四代一管"的服务模式，对几十万亩农田提供秧苗供给、栽插、管护等服务，业务范围达十几个县，农户和企业都取得很好的效益。目前，以农业机械（犁田、插播、收割、脱粒、烘干等）、种子化肥配送、病虫害防治等为主要内容的农业服务需求正日益增强，我们招商引资要一些城市工商企业下乡搞现代农业，往往不得要领，只想在土地规模化上做文章，那就走偏了。工商企业下乡应主要从事农产品加工业和为农业服务的服务业，不要与农民争地种，除少数适于工厂化生产的种养业外，大田作物种植必须是农民自己。美国农民只占总人口的2％，而为农业服务的服务业占总人口的比例却高达17％～20％，一个农民身边围绕着七八个人为他服务。可见中国为农业服务的服务业蕴藏着多么大的潜力。我们必须下大功夫挖掘这一潜力，开拓这一市场，千方百计引导大企业大公司下乡发展各类为农服务的服务业。

"治大国若烹小鲜"。为政者从主观愿望出发想办好事，但务必看基础、看条件、看市场、看民愿。在农民与土地的关系上，需要坚持和维护的是，农民必须自己种地，种自己的地，才能产生最大效益。种地是农民的事，不切实际的行政干预只能是拔苗助长。实践无数次地告诉我们：好事办好不容易，好事办砸很简单。

（本文原载于《中国发展观察》2012 年第 10 期）

"民工荒"的背后是"四荒"

一个时期以来，世界性用工荒不断蔓延。但与国外不同，中国频频出现的"民工荒"不单是社会现象，还是一种经济现象乃至政治现象。"民工荒"的背后隐藏着"四荒"：家庭荒、制度荒、薪酬荒和技能荒，正是这"四荒"带来"民工荒"。

家　庭　荒

农民工长期外出，客观上带来家庭经营荒、家庭责任荒、社会关系荒。首先是家庭经营荒。外出务工的农民大都是家庭的主要劳动力，他们的外出使家庭承包地粗放经营或无力经营，家庭养殖及农产品加工等副业也无法开展，导致家庭经营收入大为降低。如果打工收入再不高，忙活一年，回到家中，里里外外一算账，总体收入大受影响。其次是家庭责任荒。外出务工农民常年在外打工，使得"留守家庭"处于实质上的解体半解体状态，一是夫妻感情淡化。由于长年分居，缺少沟通、交流，夫妻双方容易在思想观念、生活习惯、价值取向等方面逐渐产生差距，导致婚姻出现危机。据安徽省妇联对劳务输出大县调研，农村妇女的离婚率大幅上升。阜南县朱寨法庭离婚案件占受理案件总数的80%。二是子女教育缺失。农村留守儿童与父母的长期分离，出现亲情缺失、教育缺位、管理真空，他们的学习、生活、成长、发展都受到很大的负面影响。三是老人赡养缺位。由于儿女的外出打工，农村老人不仅不可能安享清福，反而要重新担负起青壮年时代的繁重体力劳动，同时还要承担教养孙辈的责任，生活压力使他们感觉比青壮年时代更苦更累。再加上精神的孤独，农村老人成了当前社会人群中最受煎熬的一个群体。再者是社会关系荒。农村是一个熟人社会，长期外出打工的农民，远走他乡、天各一方，互相联系中断，世代建立的诚信关系、频繁交往的乡情关系渐渐疏远、离散，传统的亲密过从、守诚互信格局被打破，回到家乡，有从熟人社会进入半熟人社会甚至是陌生人社会的感觉。

家庭"三荒"使长期外出打工的农民，在节假日归来后心理上蒙上一层重重的阴影，一些打工收入不高的人为长久计，自然便选择以家为重不愿再东奔西走的生活方式。

家庭是社会的基础细胞，家庭的质量从某种意义上决定着社会的质量。"家庭荒"不仅是农民难以承受之重，更是社会难以承受之重。应尽最大努力促进人口流动的家庭化，即以家庭为流动单元。政府在住房保障和子女上学问题上，要将进城农民工纳入视野。企业在用工方面要尽量提供如夫妻房等更多夫妻共事的机会。二应为流动人口尽家庭义务大开方便之门。政府应出台相关农民工探亲假的法令并监督企业严格遵行，同时采取多种措施，降低他们的探亲成本。三应完善农村社会化服务，让家庭的一些职能转移给社会。比如，扩大农村寄宿制学校的规模，提高留守儿童的教育效果；开展留守家庭生产互助等类的活动；建立乡镇一级的含有心理门诊、法律援助、文娱中心在内的留守服务中心，等等。

制　度　荒

一是滞后的户籍迁移制度。农民进城打工，仅在地理空间上发生了水平位移，社会身份仍滞留在农村，不仅不能获得与城市居民相同的住房、医疗、教育、失业等保障，而且面临工种、职业、待遇等多方面的障碍，导致了农民工就业及生活成本增加。二是残缺的社会保障制度。根据全国总工会劳动保障部前两年做的调查，农民工参保的人数只有10%。这既有农民工就业状态不稳定而难参保等客观原因，也有农民工对现行制度缺乏信任，用人单位怕参保增加人工成本，地方政府担心推进农民工参保会影响本地投资环境等主观因素。三是断裂的教育制度。

多年来，农村教育过于强调正规教育、基础教育，忽视职业教育和继续教育，忽视各种技能培养。我国约有1亿初中生不能升入高中直接走向社会，两亿多农民工需要不断充实新知识新技术，而他们大都求技无门。我国要把"中国制造"变成"中国创造"，把"世界工厂"变成"世界市场"，政府必须承担起农村职业教育、继续教育应有的责任。四是缺失的职业认定和技能等级制度。职业资格证书制度和技能等级制度是劳动就业制度的一项重要内容，也是一种特殊形式的考试制度。在德国，无论从事哪种工作，都需要"工作资格"。目前，在我国虽然有些进城务工人员掌握一些职业技能，但由于工作不稳定，往往找到什么就干什么，工种变动很大，很难把一门技能持续保持下去，由此导致就业和招工的双向不确定性。

化解"制度荒"，一应消除城乡二元制度、完善社会保障制度。从农村到城市，农民工只是完成了横向的水平流动，这是城市化低层次的表象性流动，应着力推进他们的横向垂直流动，这才是城市化中高层次的实质性流动，即打通他们向上流通的通道，让他们在经济、政治、社会、文化各方面不断提升自己的地位，通过制度建设，让他真正享受到和城市市民和产业工人的同等待遇。二应完善教育制度，把加强职业教育和继续教育乃至终身教育作为市县两级政府的基本职责。大力开展农村劳动力转移培训，切实提高农村劳动力培训成才率和就业率，使一部分农民逐步完成"职业转移"，进而完成"身份转移"。三应在农民工中逐步推行国家职业资格证书和技能等级证书制度。国家和企业应针对农民工的特点，加强农民工职业资格培训，免费为农民工组织职业资格和技能等级认证考试，使农民工经过鉴定取得相应的职业资格证书和技能等级证书，使他们有信心、有韧劲追求打造专项技能的"百年老店"。

薪　酬　荒

从迁移理论看，人口迁移存在两种动因，一是居住地推动人口迁移的力量；二是迁入地吸引人口迁移的力量。当下"民工荒"，显然是因为城镇提供给农民工的待遇之"拉"力不足与农村的"推"力减弱共同作用的结果。农民工的薪酬过低和"收入歧视"导致"薪酬荒",使民工流动的"拉"力减弱。发达地区许多企业长期把最低工资标准当成执行标准。根据国家统计局 2009 年的调研,东部地区最低工资标准比西部地区仅高 5%,但农民工在东部地区打工的成本比中西部地区高 25%,还有背井离乡的隐性成本,导致农民工去发达地区打工的积极性下降。农民工与城镇工"同工不同酬"的工资剪刀差长期存在,同类工作岗位的月工资可差 500～800 元。如果加上城市的各种社会福利,差距更大。南方一些城市,20 多年来,当地人工资上涨十多倍,农民工工资却长期"稳定"。2010 年 4 月北京市政协在全市建筑、制造、服务等行业 3 万多名一线农民工中调查,他们平均工资只相当于城市单位职工的 37%,有 81% 的农民工工资低于全市平均水平。事实上,1994 年《劳动法》所确立的集体协商还只是一种形式协商,而且集体协商制度的推行是非强制性的,真实效果大打折扣。导致这种现象的主要原因就在于农民工缺乏工资谈判权。

农民务工是农民务农价值不能实现的一种自救行为,当务农价值逐步在国家强农惠农政策支持下得以大幅提升时,农民务农的意愿必然增强,外出打工的意愿必然减弱。同时,国家应对金融危机的 4 万亿投资,使农民工在自己家乡打工的机会也相对增加,在东、中、西部打工薪酬相差不大的背景下,农民更倾向于在家乡附近就业。

尽管 2011 年《经济蓝皮书》认为,自 2003 年以来,农民工工资也以年增 10.2% 的速度显著提高,农民工将终结"低工资"时代。但要真正解决"薪酬荒",还有很长的路要走。一应建立健全工资支付、增长机制。建立和完善工资支付保障机制,预防和解决工资拖欠问题。建立工资正常增长机制,提高最低工资标准。着力改变在利益分配上"强资本、弱劳动"的不合理结构。二应建立工资集体协商制度,以工资水平、工时和劳动定额等为主要内容,各级劳动部门、工会组织应积极推进企业与工人广泛开展平等协商,使劳动者能够依法参与企业的工资决定,维护自己劳动报酬合理增长的权益。

技 能 荒

　　针对沿海地区和内地同时出现严重的缺工现象，有专家认为，中国经济发展的"人口红利"正逐步枯竭，中国正在或即将出现"刘易斯拐点"。但整体上看，"民工荒"属于结构性短缺，紧缺的只是技能型、高素质的农民工。国家统计局农村司发布的《2009年农民工监测调查报告》显示：在外出农民工中，文盲占1.1%，小学文化程度占10.6%，初中文化程度占64.8%，高中文化程度占13.1%，中专及以上文化程度占10.4%。另据一项调查显示，2亿多农民工接受过培训的约占25%，全部农村劳动力接受过培训的只占9%。1亿多新生代农民工不断跳槽的"短工化"现象，难以积累技术，也为技能荒推波助澜。现实中"就业难"和"招工难"同时并存，"有人没事干"和"有事没人干"同时并存，这种现象正是目前工作难度和劳工素质不相匹配、产业发展与劳工素质出现结构性错位的深层问题的现实写照。可见，当前中国的"民工荒"，也是就业结构中的一次岗位格局的调整和震荡，实质是一种"技能结构荒"。

　　导致"技能荒"的原因是多方面的，既有当前农民工技能培训体系本身的原因，也有用工企业不注重农民工人力资本投资的因素。从农民工技能培训自身来看：一是"九龙治水"导致培训资源分散。各部门封闭运作，缺少必要的协调和沟通，各类培训资源得不到有效整合和利用。二是培训体系基础薄弱。农民工培训各类定点机构数量不足，质量不高，良莠不齐，难以适应培训需求。三是培训针对性不强。没有根据市场需求开设专业，培训与促进就业相脱节，培训内容主要集中在技术简单、培训时间短的项目上。四是培训补偿标准偏低，培训补贴资金难以弥补培训实际成本。从用工企业来看：绝大多数企业，出于成本经营灵活等原因考虑，不愿意与农民工签订长期用工合同，更不注重农民工人力资本投资，而是奉行"拿来主义"，只招熟练工，一旦完成订单，对农民工就弃之不用；来了新订单，又想着"招之即来"，甚至靠提高工资引导外来劳动力回流，缓解"招工难"，只治标不治本，没有从技能的储备和提升是企业形成持久竞争力的关键这一战略高度去谋篇，更没有从让工人增强归属感的层面去布局，山西晋商的票号，学徒工自进入之日起即开始计入股份，致使凡进入票号者能终身为之奋斗。四是着力增强用工企业的现代管理理念，千方百计提高工人对企业的归属感、认同感，应学习日本企业比企业家出名，改变我国企业家比企业出名的现状。

要真正解决"技能荒"，一是按"三个统一，三不交叉"整合培训资源。"三个统一"即统一使用培训资金，统一制定相关标准，统一运用信息资源；"三不交叉"即培训机构不交叉，培训内容不交叉，培训对象不交叉。二是加强基础设施建设。建立健全市、县级公共职业训练基地，为农民工培训提供必要的实训场所和设备；加强师资建设，培养"双师型"教师队伍。三是完善财政补贴制度。进行培训绩效考核，监督培训质量。

"民工荒"的背后是"四荒"，"四荒"的背后则有着更深层次的"资源荒"。北京大学光华学院副教授章铮研究称中国农村35岁以下的劳动力资源已基本枯竭，这就意味着中国的人口红利已经进入急转直下状态。作为生产力诸要素中最核心的人力资源一旦枯竭，如果不及时采取应对措施，给经济社会的发展带来的可能是多米诺骨牌效应。当务之急应立足长远，从制度设计层面寻找解决办法，这样才能遇"荒"不慌。

（本文原载于《中国发展观察》2012年第6期）

大力推荐农民工以家庭为流动单元

打破城乡樊篱，允许农民进城务工经商，这是改革开放以来最重大的社会进步。但是，2亿多农民从土地上走出来从事二三产业，大都远离故土，抛家别妻，长达数月甚至经年不归。他们的家庭实际上处于解体半解体状态。家庭是社会的基础细胞，细胞功能退化或发生病变坏死，社会的肌体必然大受影响。就中国的情势看，农民工的存在不是三代、五代人的问题，很可能是更长时间的延续。因此，只有以家庭为流动单元，才能修复家庭这个社会基础细胞，从而促进社会肌体的健康发育，使构建和谐社会成为可能。从长远看，不以家庭为单元的流动不是合理的流动；不以家庭为单元的迁徙不是稳定的迁徙；不以家庭为单元的城市化不是真正的城市化。

一个改变中国、影响世界的人口大流动

发端于20世纪80年代的中国"民工潮"，与人类历史上的任何一次人口迁徙都有所不同。无论是规模、深度、广度还是影响等方面都是史无前例的，具有显著的时代特征。

一是流动群体大、影响力大。波澜壮阔的"民工潮"可以用六个"最"概括：一个人类历史上规模最大的人群，在最短的时间内，涌入最没有准备的城市，承托起规模最大的制造业，生产出数量最多的廉价商品，以最低廉的成本改写了世界经济版图。20世纪80代中期开始，短短的二十多年时间，2.5亿农民走出土地务工经商，其中1亿多在水泥丛林之间辛苦劳动，拿着比城里人低得多的工资，从事着城里人不愿

干的工作，弥补了城镇劳动力供给的结构性不足，促进了城市二三产业发展，为中国城市化和工业化的快速崛起作出了巨大贡献，使中国在全球经济普遍下滑的背景下，一路上扬，高歌猛进，一举摘下世界第二大经济体的桂冠，成就了"中国制造"的世界品牌，从而改变着中国，影响着世界。

二是流动方式以个体流动为常态。农民工无论是外出务工还是经商，绝大多数都是一个人"单枪匹马闯天下"，举家迁徙的很少。据有关调查显示，农民工举家外出的仅占四分之一。在欧美等发达国家，人口流动更为频繁，但大都是以家庭流动为常态。我国农民工采取个体流动方式，有其内在原因。首先，农民被城乡二元制度阻隔了几十年，一旦打开城门，他们便迫不及待地甩开一切挤入城市，寻求致富门路。其次，他们不自断后路、背水一战，在独自闯天下的同时，为自己留有来去自由的回旋余地，即使在城里待不下去了，也还有"后方大本营"的最终保障。再者，农民工是从条件较差的农村流向条件较好的城市，但快速发展的城市不仅在制度和文化上拒绝、排挤外来人员融入，而且在物质基础、管理体制、资源条件等多方面存在着诸多现实问题和困难，来不及接纳过多的外来人员，他们只能一个人先千方百计挤进城市再说，无法拖家带口。

三是流动时间长。农民工在外以务工或经商为主业，基本上是常年不归，时间较短的也长达几个月，有的甚至是"少小离家老大回"，十几年都不回家，家庭成员之间很难见上一面，有的孩子长期见不到父母，骨肉分离，互难相认。媒体报道，重庆人熊良山1989年到上海务工，开始是每年春节乘轮船回家过年。从1998年轮船停开到2010年的12年时间内，熊良山夫妇仅在2002年回家一趟，2008年儿子来上海看望父母时，他们竟然认错了儿子。农民工长期不回家的原因，既有"不能"也有"不愿"：一是担心失去工作岗位。在人生地不熟的陌生城市，农民工找到一份工作很不容易，如果回家暂时离开工作岗位，就很可能失去工作机会，只有苦苦煎熬，死看硬守一份来之不易的工作。二是城市与农村之间路途遥远，回家一次费尽周折，一位在浙江打工的西南某省女民工，想念儿子心切，骑摩托车六天六夜长途奔袭才得见儿子一面。加上票难买、路费贵，农民工不堪重负，不愿轻易花费千辛万苦挣来的"血汗钱"，只有不回家才能"一举两得"，既不用排队买票，又省了路费。

四是流动空间广。在二十多年发展的过程中，数以亿计的农民工无处不在，只要有用工需求的地方，就有农民工的身影，其足迹遍布全中国，甚至走出国门，走向世界。只要能挣钱，他们可以奔波到任何一个地方，干任何一种能干的工作。同时，农民工在开始初闯天下阶段，以个体流动为主，天马行空，独往独来，少了家庭的束缚和羁绊，有充分的自由空间和更多的选择余地。

五是期待父辈成为"末代农民"。农民工经过多年的打拼，生活条件改善了，素质提升了，在与城市文明的接近与融合中，视野拓宽了，眼界变高了，不满足于往返城乡之间的两栖生活，越来越多的人希望在城市落地生根，特别是作为当前农民工主流的"80后""90后"新生代农民工，这种意愿更加强烈。有关调查显示，在这个有着上亿人的群体里，只有7%的人有以后回家的意愿。相比于父辈而言，新生代农民工在文化程度、人格特征、务工目的、城市认同感、生活方式、工作期望、与农村家庭的经济联系等方面迥然不同，他们受教育程度高、职业期望值高、物质和精神享受要求高，大多数正在从事现代工商业活动，有一定的现代产业技能，能够接受现代社会理念并且按照现代产业规律从事生产和生活。虽然在现行户籍制度和社会管理方式下，他们还不能平等地享受城市的公共服务和福利，但由于没有在农村的"苦难过去"，其参照系只有眼前的城里人，因而期望值更高，从一开始便义无反顾地追求融入城市化、工业化、现代化进程之中。他们最大的愿望就是摆脱"农民"身份，让自己的父辈成为"末代农民"，最不济也要让自己成为"末代农民"，让自己的后代成为市民。他们的梦想就是自己和父辈谁当"末代农民"问题。

农民工以个体为流动单元带来"三难"

农民工常年孤身在外闯荡，给个人、家庭、社会带来了一系列问题：家庭成员长期分离，相互间缺乏关怀与照应，个人生活难；传统的家庭经营模式被打破，固有的家庭关系日渐疏远，家庭稳定难；个人问题与家庭纠纷，通过不同途径影射到社会，引发一系列社会冲突和矛盾，社会和谐难。"三难"不解，将成为影响中国经济社会发展与和谐的最严峻问题。

一是个人生活难。首先，日常生活没有避风港。农民工在城里干的是最脏最累最险的工作，住的是工棚、地下室或城中村，吃的是粗茶淡饭，过的是"大集体式"生活，日复一日的辛苦劳累之余，不能享受家人之间互相帮助、体贴入微的关怀和呵护，就是想吃一顿可口的饭菜都是难上加难。有了头疼脑热拉肚子，没有家人的照顾，只能自己忍着。其次，工余时间白白浪费。如果在农村，闲暇之余可以和家人相守在一起，教子、养老、夫妻沟通，履行一份为人父、为人子、为人夫的责任；或是在自家的庭前院后，种瓜养菜，搞一些家庭副业，补贴家用。但在城市，工作之余只能举首望天、独守工棚，再无其他事可干。再者，精神找不到栖息地。"偶闲也作登楼望，万户千灯不是家"，农民工在城里是"孤家寡人"，没有家庭的温情，也没有倾诉的对象，经常遭受的是歧视和不公平待遇，几乎没有文化娱乐生活，思家思乡之情难以排遣。每逢工余空闲或节假日，对别人意味着团聚和快乐，对农民工而言，恨不得"若为化得身千亿，散向峰头望故乡"，更多的则是无尽的思念和苦涩。

二是家庭稳定难。长期以来，我国农村家庭是以熟人社会为背景的，其稳定性恐怕在世界各国也是名列前茅，这也是乡村社会稳定的基础。随着"民工潮"的兴起，农村家庭遭受前所未有的冲击，生产功能日益减弱，成员关系急剧变化，血缘亲情渐渐淡化，家庭失去了凝聚力，在"形"和"神"上逐步趋于瓦解，导致"五荒"：一是家庭经营荒。外出农民工多数是青壮年，留在农村的是老弱妇幼，农村家庭丧失了主要劳动力，以家庭为单元的经营格局被打破，承包地粗放经营，猪鸭鹅等难以养殖，菜瓜果等无法种植，经营性收入和家庭副业几乎为零。由此导致维系家庭关系的内部紧密协作劳动不复存在，使配合默契的成员关系日渐疏离。二是家庭责任荒。个体成员的长期流动使家庭处于分散状态，各种类型的"空巢型"家庭大量涌现，"无子"赡养老人、"无父"抚养孩子、"无夫"挑起重担、"无妻"照顾生活的现象十分普遍。远在天边的"游夫""游妇"们除了寄一点钱回家外，该尽的家庭责任鞭长莫及或经过长期消磨而意识淡漠。三是外部关系荒。长期离家在外的农民工打破了传统人际关系网络，日常交际对象主要是工友，与基于血缘、姻缘、地缘而形成的亲属和乡邻之间的联系越来越少，传统乡土关系逐渐减弱、淡化，乡土气息的人情性质和互动内容改变了，取而代之是原来没有的雇佣、租赁等工具性关系，"远亲不如近邻"变为"比邻若天涯"，家庭的整体社会关系逐渐分崩离析。四是家庭成员感情荒。空间上的距离带来了感情上的疏离，父母、子女、夫妻、兄弟姐妹之间缺乏沟通交流与相互关爱，儿童缺少父母关爱和家庭教育，精神创伤大，难以健康成长；老人没有亲情交流和慰藉，寂寞无聊等精神压力难以排解；相隔两地的夫妻在生理及心理上长期处于压抑状态，感情危机随之产生，农村离婚率持续攀升。紧密而温馨的家庭情感越来越疏远淡薄。五是伦理道德荒。在市场经济和城市陌生人社会规则的冲击下，许多农民工的传统观念和思维方式开始蜕变，金钱、物质至上替代了传统美德，诚实沦丧，守信失守，伦理秩序出现混乱，道德底线开始崩塌，该尊敬的不尊敬，该爱护不爱护，"暖风熏得游人醉，直把他乡作故乡"，传统的伦理道德正在沉沦。

家庭是人类社会结构的基石、社会制度的原型、社会秩序的要素、国家形态的基础，大量的农村家庭分化和结构解体，将逐步导致家庭关系及其功能的退化，影响养老、育子、医疗、失业等家庭保障的深层基础，在社会保障体系尚不健全的背景下，甚至会动摇社会制度和国家形态的基石，这是一个十分危险的信号。

三是社会和谐难。因农民工及其家庭而引发的社会纠纷和矛盾越来越多，影响越来越广泛，如果任由这种态势发展，产生的破坏力将是巨大的。一是社会治安隐患多。一方面，农民工家庭的离婚、财产纠纷、赡养父母、抚养子女等民事案件增多，甚至出现暴力犯罪等，而这种现象正在进行着代际传递，缺乏家庭教育的农民工子女的违法犯罪现象不断增多就是明证。另一方面，满怀希望和梦想的农民工，进城后却承受着生存境遇艰难、生活环境恶劣的残酷现实，产生了巨大的心理落差，在公权力不能保障其合法权益时，最终的选择是以违法犯罪行为来显示自身存在，或借以获取生存资源；同时，农民工在缺乏家庭温暖和亲人慰藉的同时，又受到城市文明的拒绝和排斥，生活和精神的双重压力，使他们经常采取一些不健康的休闲娱乐方式甚至走上违法犯罪道路。二是群体性事件频发。农民工的个体流动式生存和"大集体式"的工作、生活和居住环境，家庭负担和顾虑减弱，更容易抱成一团、联合在一起，各种自发组织不断涌现。据有关调查显示，深圳市农民工仅各地同乡会就达200多个。农民工由于在城市的社会地位低下，合法权益屡遭侵犯，诉求渠道不畅，维权之路艰难，对社会的不满经过长期的积累和传递，逐渐滋长并演化为一种社会离心力，甚至是反社会的倾向，在遇到劳资纠纷、劳动安全事故等诱因时，这种不满情绪就会大面积暴发，并通过暴力冲突等行为进行宣泄，进而演变为群体性事件。近年来，农民工群体性事件逐年增多，其规模、参与人数、严重程度和社会影响越来越大，这种现象必须引起高度重视。三是社会管理压力大。对农民工而言，长期流动使其自身的社会管理参与权名存实亡，人不在农村不能有效行使村民权利，身在城市却无法参与社区管理。对农村而言，基层政府的社会管理成本增加，即使是从形式上走过场，也要付出更多的人力、物力和财力。对城市而言，外来人员增多使人口急剧膨胀，在运营管理体制、整体吸纳能力、公用设施建设、资源消耗、市容市貌、社区管理等方面的压力越来越大，对农民工的"社会性排斥"管制政策又引发了社会治安等多方面的矛盾与问题，需要花费更多的时间和精力来解决。四是礼仪道德缺失。农民工始终被视为城市的"外来人"，是地域意义上的边缘人，也是城市礼仪道德的边缘人。城里人的价值观念成为城里人的专利，农民工的价值观念不被认同，享受不到城里人最起码的尊重、信任与帮助。在农民工的眼中，城市的道路越来越宽广，人心却越来越狭隘；人住得越来越拥挤，关系却越来越疏远。他们在物质生活与道德情感上无法融入城市，没有主人翁的责任感，缺乏维系和践行诚信道德的动力和热情。

民主法治、公平正义、诚信友爱、安定有序，是构建和谐社会的应有之义。如果农民工的家庭问题得不到根本解决，这个数量庞大的群体就会始终像无根的浮萍，在城市与乡村之间游荡，影响社会安宁与团结，冲击社会秩序与文明，阻碍社会进步与发展，构建和谐社会也就无从谈起。

大力推进以家庭为单元的人口流动

"五四"以来，中国家庭经历了三次大的冲击。第一次是"五四"时期，发生在极少数知识分子家庭，影响面极小；第二次是"文化大革命"时期，亲情之间的信任关系受其冲击也遭到了破坏；第三次是农民工进城，这是经济理性的冲击，其影响之大、之深、之广是前所未有的。建设美好家庭、实现社会和谐始终是人们孜孜以求并为之努力的理想和目标。家庭对个人的生产生活至关重要，对社会生活的影响也是直接的、深层次的。家庭稳定和睦，直接关系到每个人的幸福与发展，深刻影响着社会的安宁与和谐。大力推进以家庭为单元的人口流动，促进农民工举家进城、安居乐业，使个人回归本质，使家庭得以修复，是解决农民工问题的长远之计、治本之策，也是构建和谐社会的基础工程和必由之路。

近些年，农民工问题引起了全社会的高度重视，各级政府相继出台了一些有针对性的政策措施，着力解决与农民工切身利益相关的突出问题，但这些政策措施只限于改善农民工的个体生存与发展条件。现阶段，随着我国财力逐年增长、整体实力极大提高和农民工举家进城的诉求不断增强，推进农民工以家庭为单元的整体迁徙的条件和能力已经具备，时机已经成熟。首先，应将推进以家庭为流动单元作为首要目标，切实加强制度创新，着力打破二元结构的束缚和制约，加大户籍制度改革和相关政策调整力度，消除歧视农民工的制度根源，给他们以同等的国民待遇，实现从"产业工人的重要组成部分"向真正意义上的产业工人的转变。其次，各级政府特别是城市政府应切实转变观念，从管制型转向服务型，把农民工作为生产要素、生活主体与消费主体来对待，将其纳入城市公共服务体系，在编制城市发展规划、制定公共政策、建设公用设施等方面，统筹考虑农民工的需求，增加面向农民工的公共服务开支。第三，充分发挥政策的杠杆功能和舆论的导向作用，鼓励和引导各类社会组织关注、支持农民工的生存与发展，营造全社会关心、关怀农民工的浓厚氛围。同时，积极引导农民工特别是新生代农民工转变思想观念，强化家庭归属感与责任感，从"潇洒走一回"进城转向"拖家带口"进城。当前，应着力从住房、就业、教育、社会保障等方面，为农民工以家庭为流动单元创造条件。

——住房。首先要实现住有所居，安居才能乐业。当前应下功夫改变农民工的居住条件"破、窄、挤"，居住环境"脏、乱、差"的现实，为以家庭为流动单元创造必备的前提条件。虽然国家出台了相关政策措施，一些地方政府也进行了初步探索，但仍然没有得到较大的改善。农民工的住房问题，应采取"政府引导和推动、企业主导和建设、社会参与和支持"三结合的方式，系统性地加以解决。一是把农民工纳入国家住房保障政策体系，将在城市稳定就业、居住一定年限的农民工纳入政府廉租房、经济适用房、限价商品房政策享受范围，或出台农民工公寓建设支持政策。二是完善农民工住房租赁市场，鼓励社区街道、工业园区、用工企业建设社会化公寓，培育小户型房屋租赁市场；探索在城乡结合部，由集体经济组织利用闲置建设用地建立农民工公寓。三是建立完善农民工住房公积金制度，将这一制度面向所有农民工，有条件的农民工都能申请住房公积金贷款，并且可以支付房租。四是完善农民工住房配套制度，把农民工住房纳入城镇建设规划和土地利用规划，统筹考虑农民工住房位置和基础设施建设，避免出现城市"贫民窟"。

——就业。有业就才能有收入，有收入才能养家糊口。当前，一方面，应着眼长远，逐步建立保障农民工就业的长效机制。世界各国解决农民工就业问题的共同做法，是建立健全相关法律法规。这方面，英国堪称典范，从 17 世纪开始，先后制定了"斯宾汉姆兰德制""伊丽莎白法""新济贫法""失业工人法"等，为农民工创造就业机会。我国应借鉴国际成功经验，把农民工就业上升到法律层次，出台相关法律法规，制定长期稳定的政策，为建立农民工就业和再就业提供可靠保障。另一方面，应着眼当前，在提高农民工的就业能力、增强就业稳定性上下功夫：一是改进职业技能培训，加大对农村人力资本存量的调整和投资力度，探索由政府部门、用工企业、公共培训机构和私营培训机构等多主体对农民工培训的有效合作，建立多渠道、多层次、多形式的农民工培训网络，完善农民工职业技能培训补贴办法。二是进一步健全就业信息服务，加强输出地与输入地劳务对接，健全城乡公共就业服务体系，输出地为农民免费提供政策咨询和务工信息，输入地完善用工信息发布机制，所有职业介绍机构向农民工免费开放。三是完善劳动合约管理，严格工资政策，建立农民工最低工资保障制度、工资发放保障制度和工资正常增长机制，积极推行企业工资集体协商制度，严厉打击恶意拖欠和克扣工资的不法行为，并切实做好对农民工的劳动保护工作。四是进一步强化用工企业的社会责任感，转变企业用工思维方式，采取设置一些夫妻同时就业的"双职工"岗位、建设集体宿舍时设计部分夫妻公寓等措施，为农民工家庭提供一个稳定的住房和就业条件，增强职工对企业的认同感和归属感，提高工作效率，避免"用工荒"，实现企业与农民工共同发展的双赢目标。

——教育。实现学有所教，是推进农民工以家庭为流动单元的重要基础条件，也是阻断农民工代际传递的最好途径。子女教育是农民工最关心的问题，有些农民工进城打工的第一目的是能带孩子进城读书，挣钱则成为次要。农民工子女教育问题已成为是现阶段我国义务教育新的难点和薄弱环节。城市应统筹公办教育资源和民办教育资源，大力提高教学质量和水平，逐步实现教育公平。一是落实"两为主"政策，把农民工子女教育纳入教育发展规划和经费预算，加大对公办教学资源不足的农民工集聚地区的投入，兴建公办学校，改善教学条件。二是提高民办教学资源水平，支持和规范农民工子弟学校的发展，将受政府委托承担义务教育任务的农民工子弟学校，纳入统一的师资培训和教学管理，提高安全水平和师资水平，逐步享受与公办学校同等的财政扶持政策；对在读的农民工子女，按照公办学校的标准，免除学杂费，享受相关补助。三是探索发放教育券的助学方式，农民工子女只要凭借政府统一发放的教育券，就可以自主选择适合自己的学校，任何学校不得拒收。四是探索建立学籍与户籍分离制度，农民工子女可以在父母就业地享有参加中考、高考的权利。

——社会保障。社会保障是推进农民工以家庭为流动单元的救生艇。没有基本的社会保障，农民工一旦失业，家庭将在居住地风雨飘摇。虽然农民工已纳入工伤保险范畴，高危行业农民工参保问题得到基本解决，养老保险和医疗保险的转移接续问题也取得重大突破，但农民工社保覆盖面仍然较窄，保障水平还很低。进一步完善农民工社会保障制度，应坚持低标准、广覆盖、可接续原则，不断扩大农民工社会保障覆盖面。一是全面落实农民工工伤保险政策。以商贸、餐饮、住宿、家庭服务等劳动密集型行业的农民工为重点人群，加快实现工伤保险对农民工群体的全覆盖；简化农民工工伤认定、鉴定和纠纷处置程序。提高工伤待遇水平特别是一次性补助标准，确保遭受工伤或患职业病的农民工获得与城镇职工相同的医疗救助和经济补偿。二是健全农民工医疗保障制度。与企业签订劳动合同、建立稳定劳动关系的农民工都应纳入城镇职工基本医疗保险制度；鼓励其他农民工参加城镇居民基本医疗保险或农村新型合作医疗保险，进一步完善基本医疗保障关系转移接续办法；建立医疗保险尤其是大病保障机制，探索包括遭遇天灾人祸时的紧急救济、贫困救助和法律援助等社会救助制度。三是加快健全农民工养老保险制度。引导和鼓励农民工参加城镇企业职工基本养老保险和新型农村社会养老保险；有序、规范地开展农民工养老保险关系转移接续工作；探索建立城镇企业职工基本养老保险与新型农村社会养老保险的衔接政策，保障回乡农民工的合法权益。

农民工，一个为中国经济高增长贡献了人口红利的群体，一个举世关注的沉重话题，一个还将持续几代人的历史现象；构建和谐社会，一个福泽全民的政治纲领，一个跨越历史的时代强音。当一种制度注入了和谐的元素和内涵，推动农民工家庭自由、稳定地迈入城市，实现全体人民共享改革发展成果，这种制度才是文明的、进步的；当一个社会通过制度的指引和实施，消除城乡差别和身份歧视，保障每个家庭安居乐业，这个社会才能安宁和谐。

（本文原载于《中国发展观察》2012年第2期）

扶贫开发"五题观"

贫困始终是人类的大敌，扶贫开发是任何一个国家在任何一个时期都必须面对的挑战。中国作为世界上总人口第一和贫困人口第二的发展中国家，在过去的 30 多年，为减缓和消除贫困做出了巨大努力，取得了世界瞩目的伟大成就。中国的成功经验表明，扶贫开发只要上升到国家理念、国家意志和国家战略的高度，坚持以发展为基础、以改革为手段、以创新为动力、以政府为主导、以长效为方向的基本方针，贫困是可以战胜的。

扶贫是发展中的问题，必须用发展的办法解决

贫困始终与发展相伴，贫困既是推动人类社会发展的最"原始"动力，也是阻碍和制约人类社会发展的重要因素。人的本能总是希望摆脱衣衫褴褛、食不果腹的贫穷日子，过上丰衣足食、无忧无虑的富裕生活。由于贫困，人们才渴求发展，才会产生发展的动力；通过发展，人们的需求层次不断变化和提升，又带来了新的贫困，进而追求更高层次的发展。因贫困而产生对发展的欲求，是发展的最"原始"动因，但发展更多地包含着富裕的成分，而富裕与贫困是矛盾的、对立的，二者的转化是有条件的。发展需要良好的空间环境，不仅包括良好的资源条件和自然环境，也包括良好的人文素质和社会环境，前者具有相对稳定性，后者则是相对活跃的、可变的，受到社会和历史的制约。因此，贫困又在一定程度上阻碍和制约了发展，直接影响到发展的速度和质量，而发展慢又导致更多的贫困。从这个意义上讲，人类社会在摆脱贫困、

追求发展的过程中，迄今为止，仍然处在一个"贫困-发展-再贫困-再发展"的螺旋式上升的怪圈。

发展是最基础、最广泛的扶贫，是减缓和消除贫困的基础和前提。有贫就要反，有困就要扶，古今中外，人们一直在孜孜以求反贫困的道路和途径，扶贫济困始终是人类社会发展史的一大主题。贫困首先在于发展慢，一个国家或地区，如果经济社会发展相对滞缓落后，必然带来贫困；只有持续而快速发展，整体经济实力得到提升，才有可能为减缓和消除贫困提供必需的物质财富。中国的反贫困事业取得了巨大成就，也经历过许多波折。在"以阶级斗争为纲"的时期，政治运动替代经济社会发展，物质财富极端短缺，人们生活困苦，贫困地区面积广，贫困人口数量大；改革开放后，发展成为时代主题，经济快速增长，居民收入大幅提高，连续跨越了基本消除贫困、解决温饱问题、实现总体小康的三级跳。实践证明，发展是解决中国所有问题的关键，也是缓解和消除贫困的基础和前提，扶贫关系到经济社会发展大局，不能孤立或游离于经济社会发展大局之外，必须把扶贫作为发展中的问题，在宏观的发展格局中确立其地位，并根据宏观发展需要进行扶贫制度设计，使扶贫制度在内容和形式上既服务于发展大局，又能在发展中不断得到调整和创新。

用发展的办法解决贫困问题，必须切实转变发展理念和发展方式。贫困需要发展，但并非发展就能自然减缓和消除贫困。由于发展与社会的不公正、不平等之间的复杂关系，经济增长的得益不可能自动地扩散到全社会的各个阶层，贫困群体往往因弱势而被排除在经济增长进程之外，难以分享经济增长成果，发展也就无法带来预期的扶贫效果。相反，大量事实证明，不少国家或地区在快速发展的同时，贫困问题却在累积。发展只有符合社会各阶层的共同愿望，成果为全体人民共享，才具有更积极的社会意义和扶贫效果；如果发展带来的是少部分人的富裕和大部分人的贫困，这种不公正性就会威胁到经济稳定和社会安定，甚至产生贫富阶层的对抗等社会矛盾，进而导致发展的不协调、停滞甚至倒退。如何实现经济增长、共享成果以及减除贫困三者之间的良性互动，是发展中的重大问题。近年来，党中央提出了科学发展观、构建和谐社会等重大理论和战略决策，出台了一系列转变发展方式的政策措施，逐步打破和消除全体人民参与发展、分享发展成果等方面的体制性障碍，坚持社会公平正义，着力促进人人平等，努力做到发展为了人民、发展依靠人民、发展成果由人民共享。科学发展、和谐发展必将为中国反贫困事业迎来更大的机遇和更美好的前景。

扶贫是改革中的难题，必须用改革的办法解决

收入分配不公是造成贫困的重要原因，也是改革发展进程中的难题。"贫"字拆开即"分贝"（分钱），可见，分配不公、资源配置不合理必然导致贫困。改革开放初期，由于物质财富极度贫乏，坚持"效率优先"、促进经济发展成为当时最迫切的现实需要；经过 30 多年的快速发展，我国实现了经济腾飞，社会财富极大增长，但在二元结构影响、法制不健全、公民权利意识不强等因素的共同作用下，追求效率的同时却没有很好地兼顾到社会公平，分配不公和不均的现象较为严重：资本强力挤压劳动，资本收益成为财富的重要来源，劳动收入在整个要素财富分配中的比重越来越低，而劳动收入是中低收入者最为重要甚至是唯一的收入来源；非常态收入突出，权力、垄断、身份决定收入的潜规则暗流涌动；保障性收入不到位，绝大多数人的收入增加和生活改善速度滞后于经济发展，社会财富和资源进一步集中。在改革发展过程中，经济增长使我国基本消除了赤贫现象，但分配不公和不均使相对贫困程度加深，城乡之间、不同行业与社会群体之间、地区之间、国与民之间的收入差距越拉越大，贫富分化现象日益突出。2009 年，世界银行和亚洲开发银行测算的中国基尼系数均为 0.47，超过了国际公认的警戒线。2011 年，人力资源和社会保障部公布的行业收入差距达到 4.2∶1，地区收入差距扩大到 2.38∶1，城乡收入差距扩大到 3.23∶1，加上各种社会福利，城乡差距更大。

收入分配不公已成为当前最为严重的社会问题之一，必须通过改革的办法解决。收入分配不公引发了普通民众的相对剥夺感和仇富心理，

构成和谐稳定的长期隐患，影响到国民经济的健康发展，改革分配制度、打破固有的分配机制和模式、推动收入分配格局的深层次调整已迫在眉睫。改革首先应处理好三个关系：一是效率与公平的关系。处理好效率与公平的关系是分配制度改革的核心。讲效率才能促发展，讲公平才能保护好不同阶层的利益，如果只侧重一方，就可能带来负面效应。必须兼顾效率与公平，在促进经济增长的同时，维护好各个阶层以及不同群体特别是贫困群体的平等权利和机会。二是劳动与资本的关系。是资本主导劳动、还是劳动主导资本，这是一个带有根本性的原则问题。穷人致富靠劳动，富人发财靠资本。当前收入分配不公的一个突出表现就是劳动收入在整个要素财富分配中的比例越来越低。重构劳动价值决定工资收入的基本理念，着力提高劳动收入在财富分配中的份额，真正实现建立在劳动和创新基础上的经济增长，逐步实现建立"消费社会"和内需经济的长期发展目标，是分配制度改革的突破口。三是政府主导与部门协作的关系。收入分配不单是市场行为，还涉及社会公平正义，需要政府进行权威性的制度安排，因而改革必须由政府主导。我国改革多是依靠部门协作来推进，但现行的部门分割体制，使部门之间的利益平衡和协调困难，参与改革的责任和权限很难划分，加上部门之间的利益博弈，改革的科学性和合理性令人质疑。因此，改革不能倚重于部门协作，必须借鉴国外经验，超越部门层次，实行顶层设计、科学决策。这是实现改革实质性突破和进展的关键。

建立公平的收入分配体制，扶持贫困地区和贫困群体，是减缓和消除贫困的重要举措。改革应坚持兼顾效率与公平的原则，走共同富裕的道路，进一步完善按劳分配为主体、多种分配方式并存的分配制度。一是调整国民收入分配格局，逐步提高居民收入在国民收入分配中的比重，提高劳动报酬在初次分配中的比重；加大财政、税收在初次分配和再分配中的调节作用，平衡政府、企业、居民之间以及高收入群体与中低收入群体之间的分配关系；深化垄断行业收入分配制度改革，完善对垄断行业工资总额和工资水平的双重调控政策，破除行业行政性垄断格局，平衡垄断行业与一般性竞争行业之间的分配关系；保护合法收入，调节过高收入，取缔非法收入，逐步形成公开透明、公正合理的收入分配秩序，扭转收入差距扩大的趋势。二是扶持贫困地区和贫困群体。加大转移支付力度，支持贫困地区发展，提高贫困群体的收入水平；加大政府调控力度，运用税收、金融、行政等调节干预手段，保证低收入群体的保障性收入；健全以社会保险、社会救助、社会福利、社会慈善为主要内容的社会保障体系，加大社会救助和社会福利投入，解决好保障性分配问题；建立健全社会捐助等"三次分配"机制，缩小贫富差距。三是统筹相关制度和措施，如建立公开透明的收入调查制度，打破权力、垄断、身份决定收入的现实"潜规则"，平衡国有企业与民营企业之间、城镇居民与农民之间的分配关系等，消除分配体系中的不合理因素。

扶贫是创新中的课题，必须用创新的办法解决

创新是时代进步的主题，是民族复兴的灵魂，是社会发展的主旋律；任何一项工作都需要创新，扶贫同样如此。创新是人类特有的认识能力和实践能力，是人类主观能动性的高级表现形式。人类社会从低级到高级、从简单到复杂、从原始到现代的进化历程，就是一个不断创新的过程。创新是推动人类进步和发展、促进一个国家或地区兴旺发达的不竭动力，创新能力的大小决定了一个国家或地区的发展速度、发展阶段和发展水平。中华民族伟大复兴必须走创新之路。党中央、国务院顺应世界发展形势，从我国的基本国情和战略需求出发，提出到 2020 年建成创新型国家，是事关现代化建设全局的重大战略决策，必须贯穿于各项事业发展的全过程。扶贫开发事业作为国家发展战略中的一项重要内容，必须紧紧呼应建设创新型国家的重大决策和部署。

中国过去 30 多年的扶贫事业，之所以取得了举世公认的巨大成就，就是得益于扶贫制度的不断创新和发展。我国始终高度重视扶贫制度的创新，不断增强反贫困的动力。在扶贫战略上，从不含具体扶贫目标的经济增长转向目标瞄准型减贫，从救济式扶贫向开发式扶贫转变，并从 2007 年开始实现了社会保障扶贫与开发式扶贫相结合的战略转变，

从扶持贫困大区向扶持贫困县继而转向重点扶持贫困村，从单一项目扶贫向综合扶贫转变；在治理结构上，扶贫计划和项目的决策经历了从中央高度集权到权力下移到省（任务、责任、资金和权力"四到省"）再到以贫困县为主进而过渡到村民自主决策的转变，从完全的政府主导向政府主导、社会组织参与进而向政府主导、社会组织和受益群体参与的转变。在资金管理和使用上，由以基础设施建设为主转向基础设施建设与产业发展共同推进，由以自然资源开发为主转向自然资源开发与人力资源开发并重，并积极探索资金可持续使用的机制和方法。过去 30 多年的扶贫制度创新，为其他国家和我国今后探索合适的扶贫制度，积累了宝贵的经验。

开创扶贫工作新局面，必须进一步解放思想，创新体制机制和工作方法，深入推进开发式扶贫、开放式扶贫、开拓式扶贫。"开发式扶贫"即坚持和谐发展的理念，正确处理好"温饱与环保、口袋与脑袋、里子与面子、局部与全部"的关系，实行自然资源开发与人力资源开发并重，在大力加强公共设施建设、促进基本公共服务均等化的同时，充分挖掘和发挥地区特色和优势，重点培育农村新兴产业，着力发展乡村旅游、特色农产品加工、农村新能源等绿色产业，促进贫困地区经济社会更好更快发展。"开放式扶贫"即突出扶贫的社会性、广泛性和参与性，以政府主导为主，聚集各方力量，整合各类资源，构建专项扶贫、行业扶贫、社会扶贫齐头并进的工作机制，形成全社会共同关注、支持、参与扶贫工作的良好格局。"开拓式扶贫"即拓宽视野，更新观念，积极探索，大胆试点，切实解决好扶贫模式老化、扶贫机构弱化、扶贫功能淡化、扶贫内容抽象化等突出问题，不断创新扶贫工作机制，由"输血式"转变到"造血式"，努力在能力扶持、机会扶持、合作扶持等方面，寻求减贫脱贫的新途径和新方法，不断增强贫困群众自我管理水平和自我发展能力，切实加快脱贫致富步伐。

扶贫是社会的命题，必须用行政的办法解决

贫困不只是一种简单的物质生活状态，而是一种社会结构现象。任

何时候，贫困都以一种朴素而客观的方式存在，直接表现为一种物质生活状态，但贫困绝非仅限于此。处于贫困状态的人们通常意味着一个群体，不同的历史阶段，贫困的含义虽不尽相同，但这个群体始终作为社会分层结构中的构成要素而存在。在传统社会，低微的收入、低下的社会地位以及世代间的传承往往是结合在一起的；在现代社会，身份的、世袭的、先天的因素越来越少，而社会流动越来越频繁，并在很大程度上决定着人们在社会中的分层和社会地位。因此，解决贫困问题，不能仅限于改善贫困群体的现有生存状态，更重要的是改革社会流动的机制和方式，促使贫困群体向更高的社会地位、社会阶层流动。改革开放以来，我国经济社会快速发展，贫困发生率逐步降低，与此同时，社会分化加剧，贫富差距扩大，社会排斥突出，社会流动僵化，社会结构日趋凝固，贫困群体越来越呈现出一种板结的状态。日益固化的社会结构，使贫困群体逐步被社会边缘化，丧失了更多的权利和机会，基于起点不平等引申到过程不平等必然带来结果不平等，由此产生贫者愈贫、富者愈富以及贫富代际传递的不公平现象，并直接导致或衍生出一系列社会矛盾和问题。

扶贫既是一个重大的经济问题，更是一个重大的政治问题和社会问题。贫困不仅表现为发展不足、物质财富匮乏，本身也是一种对人权的侵犯，使人的基本权利无法实现，还是一种潜在的不稳定因素，阻碍和制约着政治经济发展和社会前进。贫困群体虽然占社会总人口的比重不是很大，但因物质资源和基本权利的缺失，他们最需要受到关注和关怀，最需要得到保护和扶持。建设一个什么样的现代化是我们必须面对的现实，是建设一个以人为代表的现代化，还是建设一个以人为代价的现代化，在建设过程中，是以人为本还是以物为本，立足点出发点不同，产生的效果就截然不同。经济发展和现代化建设的根本目的在于满足全体人民不断增长的物质文化需求，这也是我们党的根本宗旨之所在。通过扶贫开发，有效缓解并逐步解决区域性贫困和个体贫困问题，为贫困群体创造自我发展的机会，促使物质财富增长，提高生活质量和水平，尊重和保护公民权利，是贯彻落实科学发展观的具体体现，是构建和谐社会的重要内容，是缩小发展差距、实现共同富裕、全面建设小康社会的应有之义，对于推动经济社会全面协调可持续发展，提升社会道德水平，促进社会文明和进步，进一步密切党群关系、增强民族团结、维护社会稳定都具有重要意义。

市场为"富人"而设，政府为"穷人"而设，扶贫是政府应有的职能和责任。只有政府有能力也有义务进行扶贫：一方面，市场经济条件下，市场在资源配置中起基础性作用，其基本法则是优胜劣汰，原材料、劳动力和货币资本等社会资源总是更多地流向效益较好的地区、行业和个人，从而达到最优化配置；与此相对应，效益较差的地区、行业和个人因得不到充足的社会资源而发展受限，最终导致差距越来越大甚至是贫富分化。从这个意义上讲，贫困是"市场失效"的一个重要表现，解决贫困问题的重要手段是公平公正地配置社会资源。做到这一点，只有政府才能承担。另一方面，为维护经济基础和社会稳定，政府必然对社会经济生活进行干预、调节和控制，以满足广大人民的经济生活需求，保障社会政治生活顺利开展。扶贫关系到国计民生、经济发展和政治稳定，是政治管理的一项重要职能，政府责无旁贷、义不容辞。我国已结束普遍贫困时期，进入区域贫困和群体贫困状态，更需要政府通过行之有效的行政行为，巩固和发展扶贫开发成果：一是调整国家财政支出结构，进一步增加对农业基本建设、农村公共设施建设、农村社会化服务体系建设、农村社会事业发展和农村社保等各方面的投入，并高度关注和重视贫困地区及贫困群体，在社会资源配置中向其重点倾斜；二是加强制度统筹，出台相关政策措施，提升社会公平正义水平，尊重和保护贫困群体的权利与机会；三是构建农村社会安全网，完善农村社会保障制度，建立动态监测体系和以预防为主的农村风险预警机制。

扶贫是永恒的主题，必须用长效的办法解决

贫困是一个相对的概念，也是一个历史的概念。自然科学中的能量守恒定律同样适用于社会科学：财富是守恒的，在一定的历史阶段，由

于政治、经济、社会等因素的影响，社会财富在各个阶层和群体之间的分配不均等，有富人就有穷人。贫和富是一个对立统一、相互依存的矛盾。人类文明程度再高，贫困问题将始终存在；经济增长越快，相对贫困程度深化的概率就越大；在一定的历史时期，社会发展状况不同，贫困的内涵和外延也有所不同。有穷人就要扶贫，只要世界上有国家存在，扶贫将是一个永恒的主题。就我国而言，全社会都应树立和强化长期扶贫的理念，正视这样一个现实：在相当长的一个时期内，随着国力增强和财力提高，扶贫标准将逐步提高，贫困群体的规模不是越来越小，而是越来越大；扶贫对象不是越来越少，而是越来越多；扶贫任务不是越来越轻，而是越来越重；扶贫工作不是越来越弱，而是越来越强。

加强理论研究，开展扶贫立法，是实现长期扶贫的基础和保障。任何事业的长期坚持和成功都需要理论体系和政策法律体系两大支撑要件，扶贫也一样。截至目前，扶贫还没有形成一套完整的认识自身、解释自身、谋划自身的理论体系，在现代知识体系和学科构架中没有独立定位，缺乏系统的基本原理、清晰的历史脉络和成熟的实践套路，在新的政治经济社会文化语境中常常失语。扶贫立法虽然在学术界和民间讨论了很多年，但至今没有实质性进展，扶贫实践主要依靠政策和经验来指导，缺乏强制性、规范性和长效性，很难形成制度化和法制化，在扶贫体制机制等方面积累了诸多矛盾和问题。根据长期扶贫的现实需要，有必要采取设立专门研究机构、在高等院校开设扶贫专业等方法，对扶贫进行系统化的梳理、逻辑化的推导、学科化的建构，并切实加快立法进程，制定扶贫法律法规，形成完整的理论体系和完备的法律体系，用以指导扶贫实践。

推进扶贫事业可持续发展，必须建立长效机制。一是强化扶贫功能和机构建设。进入 21 世纪，扶贫功能弱化和机构边缘化的趋势日益明显，一部分职能从扶贫部门分离出去，基层扶贫机构大都从政府序列中淡出，处于可有可无的尴尬地位。从横向看，扶贫部门权限弱化，手段不力，履行职能时难以协调部门利益之争；从纵向看，系统内部上下关系不顺，责任不明，岗位不清，散乱状态突出。扶贫部门的现有功能和机构，无法适应长期扶贫的需要。有必要重设扶贫部门的资金管理职能，进一步完善扶贫项目管理制度，并把扶贫部门作为常设机构纳入政府序列，逐步壮大扶贫力量，切实理顺条块关系，大力加强扶贫队伍建设，不断提高管理水平和执行能力。二是实行扶贫工作全覆盖。我国虽已进入区域贫困和群体贫困状态，但面上贫困现象仍然突出，在很多地区，少数人的贫困被大部分人的富裕所遮掩，"张村有个张千万，九个邻居穷光蛋，平均起来算一算，个个都是张百万"，这部分贫困人口成为被遗忘的角落，扶贫政策措施难以落实。当前，既要把连片特困地区作为主战场，也要坚持瞄准扶贫对象，大力推进扶贫工作全覆盖，全面落实扶贫开发责任制，市、县级成立扶贫开发领导小组，明确专司或兼抓扶贫工作的部门，国家及省扶贫开发工作重点县成立乡镇扶贫开发办公室，贫困程度深的乡镇确定专职扶贫干部，并切实加大对面上贫困地区的投入，使所有扶贫对象都能享受扶贫政策。三是确立农民在扶贫实践中的主体地位。农民最了解自己、最关心自己、对自己最负责任，农民是农村改革的主体和主力，扶贫也同样需要以农民特别是贫困群体为主体。在扶贫工作实践中，应充分尊重农民意愿，维护农民的自主权利，广泛集中群众智慧，拓宽渠道，创新方式，让农民更多地参与决策、管理和监督，并引导和激励农民走自力更生、自我发展之路，真正使他们成为扶贫开发的直接参与者和长期受益者，努力实现扶贫效益最大化。

贫困并非与生俱来，但是消除贫困却要付出长期巨大的努力。建立一个没有贫困、没有因贫困带来痛苦的世界是全人类的共同梦想和愿望，已经成为最优先的国际发展目标（MDG）。我国的贫困问题依然突出，扶贫事业任重道远，只有坚持不放弃、不懈怠，努力做好扶贫开发"五题观"的大文章，不断推进扶贫事业深入发展，建设美好和谐社会才能成为现实。

（本文原载于《中国发展观察》2012 年第 1 期）

新时期扶贫开发需要
处理好的几个关系

改革开放以来，中国扶贫开发取得巨大成就，为全球的减贫事业做出了巨大贡献。2011年，新的十年扶贫开发纲要明确提出今后十年要实现"两不愁三保障"的基本目标。在世情、国情都发生巨大变化的今天，扶贫工作的任务、方法、路径等都需要重新审视，做出调整，尤其要处理好一些涉及重大问题的诸种关系。

温饱与环保的关系

计划经济时代，温饱问题是绝大多数中国人关注的焦点。改革开放的闸门一打开，人们为了解决温饱拼命谋发展，尤其不顾一切地招商引资。贫困地区更是不管污染不污染，招来再说，只要能带来 GDP 和财政收入，捡到篮里都是菜。再加上"石油农业"的自身污染，农村环境已经到了触目惊心的程度。2010 年第一次全国污染源普查结果显示，农业源主要污染物化学需氧量、总氮和总磷分别达到 1 324.09 万吨、270.46 万吨和 28.47 万吨，分别占到全国排放量的 43.7％、57.2％和67.3％。据环保部的数据，全国农村年产生活污水 90 多亿吨、生活垃圾 2.8 亿吨，其中大部分未经处理随意排放，"污水靠蒸发、垃圾靠风刮"是农村的现实写照；全国猪、牛、鸡三大类畜禽粪便总排放量达27 亿多吨。当前，全国农村有 3 亿多人喝不上干净的水。环保部负责同志在 2011 年 6 月 3 日的新闻发布会上忧心忡忡地指出"农村的污染排放已经占到了全国的半壁江山"。"明月松间照，清泉石上流"，曾经如诗如画的田园风光，在一些农村地区已经逐渐变成"垃圾满天飞，污水到处流"的骇人景象。联合国发布的《2011年人类发展报告》已敲响警钟："环境恶化趋势严重影响全球贫困人口的发展"。

在"温饱"已基本不成问题，"环保"却成了问题的今天，必须摆正二者的关系。如果说温饱时代为了生存一味追求发展在情理之中，那么在"生存"不成问题，"生活"成了问题的今天，再不顾一切去追求高速发展，那就在情理之外了。一是该堵的堵。一些贫困地区招商引资"门槛一降再降，成本一减再减，空间一让再让"，明知污染企业，招来是饮鸩止渴，照样一饮而尽。有数据显示，10年间，发达地区的化学需氧量排放向西部贫困地区迁移了7个百分点、二氧化硫迁移了3个百分点。守住青山绿水是当代人的道德良心，不然将愧对子孙。如果引进来的企业会破坏我们的绿水青山，即使是金山银山也应拒之门外。二是该罚的罚。污染就像是一个潜伏在自然肌体内的毒瘤，开始没感觉，一旦有感觉，治起来可就难了。污染的受体大多是土地、空气、水等一些公共物质，没有明确的产权关系，排污的人总想"搭便车"，而其他的人又认为不关自己一个人的事，没必要出头，睁一只眼闭一只眼，结果"公地悲剧"就形成了"公共悲剧"。解决这个问题，可以借鉴英国经济学家曼瑟尔·奥尔森的理论，实行"反向激励"。只要是造成了污染，政府就要毫不姑息，采取最严厉的措施实施惩罚，杜绝一切污染行为。三是该补的补。长期以来，中国污染防治投资几乎全部投到工业和城市。据建设部2005年10月《村庄人居环境现状与问题》调查报告，对我国具有代表性的9个省43个县74个村庄的入村入户调查显示，96%的村庄没有排水渠道和污水处理系统，生产生活污水随意排放。事实上，全国4万多个乡镇，约60万个行政村，绝大多数缺乏环保基础设施，环保机构、环保人员也严重供给不足。当前，政府应该拿出真金白银，尽快补齐环保设施和监管能力欠缺的短板。四是该给的给。贫困地区之所以贫困，当然有很多原因，但有很重要的一点是因为这些地方大多为生态保护区，"有树不能伐、有药不能挖、有矿不能采、有兽不能打"。由于国家给予的补偿微乎其微，一亩林地的补偿金不及偷砍一棵树所卖的钱，严重影响了当地百姓的环保自觉性和积极性。政府应从环境的外部性去考量，逐步按照科斯定理的理论，借鉴国际上"碳交易"的做法，要求发达地区掏钱向生态保护地区买空气和水。

实践证明，环保和温饱并非"你有我无"的关系，只有重视环保的"温饱"才是可持续的"温饱"，进而跳出"温饱陷阱"，实现脱贫致富。浙江滕头村之所以成为中国最富最美的村庄之一，就是因为该村17年前就成立了环保委员会，刚刚温饱就抓环保。

口袋与脑袋的关系

在贫困地区的村头巷尾，"治穷先治愚"标语早已褪色，但仍依稀可见。曾几何时，对于"知识创造财富，脑袋决定口袋"的原理，贫困农民深信不疑。然而当下，"重口袋轻脑袋"的畸形观念正逐渐侵蚀到广大的农村地区，新的读书无用论在贫困地区有所抬头。

现实中，一些大学生一毕业即失业，有的即使就业了，微薄的工资待遇在城市解决生存都难，谈不上生活，更谈不上发展，巨额的学费成本不知何年才能收回。而一些有钱的暴发户初中没有毕业照样活得风光无限。人们不禁要问，知识与财富到底是什么样的函数关系？读书真的有用吗？在这种读书无用论的指导下，弃考现象愈演愈烈。根据教育部公布的数据，2009年我国高考弃考人数达到84万，2010年接近100万人，贫困地区表现尤为突出。

目前，全国5亿多农村劳动力的平均受教育年限只有七年多一点，1亿多农村孩子不能上高中而直接走向社会。我国名牌高校中农村生源只有17%左右，据清华大学调查，近五年来，全国592个贫困县有80%的县没有一个考入清华的学生。城市拥有大专、本科、研究生学历的城市人口比例分别是农村的55.5倍、281.55倍、323倍。我国4 200万建筑工人中，3 200万是农民工，其中90%没有经过任何培训。《第三次浪潮》的作者未来学家托夫勒告诉我们，中国大约有9亿人可以被称为"第一次浪潮人口"，因为他们仍生活在农耕时代的财富创造过程中，大约有3亿人生活在"第二次浪潮"的世界里，他们从事的主要工作是"制造"，大约有1 000多万"第三次浪潮人口"，他们从事现代服务业。现代服务业的劳动者都是所谓"知识工作者"。中国要想真正到2020年建成创新型国家，必须有一半以上的人口进入到"第三次浪潮"，而这样的跨越必须以成功的"教育"为前提。显然，凭当前"七年多"的教育背景，只能从事"6＋1"产业链中最基础的一环，永远接触不了"微笑曲线"中两端翘起的部分，注定了一辈子的辛劳只能解决口袋里"有一点"的问题，想让口袋"鼓起来"几乎不可能。

因此，只有先让脑袋充实起来，才能让口袋膨胀起来。首先，应从舆论上引导人们对知识的尊重。应规范媒体少报道那些通过非正常途径走向成功的个案，而要大力褒扬通过知识改变命运的典型人物；通过媒体告诉大众没有知识就没有创新就没有核心技术就只能输出电视机，而不能输出文化；通过宣传告诉社会，没有知识做支撑的暴发户只是一个泡沫一片浮云。总之，全社会须营造一个"让有钱人读书，让读书人有钱"的氛围，彰显知识的价值，摆正知识与财富的关系，才能把"经济人社会"改造成一个"知识人社会"。其次，从制度上规正人们对知识的尊重。建立健全职业准入制度，借鉴发达国家种庄稼都必须持证上岗的规定，以此推动社会重视教育重视知识重视职业的培训。再次，从体制机制上确保人们对知识的获取。在农村应实施"两个强化"。一应强化基础教育，延长义务教育年限。陕西省宁陕县是一个典型的贫困县，但实行的却是"15年免费教育"，这样的气魄值得借鉴。二应强化职业教育，让农民学以致用。

面子与里子的关系

到2010年全国有2 688万贫困人口，贫困发生率为2.8%。应看到中国是从一穷二白的历史中走过来的，30年以前中国年收入100元以下的绝对贫困人口就有2.5亿，差不多是俄罗斯和日本总人口相加的数字。尽管中国的扶贫成效世界瞩目，为世界减贫事业做出了最大贡献，但是，中国反贫困的任务依然繁重。2 688万这个数字是建立在1 274元的基准上的。对于个体而言，我国贫困问题还十分突出，仅人均食物消费水平与美国、德国相比还有 35% 左右的差距。在发达国家被当成普通饮品的牛奶，在中国一些农村还算是奢侈消费品。时至今日，在扶贫开发问题上，绝不能只注重"数字"的"面子"问题，而应紧盯所有穷人共享改革发展成果的"里子"问题。

一些地方的新农村建设过程中，为了面子不顾里子的现象也时有发生。有报道称国家重点贫困县的甘肃某县，在一些公路两边新竖起鲜亮整洁的高墙。墙面被统一涂成蓝色，并画上图案，一些墙上还盖上琉璃瓦，墙后却是农民的土坯墙和破旧的院落。当地政府称这是绿化美化农村环境的"文化墙"，而当地农民则毫不客气地称之为"遮羞墙"。还有不少地方，村路灯安上了，电费却没有来源；道路、广场修好了，但无人清扫；文化室有桌椅了，但既无书又无报，这一切都只是图看的。

面子可以让人提振精神，增强信心，但里子更能让百姓得到实惠，享受成果。因此，要面子更须重里子，只有里子面子相统一，扶贫成效才会实实在在地显现。

局部与全部的关系

新的十年扶贫纲要在全国划定了 14 个连片特困地区，作为新十年扶贫攻坚的主战场，进行重点扶持。无疑抓住了关键，抓住了扶贫开发的主要矛盾，必将极大提高扶贫工作的针对性和有效性。但是，在抓点的同时，各地面上扶贫也应出台相应的政策，做到抓局部兼顾全部。

首先，再富的地方也有穷人。比如安徽的繁昌县、肥西县、芜湖县、天长市、当涂县、宁国市、广德县等七个县是该省 2010 年获得科学发展先进县一类县。但是考察他们的人口情况，每个县仍然存在贫困人口（根据年度农民人均纯收入低于 1 290 元测算），贫困发生率最少的也有 0.23%，最多的达到了 1.34%，是全省平均值的三分之一。

其次，当前的贫困人口呈"大分散、小集中"的特点。比如从安徽省大别山片区所在的 12 个县看，贫困人口总量按 1 290 元标准有近 80

万人，占到全省贫困人口总数的三分之一以上，贫困发生率大大高于全省平均值，最高的贫困发生率达到了 16.83%，10% 以上的有 4 个县。显然，大别山片区是该省贫困人口最为集中的地区。从全省情况看，2010 年末农村贫困人口 200 余万，其中非重点县的贫困人口占到全省贫困人口的 36.32%。经济总量相当于世界第十几位国家的广东，茅草房尚未绝迹，人均年收入千余元的农户尚有一定比例。

根据贫困人口"小集中、大分散"的特点，在重点扶持集中连片地区的同时，应对面上贫困人口实行全覆盖。不管在什么地方，不管是富裕的沿海地区还是相对贫穷的中西部地区，不管是富县还是穷县，只要有贫困人口，都要进行扶持，都要实施扶贫政策，这样才能充分体现以人为本的科学发展观和构建和谐社会的执政理念。

对上与对下的关系

对上与对下是辩证统一的关系。两眼向上，只对上负责，就会使"上"脱离实际。只顾下面具体需求，不顾上面政策，就会使大局失控。一切为了人民群众，一切依靠人民群众是我们党全部工作的出发点和落脚点。只有真正地对下负责，才是最好的对上负责。不能对下负责，就是对上失职。

对上负责就是要在思想上、政治上、行动上与党中央保持高度一致，坚决贯彻中央的决定和方针，顾大局，识大体，做到言行一致，令行禁止。就是要将党中央、国务院的要求与贫困地区的实际和扶贫对象的期待结合起来，因地制宜、因人制宜地做好扶贫开发工作。

对下负责就是在中央大政方针的指导下，把扶贫政策一件一件落实到最需要扶持的对象那里。

首先要瞄准贫困村。上个十年，整村推进是被实践证明了的最行之有效的扶贫举措之一。新阶段的扶贫开发，应继续实施整村推进工程，以村为载体，集结社会方方面面的扶贫力量，采取一揽子的方式，对贫困村进行综合扶持，确保推进一个村，脱贫一个村，富裕一个村。其次要瞄准贫困户，全面实行低保，做到应保尽保。在全国农村普遍建立和完善贫困户建档立卡工作，实行动态管理。全面实施低保制度，解决农村贫困户的最低生活保障问题。最后，瞄准贫困户中有劳动能力和发展意愿的人，实行一人一策，力求应扶尽扶。针对他们缺乏职业选择的理性判断能力，帮助他们找准"不当农民、当好农民、兼当农民"的职业定位。对于不想当农民的，培训他们掌握一门从事二三产业的技能，并帮助寻找就业岗位；对于愿意务农的，帮助他们提高种养技术和经营管理能力；对于有能力边务农边从事其他经营的，帮助他们解决资金难题，创造创业环境。

死钱与活钱的关系

"问渠那得清如许，为有源头活水来"，任何东西，只有活动起来才能生生不息，死水一潭没有出路。扶贫开发也是一样的道理。解决生存问题，该用的固定设施投资是必须的，但要想稳定解决温饱并实现脱贫致富，则需要把死钱变为活钱，让有限的扶贫资金发挥最大效用。

农村资金短缺是我国经济发展过程中长期以来一直未能解决的普遍性问题。当前，四大国有商业银行和邮政储蓄只从农村抽血，而作为名义上的农村金融"合作"组织的农村信用社，没有突出创办时所体现的"合作"性质，在实际经营中官办性质依然严重。而且现行金融制度、政策和经营管理理念与农村资金需求者的条件极不匹配，甚至存在冲突，无法为农村发展提供更多、更有效的金融服务。极不健全和日益萧条的农村资本市场，使农村中小企业、农民合作经济组织、农村个体经营户等农村市场主体和广大农户面临着严重的"钱荒"，资金成为农村发展最稀缺的资源，致使农民创业无所依托，农村发展举步维艰，贫困地区尤甚。

如何把有限的扶贫资金用活，使其发挥四两拨千斤的最大效益，聊补生产发展中的资金奇缺，安徽省在这方面进行了有益的尝试和探索。2006年初，该省开始推行贫困村互助资金试点，按照农民"自愿、自办、自管、自用"的原则，以自然村、村民组、行政村或农民专业合作经济组织为单位，共投入资金上亿元，先后建立了1 900多个资金互助组。资金筹集方式是由财政扶贫资金和参与农户分别按一定比例出资组成一个股份。互助组从入股农户中选出 3～5 人负责管理。资金只在入股农户中封闭运行、滚动使用。资金的运作和管理既有契约的规范（主要是互助组的章程及各项规章制度），也在很大程度上来自熟人社会的诚信等非正式制度的约束。实践证明，资金互助组作为草根金融，把小钱变大钱，把死钱变活钱，风险小、成本低、实效强、方法简便、易于推广，不仅有效整合了农村闲散资金，激活了"沉睡的资本"，解决了农民贷款难、发展资金短缺的问题，而且资金滚动使用具有可持续性。应在全国贫困地区大力推广资金互助组织，并积极探索将资金互助植入农民专业合作组织等创新性的做法。

大开发与大开挖的关系

"开发"一词较早见于《汉书·孙宝传》"略皆开发，上书愿以入县官"，本意是以荒地等自然资源为对象进行劳动改造，以达到利用的目的。当下，随着"开发"的项目越来越多，"开发"的手笔越来越大，"开发"距离本真的词义却越来越远。现如今，越来越多的人把"大开发"简单片面理解为"大开挖"，对资源不是改造而是榨取，不是利用而是毁灭。

当务之急应拓宽思路，准确、全面地理解"大开发"的内涵和外延。大开发并非只是简单地挖掘地上地下资源，它可以是人力资源的开发，也可以是新兴产业的开发；可以是无中生有的再造，也可以是传统工艺的继承。

开发地上地下资源无疑需要开挖，但应做好规划，有步骤、有计划、分阶段地实施，切不可滥挖滥采，同时，在挖的过程中，应做到开挖与保护并重。从美国的开发过程看，其西部开发从 1763 年开始一直到今天，经过了农业开发、工业开发和科技开发三个阶段 250 年的历史，始终遵循规划，由浅层次到深层次按序开发。我国《全国主体功能区规划》已于 2011 年公布，把国土空间划分为优化开发、重点开发、限制开发和禁止开发四个区域。今后，任何地方的开发都应在国土规划的框架下进行区域规划、城市规划、乡村规划，规划一旦确定就要严格执行，不可逾越雷池。

不尊重自然、尊重科学、遵循规律的随意大开挖，导致的后果是"林木伐尽，水泽湮枯，将来的一滴水，将和血液等价"。鲁迅80多年前发出的这一警示，意味深长。事实上，我国古代一直敬畏自然，提倡尊重规律，适度开发，从儒家的"天人合一"、道家的"道法自然"和禅家的"依正不二"都能窥见一斑。先秦就明文规定："春三月，山林不登斧，以成草木之长；夏三月，川泽不入网，以成鱼鳖之长"。《国语·伯阳父论地震》："夫水土演而民用也，水土无所演，民乏财用，不亡何待！"可以看出，那个时候，国家就把保护山林川泽和国计民生联系在一起了。如今，当全球的环境问题已成高悬在人类头顶的达摩克利斯之剑时，更应注意对资源的尊重、保护和合理开发，再也不能出现"涸泽而渔焚林而猎"的行径。杜甫当年感叹"国破山河在"，我们今天绝不能让"国在山河破"。

当前，应把"大开发"的重点从地上地下资源的"大开挖"转向乡村新兴产业的开发。比如乡村旅游产业。随着现代城市病的加剧、人们收入水平的提高、生活方式的改变、闲暇时间的增多，回归自然、回归乡土的趋势日益强烈，乡村可以顺应这一消费心理，依托自身良好的自然生态资源，发展乡村旅游产业。可以借鉴意大利的"绿色假期"、法国的"农庄旅游"、美国的"农业旅游"、澳大利亚的"牧场旅游"、新加坡的"农业科技公园"，打造具有中国特色的乡村旅游品牌。比如传统手工业，可以充分挖掘乡村流传下来的编织、剪纸等传统工艺，加以改造，在浓郁乡村文化的底色中，融入现代理念，从而形成独特的乡村手工业。还比如太阳能、风能、秸秆、沼气等新兴能源，也蕴含着巨大市场，如能形成产业，潜力无限。乡村的特色农产品加工业更是一个前景广阔的巨大产业，其开发利用远远没有满足自身的需求和社会的需求。

另外，随着全球资源的日益稀缺，我们必须日益依赖最优质、最可靠的再生资源——人类的智慧，人力资源的开发显得尤为迫切。对贫困地区的人力资源进行开发，提高他们的自身素质，让资源成为资本，不仅可以有效遏制当代贫困，还能从源头上阻断贫困的代际传递。因此，要从根本上解决农村贫困问题，需要从改善条件、提高素质、创造机会入手，对贫困地区实行综合治理，对贫困人口实行综合开发。核心就在于通过"人"的发展，解决"口"的问题。

个体与集体的关系

长期以来，为解决温饱，扶贫瞄准的对象就是单一的个体。今天，在生存问题已基本解决，正向发展迈进的大背景下，扶贫工作的重心应由既瞄准个体又扶持合作方面转移。农民特别是穷人，个体的力量本身就十分弱小，如果仅凭单枪匹马，在强大的市场面前更显得束手无策。要在这样的困局中寻求突围，合作起来，建立各种专业组织无疑是最好的选择。这是世界各国农村发展的成功经验，也是世界各国扶贫开发的有效举措。为促进人们对合作组织在减贫中作用的认识，联合国于 2011 年 10 月 31 日在纽约总部正式发起了"2012 国际合作社年"。

新中国成立以来，我国农村生产经营方式经历了"合-分-合"的变迁。一是新中国成立初期的农业合作化运动，这种有着深刻历史背景的"合"，由于当时脱离生产力实际，产生了较大的负面结果。二是 1978 年以来，发源于凤阳小岗村的家庭承包经营，这种"分"，使农业生产形式恰当地适应了生产特点的需要，极大地解放了农村生产力。三是随着市场经济的深入发展，一家一户的分散经营，难以抵御来自自然的、市场的、国际的、政策的等诸多方面的风险。一些新型农民合作组织在这样的背景下应运而生。但是，这种新型合作目前在贫困地区还处于初级阶段，存在着数量少、规模小、层次低、带动能力弱等问题，其中至关重要的问题在于"官办""企办"色彩较浓，农民成为"被组织""被合作"的对象，难以实现自我组织、自我管理、自我服务、自我受益的合作目的。因此，新型农民合作组织必须接受过去的历史教训，实现从"组织农民"向"农民组织"的飞跃，让农民由被动参与变为主动合作，成为合作组织的真正主人、主导和主力。各地在实施扶贫开发过程中，应加大扶持力度，从财政投入、税收优惠、金融支持等方面给予支持，使贫困地区农民合作组织真正成为引领农民参与社会化生产、抗御市场风险及多种风险的主要组织形式。

（本文原载于《中国发展观察》2011 年第 12 期）

小康时代的扶贫开发如何定位

我国经济社会自改革开放 30 多年来年均以 10％左右的速度高速增长，总量已跃居世界第二，人均国民收入已超过 4 000 美元，总体上已进入小康时代。在这样的背景下，扶贫开发应该有一个什么样的战略定位？

随着国家低保制度的全面建立和扶贫标准的大幅提高，中国成功打破了承袭千年的"集体贫困之链"。温饱问题基本解决，绝对贫困现象逐步消失，这是一个了不起的壮举。成就面前，有人要么认为经济增长可以自动消除贫困，不必搞扶贫了；要么认为绝对贫困现象基本消失，不用搞扶贫了；要么认为贫困是穷人自身的原因，怒其不争，不愿搞扶贫了。显然，这都是对扶贫开发的片面理解。国家扶贫开发新十年纲要已经颁布，总体目标是，今后十年要做到贫困人口"两不愁三保障"。2011 年是实施的起始之年，有必要规正社会偏见，重新确立扶贫开发的战略定位。

扶贫开发是一个永恒的主题

物理学有一个能量守恒定律。在一定的历史阶段，财富也是守恒的，总量不变的财富，分配占有必然有多有少，有富有穷。有穷人就要扶持，只要贫困还在，扶贫就是一个永恒的主题。

贫困是历史的。在不同的历史条件下，贫困的含义不同，标准也不同。我国在 1985 年制定了第一个贫困标准，规定人均纯收入低于 206 元的为贫困人口，按当年的物价水平，那样的标准是可以维持生存的。

在物价飞涨的今天，如果还按当时的"老本本"，206 元，一件棉袄都买不了，哪里谈得上解决温饱。因此，国家根据物价指数的变化逐年提高标准，1986 年 213 元，1987 年 227 元，到 2010 年提高到 1 274 元，2011 年预计还将大幅提高。显然，扶贫标准不是一成不变的，应与时俱进，水涨船高。

贫困是多维的。富裕的家庭都是相似的，贫困的家庭各有各的贫困。全世界资产阶级都富得一个样，全世界无产阶级都穷得不一样；全世界资产阶级无国界挣钱，全世界无产阶级有国界打工。英国工业革命时期的维多利亚女王认为，穷人之所以贫困是他们道德败坏，美国人类学家 Oscar Lewis 认为贫困是文化缺陷导致的，这是西方社会对贫困的傲慢与偏见；"不上学一世穷，上大学立即穷"，"吃不慌、穿不慌，一场大病全泡汤"，这是中国农民普遍的致贫路径。现在的研究表明，贫困的形成是多维的，包括精神贫困、能力贫困、生态贫困、灾害贫困、病残贫困、文化贫困、权利贫困等多个方面。早在 20 世纪 70 年代，就有人提出以"物质生活质量指数（基本识字率、婴儿死亡率、预期寿命）"来区分贫困人口，国际上现在普遍采用的是以"人类发展指数"来测量贫困，贫困与否，不能只看其收入，还要综合考量他的健康状况、教育水平以及是否拥有体面的生活等多种因素。

贫困是相对的。绝对贫困可以完全消失，相对贫困却长期存在。贫困实质上是对未满足的需求的审视。中国在一穷二白的年代，几乎所有的农民都是贫困人口，当时最要紧的是解决他们的穿衣吃饭问题，保命，能"活着"就行。"温饱"就自然成为那时脱贫与否的形象标准。随着社会的进步和国力的增强，温饱了的农民，不再满足"活着"的低级需求，而要追求更好的"生活"。这时，吃饱穿暖了还不够，要吃好穿好；等吃好了、穿好了又觉不够，还要身体好、学习好、工作好，永不满足，即便生活较富裕的人，看看周围的人有比自己更好的，又觉得自己贫困了。零点研究咨询集团《2010 年中国居民生活质量指数调查报告》显示，约四分之一受访中国民众认为自己比周围的人穷。所以扶贫的定义应是常谈常新。事实上，贫困是一种状态，而不是一种特征。

可以说，只要世界上有国家存在，扶贫就是一个永恒的主题。对中国而言，全社会都应正视现实，树立这样一个理念：在相当长的一个历史阶段，随着国力的增强，财力的提高，扶贫标准的调整，贫困人口规模不是越来越小，而是越来越大；扶贫对象不是越来越少，而是越来越多；扶贫任务不是越来越轻，而是越来越重；扶贫工作不应越来越弱，而应越来越强。

扶贫开发是贫困地区的重中之重

2003 年，胡锦涛总书记在中央农村工作会议上提出"'三农'工作是全党工作的重中之重"，吴邦国委员长在人大会上提出"'三农'工作是全国工作的重中之重"，温家宝总理在政府工作报告中提出"'三农'工作是政府全部工作的重中之重"。三位主要领导人把"三农"工作摆在这样的高度，足见"三农"工作在我国整个经济社会发展中处于什么样的位置。套用这个说法，在贫困地区，扶贫开发就是各项工作的重中之重。

当前，一个不容回避的现实是，中国随着经济的高速发展，贫富差距在日益扩大，基尼系数已经到了最危险的边缘，地区之间、行业之间、城乡之间、国与民之间的差距都超出世界平均水平几倍甚至十几倍。城乡之间从基本收入来说，统计部门公布的是 3.331，实际加上各种福利和社保，有专家说是五到六倍，而世界平均水平，城乡差距是1.5 倍，超过两倍的国家也就十几个；行业之间的差距就更大，有专家测算世界平均水平是 70%，我国要高出十几倍；地区差距也很明显，东部和中部、西部，这三大版块的差距很大，昆山的农民人均收入是一万多，像云贵地区，有些地方农民收入才几百块钱。国与民之间的差距也十分突出。有关专家测算，1995—2007 年的 12 年里，政府财政税收年均增长 16%，城镇居民收入增长 8%，农民只增长 6.2%；12 年里，政府财政增长 5.7 倍，城镇居民人均年收入增长 1.6 倍，农民仅增长1.2 倍。

当前，我国的三次分配还存在缺陷。在第一次靠市场分配中，劳动主导变成了资本主导，一些企业的劳动成本只占百分之十几，国际上一般占40％以上。在第二次政府分配中，一方面税收不公，20％的富人交税只占国家税收的10％；另一方面，资源配置不公。在第三次分配中，社会捐赠，慈善事业又严重滞后，美国有12.2万家各种基金，中国仅2 000多家，中华慈善总会每年善款的70％来自海外。在第一次、第二次、第三次分配中的缺陷，贫困地区表现最为突出，尤其需要调整。

另外，和"传统穷人"不一样，传统穷人可以自食其力，自给自足，"现代穷人"则需要支付必要的生活成本，吃、喝、烧、穿、用、住、行、获取信息等无一不花钱。那些"被城市化""被上楼"的农民进了城之后喝水都得掏钱，不掏钱就没水喝。住在城里，连上厕所都得掏钱，抽水马桶一按，一角钱没了。"现代穷人"较"传统穷人"又多了一道生存门槛。

中国社会调查所的一项调查称，民众最为关心的社会问题中，排在第一位的就是贫富差距。现实中，贫富悬殊问题已经引起越来越多的社会矛盾，许多利益不相关者因为一件小事，都没由头地去参与，使事件越闹越大。群体性事件成倍增长，表面上是一件小事，实际上背后隐含的深层问题是贫富悬殊问题。

从某种意义上说，市场是为富人而设，政府就是为穷人而设。有了市场，富人才能挣到更多的财富；有了政府，穷人才不致衣不蔽体，食不果腹。穷人，作为生活最不幸的人和社会最弱势的人，仅靠个人的努力，不可能走出贫困的阴霾，他们需要政府的作为和社会的关爱。如果有一天，感觉到社会贫富的弹簧彻底扭曲，脱贫致富的通道完全淤塞，呼喊求救的信号全部屏蔽，他们就会寻找另外的方式求突围，就会依赖另外的力量求生存；贫困地区，作为穷人的集聚区、矛盾的交织区和突发事件的重灾区，穷人仅靠自身的力量，不可能修复发展的生态，如果有一天，得不到党和政府的高度重视和实打实的人文关怀，这个地区就最容易成为坏人利用的突破口，就最容易成为社会问题暴发的火山口。贫困背后的隐忧不能不警醒，扶贫身上的分量不可不掂量：贫困问题不只是经济问题，不只是农村问题，更多的是政治问题，是社会问题，在贫困地区，善待贫困人口就是落实以人为本，实施扶贫开发就是践行科学发展。

扶贫开发是国家意志、国家理念、国家战略

人类心理活动有三种形式，认知、情感和意志。"认知"和"情感"表明这个社会"是什么"的事实，"意志"表达对这个社会"应如何"的判断。针对贫困的长期性和扶贫工作的非替代性这样一个"事实"，必须强化扶贫开发作为国家意志、国家理念、国家战略的政治导向。

首先，让群体庞大的贫困人口脱贫是国家的基本职能。富人最多的美国，穷人也为数不少，2009 年是 4 360 万人，贫困率达到 15%。到目前，世界上还没有哪一个国家宣布消除了贫困，现实中，往往国家越发达，贫困问题就越受到社会和政府的关注。国际上扶贫标准大体有三种类型，第一种是按总人口的百分比切，有的是 10%，有的是 15%，有的是 20%，每年按这个规模去扶持；第二种是以人均收入的一半或以一定的比例作为贫困标准。像法国 2009 年是将人均月收入 650 欧元以下的群体划为贫困对象；第三种是自定标准。全世界有 86 个国家是自定标准的，这 86 个国家的平均贫困发生率是 37.4%，我国 13 亿人，2009 年官方公布的贫困人口是 3 597 万人，贫困发生率不到 3%（这是按 1 196 元的标准得出的结果，1 196 元，按照购买力平价测算，只相当于每天 0.89 美元的水平，与世界银行人均每天消费 1.25 美元的全球标准比较还有很大差距。而按国务院发展研究中心专家韩俊在《世界与我国食物及粮食安全状况》一文中的研究，"中国尚有 1 亿左右的人口营养不良"，按世界银行《从贫困地区到贫困人群：中国扶贫历程的演进》的数据，"中国仍然有 2.54 亿人口每天的花费少于国际最新贫困线"，按温家宝总理 2009 年哥本哈根会议上的演讲"中国还有 1.5 亿贫困人口"。综合起来，1.5 亿的数字应该是比较科学的。这样，中国的贫困发生率为 11.5%，且返贫现象居高不下，如果一遇灾害，一夜回到改革前）。面对这样一个庞大的贫困群体，国家有责任有义务把扶贫

开发列入宏观发展战略的重要内容。

其次，扶贫开发工作是国家无可替代的责任。决定一个舰队速度的不是最快的那一艘，而是最慢的那一艘，体现一个国家一个社会发展状况，不是只看最好的，同样要看最差的。既要关注富人的发展，更要关注穷人的生存，引导社会不能只研究如何让有钱人挣到更多的钱，不研究怎样让没钱人挣到生存的钱。不少人认为，通过经济发展的涓滴效应，可以自动帮助穷人，按这种逻辑，发展经济可以替代扶贫。事实上，尽管减贫要求经济增长，但增长只能创造财富，如何分配财富是扶贫才能解决的问题。市场解决的是效率，扶贫解决的是公平。我们要学点穷人经济学。穷人经济学与经济学家的经济学往往背道而驰。经济学家想通过提高价格节约资源，一种商品价格提高了，浪费自然减少了，但富人不在乎那点小钱，照样该怎样消费还怎样消费。而穷人面对生活必需品涨价，只能减少其他开支维持生计，同样无法节约，只会降低生活水平，进而导致市场疲软；经济学家想通过市场降价，减少生产，而穷人只会生产某种商品。降价反而使他为保收入生产更多的产品；经济学家想通过统一标准保证产品质量，但标准一高，成本就高，穷人买不起，只好去消费更加劣质的产品。著名经济学家阿玛蒂亚·森曾一针见血地指出"饥饿是一些人未得到足够的食物，而非现实世界中不存在足够的食物"。在拉美地区，随着经济的低速增长，贫困问题反而日益恶化，陷入"增长性贫困"就是很好的教训。从经济学意义上，资本的最大功能就是把一切社会关系转化成商品和货币，政府就要扮演一个重要角色，尽量减少货币化对社会道德的冲击，熨平社会不公。所以，政府不能将经济领域的等价交换、公平竞争甚至优胜劣汰原则简单套用到社会领域，无视老弱病残等弱势群体的基本生存需求，必须坚决摒弃盲目的 GDP 崇拜，对市场和社会进行必要的干预，真正实现包容性增长。

再者，扶贫开发不光是经济发展问题，更是政治改革和社会建设的重要内容。当前高速经济发展进程中暴露出的诸多矛盾和问题一再提醒我们一定要把政治改革和社会建设摆在突出位置，不能一味地追求经济增长，那样社会会断裂，会带来许多问题。所谓的政治改革无非是利益格局的再调整，无非是把穷人问题放在更加突出位置来解决，所谓社会建设重在解决社会的组织和服务问题。服务分三类，一类是公益性的，是政府要做的；一类是市场化的，由市场去完成；还有一类就是自助合作式的服务，是社会要做的。社会各个方面的成员根据不同的行业，不同的类别可以组织起来，自己为自己服务。社会化服务体系包含三个方面的内容，在建设服务体系的时候要分清服务的类型，政府不能包打天下。过去的政府是什么都管，今天应该把那些管不了、管不好的东西该谁给谁，该市场的给市场，该社会的给社会。构建一个政府、市场和社会三驾马车各司其职、相互配合、互相制衡的多元治理结构，做一个有限政府，而不是包打天下，工作效率才能提高，否则，会越陷越深。因此，扶贫开发不光是国家多拨几个钱少拨几个钱的问题，必须上升到贫富利益格局的调整这个制度层面去统一谋划。扶贫开发也不光是政府自身的行为，一定要充分发动社会各界包括贫困群体自身共同努力才有成效。尤其在贫困地区发育各类农民专业合作组织，提高他们自我服务能力是政府的必修课。

最后，扶贫济困是中华民族的传统美德。中华民族的传统信条"老吾老以及人之老，幼吾幼以及人之幼"已经被上升为代表人类文明准则的高度。胡锦涛同志明确指出"扶贫开发是构建和谐社会的重要组成部分"，温家宝同志也曾语重心长告诫社会"要懂得穷人经济学"，回良玉同志多次在扶贫会议上呼吁"要充分认识扶贫开发的长期性和艰巨性"。但是，由于缺少强有力的舆论引导，扶贫声音在公共领域不是越来越强，而是越来越弱；扶贫工作不是渐入中心，而是已被边缘。当务之急，各级应在公共舆论上给予足够的重视，要利用各种媒体，通过多种形式，做出最坚定的政府承诺，传递出最明确的信息，表达出最强烈的政治意愿：构建和谐社会，贫困群体最需要关心！贫困地区最需要扶持！扶贫工作最需要加强！必须将这种传统美德和社会倡导通过立法的方式转化为国家意志、国家理念和国家战略，真正形成全社会都来关心扶贫开发的良好氛围。

扶贫开发是全社会的共同责任

扶贫开发不只是扶贫部门和民政部门两家的事，而是全社会的共同责任。改革开放以来扶贫的历程，第一阶段是 1986 年以前，国家没有成立扶贫机构，那时候采取的办法是普惠型扶贫，中央通过五个 1 号文件实施普惠性的惠农政策，那五个 1 号文件里面"可以、可以、也可以，允许、允许、也允许"这样的词一共有 38 个，都是为了放宽政策，放开手脚让农民赶快脱贫，解决温饱。通过五个 1 号文件使农村的经济社会发展得到大大提高，小岗村最为典型，大包干一实行，过去粮食生产一直在 3 万斤徘徊，大包干当年就达到十几万斤；1986 年到 2002 年是扶贫开发的第二个阶段，国家从上到下都成立了扶贫机构，采取有组织、有计划、有重点的扶持措施。许多扶贫政策、扶贫措施、扶贫资金都是通过扶贫部门来做的；从 2002 年之后进入第三个阶段，进入这个阶段的标志就是党中央提出"城乡统筹"，这是一个重大的战略部署。提出城乡统筹之后，解决农村贫困问题的职责就不是扶贫部门一家了，各涉农部门都有这个责任。近几年国家对"三农"的投入不断加大，2009 年是 7 000 多亿，2010 年是 8 000 多亿，中央层面投入这么多钱，这些钱都是通过各个部门、各个系统安排到农村去的。各个职能部门应主动承担起扶贫的责任，把该做的事做好，特别要根据扶贫部门制定的规划有针对性地开展工作，"谁的孩子谁抱走"，着力开展行业扶贫。

市场经济的顶峰是慈善

扶贫开发既是一种政府行为，也是市场经济发展到一定阶段的结果。市场经济发展的顶峰是什么？就是慈善事业，而慈善用中国的话语体系就是扶贫开发。一些人通过市场竞争获取了大量财富，等到财富多得没地方用的时候，就会拿出钱来做慈善，让社会共享财富，这是归宿，是社会发展的一个趋势。

作为社会的一个组成单元，企业如同公民一样，具有自己的权利和义务。企业的义务就是企业社会责任，主要包含四项内容：一是经济责任，即创造财富，把企业做大做强；二是法律责任，即诚信守法经营；三是自然环境责任，即必须对自然资源、投资人、劳动者、社会"四大股东"进行回报，珍爱和保护生态环境；四是人本、伦理和道德责任，即关爱劳动者的生命安全、健康和福利，同情社会"弱者"，积极参加社会公益活动。企业参与扶贫是企业履行社会责任的具体体现，是企业回馈社会的应有之义。

财富如水，如果只有一杯水，可以独自享用；如果有一桶水，可以存放家中；如果有一条河，就应与他人分享。企业家，有责任和义务回报社会。在现代意义上，这种回报应该超越"感恩戴德""知恩图报"的层次。一个企业的发展，离不开社会提供的优良环境，离不开来自"穷人"的资本积累和人力支持。没有穷人就培养不出富人，穷人是富人的基础。金字塔的塔尖上那块巨石是由无数块垫在下面的基石托起来的。企业越强大，社会责任就越多，就应该让更多的人享受企业发展的成果。这应当成为企业家的世界观、人生观、价值观，正如胡雪岩的那句名言"上半夜想自己，下半夜想别人"。当今社会，人们评论富豪已经不只是在财富的层面，还要看他的善行，看他为社会做出了多大贡献。国内外的事例比比皆是。世界首富比尔·盖茨将 580 亿美元财产全数捐给"比尔和梅琳达·盖茨基金会"，并逐步淡出微软公司日常事务，把主要精力用在卫生及教育慈善事业上。江苏黄埔再生资源利用有限公司董事长陈光标不是内地首富，但向慈善事业捐款捐物累计 7.13 亿元，资助 30 多万人，成为中国名副其实的内地"首善"。

中国企业社会责任才刚刚起步。有调查显示，全国注册的工商企业超过 1 500 万家，而有过捐赠记录的不超过 13 万家，即 99% 的企业没有过捐赠记录。2007 年，在中国民政部统计的范围内，全国慈善和公益事业的捐款仅 70 多亿元，而当年 GDP 为 25 万亿元，只占 0.03%，在发达国家这个数字要达到 7%、8% 以上，美国的企业一般自愿拿出年纯利的 10% 作为社会捐助。2009 年 10 月 18 日公布的中国社科院 2009 年中国企业社会责任研究报告称，我国 100 强企业社会责任整体水平较低，其中 94 家企业社会责任平均分值为 31.7 分。

驱使企业家做出善举，是发自内心的奉献意识和成就感。"恻隐之心，人皆有之"，每个人的天赋中总是明显地存在怜悯或同情的本性。现代科学研究发现，当人们看到别人痛苦时，不只是替别人感到难受，而是大脑里也有反应，自己也在遭受着痛苦。这种同情心具有超越现实功利的性质，使人们看到或想到他人遭遇不幸时感同身受，促使人们采取可能的行为，给予他人精神或物质援助以缓解他人的痛苦。因此，企业家的善举可以获得双重精神愉悦感：自身因同情产生痛苦感得以释放；因看到或想到不幸者的痛苦得以一定程度的减轻而欣慰。

企业家的社会扶助行为不仅具备维系社会健康和协调发展，提升公众社会责任与公德等多方面的功能，还可以弥补国家各项政策的遗漏，捍卫以社会救助体系为主导的法制基石。我国《宪法》规定："中华人民共和国公民在年老、疾病或丧失劳动能力的情况下，有从国家和社会获得物质帮助的权利。国家发展为公民享受这些权利所需要的社会保险、社会救济和医疗卫生事业。"《宪法》明确提出要发展"社会救济"事业，必须依靠政府保障、社会扶助与劳动自救三者相结合。企业等组织的社会扶助行为是社会救助的重要组成部分。在宪制为本和以人为本的现代法治精神的基础上，建设和完善"社会救济"体系是国家法制完善的必然。

扶贫是一种传统，中华民族历史上开仓放粮、施粥救济穷人、收养孤老的事例举不胜举。扶贫是一种美德，历来被人们传播和颂扬，山西有个巨商赵家，在山西遭受三年旱灾、颗粒无收时，拆除自家祠堂重建，人们只要来做工哪怕是搬一块砖，都能吃饱肚子。这样做，既让穷人在大灾之时有饭吃，又顾及到了穷人的尊严。扶贫是一种境界，"我不是对王朝财富的热衷者，特别是当世界上 60 亿人还比我们穷得多的时候。"股神巴菲特的话令人肃然起敬。西方不少富人都把"人到天堂，钱在银行"看成是一种耻辱。把社会公益事业与追求企业利润都置于重要位置，正是企业家走向成熟和理性的标志。扶贫不问动机，为善不问大小。企业有大有小，实力有强有弱，只要坚守"富而有德、德富财茂"的理念争当道德的传播者和法制的捍卫者，不论拿出多少财富来用于扶贫事业，都是在为社会作贡献，都具有崇高的精神境界，都值得人们敬佩赞扬。

扶贫为他人，也为自己，主观为他人，客观为自己。在全球化的背景下，不论穷人富人，大家同乘一列车、同坐一条船，只有同舟共济才能到达幸福的彼岸。而同舟共济的关键是既要建立好动力机制，又要建立好平衡机制。企业的发展就是动力机制，企业扶贫就是平衡机制，二者同样重要。在带动这列车、这艘船高速前行时，一定要把握好平衡，假如车上或船上的人闹起来使车船失去平衡，大家都会遭受翻车翻船的命运。经济社会发展的动力机制靠企业建立，平衡机制的建立同样需要企业的参与。

（本文原载于《中国发展观察》2011年第10期）

问道乡村治理……

重新寻找农村改革的动力源

党中央提出"三化同步"的新理念，这是对"三农"工作的重新定位，是一个重大的理论创新，也是一次牵动全局的战略性结构调整，更是一次影响深远的战略部署。"三化同步"的核心是加快推进农业现代化，让农业现代化和工业化、城市化同步发展、同样发展、同时发展。农民是农业现代化的主体，农村是农业现代化的载体，三者互为依存，是一个有机的统一体。因此，推进农业现代化，当务之急就是重新寻找、发现、建构农村改革的动力源。

农民不能成为农村改革的旁观者，要成为推动者

没有谁比农民更了解自己，没有谁比农民更关心自己，也没有谁比农民对自己更负责任，农村改革的主体、主力必须是农民。但是近年来农民对改革的热情逐渐消退，成了改革的旁观者。

1. 有些改革行为让农民利益受损，农民无心参与。农村改革以来，农民确实得到了很多的实惠，但算总账恐怕只及"圈地、圈钱、圈人"三圈的 N 分之一。一是圈地。30 多年来，近 3 亿亩土地被廉价征收。国外修高速公路的征地成本占百分之四五十，我国修高速公路征地成本只占百分之几。2010 年，全国土地出让金高达 2.7 万亿，而多年来农民从征地中获得的补偿有专家测算不到百分之十。二是圈钱。国有四大商业银行加上邮政储蓄都是从农村像抽水机一样吸储资金，而鲜有为农民贷款。三是圈人。2 亿多农民转移到二三产业，是农民工改写了世界经济版图，使中国成为第二大经济体，我们引以为豪的人口红利基本被

城市掠走，农民在城里干的是又苦又累又脏又险的工作，报酬最低，还得不到市民权利。如今，"三圈"的力度依然未减。毫不夸张地说，"三圈"格局不破，"三农"问题无解。

2. 精英流失，农民无力参与。"农村是人才的播种机，城市是人才的收割机"，农村收入低、待遇差、机会少，留不住人才。中国八九亿农民不乏各式各样的人才，但有 2.5 亿外出打工，其中 1 亿多人选择进城谋求发展。从农村走出来的社会精英但凡进了城，都不愿再回去，即使在城里过得不好，也会坚持留在城市。农村大学生毕业后，宁可留在城里做些与专业毫不相干的工作，也不愿回到农村。大学生"村官"工程难以达到预期效果，绝大多数大学生"村官"只是以此为跳板，到农村仅仅是一次锻炼和一个过渡，而不愿意扎根农村。一方面是新农村建设亟须人才，另一方面是农村人才单向流入城市。在不久的将来，即使中国城市化率达到 70%，仍有四五亿农村人口。一个以老弱病残妇幼为主要群体的农村人口结构，自身尚且难保，更何谈改革与发展。如何以"人"的发展，解决"口"的问题，是农村改革面临的严峻课题。实现城乡人才的互动，是推进农村改革的关键，如何建立一个良性循环机制是需要深入研究的大问题。

3. 政府角色转换不到位，农民无法参与。有的基层干部只管两个"不"，一是"不乱"，二是"不生"。改革与发展只能退居次要位置。农民在这种强势行政面前，想参与改革而不能。深化改革，就是要构建一个政府、市场、社会三驾马车各司其职、互相配合、相互制衡的多元治理结构，把政府不该管、管不了、也管不好的事情，该市场的给市场，该社会的给社会，政府不能包打天下，负无限责任，让权力没有边界。必须把权力装进笼子。

4. 社会建设滞后，农民无处参与。美国非营利慈善组织 100 多万个，中国只有 100 多家，美国基金会 12.2 万个，中国只有 2 000 多个。社会的发育远远滞后于发展的需要，国家与社会必须在权界上分清楚，凡属权力的归国家，凡属权利的归社会。我国农村经营方式已经经历了"合"（即从互助组、初级社、高级社到人民公社的高度集中的大集体生产）与"分"（即实行包产、包干到户的家庭联产承包责任制）的两次飞跃，今天亟待实现第三次飞跃，即农民自主合作。第三次飞跃的特点就是在坚持基本经营制度不变的基础上，实现以农民为主导的自愿合作。在"合"的方面，我们已经经历了两种形式，一是在计划经济时代由政府主导的合，如信用、供销等合作；二是在市场经济时代由企业主导的合，如基地加农户的经营模式。由农民主导的第三种合作形式像一个刚刚生出翅膀的雄鹰，尚未能展翅高翔。我国目前已建立了相当数量的各类农民合作组织，但总体上仍处于发展不足、作用有限的状态，中国农民在组织化建设上当前呈现出三个特点：一是无组织化，大多数农民尚未参加任何组织；二是弱组织化，大多数农民组织自我服务能力不强；三是被组织化，许多农民组织由基层政府、村级组织或企业发起，没有真正成为"农民自己的组织"。实现农村经营方式第三次飞跃的关键就是必须实现从"组织农民"向"农民组织"的跨越，引导农民自己为自己搭建自我管理、自我服务的平台，让八九亿农民、两亿多个家庭，根据自己的意愿分门别类，各自找到归属感。在以分散决策为基本特征的市场经济条件下，组织农民已经不能完全适应时代的要求，必须让农民由被动者变成主动者，由被组织变成自组织，成为组织的主人、主导和主体。组织农民固然可以按照下级服从上级的行政管理模式，有效地把农民组织和集中起来办大事，但它在本质上否定了平等的合作精神，模糊了个体与群体的权益界限，忽视了农民的自主权和产权，使个体利益极易遭受侵害，个体的积极性严重受挫。而农民自己起来组织自己，则克服了上述弊端，在改革发展中有了一个能够自由参与的平台和自己主导的空间。由"组织农民"向"农民组织"的跨越，不仅仅是词序的颠倒，而是一次质的变革和飞跃。

农业不能成为"386199部队"的练兵场，要成为精英人才的用武地

在工业化、城市化的喧嚣中，农业已经到了"谈农色变"的地步，推进农村改革缺乏产业的依托，改革将无的放矢。

1. 农业比较效益低，农民不愿从事农业。农业的投资回报率长期低于社会平均利润，而且还存在着工农产品价格的剪刀差、种粮与打工的比较效益差、种粮与种植经济作物产出效益差、粮食限价与农资价格飞涨的剪刀差。农业税取消后，工农业产品价格剪刀差却一直延续至今，农产品价格虽有一定幅度的上升，但跟不上农业生产资料的上涨幅度。改革开放以来，农资涨价25倍，公务员工资涨40～50倍，粮食涨价仅有5～6倍。欧洲农民生产5 000斤蔬菜或水果就能换回一辆轿车，中国农民生产5万斤蔬菜或水果还难以换回一辆轿车，也就是说中国农民生产的价值在工业品面前还不及欧洲农民的十分之一。

2. 主体流失，农民无力经营农业。从20世纪80年代末开始，农民开始进城务工，促进了城市化率的快速增长；随后各级政府极力主导和推动，进而形成蔚为壮观的"民工潮"。农业成了"老人农业"，据农业部调查，目前从事农业的劳动力平均年龄在50多岁。如何运用政策的调控手段和媒体的导向，引导农民找准自己的职业定位，按照均衡分布、人尽其才的原则，"让农民不当农民""让农民兼当农民""让农民当好农民"，帮助他们在职业分化中做出当农民还是当工人的理性选择，引导他们在城乡定位中把准当"市民"还是当"村民"的角色判断，着力培养一批懂技术、会经营、善管理的新型高素质农民，是农村基层工作必须面对的一个紧迫而又艰巨的任务。

3. 龙头企业代替经营，农民被动从事农业。在市场经济发展过程中，农业产业化等新的生产经营方式应运而生，"企业＋基地＋农户"等组织形式不断涌现，逐步引导着分散的小农户生产向社会化大生产转变，在一些方面解决了生产与市场脱节的矛盾，促进了各种生产要素的合理流动和组合，农业向着集约化和专业化方向发展。但存在的一个深层问题是，企业代替农民生产经营，农民只是农产品基地这个"大生产车间"的"工人"。农民长期只是被动地听从企业安排从事单项或单一环节的生产，经营管理知识只能是一片盲区，长此以往，便成为农业经营管理的局外人。农业是一个活的产业，必须遵循自然再生产过程，无法像工业生产那样可以分段分层管理，农业具有不可间断的连续性，从种到收一条龙，哪个环节都无法单独体现成效，无法单独监管，种好管好收好必须一竿子插到底。农业的主体必须是农民，任何人从事农业生产经营都不能取得效益最大化，只有农民自己才能做到这一点。我国当前发展现代农业，普遍排斥小农合作制而大力推进大资本下乡。大资本下乡兼并土地后却不会持续在土地上种粮食，农民失地后进城，进城后失业再返乡。进城、返乡、再进城、再返乡将是一个漫长的历史过程。不稳定的农民队伍将是中国农业未来最大的危机。

4. 发展现代农业的理念不清，农民盲目从事农业。全社会包括农民对什么是现代农业概念不清、认识模糊，一说现代农业认为就是推行土地集中、生产规模化和机械化等形式，这只是传统农业的提升，并非真正意义上的现代农业。真正意义上的现代农业，必须重构产业，按现代农业的产业体系谋划，就是既要大力发展一产，改造提升传统农业，又要发展以农产品为原料的加工业，同时更要发展为农业服务的服务业，构建成一二三产联动、上中下游一体、产供销加互促的完整产业链。建设现代农业，首先应向社会普及现代农业的基本常识，不能片面理解、片面实践。规模化是现代农业的重要特点，但面对人多地少的国情，土地只能适度规模，中国的规模化必须在组织的规模化和服务的规模化上下功夫，即大力发育各类农民专业合作经济组织，大力发展规模化服务。农业部 2011 年组织 49 万台收割机南下北上，一下就解决了中国夏粮高达 88% 的机械收割率。各地引导大资本大企业下乡，不应只想到农村圈地，在土地规模化上做文章，而应大力发展农村各类服务业，形成规模化的服务。

农村不能只是城市工业的消费场，也应是新兴产业的发展地

近几年，家电下乡、汽车下乡、建材下乡，证券也跃跃欲试。农村成了假冒伪劣、质次价高产品的倾销地，企业都想到农村掘金，把农村当成一个巨大的消费市场。农村的确是一个巨大的内需市场，但刚刚进入小康的农民，还有太多的后顾之忧，最需要的不是用上"奢侈"的电器产品，最渴盼的也不是住上"高档"的住房，而是基础设施下乡、资

金下乡、公共服务下乡、社会保障下乡、权利下乡。经济学常识告诉我们，从生活必需品阶段过渡到耐用消费品阶段，必须具备五个条件：一是城市化必须达到一定程度，二是基础设施必须具备起码的配套（比如洗衣机不能没有自来水），三是必须建立一套完善的金融制度，四是必须具备相当完善的社会保障制度，五是贫富差距不能太大。显然，中国农村要达到这五个条件，还有很长的路要走。

进入 21 世纪，乡村的发展不能用 20 世纪的思维方式去谋划去实践，必须站在 21 世纪的新平台上重新审视乡村的功能定位，应抛弃乡村只能发展一产的惯性思维，找准乡村的产业优势，大力发展乡村新兴产业，为新农村建设和城镇化发展提供可持续的物质基础，这也是城乡差距缩小的内生性物质基础。农村不走自强之路，打牢内生性物质基础，仅靠城市输血，永远都摆脱不了落后的阴影。

回望历史，如果没有 80 年代村村点火户户冒烟的乡企发展，就没有今天的城市繁荣，是乡企的实践推进了国企改革，从而确立了我国市场经济的地位。乡镇企业是我国市场经济的开拓者。环顾世界，是便利的交通带来了现代工业的发展，欧洲靠火车拉来了现代工业，美国靠高速公路和飞机拉来了现代工业。我国农村已具备良好的交通通信条件，作为主动脉的高速公路已达 8 万多公里，作为毛细血管的村村通公路基本覆盖到了近 60 万个行政村，农村在信息获取上也几乎与城市同步，发展新兴产业的条件已经具备。同时，现代农业已不是传统意义上简单的"吃饭产业"，还具有推进工业化进程，推动以生物质产业为主导的产业革命，缓解能源危机、保护生态环境等多种功能。更何况，农业现代化没有作为主体的现代农民和作为载体的现代农村是无法实现的。

因此，应重新审视农村不可替代的功能定位，大力发展新兴产业，为现代农村建设源源不断地培育出内生性物质基础：一是特色农产品加工业。许多农产品加工应就地就近放在农村，不适于长途外运加工，这样既可节省成本，又可省时间，使产品保鲜保质。二是乡村旅游业。随着人们消费水平的提高、消费观念的改变，需求层次逐渐升级，促进了乡村旅游休闲功能的凸现；城市化的负面影响加剧，城市居民普遍追求

"返璞归真""体验自然",推动了乡村旅游休闲功能的凸显;现代农业的迅猛发展使社会生产效率快速提高,人们的闲暇时间大量增多,支撑了乡村旅游休闲观光功能的凸显。应借鉴意大利绿色假期、法国农庄旅游、美国农业旅游、澳大利亚牧场旅游、新加坡农业科技园旅游、欧洲一些国家的古村落旅游的经验,大力发展乡村旅游业。三是农村服务业。这是一个潜力巨大、亟待开发的产业。美国农民占总人口的 2%,而为农业服务的从业人员占总人口的比例高达 17%～20%。四是新兴能源产业。充分利用乡村的资源优势,大力发展风能、太阳能、沼气等新兴清洁能源。

发展这些新兴产业,也是实现农业现代化的题中之意、必修功课。没有这些新兴产业的发达,就没有农村的发达。没有农村这个载体的发达农业现代化就"现代"不起来,更难以成"化"。

当前,农村改革只有实现人的回归(即农民积极参与)、业的重构(即现代农业勃兴)、场的再造(即发展环境优化),让农民有激情投身改革,有平台实践改革,有条件创新改革,在改革中得实惠,才能有重新启动改革的动力。纵观 30 多年的农村改革历程,所有经验都是草根阶层的创造,小岗村的承包,鲁冠球的小农机厂,步鑫生的裁缝铺,马胜利的管理法,这些创造只是需要我们去发现、去认可、去总结、去升华、去推广,然后合法化。如果只靠政府一厢情愿的设计改革,改革缺乏动力源,更形不成合力,改革难以推进,更不可能深化。新一轮农村改革,必须顺应农民不断变化的新诉求、不断发展的新期待,重新激活农民的改革热情,让生动的改革实践之火在中华大地上再燃燎原之势。

(本文原载于《中国发展观察》2011 年第 9 期)

新时期中国农民的新期待：
理顺关系　拓展空间

　　"三农"问题的核心是农民问题。在农村改革不断深入推进、统筹城乡发展战略强力实施的新时期，解决农民问题的核心，就是要从广大农民的根本利益出发，顺应农民对改革发展的强烈愿望和期待，逐步理顺与农民相关的诸多关系，进一步解除制约农民发展的制度束缚和实践障碍，大力拓展新空间，以满足农民在政治经济文化社会等各个领域不断变化的新诉求、不断发展的新期待。

农 民 与 土 地

　　土地是农民赖以生存的基础，是国家赋予农民的基本生存保障。我国改革从农村率先突破，而农村改革最初由土地改革开始。30 年多前，安徽省凤阳县小岗生产队实行"保证国家的、留够集体的、剩下都是自己的"大包干分配方式，揭开了农村土地制度改革的序幕。随后，国家颁布了一系列政策文件和法律法规，把集体统一经营的农地制度改革为家庭承包经营，明确土地使用权与所有权的分离，确立农户作为农业生产经营者对土地的承包权和经营权，使家庭联产承包责任制演变为国家主导的强制性制度变迁，在我国社会生活的许多方面产生了积极而深远的影响。这些政策和法规重点集中在两个方面：一是稳定土地承包关系。确定土地承包期延长 15 年、30 年不变，党的十七届三中全会进一步明确土地使用权长久不变，保证农民对土地使用权的稳定预期；2003年正式实施的《农村土地承包法》，基本确立了农村土地使用权长期化、资本化、物权化的发展方向和趋势。二是建立农地流转机制。1984 年开始鼓励土地使用权向种田能手集中，引导农地的自由租赁和转让，农户自发性和集体主导的土地流转形态在各地逐渐兴起。

农村土地制度改革取得了显著成效，我国用占全球 9% 的耕地养活了近 20% 的人口。"土地新政"使农民的投入与收入直接挂钩，充分激活了广大农民的生产积极性和创业热情，粮食生产连年攀升，广大农民逐步摆脱生活困境，温饱问题基本得到解决。随着经济社会发展和城镇化进程加快，农业生产的比较效益越来越低，农村家庭收入结构发生变化，农民对土地的依附感日趋减弱，不再单纯看重"一亩三分地"的直接收入，而是更加在意因土地派生出来的各项权益。但现行土地制度的诸多不足与农民的期望相差甚远：一是，土地权界不清。农村往往一户十亩地分成七八块，而且地块四至不明、土质肥瘦不清，每块地的具体地点和边界，土地承包书上大都没有标明，既给农村土地管理带来很大困难，也使土地矛盾和纠纷日益增多，直接影响农村社会稳定。二是，现行征地制度损害了农民权益。国家实行单向的土地征用制度，征地是完全的政府行为，农民无权预知和干涉，获得的土地征用补偿费用也十分有限。有资料显示，改革开放以来，农村土地减少近 3 亿亩，但农民和村集体获得的补偿只占土地出让价格的 10% 左右。加上征地补偿安置费的分配比例缺乏明确的制度规定，往往村集体获得的居多，农民直接得到的更是微乎其微。三是，缺乏有效的土地流转平台。由于缺乏具体的政策措施，又没有建立政府服务和信息平台，农村土地流转实际上处于自发状态，土地流转市场并不活跃，流转发生率始终较低。四是，出现了大量"无地家庭"。大量耕地变为非农用地后，农村产生了大量种田无地、就业无岗、创业无钱、社保无份的家庭。由于国家对失地农民的补偿实行简单的一次性货币安置，使这些家庭在失去土地的同时也失去了生存保障。

加快推进城镇化和农村发展，必须切实理顺好农民与土地的关系，逐步完善农村土地制度：一是下大功夫进一步划清土地权属。做实、做细、做透"确权登记颁证"工作，土地承包证书具有法律效力，应详细表述每家每户土地的四至界限、土地质量等具体情况。这是最基础性的工作。二是实行土地征用市场化。农村土地按照政府的土地计划直接进入市场，农民以转让经营权的方式实现农地转用，真正成为土地交易的一方直接参与谈判、定价、交易等全过程，自主决定土地是否征收、补偿费标准等问题。18亿亩红线的"守线人"必须让农民自己充当，不论哪个阶层、哪个群体都不可能当好守线人，都有可能变着法儿"调线""变线""闯线"。必须在实行两个最严格的土地制度的同时，实行最严格的土地补偿制度。三是防止利用各种方式变着法儿把集体建设用地转为国有建设用地，且开发增值后的利益不让农民参与分享。四是搭建土地流转的市场平台，在县乡一级建立土地流转的政策咨询信息发布、供需对接等服务组织。五是建立健全失地农民的社会保障体系。以提供长期可靠的基本生活保障为核心，建立失地农民等同于城镇居民的社会福利制度，实行养老保险和医疗保险等措施；强化政府在征地中的监督和服务功能，保障失地农民权益，积极提供就业指导和帮助，确保失地农民的基本生存和生活，避免出现"脱富致贫"现象。

农 民 与 市 场

在过去高度集中的计划经济体制中，农民依附于集体经济，生产服从指导计划，分配搞平均主义，产品由国家统购统销，生产资料和主要消费品定量供应，市场机制几乎不起作用，农村市场实际上是萎缩的。大集体"小而全"的自给性生产，抑制了农民的积极性，生产增长缓慢，农产品品种单一、质量下降，市场供应紧张。实行家庭联产承包责任制以后，农民获取了经营自主权并逐步成为具有自我发展能力的商品生产者，计划对农业生产和流通的约束力大大减弱，1985年取消农产品统购制度并放开大部分农副产品的价格，1993年基本放开粮食销售价，市场调节的范围日益扩大。在市场机制的引导下，农民积极调整产业结构，大力发展比较效益高的水产品、畜产品和各种经济作物，农业由种植业为主的一元结构向多元结构发展，农民家庭经营日趋专业化，各类专业户迅速崛起，农产品的商品率大大提高，农民的生活消费日益依赖于市场，农村市场体系逐步形成。

在农村市场的发育过程中，国家从控制到部分放开，到全面放开，农民从可以自由生产和出售部分到全部农产品（目前只有烟草和蚕桑两项没有放开），农村市场逐渐焕发出生机和活力，农产品销售渠道畅通，农业生产资料供应平稳，生活消费品日益丰富，基本上能够满足农民日益增长的消费需求。但是，与城镇市场相比，农村市场仍然面临着不少问题：一是农村市场虽然开始受到重视，但只是发展了一些低端服务，高端市场没有形成（如金融服务等），而且低端市场信息极不对称。二是农资市场被垄断。种子化肥农药等农用物资是特殊商品，价格高、伪劣多，农民成为直接受害者。三是农村生活消费市场的成本居高不下，假冒伪劣商品泛滥，而且部分市场被垄断，农民很难买到价廉物美的日用消费品。四是政府支持和保护农村市场的体系建设滞后，基础设施薄弱，流通手段和方式落后，信息网络不健全，农民仍然没有完全摆脱买难卖难的困境。特别是农产品价格双轨制转向单一市场价格体制，自由市场价格机制的种种缺陷逐步显现，给农业生产和农民利益造成不可忽视的损害。一个时期以来的"蒜你狠""辣翻天""豆你玩""姜你军"现象的受益者是中间商，农民并未在奇高的价格中得到多少好处。

扩大内需、拉动国内消费是经济长期发展的立足点，而扩大消费，重点在农村，难点在农村，关键也在农村。八九亿农村人口是世界上任何国家都无法比拟的战略性市场储备。农村市场的发展，是我国经济持续发展的深层次的动力，也是内在的原动力。各级政府应以挖掘农村市场的巨大潜力、拉动农村消费为出发点，加大财力投入，改善农村市场基础设施，大力发展现代流通方式，积极探索构建现代流通网络，并在"保护"和"服务"上下功夫：一是建立农产品市场价格保护机制，通过直接和间接两种方式实行国家保护。直接保护包括对主要农产品制定保护价格和建立农产品价格调节基金，还可以通过进出口贸易平抑国内农产品市场价格波动；间接保护主要包括制定市场交易规则、防止垄断现象，提供农产品供求信息、指导农民的经营决策，建立期货市场、减少突发性因素干扰，建立农产品专项储备制度、以实物形态进行价格调控。二是建立农村信息咨询服务组织，培育一批农民信息经纪人，使市场信息的搜集、整理、开发、传递形成网络，及时准确地为农民进行市场活动提供信息。三是健全农资供应体系，打破行业垄断，采取批发代购和送货上门等办法，为农民提供化肥、农药、种子等农用物资。对农民合作经济组织集体采购农资应减收或免收一些税种。四是探索发展农村高端服务业。如通过互助合作的方式，培育和发展草根金融，逐步发育农村资本市场，建立农村融资体系，为农民提供金融服务。五是培育和发展农村市场主体，推动涉农流通企业做大做强，健全农产品运销体系，实行多层次组织农产品流通。六是加强市场监管，严厉打击假冒伪劣行为，维护正常的市场秩序，改善农村消费环境。

农 民 与 政 府

30 年改革使农村社会结构、产业结构和就业结构在异动中激变，在激变中重组，政府与农民的关系也随之发生巨大而深刻的变化：政府不再是农业外在的辅助力量，而是农业内在的组成部分；政府不再把农民笼统地看成同一群体，而要将其细分成不同的政策目标人群；政府不再对农民的失业袖手旁观，而要高度关注农民的就业状态；政府不再大包大揽，而要依靠民间组织扩大农民的自域空间，实现从"组织农民"到"农民组织"的转变；政府不再单纯依靠号召发动和指标压力，而要通过民主合作的方式开展工作；政府不再具有经济获益性，而要具有社会服务性；政府不再重物轻人，而要以人为本，从关注农产品和农业向关注农民和农民的全面发展转变；政府不再只重生产层面，而要生产、生活、生态"三生"并举；政府不再用强制性手段解决非理性对抗，而要采取有策略的谈判、对话予以疏导，充分调动农民群众参与改革、推动改革的积极性和主动性。政府与农民关系的转变，充分说明农民对政府的期望和要求越来越高，政府职能越来越凸现出优质高效的服务性。

政府是公共服务的主要供给者，包括教育、卫生、文化等社会事业，交通、通信等公共产品和公用设施建设，解决人的生存、发展和维护社会稳定所需要的社会就业、社会分配、社会保障、社会福利、社会秩序等公共制度建设。这些公共产品和公共服务的提供，是政府调控社会群体之间收入差距、促进社会公平正义、保障社会安定有序的有效手段和机制。当前，农村社会对公共服务的需求不断增长，但由于在制度设计、资源配置等方面限制和歧视农民的习惯性思维根深蒂固，农民在经济权益、政治权利以及公共产品供给等方面处于弱势，农村与城市在获得公共服务上存在较大差距的现实依然没有多少改观，其现状还处于总量供应不足、公共投入短缺、公共服务发展滞后，即使有好的政策法规，也常常遭遇"玻璃门"现象，只具有观赏性，不具有实用性，难以落实到位。

解决上述问题的关键，关键要克服政府的管理偏好和城市偏好，着力打造城乡一体的服务型政府，推动"官权退民权进"的基本思路是从单纯的生产经营领域向政治、社会领域延伸，促进政府从管理型向服务型转变，使服务由浅层次向深层次、由被动向主动、由松散向规范转变，由城市向农村覆盖，把农民无力办、办不了、也办不好的事情主动承担起来，该市场的还给市场，该农民的还给农民，与农民协同推进农业的发展和农村的建设。国家应逐步完善惠及全民的基本公共服务体系，按照逐步均等化原则，既不断增加公共服务总量，向社会全体成员提供更多更好的公共服务，又着力优化公共服务的结构和布局，努力扩大公共产品和公共服务的覆盖范围，以发展社会事业和解决民生问题为重点，重点向农村、基层、欠发达地区倾斜，使每一位公民都能享受公共服务的阳光雨露，不断满足农民日益增长的物质文化需要，切实保障农民群众的经济、政治、社会和文化权益，逐步实现"学有所教、劳有所得、病有所医、老有所养、住有所居"和"生态文明"。各级政府应把保障基本公共服务作为主要职能和工作目标，机构的设置、管理与运作都应有利于保障基本公共服务职能的履行；加快由经济建设型向公共服务型转变，把全心全意为人民服务的宗旨贯穿于工作始终，为农民改善就业环境，提高就业能力，创造就业机会（岗位）；加快实现政府考核由单纯"以经济总量为导向"向着同时

"以基本公共服务均等化为重点"二者并重转变，建立既看经济发展又看服务效能的干部政绩考核制度，逐步形成规范的公共服务供给分工和问责制。

农 民 与 城 镇

在漫长的中国历史上，人们心目中的城镇并非高于乡村，城和乡是一对和谐的统一体，并非对立关系，这种关系一直延续到 19 世纪以后才开始动摇，城和乡逐渐成为两个对立领域而且差距越来越大。尤其进入 20 世纪 50 年代后期二元户籍制度的颁行，使城镇与农村之间形成界限分明、壁垒森严的两个世界。计划经济时期，农民被牢牢地限制在农村仅有的一亩三分地里，城乡差距不断拉大，城镇化进程基本处于停滞状态，26 年的时间城镇化水平从 12.6% 上升到 17.9%，年均上升仅 0.2 个百分点。改革开放后，二元经济体制受到冲击，农民开始摆脱土地的束缚，通过各种途径进入城市就业，城镇化步伐逐步加快，特别是 1998 年以来，城镇化水平更是年均增长近两个百分点，2010 年城镇化水平达到 47.5%，在带动经济社会发展中发挥了重要作用。专家预测，到 2030 年，中国将形成"五亿农民、五亿市民、五亿流动人口"三分天下的格局，未来 50 年中国城市化水平按现在的速度将上升到 75%，城市人口达到 10 亿～11 亿。

所谓城镇化就是把农民"化"入城镇的过程，因此，城镇化是农民的城镇化。城镇化不只是农民可以自由进入城市，其关键在于"农民市民化"，即农民的生活方式、工作方式、思维方式、价值标准、受教育的程度等各种因素发生根本变化，其实质是农村生产力结构、生产经营方式、收入水平与收入结构、生活方式、思想观念、人口素质等方面与城市文明逐渐接近并趋向同一，城乡差别逐渐缩小并最终走向城乡一体化。农民的劳动剩余使中国城市急剧膨胀，但崛起后的城市却成为"城里人"的专属，"偶闲也作登楼望，万户千灯不是家"，农民想进城成为真正意义上的城镇居民还有很多不可逾越的鸿沟，现行制度还有许多需要拆除的城乡樊篱，尤其是长期形成的二元文化的影响，使农民与城镇居民之间存在极大的"不平等":一是政治权利方面,农民无法充分行使选举权、被选举权等权利,利益诉求得不到足够的反映和重视。中国城市管理的三条线:户籍、社区、单位与农民都是若即若离的松散关系,没有得到这三个方面的全面认可。二是经济权利方面,工资收入水平低,经济适用房和廉租房等政策难以惠及,社会保障缺失,子女上学难,这些都是农民进城面临的现实难题。三是文化权利方面,农民仍然遭受着文化歧视,社区各类文体活动及城市的群团组织、社会组织等没有覆盖这个群体,无法满足他们的业余文化生活需要。

西方城市的发展大多经历了一个数百年的漫长历史过程,在这个不断演进的过程中,逐步构筑了"一张网"、培植了"一个根"。这张网是横向的,即覆盖城市各个角落的各种社会组织;这个根是纵向的,即市民的精神生活的支柱。"一张网""一个根"共同构筑了城市的稳定架构。但中国城市是快速崛起的,只有一个有形的"形"——高楼马路,而缺乏无形的"形"——完善的社会组织架构;更缺乏共同的精神支柱。中国城市的"神",必须从中国的国情出发,大力弘扬根植于农村中的传统乡土文化。

一个时期以来,传统乡土文化被视为落后的代名词,被搞得灰头土脸,传统乡土文化的现代性往往被现代社会所低估。支撑现代社会的现代性主要有两大要件:一是明晰的产权关系和支撑产权关系的法律体系;二是较为完备的诚信体系。这两大要件在传统乡土文化中早已普遍存在。中国传统的乡土文化中饱含着现代文明的基因,从产权关系看,在农村阳光、空气、水这些取之不尽用之不竭的自然之物,农民的产权意识都十分清楚。建房子不能比后面的邻居高,高了会遮挡人家的阳光。粪池不能建在村子的上风头,那样会污染全村人的空气。溪水从村中流过,上游人家必须在特定的时间洗涤脏物,为下游人家留出取水饮用的时间。这些虽然没有法律规定但受乡规民约的约束;再从诚信体系看,中国农村世世代代聚族而居,是一个熟人社会,农民在这个熟人环境里,一旦失去诚信,就会被整个熟人社区抛弃,而且要殃及数代。这样的代价比普通的经济惩罚要大得多,这样的威慑力,比行政手段和法律约束也要大得多。因此，中国城市的未来必须充分挖掘传统乡土文化的现代性，即在进一步完善现有契约关系（如法律法规、规章制度等）、发育社会组织、社区组织的基础上，大力引入和弘扬传统乡土文化，积极继承和发扬其精华内核，明晰产权关系，重塑诚信体系，公平分配各种公民权利和各类资源，切实为不同阶层、不同人群在城市的生存和发展创造条件、协调利益、理顺关系，从而打破城乡壁分明的矛盾体，构建城乡和谐发展的统一体，让农民在传统乡土文化中找到自信、找到自尊，在城乡一体发展中找到自我、找到自强。

农 民 与 企 业

计划经济时代，农民只能在生产队这个集政治、经济、社会、文化等各种权力于一身的集体组织的管理下，被动地机械地从事农业劳动，根本不知企业为何物。改革开放后，农民不仅可以到各类企业工作，还可以自己办企业，特别是许多农业企业的发育成长，使企业这个市场经济的代表全面取代了生产队这个计划经济的代表。随着经营管理的市场化，农业产业化等新的生产经营方式应运而生，"企业＋基地＋农户"等组织形式不断涌现，逐步引导着分散的小农户生产向社会化大生产转变，解决了生产与市场脱节的矛盾，促进了各种生产要素的合理流动和组合，农业向着集约化和专业化方向发展，农民从不知企业为何物到逐步融入企业活动，有的自己已成为横跨多个行业、纵横多个国家的大企业家。

在市场经济发展过程中，农民与企业之间的利益关系越来越紧密，尤其是各类农业产业化企业的勃兴，使农民大得实惠。但存在一个普遍性问题是，企业与农民之间的利益联结机制缺失，农民在很大程度上都是作为农产品基地这个"大生产车间"的"工人"，不能分享农产品的后续增值部分，而农产品的赚钱部分主要集中在此，农民的利益被"合法"剥夺。我国目前有合同契约制（如制定保护价或优惠价）、合作制（实行利润返还）、股份合作制、合作制与股份制相结合等多种联结形式，其中以合同契约制所占比例较高。无论哪种联结形式，企业与农民的利益都很难得到有效保障，相比较而言，企业处于强势地位，农民的话语权较小，二者的抗风险能力又是天壤之别，农民的利益更容易受到损害。以合同契约制为例，现实中很多"合同"不规范，甚至是口头约定或"君子协议"，加上市场法制不健全，单方毁约的成本低，企业和农民从自身利益出发，不按合同办事的现象屡屡发生：产品不好卖时，企业压价收购或不收购，把市场风险转嫁给农民；产品好卖时，农民自己高价销售产品，独享生产利润。这种情况已经成为农业产业化发展的重要障碍。

利益联结机制是农业产业化的核心，是实现企业和农民"双赢"、促进农业产业化发展与成熟的基本保证条件。企业和农民可以根据具体情况自主选择不同的利益联结形式。针对当前存在的问题，应从以下几个方面加以改进和完善：一是建立合理公平的利益联结机制。不能单纯地把农民作为农产品生产基地的"工人"，而应该在产权上使企业与农民结成更加紧密的生产链和利益链，努力使农民能够稳定分享整个产业链的平均利润，真正使企业与农民成为利益共享、风险共担、稳定合理的利益共同体。二是强化契约观念。在平等自愿、互惠互利的前提下，以法律文书形式确立企业与农民之间的合同契约关系，强化履约意识。有关部门要加强管理，严厉处罚违约行为，保护好双方的正当权益。三是按照民办、民管、民受益的原则，大力培育和发展各种形式的中介合作组织，充分发挥其在产业服务、监督管理等方面的作用，使之成为连接农民与企业、农民与市场的桥梁和纽带，使农户省心、企业省力。四是按照政府主导、企业参与的方式，积极探索建立规避风险的保障机制，提高农民抵御自然和市场风险的能力，确保农民收入稳定快速增长。

农民与工人

在人类社会发展的历史长河中，中国农民工的群体形象可以用六个最概括：一个人类历史上规模最大的人群，在最短的时间内，涌入最没有准备的城市，承托起规模最大的制造业，生产出数量最多的廉价商品，以最低廉的成本成就了"中国制造"的世界品牌，从而改写了世界经济版图。这就是中国农民工。发端于 20 世纪 80 代末的"农民进城"现象形成了当代中国蔚为壮观的"民工潮"，大量农民涌入城镇务工经商，在水泥丛林之间任劳任怨地辛苦劳动，干着城里人不愿干的最苦最累最脏最险的工作，追求着创业致富的梦想，他们在获取工资收入、接触新信息、学习新知识、努力改变自身状况的同时，为弥补城镇劳动力供给的结构性不足、发展城市第三产业、推动城市建设做出了重大贡献。随着农村剩余劳动力的不断增多，农民工群体不断壮大，时至今日已发展到约 2.5 亿人，占全国工人总数的 50％以上，在第二产业中占全部从业人员的 58％，其中加工制造业占到 68％，建筑业占到 80％，在第三产业的批发、零售、餐饮业中占到 52％以上，对全国GDP 的贡献率超过 1/5 的份额。农民工已经成为工人阶层的主要组成部分。

我国农民工向工人阶层的转化虽然是通过市场的手段和方式进行的，但被刻上了深深的制度安排烙印，在现行制度和政策规定下，他们很难真正融入城市，仍然算不上真正意义上的产业工人。与产业工人相比，农民工拥有一定的土地资产，户籍身份仍然是"农民"。由于身份限制，农民工在现有户籍管理体制下仍然举步维艰，难以取得与城镇居民同等的国民待遇，不能享受正常城镇职工的社会保障，不能平等地分享经济社会发展成果。他们只是以工业化的方式劳动，而没能以城市化的方式生活。他们进入的是"异常高度现代化"的城市，过得却是"异常低度现代化"的生活。他们主要集中在技术含量低、劳动强度大的"苦、脏、累、险"等行业，工作条件艰苦，健康受到损害，工伤事故频繁，职业病高发，工资收入远远低于当地城镇工人的年平均工资水平。据统计，目前在城市就业的约有 1.4 亿农民工，与用人单位有劳动关系的 7 000 多万人，只占一半比例。截至 2008 年底，全国只有 2 400 多万农民工参加城镇企业职工基本养老保险，4 200 多万农民工参加城镇基本医疗保险，4 900 多万农民工参加工伤保险，1 500 多万农民工参加失业保险。他们是城镇的边缘群体，过着候鸟式的生活，在居住、生活、子女就学等方面付出了巨大代价，并常常遭受歧视。

在 20 多年的进城打拼中，农民工群体自觉或不自觉地与二元制度默默抗争，自身也在不断地发展变化。第一代进城谋生的农民，通过与城市文明的接近和融合，素质提升了，眼界变高了，生活条件改善了，少数人已经在城市落地生根，极少数还成为企业家。特别是约占农民工总数 60％的 80 后、90 后的新生代农民工，大约有 1 亿人，其特性可以用"新、农、工"来概括："新"是与第一代第二代农民工相比，他们具有受教育程度高、职业期望值高、物质和精神享受要求高、工作耐受力低等"三高一低"的特点，在文化程度、人格特征、务工目的、城市认同感、生活方式、工作期望、与农村家庭的经济联系等方面迥然不同，同时与老一化农民相比，他们没有苦难的"过去"，他们的参照系只有眼前的城里人，因而在利益诉求上存在重大差异。"农"是指在现行户籍制度和社会管理方式下，他们仍然具有农民身份，与有城市户口的工人相比，不能平等地享受所在城市的公共服务。这显然不符合市场经济的平等规则，妨碍城市发展的正常化进程。"工"是他们大多数正在从事现代工商业活动，有一定的现代产业技能，能够接受现代社会理念并且按照现代产业规律从事生产和生活。新生代农民工的特殊性决定了他们利益诉求的共同点在于义无反顾地追求融入城镇、工业化、现代化进程之中。如果从制度设计到出台具体政策措施，仍然不能做好在城市接纳他们的准备，那么新生代农民工必然处于城乡双重边缘化的尴尬境地。这个问题不解决，我国的城镇化就谈不上，现代化也谈不上，和谐社会更谈不上。

近年来，在全社会的共同关注下，农民工问题引起了高度重视。2004 年中央 1 号文件第一次提出农民工是我国产业工人的重要组成部分。2010 年中央 1 号文件要求"采取有针对性的措施，着力解决新生代农民工问题"。国务院有关文件从农民工的基本权益入手，提出了一系列改革政策要点。但是，真正实现农民工向产业工人身份的彻底转变，仍然需要一个长期过程，当前迫切需要加强制度创新和人力资源开发：一是加大户籍制度改革和相关政策调整力度，取消户籍管理对农民工的身份限制，消除歧视农民工的制度根源，给农民工以同等的国民待遇。二是建立农民工培训体系，加大对农村人力资本存量的调整和投资力度，重点培训农村剩余劳动力和有劳动能力但缺乏一技之长的农民，探索由政府部门、用工企业、公共培训机构和私营培训机构等多主体对农民工培训的有效合作，建立国家、企业、个人多渠道、多层次、多形式的农民工培训网络。三是严格工资政策和工资管理，探索建立农民工最低工资保障制度和农民工工资正常增长机制，严厉打击恶意拖欠和克扣农民工工资的不法行为，切实维护农民工的合法权益。四是完善劳动合约管理，规范企业的用工行为，做好对农民工的劳动保护工作，切实保护农民工的安全与健康。五是探索建立农民工的社会保障体系。将农民工纳入社保范围，尽快完善并强制推行农民工工伤保险制度，建立医疗保险尤其是大病保障机制，探索包括遭遇天灾人祸时的紧急救济、贫困救助和法律援助等社会救助制度，完善农民工社会养老保险制度。

农民工是一个沉重的话题，他们是"工人中的农民"，他们是"农民中的工人"，他们的前面是工人，是城市；他们的后面是农民，是农村。他们最期盼的是有一种制度能积极推进他们加入前面的行列，即使退后一步也能享受到社会发展的成果。

农 民 与 农 业

在传统的观念中，农业是农民的产业，农民是农业的主体和主力。的确，自新石器时代农业产生后，人类摆脱渔猎经济就依附于土地日出而作、日落而息，在男耕女织的传统中传承和发展着农业。新中国成立以后，开始打破传统农业的自然经济结构，特别是20世纪八九十年代家庭联产承包责任制推行以后，国家重视并不断加大农业投入，我国农业实现了历史性跨越，进入到一个新的发展阶段，农业综合生产能力明显增强，产业结构向多元化转变，生产效率大大提高。与过去相比，今天的农业在诸多方面都发生了重大变化：一是农业已经不再只是农民自己的事情，政府成为农业重要的内在组成部分。如大江大河的治理、农田水利设施建设、气象预报、病虫害防治等都是政府的职能和责任。近些年，政府对农业投入量日益增加，但由于投入结构的低效率及与农业生产的联系度不高，没有发挥出应有的作用和效益。目前，政府还没有建立一种较为合理的投入机制，资金投入以项目建设为主，基层不得不跑部跑省，损耗大、成本高，而且大多利用一个农业项目应付多个项目投入，大部分资金用在城镇建设等非农方面，真正用于农业的非常有限，致使本来十分脆弱的农业雪上加霜。二是农民不再只是单纯从事农业生产，已经从"全耕时代"演进到"半耕时代"。在时间上，农民从事农业的时间越来越短；在职业上，农业从业人员绝对数减少，占全社会劳动力的比重下降到50%以下，许多种粮的变成吃粮的，一些农民把农业当成副业；在收入上，农民不再仅仅依靠农业收入，非农业收入逐渐成为农民收入的主要部分；在劳动力的配置上，年轻农民既不愿种地也不会种地，青壮年基本上转移到城镇，从事农业的主要是"386199"部队，在体力上难以承受田间耕作的较高强度劳动，在智力上难以接受新信息和新技术。一些地方的农业成为农业企业家的产业，农业发展正面临着"谁来耕田种地"的尴尬现实。

日本经过40多年的不懈努力，已经建设成具有自身特色的现代农业，但农业发展仍然面临着难题：一是人多地少，农民人均耕地面积小，加上农地抛荒和用作住宅地，耕地面积还在减少；二是农业就业人口少，只占总人口3%左右，从业人员高龄化现象严重，且呈不断减少趋势；三是农产品自给率低，对进口的依赖性强。为确保农业可持续发展，日本实施了一系列政策措施：一是允许工商业企业介入农业，但必须严格落实土地用途管理。实行稳定品种经营对策，其核心就是对想干、能干农业的组织给予认定（称为认定农业者），并以多种政策性补贴资金以及贷款优惠政策向其倾斜，有效制止农地被撂荒。二是实施农业接班人计划，培养新一代农业接班人。大力发展农村医疗、社会福利等事业，积极创造有利条件，鼓励和吸引更多的人到农村务农；通过组织不同类型的年轻人到农村体验学习，让他们了解农村，增加对农业的兴趣，为未来培养生力军。三是建立多样化农业体系。通过立法等途径，加强对农业的支持和保护，实现"提高农民收入、提高农产品质量、保护农业环境"三位一体的目标。

优患意识强、支持力度大、投入机制合理，日本发展农业的做法值得借鉴。我国应结合国情吸纳日本经验，时刻绷紧"农业真危险"这根弦，努力促进农业的长期稳定发展：一应解决好有人种地问题，健全农业教育体系，培养高素质农民。农业后继无人是社会均衡发展的最大障碍。任何一个国家，社会经济和谐、均衡、健康发展都必须依靠健全的农业教育体系来完成。必须统筹教育培训资源，采取各部门紧密合作的工作模式，建立健全层次分明、结构合理、布局科学、规模适度、开放有序的农业教育体系，由农业职业高中、高职院校、本科大学以及各种培训机构，培训不同层次的农业人才，支撑后继农民的教育和培养。二应解决好有钱种地问题，完善财政支农机制。提高农业财政投入的结构效率，增强资金投入与农业生产的密切度，政策性补贴支出转投农业生产环节，扩大农业生产基本建设项目中直接改善农业生产条件的支出比例，增加支援农业生产项目支出、农业科技费和农村教育费支出。改进财政投入方式，统筹分配农业项目和资金，减少中间环节，降低资金损耗；整合涉农资金，集中财力发展优势项目；加强对农业项目和资金使用情况的检查监督，保证资金用途。三应解决好社会合力种地问题，大力发展农村社会事业，鼓励各种社会力量和农民自身投资农业，引导更多的组织和个人进入农村，服务农业，培育农民。四应解决好可持续种地问题，高度重视并妥善处理好农业资源浪费和环境污染问题，确保农业的可持续发展。

农民与农村

在中国历史上，自给自足的传统自然经济始终占据主导地位，农民被固化在农村。计划经济的大集体时期，壁垒森严的城乡二元制度和城乡有别的管理体制使农民想进城却很难"越雷池一步"。在这种背景下，农民始终把农村视为自己的家，再加上传统的"人恋故土土恋山""谁不说俺家乡好"的观念根深蒂固。农民只能"安贫乐道"。随着城乡二元结构的逐步解体，今天的人们能够自由流动，农民开始摆脱农村的束缚，可以随意离开农村进入城市。特别是"民工潮"的兴起，农民开始大规模进城打工、居住和生活，农村空心化现象日趋严重，在农村生活的大部分人只是留守老人和儿童，有的全家长期外出，一户只有一把锁。很多农民特别是年轻人长期出门在外，乡土观念日益淡化，家乡感情日益淡漠，极力想挣脱农村、跳出"农门"。农村空心化现象和乡土观念的淡化，使农村面临着"谁是主人""谁来建设"等现实问题。

现在一味极力鼓吹农民进城，把减少农民作为农村发展的必要条件的论调一边倒。就目前的国情而言，这种论调是不现实的。中国城市现有的容纳能力，不可能解决好大规模进城农民的生存和生活问题，这还需要一个长期的发展过程。同时，农民的"一亩三分地"在农村，农民的根和生活天地在农村，农民的地缘、人缘、情缘都与农村血肉相连。因此，在一个较长的历史阶段，我国解决农民问题的主战场仍然在农村，建设新农村的主体只能是农民。对农民而言，与城市的连接只是眼前的诱惑，与乡村的连接却是心灵的脐带。重新理顺和巩固农民与农村的关系，是确保农村长期发展的必要之举。世界上发达国家在工业化、城市化过程中，农村的现代化和农业的现代化都无一例外是同时推进的。

一是正确把握舆论导向。各级政府和主流媒体要清醒面对我国是"农业大国、农民大国"，这个阶段还将持续很长一段时间的现实，绝不能没有节制地宣传、引导、动员农民进城，让农民感到城里遍地流金，从而失去当市民还是当村民的理性判断。必须认识到过快和过度城市化引发的各种社会问题，防止掉入拉美陷阱。巴西 20 世纪六七十年代，过度城市化使农村凋敝，国家为此新成立了农村发展部，采取买地给农民、将国有土地分给农民等措施，鼓励农民回到农村。这一教训不应在中国重演。应高度重视并正确引导舆论，大力宣传建设新农村在中国现代化进程中的必要性、重要性，号召农民返乡创业，建设自己的美好家园。

二是调整国民收入分配结构和财政支出结构，加大对农村的支持和投入。提高国家财政用于"三农"支出的比重，使公共财政支出广泛覆盖农村经济社会生活的各个领域，增加对农村的基本建设、公共设施建设、社会化服务体系建设、社会事业发展和社会保障等各方面的投入，让公共财政的阳光和公共产品的服务普惠到农村每一个角落。统筹城乡资源配置，通过政府引导和市场运作，积极引导城市资源进入农村，促使各种生产要素在城乡间自由流动，实现城乡资源的优化组合和一体化，促进农村繁荣与发展。

三是引导农民理性选择职业。应准确把握农民的分化分层情况，根据不同群体的实际需求和自身素质，帮助、引导和支持农民做好"不当农民、兼当农民、当好农民"的职业分化。第一是"不当农民"，这部分人有一定的文化知识和技能，并能够通过自身技能在城市谋生和生存。应着重于创造条件，使他们进得了城、扎得下根。第二是"兼当农民"，这部分人在工农之间往返，既在城市或乡镇企业短期做工增加收入，又在农村种田种地。应着重于引导他们发展农村二三产业。第三是"当好农民"，这部分人扎根于农村，做高素质农民。应着重帮助他们不断提高整体素质，扶持他们发展现代农业，逐步把他们培养成为高素质农民。

四是动员和支持农民建好新农村。按照生产发展、生活宽裕、乡风文明、村容整洁、管理民主的总体要求，鼓励和支持农民创造良好的生产、生活、生态"三生"环境。大力发展农村先进生产力，建设现代农业，推进农业产业化经营，千方百计增加农民收入。积极倡导和弘扬创业精神，明确支持农民就地创业的政策导向，激发农民的创业冲动，充分挖掘本地民间资源，大力发展农村中小企业，形成村村谋发展、家家忙致富、人人思创业的生动局面。建构农村流通网络，推进农村信息化进程，更新农民思想观念，重构农民的生活方式，逐步实现居住环境社区化、生产方式合作化、生产工具机械化、公共产品公益化、素质知识化、流动市场化、教育医疗制度化、养老保险普及化、城乡服务一体化、生态环境良性化。

农 民 与 农 民

新中国成立以来，我们充分发挥了组织农民的优势和作用，从互助组到合作社再到人民公社，在当时发挥了群体力量办大事的作用，但忽略了农民的自主权和产权，个体利益极易遭受侵害。随着农村改革深入和农村市场经济发展，农民需要以独立的市场主体身份，自由、平等地参与市场竞争，但其弱势地位决定个体参与市场是不现实的，必须抱团、合作，以一种新的组织形式抵御来自自然、市场、政策、国际等各方面的风险，维护自身权益。因此，组织农民已不适应时代需要，必须实现从"组织农民"向"农民组织"这一质的跨越。

"农民组织"包括两层含义：一是农民自己"组织"自己，由"被组织者"变成"自组织者"，平等自愿地合作在一起；二是农民建立的是自己的组织，组织成员不一定全部都是农民，但必须确定农民的主体性以及农民利益的目的性，否则就成了其他阶层的组织。因此，培育和发展农民组织必须坚持以下原则：一是以农民为主体的原则，即农民既是主体也是主人，其他任何组织和个人都不能越俎代庖，直接插手农民组织的内部事务；二是农民自愿的原则，即组织是农民按照自身意志自愿结成的，农民是否加入或退出、何时加入或退出，完全依据农民自己的意愿和有关章程，任何组织和个人不能强加意志给农民；三是为农民服务的原则，即农民组织的宗旨是为农民自身权益服务，而不是为别的群体的权益服务，一个农民组织的产生或消灭、扩大或压缩，均以有利于组织成员合法的共同利益的最大化为唯一准则。农民组织不应该也不能被强迫承担任何法定以外的责任和义务。

当前，全国已建立了相当数量的农民组织，但总体上仍处于发展不足、作用有限的状态，极大地束缚了农村社会自我管理能力，一定程度上阻滞了农村社会自我发展进程。当前农民组织呈现三个特点：一是无组织化，大多数农民尚未参加任何组织；二是弱组织化，大多数农民组织自我服务能力不强；三是被组织化，许多农民组织由基层政府、村级组织或企业发起，没有真正成为"农民自己的组织"。究其原因：一是思想认识上的偏差。认为农民组织会带来很多麻烦事，会影响农村安定团结的稳定局面。二是农民组织生存和发展的环境不够宽松，有些农民组织的法律地位不确定，政府的扶持和服务缺失，生存空间和发展潜力小。三是农民组织内部管理不规范，合作成效不明显，凝聚力不强。

政府扶持是世界各国培育和发展农民组织的通行做法。我国农民组织还处在初步发展阶段，更离不开政府的引导、鼓励和支持：一要放手发展。必须克服害怕农民合作、难于管理的心理，坚持"引导不领导、推动不强迫、扶持不干预"的原则，加大扶持力度，加强培训和宣传。二是消除制度性障碍。出台相关的法律和政策，明确各类农民组织的地位，保障农民组织的权利。三是财政和信贷支持。政府应对农民组织发展农村经济、增强农业生产能力、兴办服务设施等项目给予支持，以增强其市场竞争能力和对农民的服务能力；应通过财政贴息、政策性信贷、保险等金融手段，有效解决农民组织启动资金、收购环节资金投入不足、发展风险等问题。四是税收优惠。对农民组织为成员提供服务或劳务所得的收入免征所得税，销售农产品免征增值税，农业生产经营服务免征营业税，兴办加工和流通实体给予税收优惠。同时，还应提供用地用电和农产品运输等优惠政策。五是强化服务。通过政府网和互联网平台以及新闻媒体等途径提供信息支持和服务；在组织建设上做好帮扶工作，帮助农民组织建立健全规章制度，规范组织运作，促其健康发展。

农 民 与 金 融

农村改革的动力来自农民生生不息的创业精神。这种创业精神磨砺于计划经济时期有限的制度空间，激扬于第一轮农村改革的土地新政。在农业产业面临转型与升级、货币强力拉动资源重组的新时期，金融逐步取代土地和设施成为财富创造的主要载体，农民投资兴业、创造财富已经从"土地时代""设施时代"跃进到"金融时代"，农村发展和农民创业越来越受制于农村金融困局：一是农村资金短缺。据专家预测，农村每年缺口资金上万亿元，同时农村资金大量流失，农村的增值收益剩余基本被四大国有商业银行和邮政储蓄等金融机构抽走而流向城市。二是农村贷款融资难。四大国有商业银行大量撤走农村网点，农村信用社"非农化"和"城市化"倾向日益明显，现行金融制度、政策和经营管理理念与农村资金需求者的条件极不匹配，这些都加大了农村贷款的难度。三是政府投资杯水车薪，缺乏印度政府地方性"领军银行"制度的农村金融组织体系，无法为农村发展提供更多、更有效的金融服务。截至 2008 年底，全国还有 2 868 个乡镇没有任何金融组织，8 000 多个乡镇只有一个金融组织，农户贷款覆盖率不到 10%，农村金融处于"薄弱、滞后、不足、单一"的状态。资金大量流失和贷款融资难使农村中小企业、农民合作经济组织、农村个体经营户等农村市场主体和广大农户面临着严重的"钱荒"，资金成为农村发展最稀缺的资源，农民创业无所依托，农村发展举步维艰。

我国农村金融体制改革一直以商业化为主要方向，一家独揽的国有银行只从农村抽血，70%的钱贷给了国有企业，对农村发展的支持作用日趋减弱。其原因：一是国有银行以追求利润为经营导向和主要目标，自然嫌贫爱富，只愿锦上添花，不愿雪中送炭，缺乏向比较效益低的农业提供贷款的积极性。二是国有银行在乡村没有网点，缺乏机构和人员，重新配置的成本太大。三是国有银行长期以来的经营对象主要是企业，不熟悉农村熟人社会的游戏规则，缺少与千家万户打交道的经验。因此，破解农村资金短缺难题必须别开路径。培育农村金融的本土力量，满足农村对体制外资本市场的强烈需求，为农民的创业精神和创业潜能提供释放载体和施展平台，正是解开资金短缺"死结"的根本出路。

农村金融本土力量包括三个方面：一是本土组织力量，即发展区域性的乡村银行、小额贷款公司、担保公司、资金互助组织等草根金融组织；二是本土资本力量，即融通本地资金的需求与供给；三是本土人才力量，即培育农村金融人才。三股力量的聚合构成农村金融的本土力量，它具有三个特点：一是自下而上生成，来自民间，扎根本土，为本土服务；二是地域性强，只限定在一定的地域范围，波及面小，而且充分利用农村熟人社会非正规制度的道德约束力，具有"抵押品替代"作用，诚信度的搜集和运用都很方便；三是规模小，经营管理简便，易于初涉资本市场的农民进行操作。我国目前农村草根金融组织大体有资金互助组、资金合作社、小额信贷及担保公司、农村银行等多个层次，它们大都是农民自己按照自愿、平等、互助、民办、民管、民用的原则组建起来的，在服务范围、对象、作用等方面虽各有侧重，但与一般的民间借贷、地下钱庄等存在着本质区别。在资本运作过程中，既为区域性市场和农村实体经济提供金融服务，有效解决数量众多且劳动力密集的经济活动的融资问题，又实现了农村各种资源的重组与转化，缺少的资源可以通过资本弥补，从而不断完善产业链条，促进产业优胜劣汰，推动产业升级。在当今货币战争时代，这是农村发展进程中最具核心竞争力的力量。

党的十七届三中全会通过的《中共中央关于推进农村改革发展若干重大问题的决定》为培育农村金融本土力量提供了政策支撑。政府应赋予农民创新的合法性，给予农民足够的创新空间，担负起农民创新的成本和风险，坚持引导、鼓励、保护、支持的方针，"政策上放开、资金上扶持"，大力培育农村金融的本土力量：一是调整思路。既抓放活外资，也抓放活内资；既重视发展现代化、国际化的高端金融市场，为城市社会、工商社会和大中企业做好服务，同时又放手发展草根化、中国化的低端金融市场，为农村社会、平民社会和2亿农户做好服务，为乡村的草根创业搭建起一个发育的温床。二是做好两个对接，即大金融机构与小金融组织对接（如委托贷款等）；财政惠农资金与金融机构支持"三农"信贷对接，达到一定标准给予补贴。三是在中西部地区广大农村，政府应拨出专款用于启动资金，在村一级着力培植资金互助组织。四是对资金合作社、小额信贷及担保公司、村镇银行等，金融部门应放宽准入、降低门槛，加强指导、帮助和支持，促其发展壮大，充分发挥在解决农村融资问题、推动农村市场主体做大做强等方面的积极作用。五是国家应尽快出台《放贷人条例》，让民间借贷阳光化、合法化，克服民间借贷的灰色身份和无法监管的现象，使其健康地、阳光地发展。

六是国家出台的"农村资金互助社办法"是金融部门办金融，不是农民自己办金融，起不到应有的作用，应予修改。七是地方政府应把培育农村金融本土力量作为基础性、战略性的系统工程摆上重要议事日程，切实抓紧抓好。

农 民 与 政 治

纵观半个多世纪的中国社会历史进程，中国"三农"做出了巨大贡献：战争年代，农村包围城市，建立了新中国；建设年代，农业支援工业，在较低的国民收入水平上实现了较高的工业化水平；改革年代，农民服务市民，成为推进城镇化的主力军。与此同时，农民始终在为自身解放和自由而孜孜以求，农村基层民主建设得以确立并不断发展：新中国成立初期，以"赋权"为核心，广大农民的民主意识和政治参与热情被充分激活；改革初期，以"放权"为核心，全国各地积极探索"乡政村治"新格局，生产自主、人身自由成为新起点，亿万农民的参政热情日益高涨；税费改革阶段，以"减负"为核心，突出了农民期待发展的民主诉求，"村民自治"全面实施，"民主选举、民主决策、民主管理、民主监督"四大制度确立，农村基层民主建设逐步进入法制化、规范化轨道；综合改革阶段，以"服务"为核心，着力破解制约民主发展的矛盾和障碍，加大基层行政管理体制和农村公共产品供给体制改革力度，推动政府职能由管理型向服务型转变。

农村基层民主建设包括两个层面：一是精英民主，指选举各级代表参与高层决策和大政方针的制定；二是草根民主，指农民自身通过投票决定身边的具体事务。时至今日，占有全国人口绝大多数的农民，虽然早已翻身作主人，但政治经济社会地位不尽如人意，尤其是政治参与度依然不高，政治权利难以通过有效形式得以充分行使，政治诉求难以通过顺畅渠道得以充分表达，政治权益难以通过正常途径得以顺利实现。其主要根源就在于农村基层民主建设不健全，突出表现为"精英民主缺精英""草根民主不草根"：一是农民代表不能真正代表农民的利益和诉求。虽然农民代表在各级人大代表的选举中所占比例逐步提高，修改后的《宪法》已经明确规定要将实现与城市人口"同票同权"，但各级人大的农民代表大多是干部、劳动模范或企业家，不能真正代表农民的根本利益，不能真正反映农民的现实诉求。二是农民参与民主的素质与日益增强的民主意识不相称，重选举轻决策轻监督，"穿新鞋走老路"、宗族宗派势力干预、"新富参政"、贿选等现象屡屡出现，农民投票决定事务由乡（镇）村基层组织或大户和宗族势力操纵的情况时有发生，没有真正实现由农民自己民主投票决策。

中国农村改革的大政方针都是在农民首创的基础上进行总结、完善、升华并推广的。必须以科学发展观为统领，牢固树立以人为本的理念，坚持公平正义，充分尊重和保障农民群众的物质利益和民主权利，高度重视并充分发挥农民的首创精神，大力促进草根民主的真正生成，通过增量民主推进农村基层民主建设，即在现存经济社会发展条件和政治法律框架内，立足现有"存量"，不断探索创新，形成一种新的增长，以渐进的和可控的方式，逐步扩大公民的政治权益：一是创新基层组织功能定位，促进各类组织功能回归。农村基层组织主要包括村党组织、村委会、团支部、妇代会、民兵组织等各类上下一体的系统化组织以及新的"经济组织"和"社会组织"。基层组织应实行"分权共治"，系统化组织发挥民主示范、服务发展、协调沟通、教育动员和政策执行"五大功能"，引导广大农民通过自我管理、自我教育、自我服务实现"由民做主"；一些社会服务、经济协调、中介事务等功能逐步向其他组织分流，把那些管不了、管不好、不该管的领域放给这些组织和农民自己管理，提升农村基层民主的层次和绩效，为基层民主建设开辟广阔的空间。二是创新基层组织设置，适应农村经济社会结构变化。按照有利于促进农村经济社会发展、充分发挥党组织作用、加强党员教育管理、扩大党的工作覆盖面的原则，推广在农村社区、农民专业合作社、专业协会、产业链上建立基层组织的做法，探索"村村联建""村企联建""村居联建"等模式，形成以村党组织为主体、产业党支部为骨干、专业党小组为基层的新型党组织构架体系。积极引导和发育多种新的经济组织和社会组织，探索设立村民议事和村务监督组织，努力推动其他组织与基层党组织共同发展，进一步形成促进农村发展和民主建设的共同推力，带动广大农民参与乡村治理的方方面面，让各种社会组织在农村服务和民主管理中发挥更大作用。三是创新干部资源供给，打破熟人社会对基层民主的惯性约束。改变过去基层干部从本地选人的单一资源供给模式，实行"土流并用"，在选拔使用本土优秀基层干部的同时，加快输入外部力量，着力推进大学生到村任职和选派机关干部到村挂职，不断增添农村基层民主发展的动力和活力。四是创新基层政府服务方式，突出农民的主体地位。结合农村实际，不断探索为民服务的新路子，理顺政府服务与农民主体地位之间的关系，为农民提供更加有效实惠的方便。创新农村社会化服务体系建设，实现公共服务、市场化服务、农民自我服务的延伸，使人民当家作主的基本要求变成具有说服力的生动实践。五是创新选人议事机制，用权利制约权力。深化基层选举制度改革，逐步探索扩大基层党组织领导班子直接选举范围，使"公推直选"面向基层和群众，促进党内民主带动人民民主；推进各级人大代表选举的城乡"同票同权"，使农民享有更多的话语权和参与权；加强民主议事，探索新方式，创新工作载体，建立村级事务民主听证制度，加强对村务公开和民主管理的监督，建立用权利制约权力、把权力装进笼子的约束机制。六是创新基层民主制度建设，优化体制机制环境。从"摸着石头过河"到"找船过河"再到"造桥过河"，在循序渐进的过程中不断完善、不断创新，逐步形成推进基层民主的制度保障，确保农村基层民主建设沿着正确方向稳步推进。七是创新公民对基层民主的认知理念，构建公民核心价值体系。坚持中国特色社会主义共同理想，坚持以爱国主义为核心的民族精神和以改革创新为核心的时代精神，坚持社会主义荣辱观，不断规范个人与国家、与社会、与集体、与他人之间的价值取向，使个人的民主价值理念与党和国家价值理念有机统一，增强社会成员的归属感和向心力，扩大公民有序的政治参与，理性合法地表达民主权益诉求，逐步实现民主的工具理性向价值理性转变。

农民比谁都更了解自己，农民比谁都对自己更负责任，农民比谁都更知道自己该做什么、怎么做，农民比谁都对自己、对后代更关心、关注。解决"三农"问题的所有答案都分散蕴藏在草根社会，只是需要我们去发现、去认可，去总结、去推广。

（本文原载于《中国发展观察》2011年第5～7期）

农村人才之殇

　　传统农业时代，农村经济增长取决于土地数量以及劳动者、劳动资料、劳动对象的投入。随着科技进步和知识经济的崛起，农村经济发展的推动力量和劳动生产率的提高，已经不仅仅依靠土地、劳动力和资本的数量增加，更重要的取决于劳动力素质的水平；生产的决定因素已经不是空间、能源和耕地，而是劳动力质量的改善。改革开放以来，我国农村经济经历了一个快速增长期之后，发展速度逐步减缓并与城市之间的差距越拉越大，其中一个重要原因就是农村人才资源的严重匮乏。

农村人才匮乏带来六难

　　目前，在中国 960 多万平方公里土地上散落的 300 多万个自然村落里，栖居的主体人群是一个被称为"386199"部队的老弱病残妇幼。劳动力大量流失，留在农村的人才更是凤毛麟角。中央提出要实现工业化、城市化、农业现代化"三化同步"的战略部署，但农村人才奇缺，建设新农村谁来担纲？培育新农民谁是主角？农业现代化从何"化"起？

　　一是先进农业科学技术推广难。农技推广人才短缺和农村劳动力素质低下，使农业科学技术推广举步维艰，先进科技难以转变为现实生产力。一方面，基层农技推广体系不健全、服务能力不足。农技推广工作待遇低、条件差，高学历、高职称的专业人员大量流失，农技人员队伍日益萎缩，整体素质逐渐下降。目前，我国每 1 万农村人口只有科技人员 15 人，日本是 100 人，荷兰则高达 200 人。另一方面，直接从事农业生产经营的农村劳动力，是农业技术推广的受体和基础，由于优质劳动力大量外出，留下来的受教育程度普遍偏低，文化素质不高，接受和吸收新技术的能力较差，一般习惯于精耕细作的传统方式，很难把握和应用测土配方、育种栽培、土壤改良、科学施肥、植保畜保等先进的种养技术。

二是现代农业植入难。现代农业以科学技术为支撑，以工业装备为条件，以现代管理为基础，突破了传统农业从事初级农产品原料生产的局限性，实现了种养加、产供销、贸工农一体化生产，拓宽和延伸了农业内涵，使农工商的结合更加紧密。它不仅要求以现代工业理念发展种养业，还需要发展以农产品为原料的加工业，同时大力发展以服务农业为主的服务业，形成"一二三产"协调配套的完整产业链。当前，由于人才缺乏等因素，我国农业仍未完全打破传统农业的格局，先进科学技术还不能广泛推广应用，优质农产品标准化生产和现代管理手段还有待发育，农村市场体系建设滞后，流通手段和方式落后，信息网络不健全，农村市场只是发展了一些低端服务，金融、人才、技术等高端服务尚未形成市场。绝大多数地区的农业还只在传统的一产里徘徊，二三产业发育严重滞后，与现代农业的要求相去甚远。

三是基础设施建设难。农村留下来的多是老妇幼残等体弱劳力，无法承担高强度的体力活，劳动力调集难，使用成本高，一些基础设施建设项目和工程很难有效组织和实施。全国各地虽然先后出台了以"量力而行、群众受益、民主决策、事前预算、上限控制"为基本原则和特征的"一事一议"制度，但由于农村筹资筹劳难度大，在实际执行过程中往往形成"事难议、议难决、决难行"的现象。同时，农村现有劳动力中缺乏管理和技术人才，管理和维护措施难以落实，造成现有基础设施损毁严重，更谈不上发挥效益。许多地方的灌溉水渠、乡村道路等设施，老的修好没人管，需要新修的没人修，严重制约了农业生产和农村发展。

四是社会组织发育难。农村精英和一些行业协会、专业协会、农民专业合作组织等各类社会组织，是农村社会建设的两股主导力量。农村精英塑造着乡村的主流话语，导引着乡村的道德动向，提振着乡村的人文精神，维系着乡村文明的薪火相传。在城乡差距不断扩大和市场经济利益等多种因素的综合影响下，农村人才单向流入城市，使农村精英缺

失，人才"空心化"已成为中国农村最严峻的问题。农村各类社会组织虽然已有一定程度的发展，但由于缺乏会组织、能协调、善管理、懂经营的带头人，总体上仍处于发展不足、作用有限的尴尬状态，呈现出三个显著特点：一是无组织化。许多乡村因缺少领头人没有成立组织，绝大多数农民没有参加任何组织。二是弱组织化。大多数农村社会组织合作基础薄弱，利益联系不紧密，内部组织结构不明晰，管理运作不规范，自我服务能力不强；三是被组织化。许多农村组织由基层政府、村级组织或企业发起，没有真正成为"农民自己的组织"。

五是城乡差距缩小难。随着工业化和城市化进程加快，各类优质资源向城市高度集中，公共服务产品向城市倾斜，使城市得以快速发展和膨胀，而农村基础设施薄弱，医疗卫生文化教育事业落后，社会保障体系不健全，农村发展严重滞后于城市，加上国民收入分配格局的影响，农民与城市居民之间的收入绝对差距持续扩大，收入增长速度差距也在扩大。城乡收入比率正常应为 1.5 倍，世界上超过 2 的国家只有十几个，绝大多数国家农村收入为城市收入的 2/3 或更多一些，而我国城乡收入比率则达到了 3.33:1，为世界第一。有专家认为，如果将城乡居民收入的计算方式、税赋负担、社会保障、基础设施、教育资源、政治权利和积累性落后等因素综合考虑，城乡差距可能在 6 倍以上。在农村人才奇缺的现实背景下，虽然中央统筹城乡的力度不断加大，但缩小城乡之间的巨大差距将是未来一个时期解决中国问题的"难中之难"。

六是农民收入增加难。当前农民增收的渠道主要有两个：一是农民从事种养加等农业收入，二是进城务工收入。在家务农的农民，受文化水平和整体素质所限，大多延续着传统农业种植模式，使得劳动力与生产资料只适应在较低层次上结合，发展现代农业力不从心，大幅增加收入更无从谈起。外出务工的农民，受到素质偏低、能力较弱等因素的影响，只能干着苦累脏险等最低端的工作，拿着仅能维持生计的低标准薪

酬，加上身份歧视，农民工从事相同工种的收入比城镇职工低得多，而且工资还常常遭到拖欠。2009 年 5 月央行发布的一份调查显示，受访农民工中一半人的月平均工资在 1 000~1 500 元，在 1 000 元以下的占 21%。农民工的低素质、低收入，不仅从根本上制约了我国内需扩大、产业升级的步伐，而且增加了农民增收的难度。经济学家周其仁说，农民增收是一连串的事情。一语中的。收入低，消费就低，受教育程度就低，综合素质就低，就业能力就低，从而又进入收入低的恶性循环怪圈。

农村人力资源开发的困境

由于农村教育投入严重不足，政府在农村人力资源开发方面职能没有完全到位，市场机制下的企业只利用不开发等因素，制约了农村人才的培养和积累，造成农村基础教育和职业教育发展迟缓，农村劳动力素质难以提升；不断扩大的城乡差距，阻碍了人力资源的合理化配置，使人才在城乡之间双向流动的推拉力失衡、机制失效，呈现出从农村向城市的单向流动特征；在教育产业化的大背景下，大学选人偏向城市，大量高智商的农村学生无缘进入大学，农村大学生的比例一降再降，20 世纪 80 年代，高校中农村生源占 30% 以上，目前只有 17% 左右。拥有大专、本科、研究生学历的城市人口比例分别是农村的 55.5 倍、281.55 倍、323 倍。各种因素叠加，导致农村人才凋敝。

1. 资源开发不足。首先是基础教育断裂化。长期以来，农村教育投入严重不足，城乡教师待遇呈现"冰火两重天"，优质教育资源高度向城市集中。目前我国的义务教育只到初中阶段，大多数农村学生在接受完九年义务教育后不能升入高中继续求学，全国 5 亿多农村劳动力的平均受教育年限只有七年多一点，1 亿多农村孩子不能上高中而直接走向社会。人力资本有"过期作废"的特征，过了开发期，花再大的力气进行教育培训，成效都会大大降低，而只有初中文化水平的农民远远不能适应工业化、城市化和农业现代化的需要。

经过 30 多年的改革开放，我国经济实力扶摇直上，已经具备了延长义务教育年限的条件。中国经济已经位列全球第二。然而我们的教育支出占 GDP 的比例却始终在低位徘徊，2008 年这一比重是 3.48%。2010 年 5 月公布的《国家中长期教育改革和发展规划纲要》提出，要逐步提高国家财政性教育经费支出占国内生产总值比例，到 2012 年达到 4%。实际上，"4%"这个数字早在 1993 年就被写进了《中国教育改革和发展纲要》，并希望在 20 世纪末完成，直到今天这一指标仍未实现。据统计，美国、加拿大、英国、法国、日本等高收入国家公共教育支出占 GDP 的均值为 4.8%，而哥伦比亚、约旦、秘鲁等中低收入国家公共教育支出占 GDP 的均值为 5.6%，我们的邻国印度 2003 年的教育投入就达到了 GDP 的 5%。

未来的竞争就是人才的竞争，我们为子孙留下一个怎样的未来，将决定于我们为未来留下一个怎样的子孙。据亚洲开发银行报告，全球 190 多个国家和地区中有 170 多个已经实现了免费义务教育。欧美发达国家基本普及了 12 年免费义务教育，并向 15 年免费义务教育迈进，即使在古巴这样经济并不发达的国家，也实行了 12 年免费义务教育，学校不仅不收学杂费，还免费提供食宿和校服，许多非洲穷国也照样实行 12 年免费义务教育。陕西省吴起县自 2006 年秋季起，将免费教育的范围由城乡九年义务教育扩大到城乡 12 年教育，高中教育纳入免费范围。县委书记冯振东算过一笔账，"全民免费教育"并非外界想象的那么耗钱，在吴起县（总人口 12.5 万人，农业人口 10.6 万人）每年需要 5 000 万元，仅相当于建设 1 公里高速公路的钱。

其次是职业教育市场化。职业教育是整个社会教育体系的重要组成部分，具有公共性特征和公共产品性质，特别在中国作为"世界工厂"的特殊历史时期，职业教育尤其承担着庞大人口压力转化为巨大人力资源的重任。20 世纪 90 年代以来，随着市场经济逐步深入，职业教育被逐步推向市场。不可否认，市场机制的引入为我国职业教育的发展带来了生机和活力。但从目前情况看，政府还不完全适应市场经济条件下职业教育管理的要求，在发展职业教育的进程中过度市场化的政策，使一些地方出现了用市场调节替代政府责任的现象，职业教育的发展缺少公共支持。一些民办职业学校为了获得最大利益，盲目扩大招生规模，只重视招生，不重视软硬件配置，只盯着投资少、见效快的专业，不问津那些投资多、周期长、见效慢的专业。职业教育成了速成教育、口头教育，学生在里面待几年，根本学不到什么真本领，无法适应经济社会发展和产业转型升级的需要。

印度从 20 世纪 50 年代开始，就将职业教育提到了重要的发展地位，根据国情制定了灵活多样的职业技术教育体制。印度在世界首屈一指的 IT 人才，百分之七八十都是通过职业教育与培训的模式培养的。在德国，无论从事哪种工作，都需要"工作资格"，这种"资格"绝大多数是靠职业教育来实现的，而且职业学校一切都是免费的，学生还有保险等福利。我国 4 200 万建筑工人中，3 200 万是农民工，其中 90%没有经过任何培训。法国的职业教育不仅免学费，就连住宿费政府也会报销一部分。中国要想把"中国制造"变成"中国创造"，把"世界工厂"变成"世界市场"，政府必须承担起职业教育应有的责任。

再次是高等教育综合化。近年来，国内打造综合性大学的呼声此起彼伏，从单学科向多学科的跨越似乎成了一种"潮流"。原来的矿业大学、地质大学、纺织大学等，纷纷更名，希望可以甩掉"专业"，跻身综合大学之列。曾几何时，全国 40 多所带"农"字的院校联合要求改名，去掉"农"字。合并后的浙江大学，涵盖了除军事之外的所有 11个学科门类。中国纺织大学是 20 世纪 80 年代响当当的重点大学，1999年更名为东华大学，其专业设置随即由纺织服装类扩大至中文、计算机、信息技术等多个门类。

相比内地高校，香港理工大学的学科门类几乎可以用"少得可怜"来形容，只有理、工、管理和社会 4 个学院，但 4 个学院都有世界上最顶尖的研究成果或水平。许多世界一流名校，通常也只是因为几个专业或领域出类拔萃，而享誉全球。

特别是在今天，社会分工越来越细，综合性大学固然能够融通文理、学贯东西，但一味贪大求全，盲目追求学科专业多样性，使得我们的学生什么都知道一点儿，知道的又都是些皮毛，走出校门即陷入就业难的困境。

2. 人才全面流失。农村发展需要人才，人才却单向流入城市，根本问题就在于农村留不住人才，农村吸引不了人才。中国有 8 亿农民，其中不乏各式各样的人才。但自 20 世纪 80 年代末以来，那些年富力强、文化素质稍高的农民都会选择进城谋求发展，数量庞大的农村青壮年涌入城市，农村劳动力日益呈现出老年化和女性化倾向。农村大学生毕业后，宁可留在城里做些与专业毫不相干的工作，也不愿回到农村。正在全国开展的大学生"村官"工程，也难以达到预期效果，绝大多数大学生"村官"只是以此为跳板，到农村仅仅是一次锻炼、一个过渡，不愿意扎根农村。

五十六年前，一句"农村是一个广阔的天地，在那里是可以大有作为的"，鼓动了千百万年轻人投身农村，这其实是一次理想主义的集体动员的结果。今天，人才往城市流动，更多的是出于市场经济下的一种现实的、理性的选择。农村待遇留不住人才。农村的低收入、低福利与城市的高收入、高福利形成强烈反差，每个人特别是有一技之长的人才都愿意到城市获得一份收入相对较高的工作。农村事业留不住人才。农业的投资回报率长期低于社会平均利润，农村市场发育不成熟，服务体系不健全，发展事业的空间小、机会少，"英雄无用武之地"，人才的自身价值难以体现，成就感得不到满足。从市场经济的角度来讲，农村需要人才只是一种宏观需求，并非现实的创业或就业机会。农村环境留不住人才。与灯红酒绿、高楼大厦的城市相比，农村经济社会发展水平落后，基础设施、物质生活、医疗卫生、文化娱乐等各方面条件远远比不上城市，生产生活的环境和质量相对较差。

纵览中华历史，无论是做官的，还是经商的，都讲究"落叶归根""衣锦还乡"。反观今日，从农村走出来的社会精英但凡进了城，都不愿再回去，即使在城里过得不好，也会坚持留在城市。一方面是新农村建设急需人才，另一方面是农村人才单向流入城市。当官的不回乡养老，经商的不返乡创业，学业有成的不回乡报效。在不久的将来，即使中国城市化率达到 70%，仍有四五亿农村人口。如何以"人"的发展，解决"口"的问题，是中国人口战略面临的严峻课题。

3. 结构布局失衡。总体上讲，农村人力资源分布存在"三多三少"现象：各类生产能手和能工巧匠较多，懂经营和管理的人才少；县城人力资源相对聚集，而山区乡镇尤其是偏远贫困地区人力资源稀缺；层次较高的劳动力转移就业的多，在农村从业的少。

今天，我国农村经济依然保留着以家庭为生产和经营单位的农业模式；农业的社会分工也一直处于萌芽状态，一家农户，农林牧副渔兼而顾之，产前产中产后的全部工作一揽子包干；在农业生产管理和经营方面，更是原始性的，绝大多数农民只是按照代代相传的传统方法和技能，人云亦云地学着干，经营管理理念尚处于启蒙阶段。与此相对应，政府对农村长期以来实行的是"重物不重人、抓物不抓人、见物不见人"的以物为中心政策，对农民只重视生产技能的培训，缺乏经营、营销和管理知识的教育。无论是送科技下乡，还是办农民训练班，甚至培养农业人才，都忽视了农民最需要和最基本的知识即经营管理知识的普及。美国、日本、韩国都把优秀农业经营人才的培养当成加强或振兴农业的最重要战略措施。农民经营意识淡薄，市场营销知识缺乏，虽然有着延续五千文明、世界独有的优秀农业生产传统和技能，但勤劳而不富有，无法摆脱贫困的困扰。从种粮到种菜，从种果到种花，农民以辛勤的汗水和优秀的技能，使每一种市场需要的农产品迅速饱和，但却依然增产不增收，脱贫致富的路越走越艰难，无论是"豆你玩""蒜你狠"，还是"姜你军"，无论是"辣翻天""苹什么"，还是"糖高宗"，都是商人炒作的结果，农民并没有从中得到实惠，究其原因正是农民缺乏经营和管理知识所致。

从20世纪80代末开始，农民开始进城务工，促进了城市化率的快速增长；随后各级政府极力主导和盲目推动，进而形成蔚为壮观的"民工潮"。在相当长的一个历史阶段，依据中国的国情，如何运用政策的调控手段和媒体的导向，引导农民找准自己的职业定位，按照均衡分布、人尽其才的原则，"让农民不当农民""让农民兼当农民""让农民当好农民"，帮助他们在职业分化中做出当农民还是当工人的理性选择，引导他们在城乡定位中把准当"市民"还是当"村民"的正确判断，着力培养一批懂技术、会经营、善管理的高素质农民，是农村基层工作必须面对的一个紧迫而又艰巨的任务。

化"殇"之策

破除城乡二元结构、统筹城乡经济社会发展、实现"三化同步"，是解决农村人才奇缺、加快农村发展的最根本途径。现阶段，必须进一步强化政府在农村人力资源开发中的主导地位和作用，大力实施农村教育（包括基础教育和职业教育以及继续教育、终身教育）优先发展战略，培养、积累和有效配置各类农村人才，为农村经济社会全面可持续发展提供充足的人力资本。

1. 强化基础教育，延长义务教育。基础教育是提高农村劳动力素质的主要渠道。当前，农村基础教育十分薄弱，一些农村地区九年制义务教育尚未完全普及，青少年失学现象还很严重。在一些贫困地区和偏远山区，"上完初中再去打工"竟成为随处可见的宣传标语。各级政府应切实加大对农村教育的投入，改善农村基础教育的办学条件，提高农村教师待遇，并建立健全多元化的基础教育办学模式，多渠道筹集教育基金，大力开展"支教"等活动，逐步促使优质教育资源向农村转移。同时，加大九年义务教育普及力度，逐步延长义务教育期限，将农村高中纳入义务教育范畴，在农村率先实现十二年义务教育。

2. 加大职业教育投入，强化政府主导。政府应主动承担发展职业教育的重任，通过公共财政资金的投入解决职业教育发展资金不足的问题，通过立法和公共政策的方式规定职业教育的发展趋向。首先，政府应成为职业教育办学主体，进一步加大对中高等职业教育的投入，逐步建立和发展农村职业教育体系。其次，政府应坚持鼓励和引导的方针，出台相应的优惠政策和扶持措施，按照"面向农村、面向农民、面向农业"的原则，多形式、多途径、多机制地发展农村职业教育，让一批有资质、有经验、有实力的机构和民间资本兴办职业教育，并通过政策调节和媒体舆论，引导社会克服"职业教育低人一等"的偏见。再次，政府应建立健全职业教育的市场监管机制，完善职业教育办学准入制度，强化对职业学校的日常监督和管理，配套相应的退出机制并严格执行。

3. 恢复专业性大学，培养专业人才。推动经济社会发展不仅需要全面发展的高素质人才，更需要又精又专的专业性人才。当前，我国创建综合性大学存在种种误区，偏离了办学的根本宗旨，"为综合化而综合化"，培养出来的人才不能完全符合市场化与现代化的需求。应避免和阻止出现综合性大学"多"且"滥"的现象，严把"入关口"，鼓励各类专业性大学保持和发扬原有办学优势和特色，不盲目贪大求全，不一味向综合性方向发展，而是以合理利用资源、提高办学质量和效益为目标，在充分发展专业学科的前提下，促进学科交叉融合，形成协调发展的学科结构，培养出一批符合社会需要、素质高、专业精的人才，既提高学生的就业率，又为社会输送有用之才。同时，大学应改变生源的"城市偏好"，为占人口大多数的农村高智商人才大开方便之门。

4. 开通城乡人才双向流通渠道。通过制度建设和政策引导，统筹人才资源配置，实现城乡人才双向流动。以优惠政策聚集人才。建立城乡要素自由流动的新体制，赋予农村公平公正的发展机会，以优惠政策、优厚待遇和平等权利，引导从政的、经商的、搞技术的等各类人才到农村去施展才能，鼓励大家到农村去发挥余热。消除工农业产品价格剪刀差，使农业回报率达到社会平均利润，并着力打造和谐宽松的发展环境，吸引各类人才到农村创业。以机制创新开发人才。各级政府应探索建立农村人力资源开发的长效激励机制，按照既管好又放开、既整合资源又多元开发的方针，加大投入和扶持。坚持"民办民管民享"的原则，积极发展农村社会组织，大力提高农民组织化程度，将分散的农村人才整合成具有市场竞争力的"人才集团"和"经济实体"，通过多种形式实现人力资源向人力资本转化。以优质环境吸引人才。加快推进新农村建设，大幅提高国家财政用于"三农"支出的比重，增加对农业基本建设、农村公共设施建设、农村社会化服务体系建设、农村社会事业发展、农村社会保障等方面的投入，加大在金融、税收、保险、投资等方面的支持，大力开发农村资源，着力整治农村环境，逐步缩小城乡差

问道乡村治理……

距，真正使农村成为生产发展、生活富裕、绿色生态、宜商宜居的好去处。

5. 在"三化同步"中创设以"才"生"财"机制。农业是国民经济的基础，是全党、全国和全部工作的"重中之重"；农业文明是人类赖以生存的基本文明，在发展的天平上永远处于分量最重的那一侧。在工业化、城镇化深入发展中同步推进农业现代化，是党中央统揽全局、着眼长远、与时俱进作出的重大决策，是国际国内发展实践的经验总结，也是现代化建设必须遵循的普遍准则。当前，我国农业现代化严重滞后于工业化和城市化。农业现代化说到底是农村人才的现代化，没有现代农民，就建不成现代农业。因此，推进"三化同步"首先要加快调整国民收入分配格局，加大对"三农"的支持力度。除了把基础设施建设和社会事业发展的重点转移到农村、推进城乡基本公共服务均等化、改善农村生产生活条件外，最重要的也是最关键的就是完善城乡平等的资源配置尤其是人才配置体制和机制，形成城乡经济社会发展一体化的人力资源统筹新格局，为农业农村发展提供广阔的空间和持久的动力。

发展农村经济，建设现代农业，增加农民收入，缩小城乡差距，急需为农村大剂量"补血"。"补血"的目的在于激活农村的"造血"功能，而"造血"需要以"财"生"财"，也需要以"材"生"财"，更需要以"才"生"财"。只有开发出一条以"才"生"财"的宽广大道，才能真正恢复起农村"造血"的"元气"。不然，"补血"再多，也难以为继。

（本文原载于《中国发展观察》2011年第2期）

创新思维：重构中国扶贫战略

中国扶贫开发经历 30 多年的持续推进，农村贫困人口大幅下降，基础设施状况明显改善，社会事业水平不断提升，生态恶化趋势得到初步减缓，县域经济有了较快发展。但是，随着世情、国情的发展变化，中国农村扶贫工作的主体和主题，以及条件、环境、标准、对象、内容、范围、规模、方式、路径等都发生了重大变化。新时期扶贫工作，应以崭新的理念，重谋路径、重组资源、重构战略。而以创新的思维，全面理清扶贫扶谁、扶贫谁扶、扶什么、怎样扶等方面的问题，是重构战略的关键。

扶 贫 扶 谁?

中国扶贫事业的巨大成就，得到国内外社会的普遍公认，但在扶贫标准的确定、扶贫人口的规模、扶贫对象的产生等问题上一直意见纷呈。重构扶贫战略，应对此做出明确回应，该修订的修订，该调整的调整，实行"一线制"（即低保、扶贫只划定一条线），分出两类人（即看有无劳动能力和发展条件，有者，扶贫部门助发展；无者，民政部门给低保）。低保到户，扶贫到人。

1. 扶贫标准如何确定。我国在 1985 年制定了第一个贫困标准线，以后根据物价指数的变化逐年更新，按照惯例，国家每年都把人均纯收入低于当年贫困线的人口定义为贫困人口。这种完全以收入来确定贫困人口的方式，在当时的背景下是正确的，那时的几亿农民都是从一穷二白中齐步走出来，财富占有及消费水平差别不大。但随着经济高速发展，家庭财产性收入快速增长，恩格尔系数逐年下降，用于医疗、教育、通信、耐用消费品等方面的消费逐年增加，消费水平千差万别。收入是流量，财产是存量，消费是变量，在这种情况下，仅以"收入"论"贫困"，显然存在偏颇，有失公平、公正。

要科学认定贫困人口，目前应综合考虑收入、财产和消费三个要素。现实中，有些人，即使收入较低或没有收入，但财富占有较多，就不应归为"穷人"；有些人，即使收入较高，但基本生活消费更高，"上学钱挤占了买米钱""看病钱挤占了买菜钱"，温饱问题反而成为问题，这类人理应归为"穷人"。在贫困地区，"不上学一世穷，上大学立即穷"的悖论和"吃不慌，穿不慌，一场大病全泡汤"的现象屡见不鲜。

2. 扶贫规模多大为宜。国际上确定贫困线的方法主要有四种：恩格尔系数法、数学模型法、基本需求法和比例法。不管根据哪种方法，大部分国家的扶贫规模都在总人口的 10% 以上，比如印度在 20% 以上、巴西 16% 以上、越南 15% 以上、欧盟（德国、法国、英国、西班牙、葡萄牙）在 9%～18%、美国 12% 以上、俄罗斯 13% 左右、韩国 14% 左右、日本 15% 左右。2009 年我国公布的扶贫对象为 3 597 万人，仅占全国总人口的 2.69%。如果按这样的比例跟国际比较，中国贫困问题已经微乎其微。事实上，中国只是以少数地区的发达和少数人的富有掩盖了广大农村的落后和大多数农民的贫穷。对于个体而言，我国贫困问题还十分严重，国务院发展研究中心韩俊等专家的研究文章称，中国尚有 1 亿左右的人口营养不良，占总人口的 7.4%，总量居世界第二位（印度第一位），人均食物消费水平与美国、德国相比还有 35% 左右的差距。在发达国家被当成普通饮品的牛奶，在中国农村还算是奢侈消费品。2009 年 4 月 8 日，世界银行在《从贫困地区到贫困人群：中国扶贫历程的演进》的报告中指出，中国政府的扶贫标准和投资计划依然难以达到国际标准。按 2005 年美元购买力平价计算，中国仍然有 2.54 亿人口每天的花费少于国际最新贫困线，这一贫困人口数字远高于中国官方公布的贫困人口。

毋庸置疑，中国的国情、财力及发展阶段有着自身的特殊性，但是，一些地方在"GDP崇拜"的价值取向下，只图表面光鲜，好的方面，标准一律松，数字一律高；差的方面，标准一律严，数字一律低。时至今日，在扶贫开发问题上，绝不能只注重"数字"的"面子"问题，而应紧盯所有穷人共享改革发展成果的"里子"问题，积极与国际扶贫标准接轨，广泛向全社会、全世界宣布"中国还有1.5亿贫困人口"（温家宝总理在2009年哥本哈根会议上的表述），把需要扶持的人口全部纳入扶贫范围，真正实现扶贫措施对低收入人口的全覆盖。尤其在贫富差距已逼近社会容忍度的底线的情势下，只有真正做到对国情不回避，才能引起全社会对弱势群体的高度关注，才能确保在资源配置和政策设计上真正向贫困人口倾斜。

3. 扶贫对象怎样找准。瞄准扶贫对象是扶贫工作长期以来的不懈努力和孜孜追求，但由于诸多因素使得瞄准问题一直是个悬在半空中晃荡的问题，操作起来想瞄准难以瞄准。一是"线"乱。2008年以前，国家对贫困人口的划分有三条线：绝对贫困线、低收入线和低保线。2008年以后，将绝对贫困线和低收入线合二为一，但仍分为贫困线和低保线。从理论上讲，贫困线应高于低保线，贫困人口应大于低保人口，但当前的现实是，低保人口多于贫困人口。理论和现实产生了悖论。这样的"线"和"数"，让人看了一头雾水。二是"头"多。贫困人口由扶贫部门找，低保人口由民政部门找，贫困残疾人由残联找，对外公布的数字则出自统计部门，几个版本的数字各不相同，不知该信哪个。三是"变"快。贫困标准过低决定了贫困人口呈现出大进大出的状态，返贫和脱贫、出列和入列急剧变化，相互交织。中国贫困人口的数字一年一调整，而低保的数字通常一季度一调整。四是"定"难。即使把贫困线定好了，贫困规模定好了，但要把贫困家庭一一找出来，却是一件很难的事情。落实到具体的村组户，1 196元的收入与1 197元的收入怎么区别？而且凭什么确定张三的收入是1 196元，而李四的收入是1 197元？这些问题在操作层面都很难解决。

国务院扶贫办联合四部委正在开展的"两项制度"有效衔接试点，尝试将农村低保与扶贫开发有效衔接，通过"两轮驱动"，实现数据共享，工作分摊。但在具体实践中，由于"低保的轮子"和"扶贫的轮子"大小有别、快慢不一、着力不均，"驱动"中存在诸多制约因素。要真正做到"两个轮子"并驾齐驱，亟须对当前的制度设计做出调整。

第一，该合并的合并。将低保线和贫困线两"线"合一，统称贫困线。通过科学测算，重新划定一个标准线，再拿这个线"切一刀"，定出扶贫规模。也可以不统一划线，按照占总人口 8%～15% 的比例，由各县（市、区）根据财力状况等因素，自定扶贫标准和扶贫规模。

第二，该分开的分开。扶贫标准和规模确定以后，各县（市、区）再发动乡村一级把贫困人口清楚地分出两种类型，即根据有无劳动能力和发展条件，分出低保对象和扶持对象（扶持对象也是低保对象，同样享受低保政策）。民政部门管低保，扶贫部门助发展。扶贫部门只需对有劳动能力和发展条件的个人有针对性地予以扶持。

第三，该模糊的模糊。贫困线只能"切"出规模，不能"拣"出个体。精准的阿拉伯数字反而"量"不出精准的扶持对象。在操作层面，应充分利用农村熟人社会的有利条件，根据模糊学原理，采取农户申请、村民评议、村组织审核、乡镇审批的方式，公开、公平、公正地确定具体扶贫对象。

第四，该理清的理清。对象找准以后，乡、村干部应把每家每户的情况了解得清清楚楚，把致贫原因分析得透透彻彻，然后按户按人有针对性地制定帮扶举措。做到低保到户，扶贫到人；低保一家一卡，扶贫一人一策。在此基础上，县乡两级建档立卡，分门别类为各类扶持对象提供针对需求的个性化服务。

扶 贫 谁 扶？

改革开放以来，中国扶贫大致分为三个阶段，1986 年以前为第一阶段，采取政策普惠扶贫，使绝大多数贫困人口实现脱贫；1986—2001年为第二阶段，自上而下成立了专门扶贫机构，开展有组织、有重点的专项扶贫；2002 年自中央提出城乡统筹发展战略开始，为第三阶段，扶贫主体由原来单一的专门机构变为各主要涉农部门，呈现出多元性的特点。目前，扶贫规模也由2009年底的3 597万人扩大到1.5亿人，扩大到4倍多。扶贫开发进入第三阶段后，专门扶贫机构这匹"小马"，已无力拉动扶贫开发这辆"大车"，同时，由于扶贫主体的多元性和扶贫认识的模糊性，导致职责不清、力量分散、目标多重，使扶贫成效欠佳。分清职责，公共需求职能部门管，个性需求扶贫机构管，统一目标，合力攻坚，形成"各炒一盘菜，共做一桌席"的"大扶贫"格局，是做好新时期扶贫工作的关键所在。

1. 扶贫机构精心组织。扶贫机构作为组织实施扶贫工作的职能部门，应把握有所为有所不为的原则，找准自己的工作定位。决不能"眉毛胡子一把抓"，导致"种了别人的地，荒了自己的田"的后果。

一是制定规划。首先，开展调研，摸清"底数"。随着经济社会的发展，贫困状况发生了很大变化，应请中办、国办牵头或发文，像搞人口普查、土地普查那样，组织扶贫部门、民政部门、财政部门、发改委、统计部门、农业部门、残联等，在全国范围内开展一次大规模、全方位的贫困人口大普查，彻底摸清底数，掌握重点贫困区域及面上情况。其次，编制规划。在摸清底数的基础上，科学制定十年、五年及年度扶贫规划，面上及重点县（区）扶贫规划以及各类专项扶贫规划（整村推进规划，劳动力转移培训规划，产业化扶贫规划，移民搬迁规划，连片开发规划，贫困地区交通、水利、教育、卫生、文化、科技、商务等方面的规划），各省、市、县也要编制相应的扶贫规划。规划的编制既要立足当前，又要着眼长远；既要尽力而为，又要量力而行；既要充分尊重当地群众的意愿，又要征得相关行业部门的认可。规划要明确项目内容、负责单位、实施时间等。规划一旦定好，就要严格执行，防止"规划得很美，落实得很空"。

二是组织实施。对于扶贫对象的个性需求，扶贫部门应积极联合有关职能部门，解决一些比如上高中上大学差钱、找工作没技能、发展生产难贷款等问题；对于扶贫对象的共性需求，扶贫部门应主动协调有关职能部门按照规划要求，切实解决公共设施、公共服务等方面的问题；对于社会扶贫，扶贫部门应大力动员社会力量参与扶贫事业，并为社会力量开展扶贫济困做好服务。

三是督促检查。各级党委、政府应对扶贫开发工作实行目标管理，把各行业各部门的扶贫职责列入年度工作量化考核内容，建立健全扶贫开发评价考核体系，建立健全扶贫开发工作激励机制。扶贫部门应在分好管好用好各类扶贫资金、实施好扶贫项目的同时，联合相关部门对扶贫绩效进行考核，确保各级党委、政府的扶贫目标实施到位，确保各行业各部门的扶贫职责落实到位，确保社会各界的扶贫行动跟进到位。

四是试点示范。1988 年，时任贵州省委书记的胡锦涛在贫困地区建立了新中国第一个以消除贫困、坚持可持续发展为突出特点的农村改革试验区，开启了扶贫工作试点示范的先河，此后，各种扶贫试点（如"连片开发""互助资金""两项制度有效衔接"等）如雨后春笋。当前，中国的扶贫还未步入"不惑"之龄，"用试点探路，以示范引路"的工作方式仍需强化。作为制度设计者，要在扶贫开发规划中有大思维、大创新、大突破，同时，要善于发现各地在实践中探索的好做法，并及时总结、提炼、推广；作为扶贫实践者，要敢于"吃螃蟹"，要拿出当年小岗人"大包干"的勇气，敢于冲破各种束缚，敢于进行各种试验。

2. 职能部门主动履职。中央自 2002 年提出城乡统筹发展战略，各涉农部门已由过去的配合扶贫变为扶贫主体。中央及各涉农部门为落实城乡统筹的战略部署，都不断加大了对农村和贫困地区的投入力度，每年投入的资金比专项扶贫资金要大得多（2009 年中央财政预算安排"三农"支出达 7 161.4 亿元，是扶贫资金的 36.3 倍），如"村村通""农家书屋""村卫生室""农村能源""饮水工程""校舍改造"等从条条下去的项目资金数量可观。但这些资金分头管理，分散投入，或做了锦上添花，或撒了胡椒面，扶贫成效不够明显。尤其是重点贫困地区的职能部门应多为雪中送炭，少做锦上添花，克服旧习惯，改变只以价格理性投资不按价值理性投入的老思维，在注重眼前看得见的效果的同时，更加重视长远看不见的社会效益。应按"渠道不乱、用途不变、各负其责、各计其功"的原则，根据统一制定的扶贫规划，把部门资金和项目重点投放于贫困地区。如交通、水利、学校、卫生室、文化室、计生服务室、通信、农电、科技、商务等应分别由各职能部门"包干"建设。每年年初，扶贫领导小组向相关职能部门"开单子"，下发年度总体规划和专项规划目标任务。年终，职能部门把"单子"完成情况报扶贫开发领导小组，领导小组严格监督职能部门履行扶贫职责情况。

3. 社会各界广泛参与。近些年，我国充分发挥社会主义的制度优势和中华民族的传统美德，动员和组织包括东部沿海省市、各级党政机关和各方面社会力量，参与贫困地区的扶贫开发建设，取得了显著成效。目前，有15个沿海发达省市和计划单列市对口帮扶11个西部贫困省份，有272个中央国家机关、民主党派、社会团体、国有大型企业等单位定点帮扶481个国家扶贫开发工作重点县，还有不少非公有制经济和民间力量也尽其所能，一批专门从事扶贫济困活动的全国性社团组织应运而生，如中国扶贫基金会、中国扶贫开发协会、宋庆龄基金会、中国老区建设促进会、中国星火基金会、中国老科协扶贫委员会等；组织的扶贫活动也越来越多，如智力支边、希望工程、光彩事业、文化扶贫、扶贫拉力计划、春蕾计划、博爱工程、幸福工程、农业科技示范入户工程、双学双比、巾帼扶贫等，都产生了良好的社会效果。

但由于这些行为大多只是试点示范或一种倡议呼吁，缺少整体的、全局的谋划和制度规范，更缺少法律约束，也缺乏必要的激励措施，行动起来往往是"雷声大雨点小"，象征意义大于实际意义。有关调查显示，全国注册的工商企业超过1 500万家，而有过捐赠记录的不超过13万家，即99%的企业没有过捐赠记录。2007年，在中国民政部统计的范围内，全国慈善和公益事业的捐款仅70多亿元，而当年GDP为25万亿元，只占0.03%，在发达国家这个数字要达到7%、8%以上，美国的企业一般自愿拿出年纯利的10%作为社会捐助。

在新的历史时期，中国扶贫，既要扶贫，也要规范分配。是资本主导劳动，还是劳动主导资本，这是一个带有根本性的原则问题。穷人致富靠的是劳动，富人发财靠的是资本。在资本越来越强力挤压劳动的背景下（有关资料显示，中国自1983年至2005年，居民劳动报酬占GDP比例连续22年下滑，已由56.5%下滑到36.7%，而资本报酬从

1978 年到 2005 年则上升了 20%，近年二者升降尤甚），采取适当的措施让富人承担起必要的社会责任已迫在眉睫。专家把市场分配和政府分配称为一次、二次分配，把社会捐助称为第三次分配。第三次分配的承担者主要是富人。一次、二次分配之后，社会资源配置仍有很大空间，必须由三次分配完成，否则贫富差距就会越来越大。面对中国富人太富（2009 年奢侈品消费在世界占近三分之一）穷人太多和穷人太穷的现实，社会必须积极引导富人主动反哺穷人、帮助穷人、扶持穷人，真正把"达则兼济天下"的传统美德转换成实实在在的扶贫行动。不仅从道德层面给予激励，从文化层面给予影响，更要从制度层面予以规正，从法律层面予以约束。美国的巴菲特发出声明"比尔·盖茨和梅琳达·盖茨，还有我，正在呼吁数百名美国的有钱人宣誓，至少将他们 50% 的财产捐给慈善事业"。

4. 各级政府强力主导。政府主导是中国扶贫开发的最大特色，应不断强化扶贫开发作为国家意志、国家理念、国家战略的政治导向。

一应强化公共舆论。不少人对"贫"和"扶贫"理解狭义，一提到扶贫开发，就认为是送送温暖，搞搞救济。既然 13 亿人都吃饱了穿暖了，就无贫可扶了，扶贫机构也就无事可做了。随着农村最低生活保障制度的全面建立，这样的舆论更加越来越有市场，就连一些扶贫工作者自身也充满疑虑：扶贫到底还要不要搞？

贫困是一个相对概念。"贫"字拆开即"分贝"（分钱），可见，造成贫困的原因就是分配不公、资源配置不合理。自然科学中的能量守恒定律同样适用于社会科学，财富也是守恒的，有富就有穷，只要世界上有国家存在，扶贫将是一个永恒的主题。因此，对于中国而言，全社会都应正视现实，树立这样一个理念：在相当长的一个历史阶段，随着国力的增强，财力的提高，扶贫标准的调整，贫困人口规模不是越来越小，而是越来越大；扶贫对象不是越来越少，而是越来越多；扶贫任务不是越来越轻，而是越来越重；扶贫工作不应越来越弱，而应越来越强。

党中央、国务院一直高度重视扶贫开发工作，胡锦涛同志明确指出

"扶贫开发是构建和谐社会的重要组成部分"，温家宝同志也曾语重心长告诫社会"要懂得穷人经济学"，回良玉同志多次在扶贫会议上呼吁"要充分认识扶贫开发的长期性和艰巨性"。但是，由于缺少强有力的舆论引导，扶贫声音在公共领域不是越来越强，而是越来越弱；扶贫工作不是渐入中心，而是已被边缘化。当务之急，国家应在公共舆论上给予足够的重视，要利用各种媒体，通过多种形式，做出最坚定的政府承诺，传递出最明确的信息，表达出最强烈的政治意愿：构建和谐社会，贫困群体最需要关心！贫困地区最需要扶持！扶贫工作最需要加强！应在《中国农村扶贫开发纲要（2001—2010年）》实施结束，下一个十年纲要开始实施的关键时期，召开一次最高规格的中央扶贫工作会议，强化扶贫开发作为国家意志、国家理念、国家战略的政治导向，对各级和社会各界提出明确要求，着力营造全党全社会都来关心支持扶贫事业的良好环境。

二应修正社会偏见。当前，我国已进入了人均GDP 1 000～3 000美元的社会转型关键时期。国际发展经验表明，处于这一时期的国家，产业结构快速转型、社会利益格局剧烈变化。价值观混乱、敬畏感缺失等种种社会乱象相伴而生，"媚富鄙贫"的社会偏好大行其道。其实，只要我们对贫困的原因稍加分析，就会发现，对于分散的个体贫困，老病残、文化低、技能差、目光浅、"等靠要"思想严重等是造成贫困的内因，但是，对于区域性群体贫困来说，外因却成了决定的因素。一方面，外力拿走的太多——土地、资源和劳动力成为现代工业"虹吸"的对象，在区域畸形发展和马太效应的双重影响下，生产要素均向发达地区流动，形成对农村尤其对贫困地区掠夺式挤压；另一方面，外力给予的太少——贫困地区成为被现代文明冷落、遗忘甚至遗弃的角落，与"备受优待"的城市及发达地区相比，面对的是恶劣的生存环境、落后的基础设施和欠缺的公共服务。外力造成的严重不公与巨大失衡，使贫困地区的农民在现代社会的博弈中总是处于不利的一面，他们为摆脱贫困而付出的努力，往往比非贫困地区还要大得多。因此，应加强引导，让社会明白，富人和穷人是互相塑造的，没有穷人就没有富人，穷人是富人致富的基础。从而规正社会对"贫困"的错误理解，在全社会达成一个共识：在高度发达的现代社会，在现行体制下的现实中国，在发生群体性贫困的区域，贫困不是穷人的错，扶贫是对穷人的补偿。

三应健全制度保障。扶贫工作需要两大支撑：一是政策和法律保障；二是系统的理论建构。资源配置相对平等、发展权利均衡分享、经济效率不断提高是减贫的重要拉动因素，需要制度保障和法律约束；改善穷人生产生活条件、增强穷人发展能力、帮助穷人寻找机会是减贫的关键切入点，需要综合性的发展政策和专门的减贫计划来保障。扶贫立法应加快进度，使扶贫工作早日步入制度化、法制化的轨道；中国扶贫学应作为一部独立的社会科学研究纳入国家"十二五"重点课题规划，对贫困的标准体系及扶贫开发的政策体系、组织体系、评价体系、监测体系等进行归纳总结，并上升到理论层面深入探讨研究，构建起具有中国特色的扶贫科学理论体系，为我国的扶贫开发事业提供基础性的理论支撑。

扶 什 么？

解决温饱是长期以来扶贫工作的主要功能，"头痛"只需"医头"，"脚痛"只需"医脚"，整村推进、雨露计划、产业化扶贫、移民搬迁等扶贫举措都发挥了很好的作用。但在基本解决温饱尤其是农村实施低保制度之后的历史新阶段，扶贫开发，应从"扶贫"向"防贫"过渡，从结果扶持向起点扶持延伸，从瞄准区域向瞄准个人精准，着力在改善条件、提高能力、创造机会上狠下功夫。

1. 改善条件。一是改善落后的基础设施和欠缺的公共服务，使"硬件"硬起来。2009 年，一位政协委员在对四川革命老区调研后得出结论，"这些地区群众行路、饮水、上学、就医难问题仍未彻底解决，返贫率高、抗灾能力弱等问题十分突出。中小学危房较多，有 500 多万人饮水困难，5 600 多个村没有村卫生站（所），难以满足群众对公共服务的需求。"在现代社会中，随着社会分工越来越细，专业性越来越强，人们对公共消费的依赖性越来越大，就连买米买菜买油的私人小事，也离不开政府对食品安全的监测和对市场的调控。在这样的背景下，不改善基础设施条件和公共服务，就是生存都难，谈何发展，因此，做好扶贫开发工作仍要把改善贫困地区生产生活条件作为重要内容。各涉农部门应真正认识到自身的扶贫责任，责无旁贷地承担起本应承担的扶贫主体功能。二是改善"二元社会"生态，使"软件"有保障。中国城乡二元社会孕育出的二元文化，使"法律面前人人平等"的基本权利也带有明显的二元色彩。农民的受教育权、健康权、受保障权、劳动就业权、安居权、环境保护权、资源分享权等多项权利严重缺失。浙江大学一位教授研究认为，隐藏在户籍背后的有 47 种权利，这正是农民贫困的根源所在。农村的公共服务尤其是贫困地区的公共服务与城市相比更是天地悬殊。联合国把"赋权和安全保障"作为反贫的主攻方向，中国未来的扶贫也应从赋权入手，让贫困人口平等享有基本的公民权利，除在公共性需求方面逐步普照现代文明的阳光，更重要的是能在个性需求上真正实现与城里人"同票同权、同命同价、同工同酬、同地同保"，共享改革发展的成果。

2. 提高能力。实施扶贫开发最可持续的手段应是贫困地区人力资源开发。国家实行"两免一补"之后，上小学、初中难成为历史，但上高中、大学难仍是一个不容回避的问题。同时，贫困地区的职业技能培训和农民的继续教育十分匮乏；由于医疗卫生条件过差导致的健康状况欠佳，智力的强壮和身体的强壮亟待下大功夫加强。提高农民尤其是贫困人口的综合素质，不仅可以有效遏制当代贫困，更重要的是，能从源头上打破贫困的"循环累积效应"，阻断贫困的代际传递。因此，要从根本上解决农村贫困问题，必须从提高综合素质、增强发展能力入手，对贫困地区实行综合治理，各涉农部门应调整思路，密切配合，对贫困人口实行"强体增智"的综合开发，通过"人"的发展，解决"口"的问题。

3. 创造机会。坎贝尔曾说过一句很有名的话，"拥有选择的机会，这比任何其他的事情都重要得多。最坏的生活可能是没有选择的生活，最愉快的生活是具有最多机会的生活。"贫困群体上大学的少，不是那些人先天愚笨，而是后天缺少受教育的机会；贫困群体收入低，不是他们不努力，而是缺少挣钱的机会；贫困群体"不幸"，不是他们"不争"，而是缺少公平竞争的机会。阿马蒂亚·森曾一针见血地指出，"社会排斥"是致贫的主要原因。他在研究了印度、巴基斯坦等国的饥荒历史后发现，并不能用食物短缺这一个因素来解释饥荒和贫困，饥荒只是有些人没有机会获得足够的食物，而并非现实世界中必然不存在足够的食物。机会缺失在现实社会中有种种表现，如就业机会缺失、进入金融市场机会缺失、社会保障机会缺失等。未来的扶贫工作，应想尽一切办法，帮助贫困地区、贫困人口创造机会，融入社会。比如，与企业对接，给予他们充分就业的机会；补贴学费，给予他们上高中、上大学的机会；缴纳医保金，给予他们医疗救助的机会；成立村民发展互助资金组织，让他们有借钱发展生产的机会。

怎 么 扶?

长期以来，扶贫工作囿于专业，画地为牢，以减少多少贫困人口作为衡量扶贫成效的第一标准，结果贫困人口越来越少，工作的"地盘"越来越小，扶贫的路子越来越窄，话语的声音越来越低，社会的影响越来越弱，这些与实际工作的需要是大相径庭。未来的扶贫应打破条条框框，跳出扶贫抓扶贫，统揽全局，放眼长远，在继续做好"开发式扶贫"的同时，着力在"开放式扶贫"和"开拓式扶贫"上下功夫。所谓"开放式扶贫"即外争资源，做大蛋糕；所谓"开拓式扶贫"即内强措施，管好蛋糕。

1. 外争资源，做大蛋糕。首先，扶贫工作者要树立"为了减贫事业，求尽该求之人，谋尽能谋之事"的理念。由于二元文化的长期熏陶，在社会心理层面，普遍认为富人就应该"这样生活"，穷人就应该"那样生活"，连穷人自己也接受了这一现实。面对社会的不公，大都选择沉默。作为扶贫工作者，应理直气壮地当好穷人的"代言人"，想穷人之所想，想穷人还没有想到的；急穷人之所急，急穷人还不知道急的。

其次，应动员各方力量，为穷人争取更多的资源。财政扶贫资金从绝对数字上看，每年都在增长，但是放在中国经济快速增长的大背景下，却是明增暗降。2001 年中央扶贫资金 100.015 亿元，2009 年 197.3亿元，增长不到一倍。但 2001 年国家财政收入为 16 371 亿元，2009 年为 68 477 亿元，增长了 3.18 倍；从扶贫资金总量看，1980—2009 年，30 年间，中央共投入各类财政扶贫资金（包括以工代赈资金、少数民族发展资金、三西资金、扶贫贷款贴息资金）1 720.19 亿元，平均每年仅 57.3 亿元。扶贫机构应在全社会大声疾呼，不能只研究如何让有钱人挣到更多发展的钱，不研究怎样让没钱人挣到生存的钱。全体社会成员都应关注贫困群体的生存状态，尽己之力为他们做些事情。各级财政预算每年都应按比例法固定切出一块资金用于扶贫事业，让贫困地区真正普照到公共财政的阳光，而不是时断时续、时强时弱的"激光"；社会捐赠应大力倡导，让全国 1 000 多万家企业能自觉行动起来，让全社会成员能自愿行动起来。

2. 内强措施，切好、分好、管好"蛋糕"。美国经济学家萨克斯在其《贫穷的终结》一书中指出：贫困的终结不仅仅意味着结束极端苦难的状态，更意味着帮助那些贫困的人走上发展的阶梯，开始能够享受到经济增长带来的利益与希望。从近十多年来众多发展中国家（尤其是一些东亚国家）的发展路径来看，单纯寄希望于经济"单兵突进"的快速增长，是无法解决所有的社会问题的——经济增长与消除贫困之间的关系远比我们想象的要复杂。中国扶贫开发经过 30 多年的不懈努力，探索出了许多成功的经验。但随着形势的发展变化，新阶段的扶贫开发需要更高的视角，更宽的视野，更新的思路，更准的精度，更强的力度，使扶贫开发的各类资源发挥出更大的效用。

——由瞄准区域细化到瞄准个人。以县为单位开展区域扶贫是长期形成的工作方法（1986 年和 1994 年，国家分两次确定了国家级贫困县331 个和 592 个，进入 21 世纪，592 个国家级贫困县称为"国家扶贫开发工作重点县"）。扶贫工作钱少事多，吃、穿、用、住、行，水、电、路、教、医样样都管，因此只能是"水过地皮湿"的"粗放式"扶持，虽然也强调了"进村入户",但一村总投入只有 30 万～50 万元,什么都要干一些,什么都没干彻底,力量分散,使扶贫资金往往在最该得到资金的最后一个环节——农户那里消失。科学发展观的核心要义是"以人为本"。"以人为本"的"人"应至少体现四个方面的内涵:即"全体人""多需的人""多代人""具体人"。就扶贫工作而言,最关键的一点是"具体人",未来的扶贫,一定要从"瞄准区域"具体到"瞄准个体",从"粗放扶贫"转向"精准扶贫",从"千篇一律"转向"量身定做"。分清职责,"谁的孩子谁抱走",扶贫部门有限的资金只用于个性需求。张三因缺乏技能致贫,就为他提供免费培训;李四发展缺资金,就帮他解决贷款;王二打工没出路,就帮他寻找就业岗位。

——由结果扶持深入到起点扶持。由于历史和时代等多种因素,过去的扶贫主要是扶持贫困之后的问题,今后应把着眼点前移到贫困即将发生但还未发生时,从源头扶起。即由"扶贫"转向"防贫",由被动的结果扶持转向主动的起点扶持,防微杜渐,防患于未然。比如对贫困户子女上高中、大学,一律全额补助,构筑"贫困代际传递"的防护墙;对因病致贫的,给贫困人口代缴医保金,避免"小病拖,大病扛,不治等着见阎王,治了拖穷子女和爹娘"的无奈。

——由生活扶持转变到能力扶持。"授人以鱼"不如"授人以渔",但在具体工作中,由于"授渔"周期较长,脱贫成效"迟缓",再加上受"生存方式快餐化、生产方式复制型、思维方式即兴式"的影响,一些急于制造政绩的地方政府无意实施能力扶持,一些"早晨栽树就想晚上乘凉"的农户也无心参与这种扶贫方式。在未来的扶贫工作中,应设计一些简便易行、操作简单、成效明显的"套餐式"扶贫项目,开展"参与式"扶贫,引导贫困农户"在学中干,在干中学",让他们通过能力的提高实现脱贫致富。比如,近年在一些地方开展的"社区主导型扶贫",引导并教会群众自己管理资金,自己负责扶贫项目的申报、决策、实施、管理及监督,极大提高了自我组织、管理、发展和监督的能力。

——由短期的"蜻蜓点水式"的扶持延伸到中长期的"学成一技"的扶持。"雨露计划"是当前提高贫困人口素质的重要扶贫措施,毋庸置疑，应坚持实施。但应将短期的引导性培训延伸到一年以上的中长期培训。同时，应注重培训的指向性，按照"富教合一""学以致富"的原则，围绕"让农民当好农民""让农民兼当农民""让农民不当农民"的职业定位，把来自不同渠道的农民职业教育培训项目整合归类，在充分尊重农民意愿和市场规律的前提下，根据不同的职业定位进行不同的"对口培训"。

——由一次性"固化"投入拓展到可持续发展投入。扶贫资金使用的最高境界就是实现资金的滚动使用，保持可持续性。以前，扶贫资金大部分用于看得见摸得着的基础设施建设，只是一次性的"固化"投入，不能为农民提供发展的可持续资本。近年来，各地开展的村民发展互助资金试点，很好地解决了扶贫资金滚动发展的问题，扶贫机构应该在试点的基础上，不断总结经验，全面推广，深入推进，在大幅提高扶贫资金效率和效益的同时，努力增强可持续性。

——由扶持龙头企业过渡到扶持合作组织。产业化扶贫是我国扶贫开发的三大举措之一，在特定的历史阶段产生了较好的积极作用，不失为一种扶贫的好举措，但是，从长远看，农户与龙头企业之间只是依附性的被动关系，很难建立起合理的利益连接机制，农户永远处于"六加一"产业链中"一"的环节，设计、包装、加工、储藏、运输、销售等后续产业链条中的高附加值不能分享，长此以往，也将失去自我发展的能力和机会。通过这种方式，穷人可以解决温饱，但难以致富。今后，应从扶持龙头企业转向扶持农民专业合作组织，激励他们主动创业，合作服务，引导他们从"一"走向"六加一"，帮助他们在"后续产业链"中自我组织、自我服务，赢得主动，获得较高的利益，从而实现脱贫致富。

——由 592 个重点贫困县覆盖到全国所有农村地区。自 1986 年成立专门扶贫机构以来，中国扶贫开发的工作范围主要是国家扶贫开发工作重点县（区、市、自治旗）。而全国大约有三分之一的贫困人口分布在非重点贫困县（区、市、自治旗），随着国家对低收入人口全面实施扶贫开发政策，将有更多的贫困人口因为不在"592 个"重点县而得不到扶贫开发的"特惠"政策。今后的扶贫工作，应在突出重点区域的同时覆盖到全国所有的农村地区，扶贫开发非重点县（区、市、自治旗）也要落实扶贫开发政策，设立扶贫开发工作机构或明确一个部门兼抓扶贫开发工作，落实扶贫开发责任。对这些非重点县（区、市、自治旗），国家应适度安排专项财政扶贫资金，省、市、县三级也应安排一定的配套资金。

（本文原载于《中国发展观察》2010 年第 10 期）

科学发展的关键在于做好人的文章

——农村改革近思录

转型期的中国农村如何贯彻落实好科学发展观，这是抓好"三农"工作的根本问题，也是深化农村改革的关键所在。

改革的目的在于发展，人类社会对发展观的认识经历了四个阶段：一是经济发展观（发展＝经济增长），二是综合发展观（发展＝经济增长＋社会进步），三是可持续发展观（发展＝今天的发展＋明天的发展），四是科学发展观（发展＝可持续发展＋人的全面发展）。科学发展观应该说是迄今为止人类社会对发展观认识的最高境界。科学发展观的核心要义就是以人为本，这个"人"字应包含四层含义，即全体人、多需人、多代人和具体人。

一是全体人。不是指哪一部分人，哪一个群体，哪一个阶层或哪一个地域的人，而是所有的人，凡是一个鲜活的生命，我们都应珍惜珍爱。不应存在一部分人歧视另一部分人的现象。

改革开放前一般按身份划分阶层：①按政治分的阶级身份，地富反坏右贫下中农等；②按户籍分为城市人、农村人；③按人事制度分为干部、工人；④按所有制分为全民、集体、个体；⑤按单位划分级别高低、地位高低、待遇高低。身份一旦确定就很难改变，好在社会各阶层互通的通道今天正在打开，但还有不少障碍。

在现实生活中，要特别注意一些阶层利益集团和强势群体的影响力，他们过度富裕的政治利益和经济利益使得他们控制话语权，底层社会的声音很难到达决策层。如粮价，"低了是哭声，高了有呼声"，哭声来自农村人，在底层，分散低沉，很难听到；呼声来自城里人，在上层，集中响亮，很快就能到达决策层。2008 年一个时期，我们的小麦玉米比国际市场价格低一倍，大米低五倍，东部的发展以中西部的资源、环境和廉价劳动力为代价，几十年来他们却吃着中西部种的低于市价几倍的平价粮。因此，东中西部要统筹，城乡要统筹，人的身份要统筹，这样才能体现以全体人为本。

我国长期形成一种"二元制度-二元社会-二元文化-二元制度"的循环怪圈，因此城乡统筹不能建立一种"救济型"制度，而应建立"发展型"制度。城乡统筹必须跨越止血、补血、造血三重门。

奥运会开幕式姚明无数次低下头照看身边的小林浩。不论是经济巨人、文化巨人、政治巨人，社会各领域的巨人都应向姚明学习，时时低下头来关注一下身边的弱势群体。巨人之所以成为巨人的基础，正是由无数个矮人的付出奠定的，没有无数不是巨人的人，巨人也成不了巨人。决定一个舰队的速度不是最快的那艘而是最慢的那艘。一个国家的发展状况同样要看生活在最底层的那群人。

二是多需的人。发展的目的是满足人的多种需求，而不是某一方面的需求，更不是吃饱了、穿暖了就万事大吉了。我们已经建立起消费型社会，消费型社会必须满足人们三类产品的消费需求，一是物质产品的消费，二是精神产品的消费，三是政治产品的消费。这三类产品的生产都必须不断根据人们的消费需求及时提供。

《共产党宣言》中描述人类社会的未来"将是这样一个联合体，在那里，每个人的自由发展是一切人的自由发展的条件"。共产党人追求的目标就是不断满足人们日益增长的物质文化的需求。我们各级领导干部在这个问题上不要想不通，不要觉得让人民群众吃饱了、穿暖了并且吃好了、穿好了，还不满足，这是不知足。应该明白，这是正常现象，需求日益增长是规律，一个人天天吃山珍海味都会吃烦吃腻，想调调胃口。新中国的成立，我们结束了"挨打时代"，三十年改革，我们结束了"挨饿时代"，今天我们又进入了"挨骂时代"，高速发展国外在骂，分配不公国内在骂。我们需要有一个平和的心态面对骂声。

不能满足需求，一部分人就会起而争之，酿成群体事件，不了解民情，不解决民怨，就会造成民怒。诉而不听，必结为怨，怨而不理，必酿成怒，这是构建和谐社会的风险源。一般来说，构建和谐社会有四大影响和谐的源头，我们称之为四大风险源：一是经济风险源，二是社会风险源，三是政治风险源，四是文化风险源。

在这个问题上要解放思想，不能就稳定抓稳定，务必坚持以人为本的标准。改革开放以来，在解放思想问题上，已经形成过三个核心标准：一是实践的标准，二是生产力的标准，三是以人为本的标准。今天的解放思想，要坚持以人为本，必须反对四个教条：一是马教条，即把马克思主义教条化。二是西教条，照搬西方模式，动辄西方如何做的，不顾中国国情。三是新教条，即鼓吹市场万能，一切都市场化，否认政府的作用。如公共产品供给必须政府提供。四是老教条，遇事先看上面怎么说，再看外面怎么做，再看过去怎么做，就是不管事情本来应该怎么做。只有真正克服这四种教条主义，才能切实提供人们的多种需求，而不是机械地、呆板地、主观地向社会供给产品，不管社会需不需要，凭自己拍脑袋提供，弄得供需之间牛头不对马嘴。

在解放思想问题上，要"解"更要"放"，即要把解开的思想疙瘩放置到实践中去落实，不能只"解"不"放"，重"解"轻"放"，或大"解"小"放"，要边"解"边"放"，"解"后即"放"，"解""放"并重。这样的解放思想才是有的放矢的解放，才有实效，才能达到"解放"的目的。不然思想解开了，不去实践，也就是说，想到了，不去做，还等于思想没解放。因此，我们已经认识到要科学发展，必须坚持以人为本，在工作实践中务必时时处处事事树立起以人为本这个核心标杆。

我们30年来的高速发展，主要靠的是投资和出口拉动，而良性的经济结构应该靠内需拉动，发达国家内需占百分之七八十，我们只占百分之三十多。启动内需是当务之急，只有启动内需，才能使国民经济结构趋于良性，才能不断满足人们的多种需求。反之，不断满足人民群众的多种需求，也是优化国民经济结构的必由之路。

这里还有一个问题值得关注，满足人的多种需求，不是什么需求都要满足，必须是合理合法的需求。因此在满足人们需求时，尤其要把握好社会价值的正向度，随时校正可能出现的偏差。改革开放以来，形成一个"经济人社会"，物欲横流。今后应建立一个"知识人社会"，使社会不断迸发出创新力和竞争力。"经济人社会"，人多趋利，过度理性，一切以经济利益为核心（尤其对家庭的冲击）；"知识人社会"，人多智慧，创造力强。在满足社会多种需求时，务必引导社会重塑以"知识人社会"为导向的核心价值观，重构价值体系。在"知识人社会"里，也有一个核心价值观的问题，不是知识多了，价值观就自然正确了。曾见两个人在机场因琐事骂架，为证明对方素质低，竟先后用四国语言骂，知识很多，素质却不高。掌控社会价值的正向度，不偏离人类文明发展的航向，应该说是领导干部为官一任、为一方造福最能体现价值的核心所在，比招多少商引多少资、上多少大项目的意义都大得多。

三是多代人。发展过程中，必须坚持全面协调可持续性，既要考虑当代人，又要着眼于子孙后代，需要建立的是资源节约型、环境友好型的社会，而不能只顾眼前，贻误子孙。我们今天所取得的发展成就，有一些是以对历史、对现实和对未来的透支为代价。所谓对历史的透支，如几千万年甚至上亿年形成的自然风景遭到破坏，无法修复；所谓对现实的透支，如对农民工只重利用，不管培训开发，过度透支人力资源；所谓对未来的透支，如污染环境几代人受害，过度消耗资源与子孙争饭吃。长此以往，我们将无法向历史、向未来、向子孙后代交代。

可持续发展事关中华民族的未来，事关子孙后代的福祉，具有全局性、根本性、长期性。实施可持续发展战略，促进人与自然的和谐，实现经济发展和人口、资源、环境相协调，坚持走生产发展、生活富裕、生态良好的文明发展道路，既是全面建设小康社会的必然要求，也是贯彻落实科学发展观的重要实践。在推进发展的过程中，我们应统筹考虑历史、现实和未来，既要对历史负责，高度重视人文自然环境的保护和优化；又要重视经济增长，积极实现当前发展的目标，为当代人创造更富裕、更文明、更美好的生活；更要重视资源环境，努力实现自然生态系统与社会经济系统的良性循环，为未来发展创造有利条件和空间，努力使我们今天所做的一切，给后人留下赞叹，而不是造成遗憾。

四是具体人。过去我们说的"为人民服务"、为"农民"服务，这些对象的概念既抽象又笼统，今天的政策设计必须细化到不同需求的目标人群。

新中国成立以来，"人民"这个概念使用最频繁，方方面面、上上下下、无所不在。然而相当长的时间里，"人民"往往只是一个抽象的存在，而不是一个具体的存在。

"人民"从抽象变得具体，有很多衡量的指标，最基本的可以归纳成两条：一是"人民政府"与"人民"的关系，即人民对政府能参与和监督到什么程度；二是"人民币"与"人民"的关系，即人民在国家经济发展中能得到多少实惠。四川大地震，中华人民共和国第一次为死难的普通中国人民降国旗。因此，过去的 30 年，最核心的改变就是"人民"正变得越来越具体，人民的实际利益变得越来越重要。在理顺"人民政府"与"人民"的关系，以及"人民"与"人民币"的关系上取得了大的进步。

每个人都是社会的一个细胞，每个人的发展才是社会最基础性的发展。就现实而言，比如农民这个群体已大大分化，仍然用笼统的"农民"概念看待这一群体已经不合时宜。深化农村改革，必须把农民作为一个个具体人，针对不同的目标群体设计政策。比如在农民的职业定位问题上，不能简单地认为就是减少农民，让农民都往城里挤，而应在职业选择上引导他们视情而定：第一种是"不当农民"，这部分人有一定的文化知识和技能，并能够通过自己的技能在城市谋生和生存。第二种是"当好农民"，这部分人扎根农村，做高素质的农民。第三种是"兼当农民"，这部分人在工农之间往返，既在乡镇企业短期做工增加收入，又在农村种田种地。国家制定政策、设计制度时应区别对待，对第一种人应着重于创造条件，使他们进得了城、扎得下根；对第二种人应着重于支持，不断提高他们的整体素质，扶持他们发展现代农业，逐步把他们培养成为高素质农民；对第三种人应引导他们发展农村二三产业。

　　总之，深入学习实践科学发展观必须坚持以人为本的标准，以人为本的这个"人"字，必须充分体现全体人、多需人、多代人和具体人的丰富内涵。"全体人"揭示的是人与人的关系，它要求在发展过程中应遵循协调的原则，不应有歧视性制度。"多需人"揭示的是人与社会的关系，它要求在发展过程中要遵循全面的原则，不应只重某一方面的发展，而要经济、政治、文化、社会齐头并进。"多代人"揭示的是人与自然的关系，它要求在发展过程中应遵循可持续的原则，不应过度消耗资源，污染环境。"具体人"揭示的是人与政治的关系，它要求在发展过程中应遵循务实的原则，不应抽象笼统的虚化"人"的概念，抽象的落实，具体的落空。

　　今天，我们正由民生时代向民权时代过渡。民权时代，深化改革的关键就在于"以什么为本"和"怎样为本"的问题，必须坚决走出"以GDP 为本""以财政收入为本""以政绩为本"等不"以人为本"的误区。我们的改革思路、我们的制度建设，只有真正坚持"以人为本"，从上述四个层面把握好"以人为本"丰富深刻的时代内涵，政策设计才不致走偏，才符合"民权时代"的新思维，从而真正实现好、维护好、发展好人民群众的根本利益。

（本文原载于《中国发展观察》2009 年第 7 期）

统筹·服务·合作

——拉动农村发展的三驾马车

　　30 年农村改革取得了举世瞩目的巨大成就，农村发生了翻天覆地的变化。纵观 30 年改革历程，我们已经用尽了一切"便宜"的做法，今天要继续深化农村改革，面临着许多与过去截然不同的重大变化：一是改革从宏观层面进入微观层面。第一代改革主要是框架式的，今天的改革主要是结构性的，出台的政策尤其需要具体、细化。二是改革的成本高了。过去的农村改革主要是放开政策，现在无论是财政体制、教育、文化、卫生、农村基础设施建设等，都需要政府拿出真金白银，改革的边际成本递增。三是改革不能即期见效。过去一个政策出台，立竿见影，"大包干""一包就灵"，今天的改革更多是长期性、基础性的工作，很难短期见效。同时，各类利益群体的胃口高了，要求不断攀升，"实惠越来越多、满意度越来越低"，即使是取消农业税，农民的反应也没有想象中的强烈。在温饱阶段，人们的欲望只有一个吃饱，吃饱之后，人们的欲望变成无数个，幸福感不是越来越高，而是越来越低。四是改革的支持率低了。社会群体不断裂变、分化、组合，不同的群体有不同的价值取向，很难像改革初期那样形成强烈的改革共识。五是改革的复杂程度高了。经济与政治，社会与文化，纵向与横向，过去与现在，都需要协调对接，关系错综复杂，牵一发而动全身。六是更依赖政府部门之间的团结协作，而有的政府部门很难沟通。七是初期的改革是自下而上推动，现在是自上而下推动。八是过去的改革是"兴利"，今天的改革是除弊，兴利易、除弊难。九是过去是粗放发展、欠账发展，今天要科学发展、还账发展，即经济发展之外欠政治文化社会发展之账，物质现代化之外欠制度和人的现代化账。十是新中国的成立结束了"挨打时代"，三十年改革结束了"挨饿时代"，今天进入了"挨骂时代"：高速发展国外骂，社会不公国内骂。需要有一个平和的心态面对骂声。

以上变化，使农村改革的阻力和难度大大提高。同时，农村仍然面临着钱、粮、人、地、权五个方面的突出矛盾："钱"是指农民的收入增长不尽如人意，城乡居民收入差距仍在扩大；"粮"是指粮食的供给与安全问题，农业生产成本大幅度提高，农民种粮效益低，耕地大量流失；"人"是指农民自身发展问题，城乡之间的社会发展差距远大于城乡居民收入差距；"地"是指农村土地制度问题，农民的土地权益没有得到充分保障，征用土地补偿不足；"权"是指农民权利和基层政权问题，保障农民民主政治权利的制度和办法需要进一步探索和完善，农村基层政府职能必须进一步转变，提高公共服务能力。因此，在社会结构、社会组织形式和社会利益格局都发生深刻变化的背景下，今天的农村改革表现出明显的复杂性，与改革发展全局的关联度明显提高，城乡之间的互动性进一步增强。在这样一个错综复杂的改革实践中，必须突出主旋律，抓住改革的重点和关键。

统筹是大格局、大构架、大氛围。现阶段，农业是弱质产业、农民是弱势群体、农村是弱化领域的格局不仅仍然没有根本改变，而且一些地方程度仍在加深。这种状态下，没有统筹城乡发展这个大格局的形成，农村的改革与发展就是一句空话。服务是农民最迫切需要解决的现实问题。免除农业税和实行各项补贴，空前激发了农民的发展动力，但农民普遍面临着提高发展能力的问题。做好服务就是在激发农民发展动力的同时，切实帮助他们提高发展能力。合作是世界各国农村发展进程中的成功经验。在家庭竞争时代已经结束、组织竞争时代已经到来的新时期，不加强"人"的合作与"钱"的合作，农民就无法抵御来自自然的、市场的、政策的、国际竞争的风险。统筹是大政方针，需要县级以上政府尤其是中央和省级政府的宏观谋划；服务是县级以下各级政府和组织的基本职能；合作是农民自身发展的必由之路。上面统筹不到位，基层服务做得再好，也成效甚微；中间服务不落实，农民合作再紧密，也无济于事。再说，县乡村不做好服务，农民无论是人、无论是钱、无论是地也合作不起来。只有统筹、服务、合作三驾马车并驾齐驱，农村的改革与发展才能驶入快车道。

统　　筹

统筹城乡，首在制度创新；统筹城乡，应着力实施三步走战略；统筹城乡，必须跨越"止血、补血、造血"三重门，当务之急是断然止血！

1. 统筹城乡首先是制度统筹。当今社会，农民、市民在公民权益方面不对等：市民表达权益诉求的机会较多、渠道畅通，能够充分享受公民权益；农民个体及阶层的权益得不到有效保障，享受不到平等的公民待遇。这种现象的根源，主要在于制度设置的城市取向。因此，统筹城乡发展，首要问题是变革旧制度，加快创新和建立统一的城乡新制度，通过制度统筹削弱并逐步清除城乡之间的樊篱，在制定国民经济发展规划、确定国民收入分配格局、研究重大经济政策等方面，把解决好农业、农村、农民问题真正摆在重中之重的优先位置，赋予农民平等的公民待遇、完整的财产权利和公平的发展机会，加快建立城乡要素自由流动、城乡居民地位平等的经济社会体制。如加快民主化进程，推进农村基层民主建设；改革现行户籍制度，赋予全国公民平等择业和选择居住地的权利；着力培育城乡统一要素市场；统筹城乡社会保障制度建设，逐步在养老、医疗和最低生活保障等方面实现城乡统筹等。当然，任何时候农村发展都赶不上城市发展，但在政治层面上必须有一个制度设计来保障城乡的公平性。城乡统筹绝不是多拨几个钱、少拨几个钱的问题，只有制度的统筹，才是根本性的统筹。制度既可以使想统筹的人更加做好统筹，也可以使不想统筹的人必须实施统筹。统筹制度的建立，也不应是救济型的，而应是发展型的。

2. 新制度建设尤其要克服二元文化的影响。自1958年推行城乡二

问道乡村治理……

345

元户籍制度以来，二元制度衍生出一个二元社会，浙江大学管理学院范晓屏研究，隐藏在户口本背后的城乡待遇差别多达 47 项。这个二元社会在长达 50 年的进程中，又孕育出一个二元文化，即在一些人的观念意识中，天然地认为城里人就应该那样生活、农村人就应该那样生活。这种二元文化已经成为一种普遍的社会公众意识，而这种二元文化正反作用于新制度的生成，这正是城乡统筹新制度建立的最大障碍。就现实而言，这种市民与农民之间的巨大的互不包容的文化差异，导致城里人鄙视农民，农民又从心底嫉恨城里人。农民进城，首先要面对一堵厚厚的无形"城墙"。现代城市文化呈现出强烈的"陌生人文化"特性，人与人之间的情感关联日渐疏离。这些元素，构成了对整个外来农民工群体的巨大冲击。政府应根据农民的生存与文化需求，寻找一个制度性出口，逐步消除二元文化的影响。

3. 统筹应分阶段展开。长达整整半个世纪的城乡二元结构已经渗透到人们经济社会的方方面面，形成了巨大的反差。今天想填平这一鸿沟不是一件轻而易举、一蹴而就的小事，不可能一步到位，就目前我国的经济社会发展水平看，应分三步走：第一步是低水平广覆盖。调整国民收入分配结构和财政支出结构，提高国家财政用于"三农"支出的比重，使公共财政支出广泛覆盖农村经济社会生活的各个领域。逐步增加对农业基本建设、农村公共设施建设、农村社会化服务体系建设、农村社会事业发展和农村社保等各方面的投入，特别是国债投资和新增财政资金首先应向"三农"倾斜，新增的教育、卫生、文化等社会事业经费应主要用于农村；改变财政支农的结构和方式，重点完善对农民的直接补贴制度；在金融、税收、保险、投资等方面加大对农村的支持。总之要让公共财政的阳光和公共产品的服务都能普惠到农村每一个角落。第二步是逐步缩小差距。逐步消除工农业产品价格剪刀差，实行农民工与城市工的同工同酬，想方设法促使农民稳步快速增收，缩小工农差距；取消城乡间的不平等待遇，使农民平等地享受改革、开放和发展的成果，使城乡居民和城乡各类经济主体都能享受公平的国民待遇，拥有平等的权利、义务和发展机会，缩小农民与市民差距；打破城乡界限、开放城市，使城乡居民自由迁徙，使城乡各种生产要素自由流动，统筹城乡资源配置，提高城市化水平和生产要素配置的效率与效益，缩小城乡差距。第三步是实行城乡共同发展的均等化。改变城乡分割、各自发展的模式，建立地位平等、开放互通、互补互促、共同进步的城乡经济社会发展的新格局，发挥城市先进生产力和先进文化的扩散与辐射作用，增强农村保证粮食安全、生态安全、提供丰富的劳动力资源、拉动国内需求、推动城市改革、保持社会生态平衡等多重功能，走以城带乡、以乡促城、城乡互动的经济社会发展的新路子，实现城乡共同繁荣与进步。

4. 统筹城乡必须跨越"止血、补血、造血"三重门，当务之急是断然"止血"。新中国成立以来，"三农"为工业化和城市化作出了 30 万亿的贡献，导致"三农""多病缠身"。当前，"三农""出血"的"伤口"非但没有止住，而且出现新的创口和局部血流加速症状，主要有五大"出血"管道：一是资金。农村金融机构成为从农村"抽血"的主渠道，专家估算，每年约有七八千亿资金通过金融渠道从农村流向城市，平均每个县高达 3 亿元以上。农村的增值收益，大部分剩余被金融机构抽走。而农村资金缺口每年高达 1 万亿元以上，资金成为农村发展最稀缺的资源。二是土地。有关研究表明，城乡土地市场价格差已成为 90 年代以来"以乡养城"的新形式。改革开放以来，城市从农村征用近 3 亿亩土地，但征地补偿到农民手中的钱却微乎其微。一些学者调查发现，农民得到的补偿加上村集体获得的补偿只占土地出让价格的 10% 左右。这种通过土地征用变相积累的资金几乎全部投入城市建设。三是劳动力。农民进城务工、转移就业是工业化、城市化的大势所趋。但问题的关键是务工农民并没有按照市场规律获取报酬、分享收益，普遍面临"劳动力价格剪刀差"的侵害。根据中国社科院的调查，农民工每天工作时间普遍长达十几个小时，但月工资却比城市劳动者少近 800 元。农民工每人每年为城市贡献 2 万～3 万元的生产价值，但带走的年工资却不足万元。同时，大量素质较高的青壮年外出务工、求学就业，造成农村从业人员整体素质快速下降，建设新农村、发展现代农业一时主力难觅。这种对农村劳动的索取，比计划经济时代的工农产品价格剪刀差来得更便捷，程度更深入。四是环境污染。由于利益驱使和监管不力，城市的垃圾、污水、废气等污染在"体外循环"，向农村排放，农村被动地成为城市的垃圾场，农村的环境问题由资源退化为主转变为资源退化和环境污染同时并存的恶劣状况。目前，全国受污染的耕地高达 1.5 亿亩以上，占全部耕地的 10% 以上，每年造成的直接经济损失高达数百亿元。城市对农村的环境污染不仅直接造成农民的经济损失，变相抽取农村财富，同时也危及农村人的健康，影响子孙后代，更为未来的城乡经济发展留下巨大的隐患。五是工农业产品价格剪刀差。从 1953 年开始大规模的工业化建设起，我国逐步在工业化进程中实施了一系列的优先发展工业的倾斜政策，通过农业税和工农业产品不等价交换的"剪刀差"两种形式，实现农业剩余向工业和城市的大规模转移。农业税取消后，工农业产品价格剪刀差却一直延续至今，农产品价格虽有一定幅度的上升，但被农业生产资料价格急剧上涨抵消，甚至还跟不上农业生产资料的上涨幅度。在农业生产过程中，不仅有工农产品价格的剪刀差，还存在着种粮与打工的比较效益差、种粮与种植经济作物产出效益差、粮食限价与农资价格飞涨的剪刀差。

统筹城乡必须跨越"止血、补血、造血"三重门，当前，应着力扭转农村要素严重流失的局面，尽快阻断"主动脉"的大出血，着重把握以下几个方面：一是重构农村金融体系。构建以政策性金融为主导、商业性金融和农村互助合作性金融为主体、农业保险和信用担保机构并存及其职能有机协作的多元化农村金融体制，尤其要大力培育农村金融的本土力量，以更好地聚积农村资源，服务于农民生活、农业生产和农村发展。在现实情况下，"人"的合作与"钱"的合作是发展现代农业、建设现代农村的关键所在。二是规范农地征用制度。既要重视土地对农民的社会保障功能，更要重视土地对农民的资本增值功能。农村土地征用制度的规范要以城乡并轨为方向，走市场化操作的路子，使农民应得的土地市场收益得到切实保护。三是促进劳动力合理流动。一方面，抓紧建立健全统一、有序的劳动力就业市场体系，积极完善政府的疏导和调控作用，打破地方保护主义，协调好城乡劳动者就业关系，实行城乡劳动力就业的公平竞争、同工同酬、同等待遇制度，保障所有劳动者的合法权益，推动农民进城；另一方面，农村基层政府和组织应优化环境，出台优惠政策，并借助血缘、亲缘和地缘纽带，吸引民工返乡创业。四是高度重视农村可持续发展问题。将农村生态环境保护摆在和城市环保同等重要的地位，纳入全国环保和生态建设的总体规划，制定和完善相关法律、法规和政策，建立健全农业环境管理体系，充实农村环保机构力量，加大环保基础设施投入，加大对企业污染的治理力度，制止城市、工矿企业向农村排放"三废"。通过制度创新，建立初级产品生产者的农民与作为消费者的城里人的沟通和约束机制，使各自承担起应有的社会责任，确保农产品安全。在新农村建设中，大力落实循环经济理念，保持乡村的原生态优势和小生态循环，为农村可持续发展预留充足空间。五是缩小工农产品价格剪刀差。大力发展农业生产，不断提高农业劳动生产率，降低农产品的生产成本，逐步缩小工农业产品交换价值量的比例差距。制定合理的价格政策，改善农业生产贸易条件，消除农产品国家订购价与市场价之间的差异，提高农产品的相对价格。尤其要提高国有粮食企业收购价格，真正让种粮农民有钱赚、得实惠。保护农民发展生产的积极性，鼓励和引导农户储蓄和其他资金用于农业生产，并通过兴办农工商联合企业、农产品加工利润部分返回农业等办法，切实增加农民收入。

服　务

深化改革，发展至上；转变职能，服务至上。市场时代的有效政府必须为农村经济社会发展提供优质高效的服务。

中国农村改革经历了 30 年波澜壮阔的历程，大致可以分为三个阶段、三次转型：第一阶段是结构型改革，从 20 世纪 70 年代末到 80 年代末。即调整农村所有制结构，使国家、集体和农民三者各得其所。主要特征是放权、分权。这个阶段，就公与私、国有与民营（姓资与姓社）的比例结构问题进行了多次白热化较量，民营经济经历了从允许、可以、也可以、到提倡鼓励、到大力发展的过程。30 年前中国民营经济占 GDP 不到 1%，今天已超过 2/3，非公经济在就业上占 75%，在社会投资总额中占 70%。第二阶段是动力型改革，从 20 世纪 80 年代末到 21 世纪初。即千方百计寻求激活农民群众的积极性和创造性、推动农村经济发展的动力，在土地、经营、领域、空间、组织、金融等方面放活。第三阶段是功能型改革，即着力构建社会和谐、人人幸福的社会功能。构建这一功能，焦点在政府，关键是服务。同时，我国、日本、韩国和新加坡走的是一条外生型增长模式，美国、欧洲走的是内生型增长模式，今天这种外生型增长的路子越来越显露出弊端，长期靠出口和投资拉动的经济结构显然不是一个良性的结构，中国亟待扩大内需拉动经济发展。内需的主要市场是农村，八九亿农民的消费一旦激活，将产生不可估量的伟力。而扩大内需的重要条件就是政府必须做好该做的服务。从理论上看，世界各国政府可分为五种类型：一是计划型，如苏联，今天的朝鲜（尚有 12 种商品凭票供应）；二是监管型政府，如美国，政府不直接与企业和经济实体打交道，而是通过法律监管；三是掠夺型，有的国家，统治者靠家族势力垄断掠夺人民财富；四是发展型，如日本、韩国等，主要通过政府对部分资源的掌控引导产业发展；五是服务型，我们今天要建立服务型政府，发展的推拉力就是来自服务。

从政府与农民的关系来看，①政府不再是农业外在的辅助力量，而是农业内在的组成部分，应把农民无力办、办不了、也办不好的事情主动承担起来，与农民协同推进现代农业建设。②政府不再把农民笼统地看成同一群体，而要将其细分成不同的政策目标人群，制度的设计应细化到不同的目标人群，在最大程度上协调、处理好农民中各个阶层和各种利益群体的关系。③"官权退民权进"的基本思路应从单纯的生产经营领域向政治、社会领域延伸。④政府不再对农民的失业袖手旁观，而要高度关注农民的就业状态，要为农民改善就业环境，提高就业能力，创造就业机会（岗位）。⑤政府不再大包大揽，而要依靠民间组织扩大农民的自域空间，实现从"组织农民"到"农民组织"的转变。⑥政府不再单纯依靠号召发动、指标压力，而要通过民主合作的方式开展工作。⑦政府要具有社会服务性，应积极探索为民服务的渠道和方式，建立新型而高效的体制机制，着力打造服务型政府。⑧政府不再重物轻人，而要以人为本，从关注农产品、关注农业向关注农民、关注农民的全面发展转变，不断满足农民日益增长的物质文化需要，切实保障农民群众的经济、政治、社会和文化权益。⑨政府不再只重生产层面，而要生产、生活、生态"三生"并举，逐步实现"学有所教、劳有所得、病有所医、老有所养、住有所居"和"生态文明"。⑩政府不再用强制性手段解决非理性对抗，而要采取有策略的谈判、对话予以疏导，充分调动农民群众参与改革、推动改革的积极性和主动性。政府与农民这些关系的转变，充分说明政府的职能越来越凸现出优质高效的服务性。

从服务本身的性质看，服务大致分为公益性服务、市场化服务、合作自助式服务三类。在社会主义市场经济条件下，政府重点要做的就是公益性服务，应着力构建和完善基本公共服务体系。政府是公共服务的主要提供者，包括教育、卫生、文化等社会事业，交通、通信等公共产品和公用设施建设，解决人的生存、发展和维护社会稳定所需要的社会就业、社会分配、社会保障、社会福利、社会秩序等公共制度建设。这些公共产品和公共服务的提供，是政府调控社会群体之间收入差距、促进社会公平正义、保障社会安定有序的有效手段和机制。当前，公共服务领域中存在的主要问题是公共服务发展滞后、总量供应不足、公共投入短缺、分配不均衡。解决这些问题的关键，就是要逐步完善惠及全民的基本公共服务体系，按照逐步均等化的原则，既不断增加公共服务总量，向社会全体成员提供更多更好的公共服务，又着力优化公共服务的结构和布局，努力扩大公共产品和公共服务的覆盖范围，以发展社会事业和解决民生问题为重点，着力向农村、基层、欠发达地区倾斜，让公共服务的阳光普照共和国的每一寸土地、每一位公民。对市场化服务，政府要注重培育；对自助合作式服务，政府要注重引导扶持。政府只做市场和农民做不了、干不好的事，绝不能大包大揽。否则，效果就会适得其反。全能政府的教训是深刻的。

当前，我们已经建立起一个消费型社会，社会成员的消费需求表现为三类产品：物质产品、精神产品、政治产品。物质产品和精神产品的消费眼下基本很容易获取，而政治产品的消费却比较艰难。一项调查表明，当农民不容易，农民要办的各种审批手续、证照和需要服务的项目加起来高达 206 项，这些项目基本都是农民需要消费的政治产品。如何克服"玻璃门"现象，让农民与政治产品实现零距离对接，关键就在于政府如何做好服务。为解决这个问题上，安徽省自 2006 年开始推行"全民服务全程代理制"。亳州市谯城区对此进行了细化、量化、标准化、规范化的深入探索，成效显著。2007 年初，谯城区开始建立区、乡、村三级代理服务网络，区设立为民全程代理中心，乡镇设立代理室，村设立代理接收点，区、乡镇有关部门设立代理受理室，形成接收、代理、受理、回复四个环节纵横贯通的封闭办事系统。用几个月的时间进行彻底摸排和全面梳理后，共排出 108 项可以全部代理的项目和 98 项可以部分代理的项目，并将这些项目印制成册，广泛散发给农民，同时利用多种方式大力宣传，让每个村民都知道。村干部在村部每天两人一班，轮流值日，收取村民申办事项材料，然后分送乡代理室，属于乡镇能办的就地办理，由区一级办的再通过乡镇代理室转送区级有关部门。每个项目需要哪些材料、每个环节由谁办理、多长时间办结，服务手册中都有严格规定，哪个环节限时不办，即予处罚。他们还开发出全程代理服务系统软件，区、乡镇、村三级联网办公。区里还把为民服务全程代理纳入责任目标管理，制定代理投诉处理办法，设立监督举报电话和群众投诉箱，并派出 5 个督查组不定期进行检查。这种服务模式，变"干部动嘴群众跑腿"为"群众动嘴干部跑腿"，变"民对官"为"官对官"，变"多次办理"为"一次办理"，实现了"大事小事不出村"，农民省时、省钱、省心，比较彻底地解决了农民"办事难"的问题，促进了政府从管理型向服务型转变，使服务由浅层次向深层次、由被动向主动、由松散向规范转变。谯城区的这种做法，体现了当前农村社会对公共服务的需求日益增长的阶段性特征，符合建设服务型政府、统筹城乡发展、形成城乡一体化格局的基本方向，是新阶段深化农村综合改革的关键抓手，是市场时代打造有效政府的成功范例。

合　作

凝心聚力，合作就有力量；集腋成裘，合作创造效益；"人"的合作与"钱"的合作，是农村经济社会发展的关键所在！

自建党以来，我党坚持发挥组织农民的优势和作用：革命战争年代，组织农民闹革命、打土豪、分田地，最终实现农村包围城市，夺取全国胜利；新中国成立以后，从互助组到合作社到人民公社，忽略了农民的自主权和产权，农民的主体地位不明确、个体利益极易遭受侵害。随着农村改革深入和农村市场经济发展，需要确立农民自由、平等地参与市场竞争的主体地位，但农民的弱势决定个体参与市场是不现实的，必须抱团、合作，以一种新的组织形式抵御来自各方面的风险，维护自身权益。这种背景下，组织农民显然不适应时代要求，必须实现从组织农民向农民组织的跨越。从字面来理解，农民组织应包含两层意思：一是农民自己"组织"自己，即农民平等自愿合作，由"被组织者"变成"组织者"；二是农民建立的是自己的组织，当然农民组织的成员不一定全部都是农民，但必须确定农民的主体性，农民利益的目的性，否则就成为其他阶层的组织。在推进民主化进程中，政府应坚持引导、鼓励、支持的方针，想方设法培育和发展农民组织，加强农村"人"的合作与"钱"的合作。

人类的合作，不是天性的、自然的，而是社会的、历史的、经济的产物，是人们或组织为了实现同一目标，相互帮助、共同行动的一种方式。改革开放以来，农村实行家庭联产承包责任制，极大地调动了广大农民的生产积极性，改善了农民的生产生活条件，在一定时期内促进了农村经济社会发展。但随着改革深入，农村生产力得到极大发展，农业的专业化和社会化水平有了很大提高，农业产业化进程加快，一些制约农村经济社会发展的问题也日益突出：一是农民的商品生产活动越来越依赖于各种社会化服务，需要为农业提供产前、产中、产后的配套合作与服务。二是小生产和大市场的矛盾越来越突出，分散经营的农民难以及时、全面、准确地掌握市场信息，生产经营存在很大的盲目性。三是我国正处于转型期，地区差距和不同利益集团之间的收入差距加大，作为初级产品生产者的农民是中国社会最大弱势群体，只有开展各种形式的合作，才能保障他们的自身利益。四是农业竞争从国内延伸到国外，专家分析入世后我国农产品出口逆差在相当长一段时期内存在，发达国家对农业高补贴、高保护形成的不公正贸易环境短时间不能改变，"散、小、差"的传统农业生产方式难以适应严峻的国际农业市场竞争。农民专业合作经济组织就是适应农业市场经济发展的需要而产生的，是农业社会生产力发展到一定阶段的产物。它以家庭承包经营为基础，以农民为主体，由农民按照合作制原则自愿联合、自发组建，实现了生产组织形式、产品交换方式和分配方式的变革和创新，与过去产权不分、分配上大锅饭的合作组织存在着本质区别。因此，培育和发展农民专业合作经济组织，是创新农村经营体制、完善农村生产关系、进一步解放农村生产力的过程，是提高农民组织化程度、推动农村产业化发展、促进农业增效和农民增收、加速农村剩余劳动力转移和土地流转、培养农村精英人才的重要途径。

政府扶持是世界各国发展农民专业合作经济组织的通行做法。我国农民专业合作经济组织目前还处于初步发展阶段，更离不开政府的引导和扶持：一是放手发展。应克服害怕农民合作、难于管理的心理，坚持"引导不领导、推动不强迫、扶持不干预"的原则，加大扶持力度，积极培育和发展农民专业合作经济组织。二是财政和信贷支持。政府应对农民专业合作经济组织增强农业生产能力和兴办服务设施的项目给予支持，以增强其市场竞争能力和对农民的服务能力；应通过财政贴息、政策性信贷、保险等金融手段，解决农民专业合作经济组织启动资金和收购环节资金投入不足及发展风险问题。三是提供税收优惠。应对农民专业合作经济组织为成员提供服务或劳务所得的收入免征所得税，销售农产品免征增值税，农业生产经营服务免征营业税，兴办加工和流通实体给予税收优惠。同时，还应提供用地用电和农产品运输等优惠政策。四是提供信息服务。通过政府网和互联网平台以及新闻媒体等途径提供信息支持。五是在组织建设上做好帮扶工作，切实保护农民专业合作经济组织的合法权益，为其发展创造宽松的环境。

"人"的合作解决的是农村发展机制问题，"钱"的合作则解决的是农村发展资金问题。资金短缺是制约农村发展的重要因素。农村金融机构逐步收缩，使本来很不健全的农村资本市场更加萧条，资金短缺与农村发展之间的矛盾愈加突出。当前，四大国有商业银行分支机构只从农村抽血，而作为名义上的农村金融"合作"组织的农村信用社，没有突出创办时所体现的"合作"性质，"非农化""城市化"特征十分明显。同时全国还有 2 868 个乡镇没有任何金融组织，全国农户贷款覆盖率还不到 10%。可以说，农村金融现状基本处于"薄弱、滞后、不足、单一"的状态，虽然中央 2008 年 1 号文件明文规定"加快农村金融体制改革和创新"，但国有金融机构积极性不高，其原因：一是积极性不高。强调贷款质量和回报，导致经营的导向和目标为追求利润。二是缺乏机构和人员。在乡村没有设置网点，从业人员城镇化明显。三是缺少与千家万户打交道的经验。四是成本过大。网点设置的城市（镇）机制化，增大了为农民提供贷款的交易成本。五是服务意识有待提高。由于农业活动的比较收益较低，国有金融机构无足够激励向农村提供贷款，真正用于支持农村和农业经济的贷款数量不多，更谈不上为农业和农民服务。六是对农民这类小散户重视不够。长期以来，国有金融机构的服务对象主要是企业，对农民这类小散户重视不够。七是不熟悉农村这个熟人社会的游戏规则。农村社会中以血缘、亲缘、宗缘、地缘、人缘等特殊人际关系为纽带，形成结构松散但关系紧密的社会群体，衍化出大量的非正式制度及规则，自发地调整和规范农村社会关系，在农村经济社会领域发挥着无形而有力的助推作用。国有金融机构不了解和熟悉这些制度及规则。基于以上原因，农村资本市场存在一个空档，填补空档的途径就是培育和发展带有合作性质的草根金融组织，以满足农村对体制外资本市场的强烈需求，为农村提供充分的金融服务。

实践证明，哪里的农村本土金融发育充分，哪里就有大发展。温州民间金融非常活跃，"地下资本"占了民营企业资金来源的 30%～40%，将近 2/3 的中小企业融资来自民间金融。某种意义上，没有温州的民间融资就没有温州模式的诞生，就没有温州这么多大大小小的老板的出现，就没有今天温州经济的繁荣活跃。印度基层农业信贷协会有 92 682 家，农户信贷覆盖率达 97.1％，为世界所罕见。孟加拉国人尤努斯创办了举世闻名的"穷人银行"，自 1976 年开业以来，已为数百万穷人累计提供贷款 50 亿美元，并针对贫困人群逐步开展了保险、电信、教育基金、房屋建设等各项业务。美国收视率最高的商业电视节目《晚间商业报道》与沃尔顿商学院联合在全球评选"过去 25 年中最具影响力的 25 位商界领袖"，尤努斯是唯一入选的亚洲企业家，评选机构说"他打造的孟加拉国经验在 58 个国家和地区得到应用，改变了数亿人的生活"。尤努斯在贫困落后、社会动荡不安的环境中都能成功地办好"穷人银行"，我国有较好的农村经济社会基础，应当有能力也有条件建立和发展这种模式。

发端于 20 世纪 80 年代后期的我国农村合作基金组织为解决当时农村资金需求作出了一定贡献，也为培育农村草根金融组织积累了一定的经验，虽然良莠不齐，问题不少，但应该说大方向是对的。从指导思想看，当时过分担心影响金融稳定，而没有考虑农村金融的巨大需求，不是农业银行和农村信用社能够完全包办得了的。农村资金的需求没有正式和非正式的民间金融组织作为必要的有益的补充，是无法解决的。从操作程序看，制度的出台只单方面听取金融部门的一家之言，而没有广泛深入的调查研究，征求如农业部门、专家学者、农民企业家等各方面的意见。从市场规律看，有失公平竞争原则，对农行和信用社偏爱有加，同是为农村服务的金融组织，合作基金会问题很多，而作为参照物的农行和信用社同样问题成堆，理应通过清理整顿就事论事来决定生死，并在此过程中不断吸取教训，总结经验，完善提高，和农行、信用社形成竞争格局。从经济社会发展规律看，任何新生事物的发生发展过程，都是源于人民群众的需求和源于需求的大胆创新，而不分好坏一刀切地取缔农村合作基金会，违背了这一规律，没有照顾到农村的资金需求，忽视了农民群众的创新精神。从工作方法看，应区别情况对症下药，该发展的发展，该完善的完善，该停办的停办。如果在总结完善提高的基础上发展到今天，中国农村草根金融组织应该是发育比较成熟的一股力量，对支持农村发展作出的应该是无可替代的巨大贡献。从改革的路径看，我国 30 年改革一条最基本的成功经验就是"群众首创、自下而上"，而不是哪个部门、哪个单位坐在办公室里拍脑袋想出来的。从大包干到乡镇企业、从农民进城到土地流转，所有改革都发端于草根。农村金融组织同样不应只按上级金融部门的意图设计好框框，再做试点试验，应根据我国农村千差万别的情况，充分发挥民间的创造伟力，放手让各地大胆试验，金融部门只需做好指导、监督、总结、推广的工作就可以了。从一定意义上说，改革就是把人民群众创造的解决问题的办法合法化的过程。中国经济社会发展中的任何问题，都有解决的办法，这些办法都分散在基层社会，我们只需要认真去发现、认可，然后推广。

按照我国农村本土金融组织的发展状况，大体可分为资金互助组、资金合作社、小额信贷担保、村镇银行等几个层次。从农村现阶段经济基础来看，前三种组织在提供融资服务上更具优势，借贷风险相对较小，方法最简单，实施最容易，成本最低，代价最小，实效最强。因此，当前应从初级阶段做起，尤其在中西部贫困落后地区，应大力培育和发展资金互助组、资金合作社和小额信贷担保公司，规范和完善其资金运作，充分发挥它在农村经济社会发展进程中的作用。其意义巨大，前景广阔：一是整合零散资金。农村虽然发展资金不足，但仍然存在着大量的零散资金，通过互助合作的形式，可以把零钱变整钱，把小钱变大钱，把死钱变活钱，充分发挥资金整体效益。二是有效解决农民贷款难、发展资金短缺的问题。由于国有金融机构放贷的门槛高、手续繁杂，农民贷款十分困难，使本来资金不足的农民，发展生产资金更加短缺。通过互助合作，把农民手中零散的钱集中起来，再按照借贷方式，向农民提供资金，帮助农民发展生产，可以有效解决这一难题。三是增强农民的金融意识和金融知识。当今时代就是货币战争时代，货币在经济发展中占主导地位。互助合作组的资金运作方式基本上借鉴于金融机构，农民在合作和参与资金运作过程中，必须而且能够了解和熟悉相关金融知识，使自己在世界货币战争中受到一次初级启蒙教育。四是培养农民的群体意识和集体精神。资金互助组实质上是一个利益共享、风险共担的互助合作组织，广大农民在关注自身利益的同时，主动联接在一起，改变了一家一户分散生产、各自发展的松散状态，集体化和组织化程度明显提高，互助合作组织的凝聚力得到增强。五是激活农民发展经济的内力。资金的互助与合作，使农民在发展生产、自主创业等方面，享有更广阔的空间和更多的权利，农民有了借钱的冲动，得到了资金支持，激发了发展生产的信心、积极性和主动性。借钱的冲动，必须是在有了发展经济冲动的基础上产生的，这是发自内因的冲动。六是开发农民的诚信意识。以资金互助组这个载体，通过契约和道德两种方式，能够重新唤起农民讲信誉、讲诚信等道德意识，使构建和谐社会成为可能。七是激活农民的仿效心理，形成产业集群。农民最相信自己所见，最重视眼前利益，只要少数人通过某种产业发家致富后，其他农民就会仿效，在这种条件下，极易形成"一组一品""一村一品"的规模化生产和产业化格局。八是提高了资金的使用效益和效率，具有可持续性，是开发式扶贫的有效途径。资金在"集中-借贷-回收"的循环过程中，既发展了经济，促进了农民增收，又产生了利息，增加了资金总量，资金使用效益十分明显。九是强化了农民在经济社会发展中的主体地位。长期以来，农业生产由基层组织和干部推动，往往是干部积极性高，农民跟着干部走。资金互助与合作，解决了发展资金问题，不仅使农民获得了更多的发展机会，也增强农民发展生产的意识和能力。通过自主创业和自我发展，农民在生产经营、参与市场竞争、参与社会管理、抵御各类风险等方面的意识和能力明显增强，整体素质显著提高，在经济社会发展中的主体地位得以彰显。十是推进了民主精神的培育。资金互助组采取农民自我管理形式，内部实行民主管理，建立事务公开、民主议事等制度，重大事项由全体成员讨论决定，农民真正享有广泛的知情权、参与权、管理权和监督权，参与社会事务和民主管理的热情空前高涨，当家作主的主人翁意识明显增强，不仅培育了农民的民主精神，也丰富和发展了农村民主建设的内涵。十一是充分利用了熟人社会的道德约束力这一非正式制度资源。农民特别重视血缘、亲缘、宗缘、地缘、人缘等人际关系以及由此衍化出来的非正式制度，借债还钱的道德底线等观念深入人心。在资金运作过程中，农民的借贷行为，不仅由契约关系（如组织章程、规章制度等）进行规范，而且在更大程度上来自非正式制度的约束。十二是发展农村高端服务业的探索。良性经济结构扩大内需，不能光靠出口、投资来拉动，内需的最大市场在农村。近年来，农村市场虽然开始受到重视，但只是发展了一些低端服务。通过互助合作的方式，培育和发展民间金融组织，为农村提供金融服务，能够满足农村对资本市场的强烈需求。

这些农村金融的本土合作组织的建立和发展，需要政府的积极引导和大力支持，重点是政策支持、资金扶持、部门指导三个层面。从行政机构的设置情况来看，目前由农经部门具体操作较为可行：一是有积极性。农经部门的本职工作是"三农"，长期与农民打交道，对农村、农业和农民有一定的感情，由这样一个部门开展一项有利于促进农村经济社会发展、惠及广大农民的好事实事，能够激发工作热情，调动工作积极性。二是有机构和人员。农经部门在乡镇有农经站，基层有农经员，机构和人员能够满足开展工作的需要。三是有丰富的经验。大部分农经工作人员熟悉会计业务，了解金融知识，有 20 世纪八九十年代经营农民合作基金会的经验和教训，可以较好地进行资金运作。更为重要的是，他们基层工作经验丰富，了解国家法律法规，熟悉农村非正式制度，既能确保资金互助合作组织的健康发展，又能最大限度地发挥资金使用效益。

（本文原载于《中国发展观察》2009 年第 1～2 期）

新时期政府与农民

　　三十年改革，使农村社会结构、产业结构和就业结构在异动中激变，在激变中重组，基层政府与农民的关系也随之发生了巨大而深刻的变化。正确把握这一趋势，认真理清与农民之间的新型关系，是我们确保各种制度设计针对性、各项改革举措准确性和开展"三农"工作实效性的关键。

　　1. 政府不再是农业外在的辅助力量，而是农业内在的组成部分。改革开放之初的20世纪80年代，政府放活政策"无为而治"，家庭能量得以充分释放，农业获得了空前发展。进入20世纪90年代以来，我国逐渐步入工业化中期，在经济基础上已进入以工促农、以城带乡的发展阶段，在体制机制上已建立起市场经济的构架，在发展路径上已由"家庭竞争时代"进入"组织竞争时代"。但对于农业"无为而治"的体制惯性和思维惯性仍在延续生效，一个最突出的表现就是：依然把农业当成是农民自己的"事业"。农业基础设施、科技推广、信息传递、市场体系等诸多事关农业发展全局、应由政府承担的大事没有承担起来。财政投入比重也一直呈下降趋势，1979年全国财政支出中"三农"支出所占比重达到18.69%，到2005年这一比例仅为8%。2006年、2007年国家加大"三农"投入，比例也仅占10%左右。目前，我国耕地的有效灌溉面积为8.48亿亩，仅占总面积的46.41%，一半以上的耕地仍是靠天收，2/3的耕地还是中低产田。"十五"末，我国农业科技贡献率为48%，比发达国家平均水平低30个百分点左右。

　　中央把"三农"工作作为"重中之重"的战略部署已经五年，新农村建设也已搞了两年，但乡村与城市比，农业与二三产业相比，发展变化的速度、发展变化的质量没有太大改观。城乡、工农差距已大大超过了经济学上的合理限度，导致城乡资源和市场的正常梯级传递链条断裂，产业间互相支持的效应丧失，市场作用大大失灵。在这种背景下，政府必须通过强有力的城乡统筹，加强对农业、农村、农民的倾斜支持，才能将差距缩小到合理范围，形成合理的产业梯度，促进国民经济健康发展。日本、韩国等国家和地区在工业化中期，推动农业农村发展中最主要的经验，就是政府主导、加大投入。

当前，在世界农业国际化、市场化、现代化的大背景下，各级政府和广大干部务必改变"农业就是农民的事情"的惯性思维，彻底改变以旁观者的身份游离于农业之外的工作套路，切实把自己置身于农业建设与发展的群体之中，出重拳、下猛药、解决欠账；担重任、唱主角、引领发展。在资金、项目和政策等方面多措并举，把农民一家一户无力办、办不了、也办不好的事情主动承担起来，与农民协同推进现代农业建设。一是下决心偿还农村基础设施建设的历史性欠账。各级政府应在财政支农方面迈出更具实质性的步伐，当前应把农田水利建设尤其是中、小型农田水利以及农村道路等公共设施建设作为建设的重点。二是着力扶持农业产业化龙头企业和农民合作组织，强力推进农业和农村工业化步伐。三是重构和再造现代农业发展的支持保护体系。尽快构建起适应时代发展要求的农业经营体制、行政管理体制、金融体制、农民教育培训体制、社会化服务体系、农业灾害应急机制和政策性农业保险制度等，为推进现代农业建设提供全方位的支持和保护。

2. 政府不再把农民笼统地看成同一群体，而要将其细分成不同的政策目标人群。随着市场经济的发展、生产方式和分配方式的变化以及城乡二元结构的松动，社会各阶层互通的渠道已经打通，促使原先作为一个整体的农民阶层内部快速发生分层和分化，过去那种在阶级斗争眼光下的政治分层已经瓦解，以职业、收入水平和生活地域为主要标志的经济分层结构逐步形成。

从职业上看，传统意义上的农民已经分化为农业劳动者、农民工、雇工、农村知识分子、个体工商户、私营企业主、乡村企业管理者、农村管理者等；从收入水平看，农村已经出现了较为明显的收入分配差距，农户出现了富豪型、富裕型、小康型、温饱型、贫困型等不同层次的序列，农民的社会经济地位差距拉大；从生活地域看，长期固守于乡野阡陌的农民已分解出外出群体和留守群体，仅在留守群体中，又进一步分化出留守妇女、留守儿童、留守老人等。上述农民中的不同阶层、不同群体都各具特点、各有诉求。就总体而言，农民这个阶层正逐步分化成两大群体：社会中心群体和社会边缘群体，处于同心圆位置的两大群体由于社会分配结构等方面的问题，在社会发展变革过程中，中心群体获益越来越大，产生的是向心力，而边缘群体获益越来越小，产生的很可能是离心力。这是必须引起高度关注的现实问题。

在温饱阶段，人们的欲望只有一个——"吃饱"。吃饱之后，人们的欲望变成无数个，幸福感不是越来越高，而是越来越低。同时，随着社会群体不断裂变、分化、组合，不同的群体都有不同的价值取向，产生多元的利益诉求。在此背景下，政府过去那种"一包就灵""一放就活"的政令效应很难再现，政策设计的复杂性、系统性、多维性倍增。新时期，推进"三农"工作必须在导向上更为多元，在目标上更为具体，在方法上更为细致。尤其在解决农民问题上，用"农民"这个笼而统之、大而化之的概念出台政策显然已不合时宜，制度的设计必须细化到针对不同的目标人群，这样才能在最大程度上协调、处理好农民中各个阶层和各种利益群体的关系，惠农政策才能真正普惠到农民中的每个成员。

3. 政府不再陷于与农民经济矛盾的纠葛，而要着力消除对农民政治上的歧视。取消农业税之前，基层政府的工作可以说是以提取农业剩余为主业。取消农业税后，县乡财政开支主要依靠上级转移支付，基层政府的经济利益和农民的经济利益不再发生矛盾，向农民收费、摊派也失去了合法性和经济动因。进入 21 世纪以来，中央连续五个 1 号文件锁定"三农"，亿万农民生产生活条件有了很大改善。但同时，限制和歧视农民的习惯性思维在制度设计、资源配置等方面都还根深蒂固，农民与城市居民等其他社会阶层的差距仍在不断拉大，弱势化程度还在不断加深。农民不仅难以享有公正的财产权、融贷权、公平就业权、公平税赋权等正当经济权利，知情权、说理权、组织权、自我管理权、受保护权等政治权益都也远未落实；教育、卫生、文化、社会保障等公共产品供给城乡之间尚有很大差距，农民的社会地位仍然很低，农民追求权益公平的呼声日渐高涨。

在这种情况下，政府工作的重点应高度关注农民的政治权益问题，下决心逐步消除城乡二元结构，"官权退民权进"的基本思路应从单纯的生产经营领域向政治、社会领域延伸。在维护和发展好农民的经济利益的同时，把改革的着力点放到切实归还和保障农民的公民权利上来。这是现代宪法精神的基本要求，也是开展社会主义民主政治建设的必然选择。

4. 政府不再对农民的失业袖手旁观，而要高度关注农民的就业状态。中国农村社会发展与变革的全部历史，都是围绕农民与土地这一对矛盾展开的。新中国成立以来，通过土地改革、实行家庭联产承包责任制，实现了"耕者有其田"，作为农村社会生产力的主要矛盾，人地矛盾得以缓解，温饱问题得到解决。但人多地少的现实国情和多年固化的城乡二元结构，决定了农民在土地上的这种相对充分就业必然是蜜月般的短暂。有关研究表明，在现有生产力水平下，农业部门需要的合理劳动力数量不到2亿，而我国现在农村实有劳动力5亿多，有3亿多处于剩余状态。农民"3个月种田，1个月过年，8个月空闲"的时间分配充分体现了他们在土地之外存在大量的隐性失业。

大量农村劳动力隐性失业，不仅成为"三农"问题的根本症结，而且导致内需不足，成为国民经济发展的顶门杠，成为社会稳定的重大隐患。基层政府必须清醒地认识到，农民已从要土地、要生存，渐变为要走出土地、要就业、要发展。就业是民生之本！有业就才能挣到钱，挣到钱才能消费，有消费才能拉动生产，从而创造新的就业岗位，人们的生活质量在这个循环过程中就会不断提高。这正是新的历史条件下解决"三农"问题的核心所在，是全面建设小康社会的题中要义。

就业状态包括就业环境、就业能力和就业机会（岗位），农民的就业状态是经济社会协调发展的基本标志。就业环境是否好转，就业能力是否提高，就业机会是否均等是衡量民众就业状态是否改善的重要标尺。改善农民的就业状态，依赖市场和行政两只手：一是大力调整农业生产结构，积极发展劳动密集型农业，增加农业的"容人之量"；二是坚持城乡统筹的思路，着力构建公平公正的就业服务、户籍准入、公共服务等平台，以多维的政策框架，消除农民转移就业、进入城市的体制与制度障碍；三是大力引导农民工回乡创业。创业是就业之本、之基、之源，没有热火朝天的农村创业，广大农民的充分就业便无从谈起。据国务院发展研究中心开展的百县农民工回乡创业情况调查统计，目前平均每一名回乡创业者带动就业3.8人，以此推算全国现有800万回乡创业的农民工，约可创造就业岗位3 000万个。农村基层政府应真正以政策引人、以服务留人、以乡情感人，把鼓励、支持农民工回乡创业作为增加收入的主渠道、拉动经济的主动力、吸纳就业的主阵地，摆到更加突出的位置，与开展劳务输出、招商引资和全民创业工作统筹推进；四是注意引导农民做好职业分化："让一部分农民不当农民，让一部分农民当好农民，让一部分农民兼当农民"。没有清晰的职业分化，不仅误城误乡、误工误农，也误长期处于多栖状态的农民自身。

5. 政府不再大包大揽，而要依靠民间组织扩大农民的"自域"空间。在中国传统社会管理中，一直是一个"皇权不下县"的格局，民间社会保持较大的自我运行空间。政府要扩展对民间社会管理，多采取间接方式，把自己的意愿交由民间力量来执行，保留民间自我管理的空间。我们把政府与民间均可发挥作用的领域称为"共域"，如赋税摊征、兴修水利、兴学育人等；把政府与民间各自开展自我管理的领域，称为"自域"，包括政府的"自域"和民间的"自域"。

改革开放以前，长期的计划体制在县乡两级造就了庞大的"全能政府"，大到修路筑桥、投资创业，小到婚丧嫁娶、柴米油盐，政府组织对农村经济社会事务无所不包、无所不揽。在政府强管理模式之下，中国乡土社会民间社会的"自域"范围非常狭小，力量也非常薄弱。迄今为止，农村组织的总体状况仍然是："官办组织"僵化不活，自治组织异化存活，民间组织存而不活，自发组织难以存活。2008年的雪灾大救援充分暴露出民间组织急需发展。汶川大地震救援队伍中民间志愿者多达8万多人，但由于缺乏组织性，发挥的作用严重受限。在这样的大灾大难面前，国外许多民间组织一般都会第一时间赶赴现场，比官方还快。

改革开放以后，家庭联产承包责任制、乡镇企业、农民工进城等这些民间的自发创造，不仅形成巨大的社会潮流，而且被政府所接纳、称赏进而推广。把那些管不了、管不好、不该管的领域放给农民自己管理，政府逐步缩小"共域"范围，扩大民间"自域"空间，实行政府与民间社会管理的分工与合作，以民间力量来"补官治之不足"，应该说是几千年来中国乡村社会治理的结晶。乡村治理中"官权退民权进"的"自域"时代，已经成为现实生活中不可逆转的发展趋势。政府应因势利导、顺势而为，一是完善相关法律制度，调整村民自治权与基层国家权力，探索和构建村民自治制度下既能保障村民自治权的实现，又能充分发挥国家政权职能的农村工作指导机制；二是尽快规范和完善农村"一事一议"的相关政策法规，做到"一事一议"有法可依，让"一事一议"逐步走上法制化轨道；三是放宽政策，创造环境，降低门槛，放手发展农民专业合作经济组织，促其自我组织、自我管理、自我服务、自我监督。

6. 政府不再单纯依靠号召发动、指标压力，而要通过民主合作的方式开展工作。近年来，农村社会"权"与"利"的分配机制发生变化，农村中长期错位的政府与农民的关系开始复归。基层政府工作方式正在尝试由20世纪50年代到70年代的号召动员型、80年代到90年代的指标压力型，走向民主合作型。那种仅仅靠鼓动，靠压力，靠下指标，用硬约束来督促完成任务的工作方式显然已经不能适应形势发展的要求，一种新的"权"与"利"的配置机制——民主合作型正走向前台。

随着农民经济负担减轻、行为空间放活，其政治意识、民主意识、法制观念不断强化，对政治、经济、社会生活中各种权力的诉求越来越强，对乡村组织、乡村干部的依赖性越来越弱。县乡政府和基层干部应探索与农民合作的新路子，努力寻求"合作型"的工作新思路，不断用市场的途径、法制的办法和协商的方式，开展新时期的"三农"工作，不仅要问计于精英，更要问计于民众，不仅要决策于庙堂，更要决策于乡野。

7. 政府不再具有经济获益性，而要具有社会服务性。伴随着生产力发展和财富重心转移，农业在 GDP 中的比重下降，但其基础性地位和多功能性日益彰显；农村在人才、资金等要素不断外流的过程中趋于衰退，但其仍是全面建设小康社会和构建社会主义和谐社会中必须直面、不容回避的重要现实。

农民是创造财富的主体，政府是创造环境的主体。推动农业、农村发展，搞好为农服务是最现实的问题，也是当前各级政府面临的主要课题。2003—2007 年，中央财政用于"三农"的支出五年累计 1.6 万亿元，2008 年，中央财政的"三农"投入将达到 5 877.5 亿元，其中1 561.76 亿元解决农村上学难问题，831.58 亿元缓解农村看病贵问题，2 762 亿元为农村社会保障托底。可以说，最近几年是改革开放以来投入增加最多，增长速度最快的时期，也是政府在农村社会的服务功能开始彰显的时期。

在农村基层既要经济的崛起，更要服务的崛起。没有服务的崛起，经济的崛起终将昙花一现。近几年中央一系列大力度的惠农政策如取消农业税、实行三补贴等使农民获益不少，但却难抵公共服务缺位带来的损失。当前对于农村基层政府而言，关键是要探索给农民提供服务的渠道和方式，确保以新型而高效的体制机制，来承接上级资金和政策的支农投入，着力打造服务型政府。在县乡机构改革中，应把保障基本公共服务作为政府的主要职能和改革目标，机构设置、管理机制、运作机制的改变，都要有利于保障基本公共服务职能的履行；基层政府要加快由经济建设型向公共服务型转变，把全心全意为人民服务的宗旨贯穿于工作始终；对基层政府的考核也要由单纯"以经济总量为导向"向着同时

"以基本公共服务均等化为重点"二者并重转变，建立既看经济发展又看服务效能的干部政绩考核制度，逐步形成规范的公共服务供给分工和问责制。

8. 政府不再重物轻人，而要以人为本。经济发展的起步时期，农业是主要产业，一方面为建设现代工业体系，把农业资源大量调整到工业和城市建设上来；另一方面由于物质短缺年代，农业生产力水平低，食品供应紧张，又不得不对农业采取支持政策。这一时期的国家政策、政府行为管的是农产品价格、给的是农产品补贴、求的是农产品产量。改革开放以来，粮食等主要农产品供求实现了由长期短缺到总量基本平衡、丰年有余的历史性转变，国家进入"以工养政""以商养政"的时代。随着大格局的变化，过去单向度的农业政策开始暴露出局限性。长期以来见物不见人、重物不重人、抓物不抓人的工作思路、工作方式，已经难以满足农民日益增长的多方面需要，难以适应农村经济社会的全面协调可持续发展。

在农业、农村、农民"三位一体"中，农民是主体、是核心、是关键。如果说农业问题是经济问题，农村问题是社会问题的话，那么现阶段的中国农民问题就是一个十分重大的政治问题，甚至是关涉国家安全的严峻问题。贯彻科学发展观，实践以人为本的执政理念，进一步做好"三农"工作，必须从关注农产品、关注农业向关注农民、关注农民的全面发展转变，不断满足农民日益增长的物质文化需要，切实保障农民群众的经济、政治、社会和文化权益。

各级政府特别是县乡两级，应充分认识到"没有新农民，就建不成新农村；没有现代农民，就建不成现代农业"，要彻底改变千百年来形成的歧视农民、害怕农民、防范农民的意识和心态，进一步以人为本的解放农民、投资农民、发展农民。这里的"人"是全体的人，政策涵盖要广泛，不仅要关注乡村的农民——务农农民，还要关注"城里的农民"——农民工；是多需的人，政策目标要多元，不仅要关注农民增收减负、吃饭穿衣，还要关注农村教育医疗、环保社保；是多代的人，政策效用要持久，不仅要谋划当前，更要着眼长远、着眼子孙后代；是具体的人，政策选择要有针对性和侧重点，不仅要注重政策的普惠性、公正性，还要重视政策在不同农民群体之间的效用权衡。

9. 政府不再只重生产层面，而要生产、生活、生态"三生"并举。建设社会主义新农村，生产发展是基础，但繁荣农村、全面提高农民的生活质量，却是"三农"工作面临的更深层次的课题。幸福是满足多种需求的一种感觉，财富终究只是幸福指数的一个要素单元，绝不能把农民增收作为唯一标准，单单用收入数字的高低来衡量农民的幸福程度。

长期以来的"三农"工作中，各级政府的关注点大多聚焦于农业生产层面，缺粮抓粮、缺菜抓菜、缺猪抓猪、缺棉抓棉，而对于农民的生活、生态环境的改善很少关注，致使农村人居环境散乱、交通通信滞后、文化生活贫瘠、教育质量不高、医疗体系欠缺、环境污染严重、乡村生态恶化。前些年流行的农村"治安靠狗、交通靠走、通信靠吼、娱乐靠酒"，"垃圾靠风刮、污水靠蒸发"等民谣正是农民生活、生态环境日渐衰微的生动写照。

关注民生、民计、民权、民情、民心等经济之外的政治、文化、社会诸要素，营造农民的生活环境，优化农民的生态环境，正是构建社会主义和谐社会的要义所在，"学有所教、劳有所得、病有所医、老有所养、住有所居"和建设"生态文明"是党的十七大和新一届中央人民政府新的政策指向，也是广大农民的迫切愿望。"三生"并举，加强农民的生活、生态环境建设，统筹城乡基础教育、卫生体系、文化资源和环境保护，应该成为时下新农村建设的重要内容和基层政府的工作着力点。只有为农民创造出良好的"三生"环境，才算是把科学发展观的理念真正落到了实处。

10. 政府不再用强制性手段解决非理性对抗，而要采取有策略的谈判、对话予以疏导。改革开放以来，家庭承包经营给了农民一定的经营自主权，基层民主建设扩大了农民的政治参与，发展市场经济加速了城乡人口的流动和农民的分化，不断发展的通信传媒为农民提供了获取政策法规信息的便捷渠道，这一切都在催发激活农民的主体意识、民主意识、法治意识和权利意识，促进传统农民向现代农民转变。

与此同时，随着催粮要款、分配资源等"硬权力"的逐步丧失和消退，"公共权力"的组织和控制功能渐弱，基层干部独断专行、颐指气使的工作方式正逐步隐退，特别是对待农民上访和大多数农民群体性事件上，逐步放弃过去靠权力与压力开展工作、解决矛盾的思想观念和工作方式，正在探索新的农村治理理念和管理方式。

基层政府和广大干部，必须进一步克服"官本位"思想，树立"民本位"观念，尽快学会以农民的视角看待问题、化解矛盾，努力克服过去强制、粗暴、武断、主观的工作方式，充分倾听广大农民的所思、所愿、所求，敏锐把握容易酿成事件的风险源，始终把广大农民群众作为农村发展最强大、最可靠的动力源，务必坚持以理性的智慧解决农民群众非理性的行为，务必以互信的合作、民主的谈判、真诚的对话，把握民情、整合民意、集中民智、凝聚民心，把农民群众参与改革、推动改革的积极性和主动性充分调动起来。

（本文原载于《中国发展观察》2008 年第 11 期）

关于深化农村改革的几点思考

一、以科学发展观指导农村改革，应突出"统筹协调"和"以人为本"两个关键

人类社会对发展观的认识经历了四个阶段。一是经济发展观，即发展＝经济增长。二是综合发展观，即发展＝经济增长＋社会发展。三是可持续发展观，即发展＝今天的发展＋明天的发展。四是科学发展观，即发展＝今天的发展＋明天的发展＋人的全面发展。科学发展观是人类对发展观认识的最高境界。其第一要义是发展，核心是以人为本，基本要求是全面协调可持续，根本方法是统筹兼顾。全面贯彻落实科学发展观是深化农村改革的灵魂。其中，特别要贯彻好统筹兼顾和以人为本。

1. 坚持统筹兼顾，当务之急是统筹城乡，而统筹城乡的关键是必须跨越"止血、补血、造血"三重门，尤其要断然为农村"止血"。据专家估计，新中国成立后农民为工业化和城市化提供的积累，最保守的估计是 30 万亿元。随着工业化、城市化、市场化程度的加深，农村劳动力、资金、土地等生产要素向城市单向流动的趋势逐步强化，农村资源流失的"空心化"现象日益突出。一是金融。每年约有七八千亿元资金通过金融渠道流向了城市，平均每个县高达 3 亿元以上。二是土地。2006 年全国土地出让金总额约达 1 万亿元，有关调查显示，农民得到的补偿只占土地出让价格的百分之几。三是劳动力。1 亿多农民工每人每年可为城市贡献 2 万～3 万元的生产价值，但带走的年工资却只有几千元，这种对农村劳动的索取，比计划经济时代的工农产品价格剪刀差

的剥夺来得更便捷，程度更深入。四是环境污染。仅目前全国受污染的耕地就高达 1.5 亿亩以上，约占全部耕地的 1/10 以上，每年造成的直接经济损失高达数百亿元。城市对农村的环境污染，是三大要素流失之外一个重要的隐性失血。目前这种势头不仅依然没有得到控制，而且出现新的创口和局部血流加速症状。长期的大出血，是"三农"多病缠身的根源。城乡统筹必须跨越"止血、补血、造血"三重门。这不仅决定着新农村建设进程，而且影响国民经济的健康发展和小康社会建设目标的全面实现。

下一步深化农村改革，应在宏观层面出台有力政策，按市场规律配置资源，如实行农民工与城市工人同工同酬、征用农村土地按市场定价、大力发育农村民间金融等，这是新农村建设的当务之急，也是统筹城乡必须跨越的"第一重门"。

当前，还有一个问题特别值得关注，这就是农村社会精英单向流向城市。精英群体塑造着乡村社会的主流话语，导引着乡村社会的道德动向，提振着乡村社会的人文精神，是维系乡村文明生生不息、薪火相传的重要载体和动力。然而目前，在多重因素的综合影响下，我国农村精英源源不断地单向流入城市，农村成了城市人才的"播种机"，城市成了农村人才的"收割机"。对此，应注重培育农村社会精英阶层，从宏观战略层面以市场和政策双重驱动，引导社会精英不断回流农村。如通过政策引导，让一些大学毕业生和城市人才到农村支农、支教、支医和农民工返乡创业。

2. 在制度设计上必须坚持以人为本。一是应改变过去重物不重人、见物不见人、抓物不抓人的倾向，把改革的着力点从增强农民的"发展动力"转变到提高农民的"发展能力"上来。近 30 年的农村改革使农民发展生产的积极性大大提高。但高涨的动力，并未使农民跳出"温饱陷阱"，农民普遍面临的是发展能力不足的问题。要解决这个问题，必须实现"三增"，即增收、增权、增智。增收，就是千方百计让农民腰包鼓起来，使农民具有发展的启动力；增权，就是切实维护农民的合法权益，使农民具有发展的推进力；增智，就是加强对农民的教育培训，使农民具有发展的持久力。"三增"是一个统一的整体，增收是前提，增权是保障，增智是基础，三者相辅相成，提高农民的发展能力必须三措并举。现在的问题是，只重增收，不重增权，更轻增智。五亿农村劳动力平均受教育程度只有七年多。农民是中国未来城市化、工业化、现代化劳动力资源的主要供给者，农民的整体素质无疑决定着中国未来城市化、工业化、现代化的总体水平。

二是应改变过去政策设计笼统抽象的现象，使政策具体指向不同的目标人群。"以人为本"的"人"字，我理解有四层含义，一是全体人，二是多需人，三是多代人，四是具体人。过去我们说的"为人民服务"、为"农民"服务，这些对象的概念既抽象又笼统，今天的政策设计必须细化到不同需求的目标人群。深化农村改革，必须把农民作为一个个具体人，针对不同的目标群体设计政策。比如在农民的职业分化问题上，要运用政策的调控手段引导农民找准自己的职业定位，"让农民不当农民""让农民当好农民""让农民兼当农民"，区分"劳动力地域流动"与"劳动力职业转移"两个不同的概念，引导目前飘摇于城乡之间的边缘农民尽快告别"亦工亦农"的非稳定就业状态，分别在农民非农化、农民职业化和就地兼业化的道路上找准自己的职业定位。不然，长此以往，误城误乡，误工误农。

三是应改变害怕农民合作的惯性思维，大力发育农民专业合作组织。农村问题的解决，只有实现两个合作才有出路，即人的合作和钱的合作（钱的合作就是大力发育农村民间金融组织）。尤其在"家庭竞争时代"已经结束、"组织竞争时代"已经到来的大背景下，没有两个合作，农民就无法应对来自市场的、自然的、政策的、国际的等多重风险。现在议论最多的是土地问题，我觉得土地问题是个伪问题。基本经营制度必须坚持，而目前农村土地流转也没有制度上的障碍。我认为现在在土地问题上有两个层面需要深化改革：一是承包期问题，可以学习越南，将承包期延长到上百年，以稳定人心。二是重建"鱼鳞册"，细化土地的管理办法，为推进流转创造条件。

二、要树立科学改革观，寻求方法论的突破，在"摸着石头过河"的同时，着力于"找船过河""造桥过河"

党的十七大报告中"农村"这个词重复了 25 遍。农村改革走到今天，基本特征已发生重大变化。一是从宏观层面进入微观层面。第一代改革主要是框架式的，今天的改革主要是结构性的，出台的政策尤其需要具体、细化。二是改革的成本高了。过去的农村改革主要是放开问题，80 年代的五个 1 号文件中，"允许""可以""也可以"的字样出现了 40 次左右。现在无论是财政体制、教育、文化、卫生、农村基础设施建设等，都需要政府拿出真金白银，改革的边际成本递增。三是改革不能即期见效。过去一个政策出来，立竿见影，"大包干""一包就灵"，今天的改革很多都是长期性、基础性的工作，很难短期见效。同时，各类利益群体胃口高了，要求不断攀升，在温饱阶段，人们的欲望只有一个吃饱，吃饱之后，人们的欲望变成无数个，幸福感不是越来越高，而是越来越低。四是改革的支持率低了。社会群体不断裂变、分化、组合，不同的群体都有不同的价值取向，很难再像改革初期那样形成强烈的改革共识。五是改革的复杂程度高了。经济与政治，社会与文化，纵向与横向，过去与现在，都需要协调对接，关系错综复杂，牵一发而动全身。六是更依赖政府部门之间的团结协作，而有的政府部门本身很难沟通。七是初期的改革是自下而上推动，现在是自上而下推动。

以上这些变化，都使改革的阻力和难度大大提高。新阶段的农村改革必须积极寻求方法论的突破，实现从体制机制创新向全面制度创新、从政策推进向法律规范、从必然王国向自由王国的飞跃，逐步从原生态的"摸着石头过河"走向理性的"造桥过河"。

30 年农村改革，从操作方法上，大致经历了三个阶段。一是"摸着石头过河"，鼓励探索。二是"找船过河"，在摸索的过程中逐步寻找带有规律性、趋势性的东西。三是"造桥过河"，把已经探索出的规律性的东西固定化、制度化、系统化，更加科学、自觉地改革。这三个阶段互相交叉，没有明显边界。当前，深化农村改革要加强"造桥过河"

的力度，许多试验探索应逐步走上制度化、法制化。比如，我们在摸石头时，找到了"一事一议"这条"船"，今天可以扩大船的容量，明确对跨村工程实行"一渠一议""一路一议""一圩一议"，并允许各地根据实际适当提高筹资上限，同时应以法律的形式固定完善下来，造好"一事一议"这座"桥"；又如建立"三农"的支持保护政策体系，应逐步刚性化、制度化，2008年中央1号文件中的"三个明显高于"随着时间的推移可以进一步量化、具体化，增强刚性约束；再如，劳动立法对集体争议事件应增强操作性。现在只有劳动部门的规章，对集体争议事件且只简单地写了一条，不能解决现实中的许多复杂问题，致使"小事拖大、大事拖炸"。因此，只有强化"造桥"力度，才能改变目前改革中在某些方面和一定程度上存在的动力机制失范、平衡机制失却的"两失"问题。另外，在设计制度的"造桥"过程中，应引入经济学上经济人假定的原理，长期以来使用的"好人假定"的设计制度思路应予改变。

三、政府应从逐步放活政策向主动提供服务转变

30年农村改革，先后实施了"五次放活"。第一次是放活土地，推行"大包干"，建立统分结合的家庭承包经营制；第二次是放活经营，废除统购统销制度，给农民以生产农副产品的自由；第三次是放活领域，准许农民"离土不离乡"，大办乡镇企业；第四次是放活空间，打破城乡户籍藩篱，准许农民"离土又离乡"进城务工经商；第五次是放活组织，给农民以组织权，让农民依法有序自主地参与经济、政治和社会生活。而眼下，政府可以放权的地方越来越少。

就总体而言，无论是完善社会主义市场经济体制也好，全面建设小康社会也好，构建和谐社会也好，建设新农村也好，推进民主政治建设也好，最终都需要落实到基层政府的服务上来。怎样搞好服务，让农民无障碍享受惠农政策，不再觉得这些政策是奢侈品，这是深化改革面临的崭新课题和严峻挑战。

就农村而言，发展是永恒的主题，服务是最现实的问题；发展是农

民的主题，服务是政府的主题。过去的农村改革，目标是建立社会主义市场经济体制，焦点是农民怎么干；现在的农村改革，目标是在完善市场经济体制的同时，全方位提供服务，焦点是政府怎么干。这是贯穿于近几年几个中央1号文件的一条红线。深化农村综合改革应把提高基层政府的公共服务能力、致力于打造服务型政府作为基本目标取向。

改革30年来，我们已经建立起一个消费型社会。社会成员的消费需求表现为三类产品：物质产品、精神产品、政治产品。目前，物质产品、精神产品的消费都很容易获取，而政治产品的消费却十分艰难。一项调查表明，当农民不容易，农民要办的各种审批手续、证照和需要服务的项目加起来高达206项，这些项目都是农民需要消费的政治产品。如何让农民与这206项政治产品实现零距离对接，也就是让农民找政府不犯难，关键就在于政府如何做好服务。

在这个问题上，安徽省自2006年在全省普遍推行为民服务全程代理制。亳州市谯城区则对此作了细化、量化、标准化、规范化的深入探索，成效显著。从2007年初开始，谯城区在全区建立了区、乡、村三级代理服务网络，用几个月的时间，彻底摸排农民需要办的各种审批手续和证照，经全面梳理，共排出108项可以全部代理的项目和98项可以部分代理的项目，然后把这些项目印刷成册，广泛散发给农民，并利用电视、广播、文艺节目、年画等形式大力宣传，让每个村民都知道。村干部在村部每天轮流值班收取村民申办事项材料，然后分送乡代理室，属于乡镇能办的就地办理，需要区一级办的再由乡镇代理室转送到区级各有关部门。每个项目、每个环节由谁办、多少时间办结，都在服务手册上有严格规定，一环扣一环，哪个环节限时不办，即予处罚。他们又开发出全程代理服务系统软件，村、乡镇、区三级联网办公，农民要办事项全部上网，时限多长，已办到哪个环节，干部群众不论在什么地方、什么时间打开电脑就一目了然。哪项没按时办结，电脑自动合成提示。农民再不像过去那样为办一件事情犯难了，只需把要办事项交给村干部，就可以在家坐等结果。这种服务模式，变"干部动嘴群众跑腿"为"群众动嘴干部跑腿"，变"民对官"为"官对官"，变"多次办理"为"一次办理",实现了"大事小事不出村",农民省时、省钱、省心。

谯城区的这一做法,牵为民服务一发,动创新农村工作机制全身。一是较彻底地解决了农民群众"办事难"的问题。"为民服务全程代理制"则彻底解决了这一难题。二是使干部与群众关系归位。现在群众真正行使了主人的权力,干群关系越来越融洽。三是促进了政府职能转变。不仅使政府从管理型转向服务型,而且使服务由浅层次向深层次转变,由被动服务向主动服务转轨,由松散服务向规范服务转型。同时,在摸排中还取消了一些过时审批项目,将26个项目审批权力下放一级,带动了政府管理体制改革。四是推动了基层行政效能建设。以前一个就业服务卡,几个月办不了几件,现在一天能办上百件。五是给基层干部提供了实现自身价值的新平台。收取税费时代,完成"三要"即是政绩,取消税费后,干部政绩观出现迷茫,不知干什么、怎么干,现在有章可循。六是堵塞了权力寻租空间。变随意办事为按规矩办事,变暗箱操作为阳光操作,防止了吃、拿、卡、要现象,杜绝了权力滥用。七是推动了依法行政。对广大基层干群来说,为民服务全程代理制是法制宣传教育的新课堂。不仅增强了群众依法办事的观念和参与公共事务的积极性,也提高了干部按规矩办事的意识和能力。八是把基层政府和干部为民服务的内容和行为细化、量化、标准化和规范化,从而固化了政令畅通和下情上传的通道,促进了惠农政策的落实。九是经济社会发展的活力大大增强。出现了村民心无旁骛,人人思创业、家家忙致富、村村谋发展的好势头。十是为建设服务型政府提供了崭新的思路,过去很多地方和部门搞服务大多是坐在办公室里,按照自己的意志设计出来的,不管农民需不需要,合不合适,只管做下去,结果事倍功半,或事与愿违。谯城区从彻底摸清农民要办的206项事情入手,根据农民的需求,对所有项目细化、量化、规范化,有针对性地做好全方位服务。这才是建设服务型政府的正确思路。

中国城乡改革靠"两村"起家,即安徽的小岗村和北京的"中关村"。30年农村改革已经走完具有里程碑意义的两大步,一是家庭承包责任制，二是农村税费改革。今天正迈出以农村综合改革为标志的第三步。第三步涉及面广，内涵丰富，但以搞好服务为核心应是综合改革的关键所在。建议可在全国推广谯城区的做法。

（本文原载于《中国发展观察》2008 年第 5 期）

让农民不当农民
让农民当好农民　让农民兼当农民

——引导农民找准自己的职业定位的思考

　　"劳动力地域流动"与"劳动力职业转移"是两个不同概念，不能混淆。必须引导飘摇于城乡之间的边缘农民尽快告别"亦工亦农"的非稳定就业状态，找准自己的职业定位，以理性的态度对待职业选择，将职业分化转移进行到底。

　　经历30年改革开放的风雨洗礼，中国农村正由传统的"全耕社会"演进为"半耕社会"。但由于城乡二元结构以及附着其上的社会保障、土地制度等种种因素的制约，绝大多数的务工农民在职业分化上深陷僵局，只是如"候鸟"一般频繁迁徙于城乡之间，像"浮萍"一样飘零游弋于工农边缘。职业定位上"亦工亦农"的摇摆正显现出职业分化上"非工非农"的徘徊，长此以往，不仅阻滞务工农民向城市市民、产业工人和新型农民等社会角色的分化过渡，更会对农村社会的彻底转型和城市化进程、工业化水平提升带来重重牵绊。

　　工业化和城市化的过程既包括农民由农村向城市的地域分流，也包含从农业向非农业的职业分化。如果将地域分流看作外在表现，那么职业分化则为实质目的，二者合一方才体现一种积极的社会发展过程。也只有农民实现了彻底的身份转变、职业转移，形成了清晰的职业定位，才能真正发挥地域流动的现实意义，推动工业化和城市化进程。因此，绝不能混淆"劳动力地域流动"与"劳动力职业转移"两个概念，必须引导目前飘摇于城乡之间的边缘农民尽快告别"亦工亦农"的非稳定就业状态，分别在农民非农化、农民职业化和就地兼业化的道路上找准自己的职业定位，宜农则农，宜工则工，宜商则商，以理性的态度对待职业选择，将职业分化转移进行到底。

长期非稳态就业：误城误乡、误农误工

农民工，一个尴尬的群体，他们的前面是工人，他们的后面是农民。他们前进一步是城市是市民，他们后退一步是农村是农民。他们人人都想前进一步，但前进一步何其之难。他们被城市一张无形的大网缠绕着，进不去，走不开，欲罢不能，欲舍不忍。自20世纪80年代中期形成的民工潮至今已有20个年头，第一代农民工如今已是青春不再。他们中除极少数能在城市扎根外，绝大多数已被企业不招40岁以上农民工的潜规则或逼回农村或即使留在城里也只能在低端产业就业。这种逐步退化的非稳态就业现象如长期持续下去，将严重影响城市化、工业化和农业现代化的进程，也十分不利于劳动力整体素质的提高。

1. 务工农民长期非稳态就业，制约自身全面发展，背离以人为本的科学发展观。以人为本是科学发展观的要义所在，实现人的全面发展是社会主义和谐社会的基本特征。建设社会主义和谐社会必须培养和依靠全面发展的人，从而在实践上把提高人的素质、发挥人的作用问题融入建构和谐社会、促进人的全面发展的整体进程之中。我国的务工农民现已达两亿之众，是二三产业劳动力资源的主体力量。但由于其在城市中的非稳定就业状态和"无根生存"状态，使得农民工在教育、卫生、文化等多个方面面临着严重的权利贫困，要在这样的状态下实现个人的全方位发展是很难做到的。特别在教育培训方面，就业状态飘忽不定加之城市社会各方都无意为其支付成本，务工农民的"能力再造"与"深度开发"无法实现，知识技能、文化素养难以提升，只能日复一日、年复一年从事简单的、机械的、低水平的劳作，通过出卖体力和消耗青春来换取在城市工作的机会。据调查统计，全国3 200万建筑业的农民工90％是小学以下文化，90％没经过专业技能培训。巨大的教育素质断层不仅剥夺了农民工享受现代文明的权利，而且制约了其能力、素养的全

面提高，进而形成社会整体演进中的障碍与短板。

2. 务工农民长期非稳态就业导致资金、社会资本及自身素养难以积累，制约城市化进程。城市化的核心是人的城市化，城市化的关键是如何把人"化"入城市。务工农民真正为城市所"化"，既需要在较短的时间内完成资金、社会资本等等方面的代内积累，维持城市生活，又需要在代际之间实现素养的积累，使自身与后代彻底融入城市社会。但"亦工亦农"的职业飘摇，使务工农民长期徘徊于低端劳务领域，且有一些人迷陷于城市高消费攀比之中，自身的劳动积累和资金节余极为有限。农民工一年忙到头，收不抵支的现象屡见不鲜，而他们能够通过资金积累，支付居高不下的城市生活成本，实现进城定居的过程则延绵无期。最新的社会学研究表明，社会资本对于民工等城市新移民的生活和职业，意义重大。社会资本是个人通过职业生涯和社会生活所掌握的社会关系网络，人们可以凭借社会资本获取信息、影响、信任及其他社会资源，以达到降低交易成本的作用。这是中国特有的传统文化和特殊国情所决定的。但在不稳定的就业状态下，绝大多数农民工的社会交际圈，仅限于少数同乡之间，从业领域难以固定，职业联系缺乏持续性，保障城市基本生存的社会资本极度匮乏。据东莞和晋江两地调查，外来务工人员基本 3～4 年就要全部更新一次，能连续务工五年的不足10％；同时城乡之间频繁的空间转换，不仅影响务工农民自身传统落后观念的改造，亦使得他们的子女游离于正常稳定的教育环境之外，游走于城乡二元体制之间。可以预见，继续生存于这种不良的教育环境之下，民工子女、留守儿童将极有可能囿于素质低下，延续父辈的生存状态。这一方面阻碍城市文明进程，另一方面形成新的社会隐患。就总体而言，职业上"亦工亦农"，生活上城乡两栖的务工农民及其子女只是被"准城市化""假城市化"、实质上被"边缘化"。

3. 务工农民长期非稳态就业导致知识技能普遍断裂，制约工业化水平提升。改革开放以来，依靠数亿务工农民源源不断地从边际效率递减的农业部门转移到工业部门，我国廉价劳动力无限供给的趋势得到强化，工业化在量上的扩张基本得以实现。目前，我国工业化已经进入生产技术革新、产业结构升级的关键时期。完成从"中国制造"向"中国创造"的跨越，实现从"装备中国"到"中国装备"的飞跃，需要一支就业稳定、素质过硬的现代产业工人队伍作为支撑和驱动。但在非稳定的就业状态之下，进城农民普遍缺乏清晰的职业定位与连续的职业履历，适应现代产业升级的职业技能、知识素养无法稳步提升、持续生成，从农民到产业工人的角色转型时续时断、逐渐趋缓。发达国家的中高级技术人员占产业工人总数的80%，初级技工只占20%，我国恰恰倒过来，中高级技工所占比例与计划经济时代都相去甚远，工人队伍的总体技能已出现较大滑坡。从更为长远的角度看，愈来愈多的进城农民周而复始地出入于低端劳务领域，其所造成的"劳动力价格过于低廉，远远偏离价值"的现象正使中国经济和企业的未来发展陷入恶性循环。劳动力越便宜，企业越不愿投资新技术、新设备；而为了保证产品竞争力，就越不会提高工人工资。长期维持这种局面，我国后期工业发展将会陷入低水平的"平面化"扩张而不能自拔，经济发展方式的转换亦将无法顺利实现。

4. 务工农民长期非稳态就业导致对农村、农业不断疏离，阻滞新农村建设。推进新农村建设、发展现代农业都亟须有文化、懂技术、会经营、善合作的高素质农民。但在频繁往复的城乡迁移中，不少农民身在城市却感叹"城里的生活很无奈"，回到农村却感觉"城里的世界很精彩"。"民工潮"的起起落落之间，农民劳动价值观正逐渐改变，农业劳动受摒弃、被疏离的现象已经弥漫于农民工群体，空洞的农村里只有老弱妇孺无奈固守着田园，传承几千年的农业文明正走向没落的边缘，建设新农村、发展现代农业正在遭遇一个无所依托，难寻主体的年代。据安徽省对5个县区调查，平均在家务农的青壮年劳动力不足总劳力的10%。而青壮年劳动力正是农村素质较高的群体，他们的大量外出造成农业从业人员素质的快速下降。在另一个方面，目前很多城市的企业不招40岁以上的农民工已成为一种较为普遍的现象，务工农民在透支了体力、精力之后，身无长技，无业可就，只能离城返乡，以民工"40岁现象"为代表的城乡劳动力反流趋势正在显现。但回乡农民一无社会保障，二无工资积累，农活荒废，农技生疏，重操旧业已力不从心，重新返贫随时可能发生。再加上不少人已被繁华奢靡的城市生活吊高胃口，十分厌倦农村生活，更排斥"面向黄土背朝天"的辛苦劳作，新农村建设的主体无法成为主力。

让农民不当农民

推进城市化是历史的必然，农民是城市劳动力资源的主要供给者；同时，跳出农门也是中国农民世世代代的追求。"富裕农民，必须减少农民"，"解决'三农'问题，功夫在农外"之类的观点已成为"三农"学界与决策领域的基本共识。当前，尤需花大力气优化政策环境，尽快使那些有条件有能力"不想当农民"的农民做圆城市梦。

1. 让一部分农民不当农民，是我国城市化、工业化的大势所趋。2007 年 5 月 23 日，全世界城市人口总量达到 33.399 225 3 亿人，农村人口总数为 33.386 640 4 亿人，城市人口首次超越农村人口。与世界城市化水平相比，我国的城市化率还很低，至 2006 年仅为 43%。劳动和社会保障部劳动科学研究所的最新评估表明，在 2001—2010 年工业化、城市化快速推进的 10 年中，中国农村人口向城市转移的总规模继续扩大，估计将达到 1.6 亿～1.8 亿。到 2010 年，中国的就业规模将达到 7.97 亿人，第一产业劳动力继续加速向二三产业转移，三次产业的就业比重将会调整为 40：24：36。2010 年以后，受农村人口年龄结构及农村人口数量逐年减少等因素的影响，农村人口向城市流动的速度将有所放慢，但平均每年转移量仍在 1 200 万～1 300 万人。城市化、工业化进程中，农民就业非农化是大势所趋，是牵动城市化水平、工业化质量全局的重要问题。

2. 让农民不当农民，前提是要优化农民在城乡之间转移就业的政策环境。促进农民向城市转移就业是一个持续、渐进的过程，需要一个多维的政策框架。第一，应在农村积极、稳妥地破除人口流动和职业转移中的土地产权制度障碍。现行的农村土地政策给农民的流动就业提供了极为便捷的条件。可以说土地既是农民最后的社会保障，又是牵绊他们滞留农村的枷锁。为此，要在坚持"依法、自愿、有偿"原则的基础上，规范土地流转行为，建立服务体系，创新流转方式，以土地的合理、有序流转促进农民的转移就业，在加快农民转移就业中扩大土地流转空间。第二，应在城市中彻底消除农民工就业的制度性约束。以户籍制度为核心的城乡二元分割体制，特别是附着其上的各种歧视性待遇，如只向市民覆盖的安居工程等仍是当前农民进城务工的主要障碍之一。城市政府要改革现有劳动就业制度，打破劳动力市场中的城乡壁垒和地区分割格局，降低农民进城就业成本，提升农民工收入水平，消除农民进入城市的体制、政策障碍，为农民工提供如廉租房等基本的生活条件。第三，应秉承统筹城乡的发展思路，加强农民工社会保障机制建设，并在此基础上将农民工纳入城市社保体系，实现城乡社会保障制度的衔接与整合，最终建立起覆盖城乡、面向全体劳动者的统一的社会保障体系。社会保障对于身处异乡的农民工来说无疑是"安全网"，对于当地社会和企业来说则是"减压器"。从农民工的现实需求来看，其社会保障须区分轻重缓急，有重点、有步骤地推行，当前下大气力解决工伤保险、大病医疗保险和养老保险三大问题，这是保证城市社会安定和谐，实现进城农民稳定就业的基础性措施。

3. 让农民不当农民，关键是要提升务工农民定居城市、转移就业的素养和能力。通过对其"深度加工"、实现"能力再造"，促进由"空间流动"到"职业转移"的过渡，为农民变工人、成市民搭建平台。其一，应对农民进行城市文明的规范教育，通过丰富多彩的公益行动和社区活动，宣扬科学文明健康的现代生活方式，确保先进的思想观念和道德规范真正扎根务工农民，化为文化修养，转为自觉行动。其二，应将成人再教育和劳动技能培训等补偿教育的基础工作抓实抓好，要把收费门槛放低，培训范围扩大，教学形式搞活。着力建立起一个由政府、企业、个人共同出资，面向基层、覆盖城乡的，包括职业技校、成人夜校、社区教育以及就业辅导在内的多元劳动力转移转岗培训教育体系。其三，让进城务工农民的下一代和城市孩子一样享受城市教育、沐浴城市文明，这才是农民工离开故土、走向城市的真实价值。解决农民工子女的公平教育问题，流入地政府应切实承担起责任，要为其提供助学贷款、降低收费门槛、制定相应政策、消除制度障碍，对积极吸纳农民工子女入学的办学机构给予优惠政策，对于打工子弟学校要加强管理而非惩罚处理，应尽力帮扶绝非全面取缔。每一个城市都应明白：现在多放几张书桌，将来就可能少建几座监狱。

让农民当好农民

农民工职业定位上的不确定性，使多数务工农民既不能稳定地进入城市产业系统，也无法有力地驰援新农村建设。从我国城市的预期承载能力和农村农业发展的客观需要出发，"当好农民"依然是当下和今后一个较长时期内一部分农民的现实选择。

1. 让一部分农民当好农民，是建设新农村、发展现代农业的客观要求。从身份性农民向职业型农业者的过渡是农村、农业现代化进程中的一个重要环节，而这一演进在我国远未完成。在农业发达国家，只有拿到一定农业学历或职业证书，才有资格去继承或者经营农场。他们的农业劳动生产效率和土地生产率都很高，农民是一种很富有的职业。先进的生产方式造就先进的劳动者，先进的劳动者推动先进生产方式的发展。在新农村建设中，我国农业面临发展战略转型的历史使命，即实现从传统农业向现代农业的转变。这一重要过程既包括产业结构的转型、产业组织的转型，也涵盖农民生产技术的转型和发展观念的转型。如同现代工业的生产主体是产业工人一样，走上现代产业化发展道路的现代农业，亟需职业化的高素质农民。

2. 从城市化的发展规律看，当好农民依然是一部分农村劳动力的必然归宿。改革开放 30 多年，我国的城市化水平从 1978 年的 17.9%，提高到 2006 年的 43%，这个速度在全世界是创纪录的。达到同样的水平（即从 20% 到 40%），英国花了 120 年，美国花了 80 年，日本 30 多年，而我们只用了 22 年。发达国家的经验和教训表明，城市化进程是建立在农业发达、农村发展的基础上，不是要放弃农业和牺牲农村，而是要发展农业，繁荣农村，富裕农民，否则只能导致城乡关系的过度畸型。拉美一些国家发展中出现一系列社会问题，重要原因之一就是过快的城乡断裂，带来农民的"假城市化"。中国基本的国情是农业人口基数大，那种"小国寡民"的迅速城市化显然更加不适用于我国。20多年来，在承载能力不足和公共服务水平有限的城市之中，1亿多农民工实质上处于"无根生存"的状态。他们中的绝大多数只是完成了从乡到城的"空间流动"，身份和职业转移还远未完成。农民工长期游离于城乡之间，不仅造成"假城市化"的虚假繁荣，而且使"农村问题城市化""农民问题市民化""农业问题社会化"。从理性的角度看，在未来几十年里，就算实现了60%、70%的城市化，届时农业、农村依然承载着几亿人口的生存与发展，他们的就业转移、增收致富相当程度上还需要在农内下功夫，让一部分农民当好农民也仍将是我们统筹城乡发展中的首善之选。况且，城市普遍不招40岁以上农民工的现实使这一年龄段中的大部分人只能回归故土。

3. 让农民当好农民，首先要在城乡之间调整政策、利益和舆论导向。"重城轻乡、重工轻农"是我国二元社会结构的根本特征，它不仅体现于公共政策、经济利益层面，更已渗透于人们的思想观念和社会舆论之中。当前，亟需在政策、利益和舆论等各个层面调整导向，使那些经过多年磨砺，经历长期漂泊后仍难以融入城市社会的农民清楚地意识到，眼下，无论是国家的能力，城市的能力，还是个人的能力都还不能使他们真正城市化，同时城市也并非改善生活、增加收入的唯一场所，农村可能更是自己求生存、图发展的理想之地。为此，在公共政策方面，要紧密结合当前新农村建设的各项工作重点，着力提高农村地区的基础设施水平和公共服务质量，积极改善农村居民的生存环境，逐步弥合城乡之间的巨大差距。目前，随着新农村建设的强力推进，国家对"三农"的投入越来越高，以"非转农"为代表的逆城市化现象正在浙江、河南的一些地方发生。可以预见，保持并强化现有农村公共政策，"当好农民"将逐步成为一部分城乡居民的理性选择。在经济利益方面，要进一步提高各种农业补贴水平，不断缩小农业部门与工业部门的劳动收益差距。随着农业多功能性的日益凸显，农业作为社会"准公共产品"的特征更加强化。目前即使在世界上较为发达的国家，也无一例外地投入大量国家财力补贴农业生产，稳定农民收入。近 30 年来，美国农业部的年度财政预算在整体联邦预算中，一直维持在 $3\% \sim 6\%$，农业补贴对促进美国农业发展发挥着重要作用；在社会舆论方面，应大力宣传农业日益强化的食物保障、原料供给、就业增收、生态保持、观光休闲、文化传承等六大功能，努力扭转全社会轻视农业、轻贱农业劳动、蔑视农村农民的不良倾向，大力弘扬积极向上的农业文明、乡土文化，积极宣传农村致富带头人和农业生产大户的良好业绩，鼓励那些不宜进城务工的农民安身农村、安心劳作。那种不分情形，一味鼓励引导农民进城务工的宣传，让农民在职业选择上失去理性的选择，应适度降一降温，把关注点更多地放在帮助他们认清脚下的道路，在城乡之间做出明智的选择。

4. 让农民当好农民，必须提高其农业知识技能。我国传统农业是一种经验型农业，其就业能力的形成，主要依靠经验积累。现代农业具有更高的技术含量，其就业能力的形成则要依赖于对农业知识技能系统、专业的学习和培训。同时，促进农业部门内部的分工分业，提高专业协作水平，提升农民的就业能力亦是前提条件。舒尔茨谈到，传统农业是用传统生产要素即土地和劳动力进行投入的农业，是在一种封闭的状态下即在农户自身范围内、在小的社区范围内进行传统要素投入的农业。打破传统农业的封闭和循环，发展现代农业，就是要引进和开发人力资源。为此，第一，各级、各有关部门应从战略层面重视农业从业人员的培训与教育，应专门制定农村人力资源开发规划，并将其作为农村发展的基础战略来实施，作为一个全局性、牵动性和持久性的国家行动来推进。第二，应创新农民培训方式，很多发达国家都采用对农业从业者发放"劳动力培训券"的制度。发放"培训券"，有着深远的制度意义和经济意义，是一种很好的方式。让农民自主的根据自身生产、生活情况选择上什么学校，学什么专业，以及什么时候去。这样才能真正打破教育资源垄断的局面，并通过竞争提高培训教学质量。第三，应明确新型农民的培养对象。20 世纪 80 年代初，韩从 80 万农户中筛选出

15万个核心农户进行重点培养和扶持，并使之成为"新村运动"和农业产业化的中坚力量。我国下个阶段应大力突破以往"普惠型"的农民科技培训做法，要有重点地选择农村种养大户、专业户、打工返乡户等具有一定经济基础、科技素质和创业能力的农民群体作为一段时期的培植对象。通过农村核心力量的培养，逐步带动更多农民、辐射更广农村。

5. 让农民当好农民，还需要大力调整农业生产结构，积极发展劳动密集型农业，增加农业的"容人之量"。从国际市场看，劳动密集型农产品需求量一直较大，荷兰仅依靠22万劳动力，每年出产的牛肉、奶制品以及花卉和优质饲料等劳动密集型农产品便可创汇300多亿美元。从近年来中国国际农产品交易会的情况看，我国劳动密集型的园艺产品、水产品和部分畜产品倍受外商青睐。而土地密集型的粮、棉、油、糖等大宗农产品相比较而言颇受冷落，这表明我国劳动密集型产品在国际市场上具备一定的竞争优势。发展劳动密集型农业，不仅创造的附加值高，在农户收入中贡献率大，而且可以较好地摆脱耕地资源制约，直接促进农村富余劳动力的农内消化。因此，我国农业在生产结构上应进一步将重心调整到棉花、油料、糖料、畜产品、水产品以及水果、花卉等农畜产品上，在生产方式上要进一步向庭院经济、生态农业、立体农业、精细农业发展，使有限的土地容纳更多的农村劳动力。

让农民兼当农民

让农民选择农村、经营农业，并不尽然要将其束缚于田间地头、阡陌之间。农村地区不仅有着二三产业的宽广前景，而且随着越来越多的农村劳动力外出转移就业，土地之上的兼业空间也在不断增大。现阶段，在经营好自家田地的基础上，进一步拓展农内、农外兼业范围、增加劳动时间，应是一部分农民实现充分就业、增收致富的必然之选。

1. 让一部分农民兼当农民，是削减剩余劳动时间、实现农民就业增收的必经阶段。目前由于我国多数农民身份转移、职业分化普遍迟滞，不仅导致"农村剩余劳动力多"的显性问题，同样带来"农民剩余劳动时间多"的潜在障碍，农民增收的瓶颈问题多悬于此。前些年有一种流行的说法：农民是3个月种田，1个月过年，8个月空闲。其实熟悉农村生产的人都清楚，人多地少的现实和现代化耕作水平已使我国大多数农民种地根本用不上3个月的时间，如果生产规模大一些，所用时间则更短。因此，从一定意义上讲，要增加农民收入就需要相应增加农民的劳动时间，增加农民劳动时间又必然要求扩展其劳动范围，使一部分农民在继续从事农业生产的基础上，走上兼业劳动与生产的路子。农民兼业有两条途径可供选择，其一是针对那些由于人多地少或其他原因不适宜以农业为主业的农户，应在稳定现有种养业规模的前提下，大力引导帮助支持他们就地、就近兼搞二三产业；其二则是对于那些土专家、田秀才等种养能手与核心农户，应在农村劳动力大量外流的地区，积极创新农业合作互助形式，努力帮助他们扩大生产规模，带动那些长年在外打工，缺乏劳力、技术、机械等生产条件的农户发展生产，从而实现小规模与大生产的对接。近年来，在安徽、河南、河北等地的田间地头，承担耕地托管的"农田保姆"服务队悄然兴起，既解决了缺少劳力家庭或常年在外打工家庭的收种困难，也使农村富余劳动力找到了新的劳动途径和增收空间，一举两得、收效明显。

2. 让农民兼当农民，应以小城镇为空间结点。以县城、中心镇为重点的小城镇，是发展县域经济的重要平台，是农村二三产业的集聚地，也应是农民就近兼业的主战场。大中城市有限的承载能力和高昂的生存代价使绝大多数农民工在相当长时期内无法扎根，而小城镇根植于农村，生活成本较低，是农民通过兼业活动扩展劳动范围和收入空间的现实选择。而且，即便是在外发了财的农民，大多有"衣锦还乡"、回家购房置业的行为惯性。小城镇更是农民的精神家园，千百年来形成的根深蒂固的乡土观念和凝结在农民血脉中的血缘、亲缘、地缘关系，也使他们更愿意在家乡的小城镇发展。一个值得关注的现实是由农民工群体上演的"进城打工""成长积累""回乡创业"三部曲今天在广大中西部地区正在热热闹闹地上演着第三部。

可以说，在中国现代化进程中，一部分农民由在小城镇兼业起步，然后再向大中城市就业过渡应是一个必经过程。因此从宏观战略上应充分认识到，发展县域经济、推进小城镇建设既是农村城镇化最便捷的通道、统筹城乡最有效的措施，更是实现农民兼业增收最现实的途径。小城镇应积极承接大中城市的产业转移，主动接受多元辐射，结合实际、梯次发展，加快城镇基础设施建设，改善投资经营环境，全面增强小城镇对农村富余劳动力的吸纳力和聚集度。

3. 让农民兼当农民，要把激发创业冲动作为重要举措。让农民兼当农民，关键是要在农内、农外拓展兼业空间，在农村、城镇为其提供就业岗位。而创业是就业之本、之基、之源，没有热火朝天的民间创业，广大农民的兼业就业便无从谈起。发达国家每千人拥有中小企业40～60个，我国是 6 个，可见我国民间创业的活力有待进一步挖掘。全民创业，农村有广阔天地，农民是最大主体。为此，各地政府要在积极推动农民进城务工的同时，大力倡导和弘扬创业精神，引导农民既重务工就业，更重自我创业，鼓励支持农村居民发展家庭作坊式的小规模生产加工，带动千家万户自主创业，使更多农业劳动者兼当农村创业者；鼓励支持农村"能人"大力发展粮食生产、特色农业、农产品加工业和各种非农产业，使各种蓬勃兴起的"能人经济"成为农民兼业的宽广平台；鼓励支持外出务工致富人员回乡创业，使外向的"打工经济"转为内生的"创业经济"。通过各种政策措施把农民的创业冲动激活到20 世纪 80 年代初期那样高昂，把发展中小企业、激活民营经济提升到事关"国计"与"民生"根本大计的战略高度，作为增加收入的主渠道、拉动经济的主动力、吸纳就业的主阵地，摆到更加突出的位置，为一切社会生产要素的优化配置创设更加开敞的制度空间、更加开明的政策空间和更加开放的社会空间，真正使农村形成家家忙致富、人人思创业的生动局面。

（本文原载于《中国发展观察》2008 年第 1～2 期）

转型期农村经济社会形态与结构的变化特征

　　中国的社会转型与其他国家相比，虽然存在着许多共性，但是由于社会主义初级阶段的基本国情，使得当今中国的社会转型表现出许多独特之处。其中一个显著特点是，随着大量的农民工在城乡之间流动就业，"半耕半工"型经济结构逐步覆盖了中国大部分村庄，广大农村已经从传统的"全耕社会"演进为"半耕社会"，或者说由传统的"农耕社会"演进为"农工社会"，这是现阶段我国农村经济社会形态和结构发生的总体性变化。

　　所谓"半耕社会"（"农工社会"），是指农民的生产和生活呈现出"半耕半工、亦农亦工""耕工交替、农工结合"等特点的一种渐趋制度化了的农村经济社会形态。"半耕社会"（农工社会）的制度逻辑是：人多地少的过密型农业因效益低下而迫使农民外出打工，而外出打工的风险又反过来迫使农民依赖承包地作为最后的生存保障，从而使务工和务农的交替与结合在制度上得以强化。这一社会形态既不同于传统中国建立在自然经济基础之上的男耕女织、自给自足、小农宗法式的农村社会，也有别于西方发达国家高度工业化、市场化、城乡一体化、大农场式的现代乡村社会。从宏观视野看，由"全耕社会"（农耕社会）到"半耕社会"（农工社会）的转变是中国经济社会转型的必经阶段，它是中国农村从农业社会向工业社会、从乡村文明向城市文明演进的"大转折""大爬坡"的过渡时期。对于广大中西部农村来说，这一形态还将延续很长一段历史过程。随着这一转型期的到来，中国农村正在发生着深刻的结构性变化。

社会生产结构发生变化

这是一个基础性变化，它既是工业化、市场化和社会生产力水平发展到一定阶段的结果，也是导致农村经济社会结构变迁发生的最重要因素。

——农村主要劳力非农化，次要劳力农业化。改革开放以来的20多年间，我国约有2亿多农业劳动力（含常年外出打工人员）转向非农产业，平均每年可达700万～900万。全国现有农村劳动力4.97亿人，其中青壮年劳力大量流入城市，真正常年从事农业生产的大都是"386199部队"（妇女儿童老人）。2004年国家统计局农村住户抽样调查显示，农村第一产业就业人员以女性为主，占53.1%；农业就业人员劳动年龄偏大，有2/3的人年龄在36岁以上，51岁以上的高年龄组人员占相当比重。

——主业副业化，副业主业化。过去，中国农民世世代代以种田为生，而现今大量农民从过去单一的种植业中转移出来，或是外出务工经商，或是就地搞养殖、加工等多种经营。2000—2004年，全国第一产业增加值占农村各业增加值的比重由35.5%下降到30.1%，农村二三产业增加值所占比重分别从50.4%和14.3%增加到53.2%和16.7%。过去的副业成为农民的主业，种田反倒成了"副业"。

——非农收入成为农民增收的主要来源。随着我国农业农村经济进入新阶段，农民收入增长趋缓，收入构成也发生了明显变化。来自第一产业的收入特别是种植业收入所占比重逐步下降，而工资性收入增长速度较快，1990年农民人均工资性收入为130.8元，2000年上升到702.3元，2005年增加到1 175元，比上年增长17.6%，占当年农民人均纯收入的36%，务工收入已经成为农民增收的主要来源。

——农业占GDP的份额逐步下降，但仍是基础性产业。20世纪90年代以来，我国农业在GDP中的份额呈现加速下降的趋势。1991—2003年的12年间，农业在GDP中的份额下降了9.9个百分点。尽管农业占 GDP 的份额逐步下降，但仍是一个十分重要的基础产业。由于农业特有的多功能性，全社会对农业的发展提出更高的要求，农业在整个国民经济中的基础性地位没有改变。

社会基本单元发生变化

人口和家庭作为社会存在的基本单元，其结构变化是社会转型的重要特征之一。转型期我国农村人口总量继续增加，劳动适龄人口供给率下降，人口老龄化速度加快，家庭人口规模小型化等，使我国正面临人口总量造成的就业压力和人口结构变化造成社会负担加重的双重挑战。

——农村人口增速减缓，但人口总量仍在上升。20 世纪末，我国人口再生产类型实现了从"高出生、低死亡、高增长"到"低出生、低死亡、低增长"的历史性转变。农村人口过快增长的势头得到遏制，在一定程度上缓解了人口过多对社会、经济、资源和环境的压力。但由于农村人口基数太大，人口数量变化呈现"低生育率、高增长量"特点，农村人口绝对数量仍在上升。届时，即使我国城镇化水平达到了 60％以上，仍然会有绝对数量相当大的人口继续生活在农村。

——农村人口结构发生变化。首先，"人口红利"期趋于结束。所谓"人口红利"，指的是总人口结构"中间大、两头小"，使得劳动力供给充足，而且社会负担相对较轻，带来劳动力、储蓄的增加等，从而对社会经济发展有利。研究表明，在过去的 20 多年里，劳动力的充足供给和高储蓄率，为中国经济增长带来了可观的"人口红利"，其对人均 GDP 增长的贡献超过 1/4。但是，这一贡献随着人口结构的变化而逐渐减弱。中国劳动年龄人口（15～59 岁）供给增长率在 2004 年首次出现下降，预计到 2011 年左右，劳动年龄人口开始不再上升，2021 年开始绝对减少。农村劳动力的供求关系正在从长期的"供过于求"逐步转向"总量过剩而结构性不足"，有技能的、年轻的农村劳动力的供求正在逐步向供不应求转变。其次，农村人口的年龄特征发生变化，由于计划生育政策的实施和农村青壮年劳动力向城镇流动，我国农村人口老龄化速度逐步加快，农民面临"未富先老"的挑战。发达国家城市人口老龄化水平一般高于农村，中国的情况则不同。据 2006 年 2 月份全国老龄办发布的《中国人口老龄化发展趋势预测研究报告》，我国现有农村老年人口为 8 557 万人，占老年人口总数的 65.82%，农村的老龄化水平高于城镇 1.24 个百分点，这种城乡倒置的状况将一直持续到 2040 年。再者，农村人口的性别比特征发生变化，农村出生人口性别比持续升高、局部地区严重失衡。

——农村家庭结构发生变化。在社会经济变迁背景下，农村家庭的结构形式发生变化。农村家庭规模小型化，联合家庭等大家庭逐渐减少，而主干家庭和核心家庭等小家庭逐渐成为主要的家庭结构形式。与此同时，随着农村人口的流动性增强和农民婚恋观念的变化，农村中再婚家庭、空巢家庭、非婚家庭等形式大量出现，从而带来一些社会问题。

——农村家庭功能发生变化。农村改革以后，家庭成为农村社会经济的基本单元，其担负的功能发生了新的变化。主要表现在：生产经营功能由过去的偏重农业生产，转向偏重非农经营方面；生活消费功能由传统的自给自足和满足基本生活需要，转向商品化、多样化的消费活动方面；生育功能由传统的单一"传宗接代"，转向追求生活幸福满足方面；赡养功能由过去的家庭内部保障，转向外部的社会保障。

社会流动机制发生变化

社会流动是引起社会变迁的重要机制。农村社会流动发生的变化，助推了农村阶层分化，促进了农村社会转型。农民由"集体人"变成"社会人"，农村社会由"熟人社会"变成"半熟人社会"，农村人口迁移和流动成为常态，对农村经济社会发展和社会管理带来多方面影响。

——农村社会的自由度和开放度增强，社会流动日趋频繁。农村改革以来，国家出台了一系列放活农民和农村经济的政策措施，通过实行家庭承包经营、发展商品经济和乡镇企业、农民进城务工等，逐步放活土地、放活经营、放活领域、放活空间等，使农村社会获得了前所未有的自由度和开放度。与传统自然经济和计划经济时期相比，当今农村社会的垂直流动和水平流动、代内流动和代际流动、结构性流动和非结构性流动都更为频繁，农民获得的向上流动的机会也日益增多。

——流动途径多元化，跨省转移、城乡双向流动就业成为主要形式。除了升学、入伍等传统途径外，务工经商逐步成为农民社会流动的首要选择，具体又可分为三类：第一类是"离土不离乡"，农民在当地进厂务工；第二类是"离乡不离土"，即农民到外地承包土地、发展多种经营；第三类是"离土又离乡"，既包括进城从事二三产业，并在城镇或大中城市落户定居，彻底脱离农业农村的人员，也包括长期工作、生活在外地，逢农忙、春节等时节才返乡的农民工。从人口流向看，"离土又离乡"的农民主要是从农村流往大中城市，从内地省份流向沿海地区。数据显示，2005年，在安徽、江西、湖北、湖南、河南五省外出务工的农村劳动力中，跨省劳动力转移人数所占的比重分别达到89%、83%、74%、73%和45%。大量农村劳动力在省际之间、城乡之间流动就业，成为农村社会流动的主要特征和一个长期的历史现象。

——以自发流动为主，流出的主要是农民中的精英群体。农村社会流动基本上属于自发性的，农民工很大部分是由同乡、亲戚、同学、朋友等介绍带出，地缘、亲缘、友缘等关系网络成为农民流动就业的主要社会资本。从流动人口的特征看，以中青年为主，男性多于女性，文化程度高的多于文化程度低的，相当部分农民在年轻力壮时外出务工，在年龄偏大时返乡务农，形成特殊的"代内回流"和"代际更替"现象。

社会阶层结构发生变化

市场经济的发展，生产方式和分配形式的变化以及城乡二元结构的松动，社会各阶层互通的渠道正在萌生，促使农民快速发生分层和分化。个人在不同社会阶层之间的流动日趋频繁，虽然在短期内可能伴生出一些不稳定因素，但从全局和长远来看，有利于社会系统的协调和稳定，使农村社会阶层结构的变化更具活力。

——传统的政治性分层逐步消解，经济性分层逐步形成。随着带有鲜明政治意识形态色彩的阶级身份体系逐步消解，原先作为一个整体的农民阶级内部发生分化重组。农民所属的社会阶层不再是先天赋予，而是后天所致，以职业、收入水平为主要标志的经济分层结构逐步形成。从职业上看，传统意义上的农民已经分化为农业劳动者、农民工、雇工、农村知识分子、个体工商户、私营企业主、乡村企业管理者、农村管理者等；从收入水平看，农村已经出现了较为明显的收入分配差距，农户出现了富豪型、富裕型、小康型、温饱型、贫困型等不同层次的序列，农民的社会经济地位差距拉大。

——农业劳动者阶层开始缩小，农民工阶层迅速扩大。1978—2004年，全国农村就业人员中，第一产业就业的人员占农村全部就业人员的比重由 90％以上逐步下降到 60％多，下降了近 30 个百分点；目前农业劳动者占全社会就业人员比重为大约一半，并且还在继续减少。与此同时，从 20 世纪 80 年代末开始，全国出现"民工潮"现象，进入 90 年代，民工潮形成规模，农民工阶层迅速地诞生。目前我国约有 1.3 亿农民工，全国第二产业就业人员中，农民工占 57.6％，其中加工制造业占 68％，建筑业占 80％；在全国第三产业从业人员中，农民工占 52％。

——农村阶层分化在非稳态中演进，农民的经济社会角色多重化。农村各阶层迄今还远未达到一个比较稳定、比较成熟的程度，带有明显的过渡性特征。阶层结构和阶层关系继续发生复杂变化。同时，农民中的各个阶层同农业劳动和土地仍保持着或多或少的联系，兼业农民大量存在，部分农民同时具有多重阶层角色。最典型的是农民工，既属于农民阶层，又属于城市产业工人阶层，既是"农民中的工人"，又是"工人中的农民"。

社会组织结构发生变化

改革开放迄今，我国农村组织体系在调整中转型、在重构中发展，发生了很大变化，形成了多元化的组织体系、多元化的权威结构。农村社会整合和公共管理面临新的挑战。

——"全能性"的单一组织体系彻底瓦解，多元化的农村组织构架逐步形成。农村改革彻底打破了计划经济下形成的"一大二公""政社合一"的人民公社体制，通过实行家庭承包经营，建立了统分结合的双层经营组织和体制；通过撤社建乡、设立村民委员会、健全农村基层党组织等，建立了新的农村基层管理系统；通过发展商品经营、市场经济，乡镇企业、个体工商户、私营经济等多种所有制形式的经济组织涌现，形成了多元化的农村组织构架。

——靠外力生成的民办组织活力不强，靠内力聚合的新型合作经济组织活力日益彰显。改革开放以来，计划体制沿袭下来的供销社、信用社等合作经济组织，"官办"色彩浓重，组织模式和运行机制僵化，失去了应有的作用。相反，包括专业协会、专业合作社和股份合作社等各种形式在内的新型农民合作经济组织加快发展，数量、规模和覆盖面不断扩大，已成为我国农民合作经济组织的主体。这些组织是以家庭承包经营为基础，以农民为主体的前提下，按照合作制的基本原则靠内力聚合生成的，顺应了农村经济社会发展的需要，在联接农民与市场之间发挥了重要作用，显示出强劲的活力。

——"非正式组织"复兴勃发，对农村社会产生复杂影响。在农村体制转轨和社会转型中，"非正式制度"因素一直在大量释放，农村社会中以血缘、亲缘、宗缘、地缘、人缘等特殊人际关系为纽带，形成的一些游离于政府登记管理视野之外、结构松散的非正式组织，主要表现形态有：家族、宗族势力，以婚丧嫁娶等为载体的人情关系网络，同乡会、同学会、战友会等松散的群体"圈子"网络，以及人口流动中形成的生活共同体（如"城中村"），等等。非正式组织大量勃发，自发拓展，不断获取自己生存和发展的空间，对农村社会转型产生了正、反两方面的影响。

——乡村治理机制发生变化，基层组织的调控方式老化、调控能力弱化。特别是全面取消农业税，使农村基层工作发生历史性的转折。基层组织的职能和经费供给来源，公共资源的配置方式和管理办法，以及农村"权"与"利"的分配机制等，均发生了质的激变。而现行"乡政村治"运行机制、基层干部的传统工作方式都还与此不相适应，基层组织处于调控方式陈旧、功能弱化的困境。

（本文原载于《中国发展观察》2007 年第 2 期）